新时代高等学校会计学、财务管理专业基础课程系列·新形态教材

"十二五"普通高等教育本科国家级规划教材

资产评估 （第五版）

主　编　张世如　汪海粟
副主编　方中秀

中国教育出版传媒集团
高等教育出版社·北京

内容简介

本书是"十二五"普通高等教育本科国家级规划教材。

全书共十三章,系统介绍了资产评估的基本理论和方法,详细阐释了各类具体资产的评估思路及方法。本次修订根据资产评估实践和理论的最新发展,突出体现了多个学科理论与方法在资产评估中的交融和应用,同时根据新兴的资产评估对象和评估技术,对评估理论和方法体系进行了修正和扩展。

本书可以作为高等学校资产评估、财务管理等经管类专业本科生教材,也可以作为资产评估专业硕士等研究生教材,同时还可以作为资产评估从业人员的参考用书。

图书在版编目(CIP)数据

资产评估 / 张世如,汪海粟主编. --5 版.
北京:高等教育出版社,2025.8. --ISBN 978-7-04
-062702-2

Ⅰ. F20

中国国家版本馆 CIP 数据核字第 2024CF0247 号

资产评估(第五版)
ZICHAN PINGGU

策划编辑 谢睿芳	责任编辑 谢睿芳	封面设计 张 楠 马天驰		版式设计 明 艳	
责任绘图 于 博	责任校对 吕红颖	责任印制 赵义民			

出版发行	高等教育出版社	网 址	http://www.hep.edu.cn
社 址	北京市西城区德外大街 4 号		http://www.hep.com.cn
邮政编码	100120	网上订购	http://www.hepmall.com.cn
印 刷	北京市白帆印务有限公司		http://www.hepmall.com
开 本	787mm×1092mm 1/16		http://www.hepmall.cn
印 张	24	版 次	2004 年 12 月第 1 版
字 数	550 千字		2025 年 8 月第 5 版
购书热线	010-58581118	印 次	2025 年 8 月第 1 次印刷
咨询电话	400-810-0598	定 价	58.00 元

本书如有缺页、倒页、脱页等质量问题,请到所购图书销售部门联系调换

第五版前言

　　资产评估作为工业化时代以来已有较长历史的市场专业服务活动,对市场经济和资本市场的发展发挥了积极作用。1989 年,国家国有资产管理局成立了资产评估中心,此后中国资产评估行业在国有经济改革和社会主义市场经济建设过程中作出了不可磨灭的贡献。发展至今,资产评估学科已经形成了高校和行业结合、理论和实践融合,包含专业知识、专家队伍和专业准则在内的本科、硕士和博士研究方向的完整教育体系。为了适应中国经济改革和资本市场发展的需要,满足高等学校资产评估课程的教学需求,高等教育出版社分别在 2004 年、2007 年、2016 年和 2021 年组织我们编写了《资产评估》教材的第一版、第二版、第三版和第四版,本教材被纳入普通高等教育"十五""十一五"和"十二五"本科国家级规划教材。不少设置了资产评估专业硕士点或开设资产评估课程的高校选用了本教材,对教材建设提出了宝贵建议,使教材得到不断完善。

　　党的二十大召开后,中国经济和资本市场都面临适应新的战略变局和实现新变局下的发展的问题,资产评估实践和理论在此前提下也发生了许多重要的演进和变化。习近平在党的二十大报告中强调,从现在起,中国共产党的中心任务就是团结带领全国各族人民全面建成社会主义现代化强国、实现第二个百年奋斗目标,以中国式现代化全面推进中华民族伟大复兴。中国式现代化包含建成现代化经济体系,形成新发展格局,而支持中国式现代化经济体系发展的金融体系和资本市场现代化建设也迫在眉睫。资产评估行业作为资本市场中的重要专业性服务行业之一,如何响应党的二十大精神,构建符合中国式现代化的金融和资本市场发展需求的知识体系就成为中国资产评估行业发展的关键。

　　一是中国经济的结构性调整和资本市场全面改革对资产评估行业如何有效提供针对新发展阶段的专业服务提出了挑战。特别是新质生产力代表先进生产力的演进方向,是由技术革命性突破、生产要素创新性配置、产业深度转型升级而催生的先进生产力质态。新质生产力发展带来的经济和产业的深刻变化要求中国资产评估行业的机构和从业人员在专业能力、专业规范和专业道德上都要全面提升。二是资产评估专业服务需求的市场变化,使得资产评估专业知识体系在注重与金融、财务等领域交叉融合的基础上,要更多地反映数字经济带来的资产存续形态、价值体系和企业模式创新带来的挑战。三是资产评估行业本身的业务在原有传统业务的基础上,形成了新的业务组合和结构,以财务报告为目的的评估业务在整体评估业务中的比重显著增加,同时评估机构也在积极探索数字资产入表带来的新型评估业务。四是资产评估行业本身的准则体系进一步发展和完善,中国资产评估协会和国外重要的资产评估行业组织都相继发布和更新了包括《数据资产评估指导意见》在内的相应准则或文件。五是随着中国经济在全球经济体系中的重要性日益增加,中国的资产评估行业参与和介入了更多的海外评估业务,对相应的知识和能力体系建设提出了新的要求。为了跟进上述进展,并考虑到用书对象的特殊性,我们认为有必要在第四版的基础上进行再次修订。

本书以提高学生的素质和能力为主要目标,从基础理论入手,比较详细地阐述了各类资产的具体评估方法,并加强了资产评估实务训练,以求为学生进一步发展和深造打下良好的基础。修订中继承了以往版本的特色,突出经济学和统计学等学科理论与方法在资产评估中的应用,对传统评估方法理论和体系进行了修正和扩展,并根据数据资产评估实践发展的需求,新增了数据资产评估一章。本书由张世如、汪海粟担任主编,方中秀担任副主编。各章节的具体修订主要说明如下:

第一章增加了资产评估与其他专业服务的关系。第二章对公式和文字进行了部分调整。由汪海粟、张世如修订。

第三章结合行业实际,并根据资产评估准则以及最新版资产评估师考试教材的内容,进行了部分内容的补充。由陈蕾修订。

第四章对部分公式和文字进行了修改。将"确定将发生的概率"作为步骤(3),删除"(3)多重情景分析……"。由魏永长修订。

第五章根据《资产评估执业准则——机器设备》的内容,规范了机器设备相关概念的表述,使内容更符合准则要求。固定资产采用国家标准化管理委员会2022年修订发布的《固定资产等资产基础分类与代码》国家标准(GB/T 14885-2022)进行分类。由余炳文在王同律编写版本的基础上进行修订。

第六章根据新的法律法规以及评估行业相关技术规范要求进行了修订,并在注重所列举案例的时效性、现实性的基础上对案例进行了更新。由张世如和王靖文在王同律编写版本的基础上进行修订。

第七章更新了部分案例数据,并根据资产评估准则修订情况,更新了相关内容。由文豪修订。

第八章根据我国林权制度的最新情况对相关内容进行了更新,在其他资源性资产评估中,增加了水权价值评估内容。由梅丽霞修订。

第九章将第三节收益法案例更换为对圣湘生物的企业价值评估案例,并细化了评估计算过程。在第五节折价与溢价中,增加了"双重股权结构"的界定和影响因素;增加了一种控制权溢价评估模型——期权平价模型;增加了双重股权下创始人股东权益价值评估的相关介绍。由张世如、王靖文修订。

第十章更新了部分案例的数据,并对相关文字和公式进行了修订。由纪益成修订。

第十一章对部分文字表达进行了完善,对案例进行了更新,对部分参数进行了调整。由王诚军修订。

第十二章数据资产评估为新增章节,该章由方中秀、张世如和刘云波负责撰写。

第十三章修改了部分内容的表述方式,更新了讨论案例;更新了中国资产评估准则体系的相关内容,以及国际评估准则(IVS)和美国专业评估执业统一准则(USPAP)的结构体系;更新了第一节国外评估准则专栏的内容。由王娟娟修订。

本书在修订过程中借鉴和参考了许多关于资产评估的最新研究文献,特向各位作者表示感谢。钟辰怡、付晓雯和罗冉同学为本书的成稿付出了辛勤劳动,高等教育出版社和相关编辑对本书的修订给予了全面的支持和帮助,在此,我们表示衷心的感谢。

　　当前中国经济和资本市场的发展仍在不断推动资产评估理论和实践的演化和发展,我们虽然尽量在此次修订中反映了理论和实践的最新进展,但肯定会有疏漏之处,请读者多多指正。

编　者

2024 年 10 月

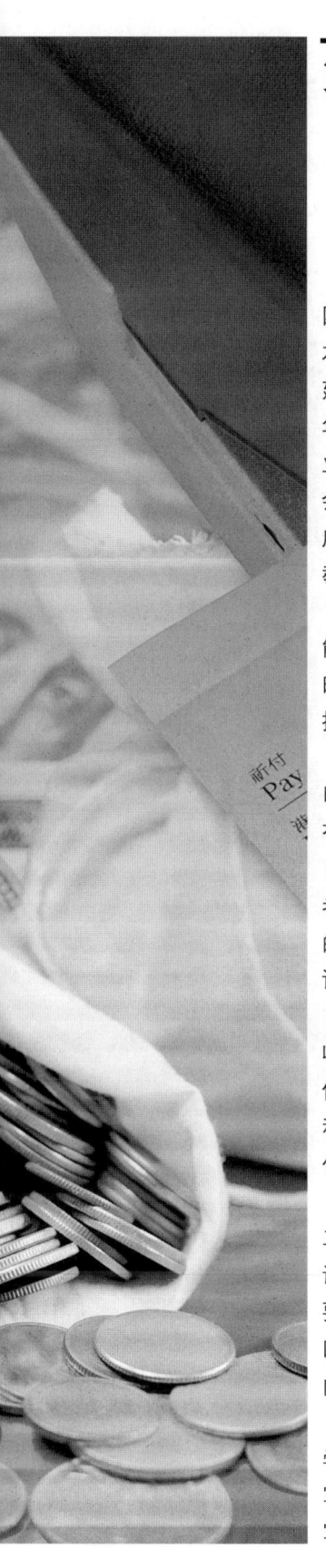

第一版前言

资产评估作为一种现代市场经济中的基础性专业服务活动,在国外已经有 100 多年的发展历史,并具备了作为独立行业存在的基本条件,即具有专门知识、专家队伍和专业准则。一些发达国家已经建立了有关资产评估的高等学历教育和后续教育体系。20 世纪 80 年代中期,因经济转型,中国现代资产评估行业应运而生并在服务企业改革、促进对外开放中发挥了极其重要的作用。随着中国特色社会主义市场经济的深化,该行业的重要性也日益凸显出来。为了适应国家和社会的需要,高等教育出版社组织编写了这本《资产评估》教材,作为高等学校财务管理专业本科生的教材。

《资产评估》力求做到理论与实践相结合,以提高学生的素质和能力为主要目标。本书在归纳和总结资产评估理论研究成果的同时,比较详细地阐述了各类资产的具体评估方法,并加强了资产评估操作实务的训练,以求为学生进一步发展和深造打下良好的基础。

本书在内容上借鉴了在国外资产评估行业广为流行并被实践证明行之有效的理论和方法,在坚持"洋为中用"原则的基础上,强调对有关理论方法的吸收和在我国具体国情下的应用。

本书在风格和内容体系上强调对高校学生的适用性。本书的作者来自不同的高等院校,并且参与过全国注册资产评估师考试教材的编写和审定工作,此次编写专门针对高等院校的教学特点,对资产评估的知识体系进行了较大的调整,使之更贴近高校教学的需要。

针对资产评估以信息为基础的特征,本书增加了关于评估信息收集和分析方法的内容;针对财务管理学科的专业特征,强调了对于信息的数理分析方法的应用;针对我国资本市场常有一些违规事件和诉讼案件的发生,增加了评估风险防范的内容;针对经济日益国际化的趋势,介绍了国际资产评估准则的有关知识。

本书的内容共有 16 章,可分为五大部分。第一部分包括第一、二章,主要讲述资产评估的基础知识;第二部分包括第三、四章,主要讲述评估信息的收集和分析;第三部分包括第五至十三章的内容,主要讲述各类具体资产及其评估方法,以及最终如何形成评估报告;第四部分包括第十四、十五章,主要讲述评估的职业道德和风险防范的内容;第五部分为第十六章,主要讲述国际资产评估准则的知识。

参加编写的人员有:东北财经大学姜楠撰写第一、二章,吉林大学刘绍收、北京理工大学张雄飞撰写第五章,中国人民大学俞明轩撰写第六、七、八章,中南财经政法大学汪海粟、王同律、文豪、张世如撰写第三、四、十二、十五章,中央财经大学刘玉平和中南财经政法大学汪海粟撰写第九章,中南财经政法大学汤湘希撰写第十、十一章,中锋资产评估公司崔劲撰写第十三章,厦门大学纪益成撰写第十四章,中国注册会计师协会王诚军撰写第十六章。本教材由汪海粟总纂定稿。

在本书的编写过程中借鉴和参考了不少资料,特向其作者,尤其要向资产评估考试教材的作者表示感谢。高等教育出版社在本教材的编写过程中给予了全面支持与帮助,在此,我们表示衷心的感谢。

我们虽认真编写了本书,但因水平有限,疏漏与不足之处在所难免,恳请专家和读者批评指正。

编　者

2002 年 12 月 23 日

目　录

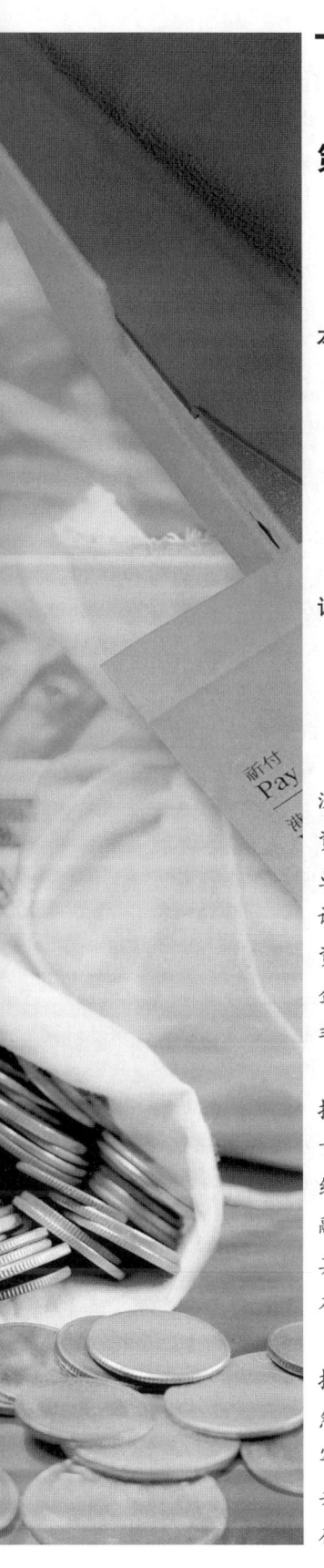

第一章 总论

本章要点

- 资产评估与市场经济的关系
- 资产评估面临的挑战
- 资产评估的价值类型
- 资产评估的一般目的和特定目的
- 资产评估的基本假设和基本原则

评估聚焦

党的二十大后资产评估行业的新机遇与新挑战

资产评估行业发展的新机遇：

第一，在国企改革方面发挥重要作用。党的二十大报告提出，深化国资国企改革，加快国有经济布局优化和结构调整，推动国有资本和国有企业做强做优做大，提升企业核心竞争力。资产评估行业是国有企业改革过程中不可或缺的第三方专业力量，通过专业的评估技术标准、规范的评估程序和充分的评估信息披露，防止国有资产流失，促进国有资产保值增值和国有企业深化改革，助力国有企业提高竞争力。近几年，资产评估行业深度参与了国有企业"两非"剥离、"两资"清退，助力增强国有企业经营效率和活力。

第二，在文化企业效益评估方面发挥重要作用。党的二十大报告提出，繁荣发展文化事业和文化产业，坚持把社会效益放在首位、社会效益和经济效益相统一，深化文化体制改革，完善文化经济政策。资产评估行业的重要工作内容之一便是对文化企业融资、IPO、并购重组、股权激励等经济行为提供价值评估服务，为其提供客观、公正的价值参考，助力文化企业在产权交易市场、资本市场中公平交易，服务文化产业发展和品牌强国建设。

第三，在自然资源价值评估中发挥重要作用。党的二十大报告提出，大自然是人类赖以生存发展的基本条件。尊重自然、顺应自然、保护自然，是全面建设社会主义现代化国家的内在要求。必须牢固树立和践行绿水青山就是金山银山的理念，站在人与自然和谐共生的高度谋划发展。自然资源评估、ESG评估等相关内容的评估在评估行业中应运而生，为评估行业的未来发展提供新的机遇。

资产评估行业发展的新挑战：

第一，政治思想上的新要求。党的二十大后，中国资产评估行业党委研究起草《中国资产评估行业党委工作规则》和《关于加强资产评估行业党建工作指导员队伍建设的意见》，对该行业从业人员的政治判断力、政治领悟力、政治执行力提出了新的要求。中国资产评估行业党委坚持以习近平新时代中国特色社会主义思想为指导，积极响应党的二十大号召，不断完善行业组织体系建设，推进全面从严治党向基层延伸；努力探索行业党建工作新方法新模式新思路，为新经济组织和新社会组织党建工作做出示范；坚持党建与业务同频共振、融合发展，以高质量党建引领行业高质量发展。

第二，技术上的新要求。技术的更新换代，对资产评估行业信息技术的使用提出了新的要求。目前，资产评估行业通过升级"资产评估行业管理统一信息平台"，建设"资产评估机构、资产评估师、评估业务"三大共享数据库；通过制定资产评估执业辅助系统技术标准，引导资产评估机构开展信息化建设；通过构建各级协会信息交流渠道，上线新版中评协办公自动化系统，逐步建设中评协、地方协会统一办公平台，推动实现一体化。未来，资产评估行业需要探索"互联网+"监管模式，组织研究资产评估报告风险指数模型，根据系统显示的有风险的资产评估报告，有针对性地开展检查。基于资产评估业务报备管理系统，对所有备案的资产评估报告进行检索，对其中显示存在风险的报告进行重点检查，加强针对性，提高检查效率，节约检查成本。

第三，专业上的新要求。2022年5月，中共中央办公厅、国务院办公厅印发了《关于推进实施国家文化数字化战略的意见》，提出统筹利用文化领域已建或在建数字化工程和数据库所形成的成果等八项重点任务。2022年12月发布的《中共中央国务院关于构建数据基础制度更好发挥数据要素作用的意见》明确要求，在界定数据生产、流通、使用过程中各参与方享有的合法权利时，应根据数据来源和数据生成特征进行合理的分析和确认，对过程中形成的权利进行界定，决定数据资产评估的对象和范围。上述举措在有助于引导数据评价与价值评估实施工作的标准化、规范化，满足市场交易主体对数据评价与价值评估的需求，推进数据评价与价值评估业务发展的同时，对资产评估人员的专业性、知识涉猎的广泛程度提出了新的要求。

资产评估是市场经济的产物，其业务涉及产权转让、企业重组、破产清算、资产抵押、资产纳税等经济行为。经过一百多年的发展，资产评估已成为在现代市场经济中发挥基础性作用的专业服务行业之一。从事资产评估工作，应了解资产评估定义和与之相关的术语、假设和原则。

第一节 资产评估与现代市场经济

一、资产评估的产生

资产评估是专业机构和评估人员，按照国家法律法规和资产评估准则，根据特定目的，遵循评估原则，依照相关程序，选择适当的价值类型，运用科学方法，对资产价值进行评定和估算的专业服务行为。资产评估活动涉及以下基本要素：一是评估主体,即从事资产评估的机构和人员,他们是资产评估工作的主导者。二是评估客体,即被评估的资产,这是资产评估的具体对象,也称为评估对象。三是评估依据,也就是资产评估所遵循的法律法规、重大合同协议以及取费标准和其他参考依据。四是评估目的,即资产业务引发的经济行为对资产评估结果的要求,或资产评估结果的具体用途。它直接决定和制约资产评估价值类型和方法的选择。五是评估原则,即资产评估的行为规范,是调节评估当事人各方关系、处理评估业务的行为准则。六是评估程序,即资产评估工作从开始准备到最后结束的工作顺序。七是评估价值类型,即对评估价值的质的规定,对选择资产评估参数具有约束性。八是评估方法,即资产评估所运用的特定技术,是分析和判断资产评估价值的手段和途径。以上要素构成了资产评估活动的有机整体。就本质而言,资产评估是对影响资产价值的因素及其变化规律进行的专业分析,这种分析一是要尽可能收集与评估相关的各种信息,做到持之有故;二是要坚持实事求是,具有去粗取精、去伪存真的分析能力,做到言之有理;三是评估人员和评估机构应对其做出的专业判断承担相应的责任。

资产评估在世界范围内有着悠久的历史,它是商品经济发展到一定阶段的产物。传统意义上的资产评估起源于以物易物的简单商品交换时期,中国古代就有专门为牲畜交易进行估价的职业。随着商品生产和交换的出现和发展,等价交换原则在客观上要求合理评估商品的价值,由此产生了早期的资产评估。不过当时的评估具有直观性、偶然性和非专业性的特点。现代意义的资产评估行业是工业革命的产物,伴随着市场经济的发展和成熟而成长壮大。在市场经济条件下,不仅存在个人或家庭之间的交易行为,企业间的产权交易行为也经常发生,在这些产权交易中,资产的交易价格可能偏离账册记录的价值,因而产生了由持公正立场和具有专业胜任能力的机构为特定资产评估定价的有效需求。于是,专业的资产评估活动应运而生,并随之引入各类科学技术知识,逐步成为市场经济正常运行不可或缺的重要组成部分。

资产评估活动最初只为商品交易行为服务。随着社会经济发展,与资产重新作价有关的经济活动不断扩展,例如资产抵押和质押、财产投保与理赔、征收财产税、企业承包经营及法律诉讼等,相应需对抵押物和质押物、投保的财产物资、征税与承包经营的资产、涉讼财产等进行评定估价,其服务对象不单是资产的买卖者,还包括政府部门、金融及保险产业等相关利益者。业务范围的扩展,也促进了资产评估行业的持续发展。

1868年英国皇家特许测量师协会正式成立,是资产评估成为现代意义上的专业服务行业的重要标志。随后,美国、澳大利亚、加拿大等国资产评估业也跟进发展,相应成立了协会或学会等专业性组织,对评估业实行自律性行业管理。20世纪40年代以后,有关国家的行业协会组织陆续制定了行业评估准则、职业道德守则及执业检查和处罚程序等管理制度。随着资产评估活动的专业性加强,其在市场经济中的重要性也越来越突出,特别是通过资产评估反映资产现行价值的专业功能得到了越来越广泛的认可。20世纪80年代以来,许多发展中国家在经济发展和体制变革的过程中重视资产评估在反映资产现行价值、维护各方权益等方面的重要作用,积极引进资产评估理论与方法,大力培育和发展本国的资产评估业。经济的全球化促进了评估业的国际交流,1981年成立的国际评估标准委员会,标志着资产评估业开始成为一个国际性行业。各国政府越来越重视发挥资产评估业在市场经济中的专业服务功能,如波兰等国规定在出售政府资产前必须进行资产评估,马来西亚政府专门规定上市公司在海外收购企业或资产须先由具有资格的评估师进行评估。同时,为保障公共利益,避免因评估失当给社会带来危害,相关国家政府也加强了对资产评估行业的监管。

二、资产评估的种类和特征

(一) 资产评估的种类

由于资产种类的多样化和资产业务的多样性,资产评估也相应具有多种类型。

(1) 按资产评估工作的内容分类,可具体分为评估、评估复核和评估咨询。评估是指正常情况下的资产评估。评估复核是指对其他评估师出具的评估报告进行评判分析的行为和过程。评估咨询是一个较为宽泛的术语。确切地讲,评估咨询主要不是对评估标的物价值的估计和判断,它更侧重于评估标的物的利用价值、利用方式、利用效果的分析和研究。

(2) 按资产评估与评估准则的关系分类,可具体分为完全评估和限制评估。完全评估一般是指完全按照评估准则或规定进行的资产评估。限制评估一般是指根据背离条款,或在允许的前提下未完全按照评估准则或规定进行的资产评估,评估结果受到某些特殊因素的影响。

(3) 按资产评估对象及适用原则分类,资产评估具体可分为单项资产评估和整体资产评估。对以单项可确指的资产为对象的评估称为单项资产评估,单项资产评估的范围大致包括:机器设备评估、土地使用权评估、建筑物评估、可确指无形资产评估等。单项资产评估适用于与其相适应的评估原则,例如,预期原则、供求原则等。对若干单项资产组成的资产综合体所具有的整体生产能力或获利能力的评估称为整体资产评估。最为典型的整体资产评估是企业价值评估。整体资产评估适用于预期原则及贡献原则等。

(二) 资产评估的基本特征

理解和把握资产评估的特征,有利于进一步认识资产评估的实质,对于搞好资产评估工作,提高资产评估质量具有重要意义。一般来说,资产评估具有以下特征:

1. 专业性

资产评估行业具有知识和技术密集的特征,是在市场经济中起基础性作用的专业服务行业的重要组成部分。该行业的价值发现、价值衡量和价值管理的功能促进了生产要素的合理配置和市场机制的完善。正是评估活动的专业性,才使资产评估具有降低交易费用的功能。因此,专业性是资产评估行业存在并持续发展的基础。资产评估行业的专业性要求从事资产评估的机构应由一定数量和不同类型的专家及专业人士组成。一方面,这些资产评估机构形成专业化分工,便于评估活动专业化;另一方面,评估机构及其评估人员对资产价值的估计判断也基于其具备的专业技术知识和经验。

2. 咨询性

咨询性强调资产评估是为资产价值提供专业判断,该判断本身并无强制执行的效力。资产评估师需要对评估活动合乎职业规范要求负责,而不对资产业务定价决策负责。事实上,资产评估为资产交易提供的估价往往被当事人作为要价和出价的参考,最终的成交价取决于当事人的决策动机、谈判地位和谈判技巧等综合因素。

3. 独立性

这里的独立性包括两重含义:一是评估机构是独立的,在组织上应该是不隶属、不挂靠、不依附具有评估业务利益相关性的政府部门或企业单位的独立法人。二是评估人员独立执业。评估人员在执业过程中,不为行政干预或当事人意志所左右,对被评估对象的价值做出专业判断。

三、资产评估在我国经济转型中的地位和作用

我国经济体制改革的基本目标就是要建立和完善社会主义市场经济体制。完善的市场经济体系包括要素市场、商品市场和资本市场。这些市场的形成与发展都必须以科学的资产评估作为基本条件之一。只有在资产评估的基础上,各种交易或交换才能更加公平、合理,规范的市场体系才有可能逐步建立。资产评估是市场经济发展到一定阶段的产物,但它反过来又服务于市场经济建设,对市场经济建设起促进作用。这些作用具体表现在以下几个方面:

第一,可以促进国有企业的改革和国有经济的战略性重组。在经济转型中,资产评估为国有企业的兼并、改制、重组、拍卖、租赁、破产、抵押、担保等涉及产权变动的经济活动提供了价值鉴证服务,促进了国有企业改革的顺利进行,推动了国有经济的战略性重组。首先,在国有企业改革过程中,资产评估在防止国有企业经营者的寻租行为,避免非国有主体对国有资产的侵害等方面可以发挥重要作用。其次,国有企业改革和国有经济的战略性调整必然涉及大量产权变动行为,而这些资产缺少市场定价依据,资产评估通过模拟市场条件,为这些资产定价提供了参考依据,推动了国有企业改革和国有经济重组的顺利进行。最后,通过资产评估促进存量国有无形资产资本化,为解决国企亏损、银行坏账和社保负担创造了条件。

第二,有助于改善企业经营管理和加快现代企业制度的建立。虽然我国企业资产管理采用了现代财务制度和统计制度,但是由于现代会计体系以历史成本为记账基础,难以及时正确地反映资产价值的实际变化,以致企业资产账面价值偏离实际价值,从而不利于企业资产管理和技术改造。通过对企业资产进行评估,可以正确地了解资产的使用价值、现时性能、功能损耗、获利能力,从而有助于经营者和管理人员针对资产存量和流量中存在的问题采取合理对策,实施有效的经营管理措施。此外,良好的经营管理是建立在现代企业制度基础之上的。建立现代企业制度的基本途径之一就是对传统企业组织方式进行股份制改造。这一过程中,资产评估就成为加快现代企业制度创建的必要手段与环节。

第三,可以促进我国资本市场的发展。发展多层次资本市场是中国政府深化改革的一项重要措施。在市场经济条件下,企业仅依靠自身的资金无法满足发展的需要,还必须通过发行股票、债券,以及取得贷款等方式筹资。资产评估为降低资本市场的交易成本、促成这些交易的达成提供了条件。中国资本市场的发展与繁荣和企业改制上市分不开,按照相关规定,企业在改制上市前,应对其全部资产进行评估,以评估后的净资产为改制依据。股东用实物资产追加投资时,也必须经评估后方可折成股份。

第四,有助于维护市场经济秩序,促进多种经济成分的共同发展。在改革开放过

程中,中国的资产评估行业积极为各种经济成分提供评估和其他咨询服务,有效地维护了各类企业的合法权益。近年来,涉及非国有资产的评估业务呈现逐年增加的趋势。在涉及国有资产的评估项目中,也存在大量国有经济与非国有经济之间的交易。市场经济的基本规律要求商品的交易,尤其是资产的交易必须公平公正。资产评估正是以其中介的身份为交易的双方提供客观公正的专业咨询意见,减少了经济运行的交易成本,规范了交易行为,维护了市场经济的正常运行。

第五,有利于提高对外开放的质量,增强对外资的吸引力。我国对外开放政策吸引了大批外商来我国投资,为弥补我经济发展中资金不足和提高生产经营水平起到了重要作用。近年来,随着综合国力的增强,中国企业在海外的投资也迅速增加。通过广泛开展与强化资产评估,不仅有利于克服对外方资产信息不对称的问题,也有助于防范中方资产流失的风险,进而规范和促进该类经济活动,提高对外开放的质量。

第六,有利于促进高新技术成果的转化。现代市场经济要求通过对专利、专有技术、商标、计算机软件等各种无形资产的评估,保护知识产权所有人的合法权益,促进高新技术成果的转化。资产评估的内容之一就是对专利技术、商标权和著作权等知识产权的评估。在进行知识产权转让和涉及知识产权的诉讼案件中,难点问题之一就是如何评定知识产权的价值或因知识产权受到损害所蒙受损失的价值。只有科学评估知识产权的价值,才能依法有效处理涉及知识产权的经济问题与司法问题。随着知识产权交易和涉及知识产权案例的大量增加,资产评估在这一领域将发挥越来越重要的作用。

四、我国资产评估行业面临的机遇和挑战

我国资产评估行业正因评估对象复杂化、评估业务多样化、评估信息海量化、评估路径模糊化和评估行业细分化,而面临前所未有的机遇和挑战。

(一)评估对象复杂化要求强化评估的系统性

评估对象的复杂化既有技术进步和市场深化的原因,更是我国经济转轨特殊性使然。与生态资产和数据资产等新兴资产的出现高度相关的技术进步,促使人们反思资产的内涵和外延。资产评估不仅涉及评估对象经济价值的判断,还涉及评估对象技术价值的测度,所以资产评估具有交叉学科的性质。只有与时俱进,响应上述新兴资产评估的需求,才能提高评估行业的影响力和竞争力。市场深化则主要与评估对象的产权结构相关,所以《中华人民共和国企业国有资产法》认为企业国有资产是国家对企业各种形式的出资所形成的权益。因此,关于出资,会涉及出资形式、出资内容和出资条件的界定。关于权益,按产权结构,涉及完全产权、组合产权、单项产权;按利益主体,涉及国家权益和职工权益;按历史变迁,涉及公私合营产权、劳动服务公司产权、集体企业产权、买断与非买断身份产权;按权利性质,涉及控制性产权和流动性产权。由于有关部门并未对以上问题发布司法解释,因而评估实践将难以回避以上难题。所以需要实施跨行业和多领域的合作,并就相关问题组织联合研究,形成具有实用价值的问题解决方案。

(二)评估业务多样化要求实现学科间的协同

自 20 世纪 80 年代末以来,我国资产评估行业在促进改革开放和防止国有资产

流失中发挥了重要的作用。随着国有经济成分在国民经济中相对下降,以及非国有经济的迅速发展,资产评估业形成了传统业务和新兴业务并存、鉴证业务和咨询业务并存、改制业务和重组业务并存、国内业务和跨国业务并存的格局,并呈现此消彼长的态势。这至少引发了三大理论思考:首先,资产评估的产品属性,到底是公共产品,还是私人产品,或是准公共产品。其次,资产评估师的立场界定。资产业务涉及多元利益主体,资产评估师是否独立,能否独立,如何独立。最后,资产评估的市场边界。在开放市场条件下,市场价值的边界是一地、一国,还是跨境跨国。这些问题涉及经济学、法学、地理学和管理学的相关分支,需要形成多学科协同攻关的机制,以优化对同一现象研究的有机联系。

(三)评估信息海量化要求大数据技术的运用

在互联网时代,资产评估所依据的信息具有以下特点:既有卖方信息,又有买方信息;既有宏观信息,又有微观信息;既有经济信息,又有技术信息;既有定性信息,又有定量信息;既有内源信息,又有外源信息;既有免费信息,又有收费信息。信息时代的资产评估活动或多或少陷入了海量信息的陷阱。如何在有限时间、有限资源和有限智慧的约束下甄别和使用有效信息已成为资产评估中的"哥德巴赫猜想"。在实践操作中,我们不得不在动态与静态、有限理性与信息缺失以及交易费用与管理费用之间寻求利益相关者可以接受的均衡。近年来关于大数据技术的研究和运用使得资产评估学科将出现颠覆性创新。

(四)评估路径的模糊化要求促进基础理论变革

我国资产评估行业曾就"市场价值"与"市场价值以外的价值"的划分,以及评估目的与评估方法的关系进行了富有成效的讨论,资产评估准则已接受了两种"价值"的解释,但三种评估路径间的关系依然是资产评估界面临的难题。首先,尽管三种路径均受结构、市场和预期的约束,评估结果在既定条件下具有趋同的可能性,但约束的性质、范围和强度仍然存有差异。关于结构,既有实体结构和价值结构之分,又有内部结构和外部结构之分;关于市场,既有要素市场和产品市场之分,又有货币市场和资本市场之分;关于预期,既有卖方预期和买方预期之分,又有理性预期和非理性预期之分。显然,我们有必要理清三种路径与多重约束间的关系,进而使资产评估的认识路线更清晰、更合理。

上述问题既涉及资产评估研究对象的界定,又涉及该对象运动规律的探寻,还涉及在既定规律下方法和关系的动态优化。我们相信,为中国市场经济建立和优化做出过重大贡献的资产评估行业从业人员和理论工作者一定会在分析和解决这些问题上有所作为。

五、资产评估与其他专业服务的关系

资产评估作为产权交易市场上的重要专业服务,与其他相关专业服务之间形成了分工合作关系,共同服务于资产和产权交易体系,其中包括会计师提供的审计服务、律师提供的相关法律服务和由上市公司专业服务机构(如券商)提供的专业服务等,近几年还和知识产权顾问、行业顾问等服务产生了较强的相关性。下面分别对资产评估与审计、法律服务和上市公司专业服务之间的关系进行分析。

（一）资产评估与审计的关系

资产评估与审计是既有联系又有区别的两个专业服务活动。讨论它们之间的关系,一是要明确它们在资产业务中因专业分工而产生的内在联系。审计提供以事实判断为主要内容的服务,而资产评估则提供以价值判断为主要内容的服务,它们都是现代市场经济赖以正常运行的基础性服务行业。二是要明确它们之间因工作性质、专业知识和执业标准的不同而产生的区别。

从我国的实际情况来看,资产评估与审计的联系主要表现在以下几个方面:

(1) 资产评估中的资产清查阶段包括对委托方申报的评估对象进行核实和界定,有相当部分工作采用了审计的方法,具有"事实判断"的性质。

(2) 根据我国现行资产评估法规要求,流动资产及企业负债也被纳入企业价值评估范围,而流动资产和负债的评估有相当部分可借鉴审计的方法进行。

(3) 在企业价值评估中,经审计后的企业财务报表及相关数据可以作为企业价值评估的基础数据。具有事实判断功能的审计报告是做出价值判断的评估报告的基础,同时评估报告结果在获得认定和财务规则许可的情况下,可以成为会计调账的基础。

资产评估与审计虽同为专业服务性质活动,但两者有一些区别,它们的区别主要为:

(1) 审计是在现代企业两权分离背景下产生的旨在对企业财务报表所反映的企业财务状况和经营成果真实性和公允性做出事实判断的专业活动。资产评估是适应资产交易和产权变动的需要,旨在为委托人与有关当事人的被评估资产做出价值判断的专业活动。

(2) 审计人员在执业过程中,要自始至终贯彻公证、防护和建设三大专业原则,而资产评估人员在执业过程中则必须遵循供求、替代、贡献、预期等基本技术经济原则。

(3) 审计工作是以会计学、税法及其他经济法规等知识为专业知识基础,而资产评估的专业知识基础,除了由经济学、法律、会计学等知识组成外,工程技术方面的知识也是其重要的组成部分。

(4) 审计主要是对会计报告的审计,为保证会计信息的公允可靠,审计对业务的处理标准,特别是资产的计价原则与会计是同一的,而与资产评估大相径庭。资产评估在资产计价原则和技术标准等方面与审计有着质的区别,例如,市场价值与历史成本等。

（二）资产评估与法律服务的关系

资产评估在产权交易过程中,会涉及和律师提供的法律专业服务的合作,双方共同服务于资产的交易过程和结果,都会对整个资产交易产生重大影响。

资产评估和涉及资产交易的法律服务存在以下联系:

(1) 资产评估在进行实际操作时,需要考虑法律方面的因素,例如资产的所有权、合规性、法律风险等。在这种情况下,资产评估师需要依赖法律专家提供司法上的专业鉴定意见以确保评估结果的合法性,避免因产权纠纷导致的相关风险。

(2) 当法律的一些相关特殊规定可能会直接或间接地影响资产的价值时,资产评估师需要法律专家的专业判断为评估假设和参数提供支撑。例如,法律限制或影响某些资产的使用、转让或处置方式,或对资产的使用年限进行限定等,都会对资产评估得出的结果造成影响。

资产评估和涉及资产交易的法律服务存在以下区别:

(1)资产评估通常由资产评估师或专业评估机构进行,对各种类型的资产进行评估,包括实物资产、金融资产以及无形资产等。而法律服务是由律师或法律顾问提供,专注于法律问题,涵盖广泛的法律领域,包括合同法、知识产权法、公司法等。

(2)资产评估的主要目的是确定资产的价值、收益能力和潜在风险,以便做出相应的决策,侧重于对资产进行定量和定性分析。而法律服务的重点是提供法律意见和建议,解决涉及法律问题和法律风险的疑问,主要关注法律的适用性、合规性和法律风险管理。

(三)资产评估与上市公司专业服务的关系

当资产评估涉及上市公司的相关业务时,就必须和承担企业上市、并购或再融资的服务机构产生合作关系,两者间的合作是推进上市公司相关融资或资产交易业务顺利进行的必要条件。

资产评估和涉及资产交易的上市公司专业服务存在以下联系:

(1)上市公司专业服务机构需要资产评估报告来了解客户目前的资产状况、资产价值和潜在风险,以便为客户提供投资建议和交易服务。资产评估的结果是上市公司专业服务机构为有关客户提供资产配置和投资决策的重要信息来源之一。

(2)资产评估提供的专业判断是上市公司专业服务机构确定资产市场价值的重要参考来源之一,方便其在交易过程中,决定交易价格、交易策略和交易时机等。

资产评估和涉及资产交易的上市公司专业服务存在以下区别:

(1)资产评估的主要目的是确定资产的价值、收益能力和潜在风险,以便做出相应的决策,侧重于对资产进行分析。而上市公司专业服务的重点是进行证券市场交易和提供相关服务,包括交易执行、投资建议和经纪服务等,评估产生的专业结果只是其服务中的一个重要参考因素。

(2)资产评估通常由资产评估师或专业评估机构负责进行,他们的职责是独立评估资产的价值和风险。而上市公司专业服务机构的职责是提供证券交易服务,包括执行交易、提供投资建议和研究报告等。

(3)资产评估的范围更广泛,包括各种类型的资产,无论是实物资产、金融资产还是无形资产。而上市公司专业服务主要涉及证券市场交易和投资相关的服务,更多关注于证券市场的操作和金融产品的交易。

第二节　资产评估的对象

一、资产

由于资产评估与会计业务高度相关,所以有必要了解会计学关于资产的定义和分类。会计学认为,资产是指经济主体拥有或控制的,能以货币计量的,能够给经济主体带来经济利益的经济资源。其基本特征可以归纳为以下几点:

(1)资产必须是经济主体拥有或者控制的。依法取得财产权利是经济主体拥有并支配资产的前提条件。对于一些以特殊方式形成的资产,经济主体虽然对其不拥有完全的所有权,但依据合法程序能够实际控制的,如融资租入固定资产、土地使用权等,按照实质重于形式原则的要求,也应当将其作为经济主体资产予以确认。

（2）资产必须能以货币计量。也就是说资产价值能够用货币进行计量,否则就不能作为资产确认。

（3）资产是预期能够给经济主体带来经济利益的资源,即预期能给经济主体带来现金和现金等价物的资源。也就是说,资产具有能够带来未来利益的潜在能力。如果被恰当使用,资产的获利潜力就能够实现,进而使资产具有使用价值和交换价值。具有使用价值和交换价值,并能给经济主体带来未来效益的经济资源,才能作为资产确认。

作为资产评估客体的资产,存在形式是多种多样的,为了科学地进行资产评估,可对资产进行适当的分类:

按资产存在形态,可以分为有形资产和无形资产。有形资产是指那些具有实体形态的资产,包括机器设备、房屋建筑物、流动资产等。由于这类资产具有不同的功能和特性,在评估时应分别进行。无形资产是指那些没有实物形态,但在很大程度上制约着企业物质产品生产能力和生产质量,直接影响企业经济效益的资产,主要包括专利权、商标权、非专利技术、土地使用权、商誉等。

按资产是否具有综合获利能力,可以分为单项资产和整体资产。单项资产是指单台、单件的资产;整体资产是指由一组单项资产组成的具有整体获利能力的资产综合体。

按资产能否独立存在,可以分为可确指的资产和不可确指的资产。可确指的资产是指能独立存在的资产,前面所列示的有形资产和无形资产,除商誉以外都是可确指的资产;不可确指的资产是指不能脱离企业有形资产而单独存在的资产,如商誉。商誉是指企业基于地理位置优越、信誉卓著、生产经营出色、劳动效率高、历史悠久、经验丰富、技术先进等原因,所获得的投资收益率高于一般正常投资收益率所形成的超额收益资本化的结果。

按资产与生产经营过程的关系,可以分为经营性资产和非经营性资产。经营性资产是指处于生产经营过程中的资产,如企业中的机器设备、厂房、交通工具等。经营性资产又可按是否对盈利产生贡献分为有效资产和无效资产。非经营性资产,是指处于生产经营过程以外的资产,如部分国有企业所有的不直接参加或服务于生产经营的资产,例如幼儿园、学校、招待所等纯福利设施等。

但在以企业作为主要对象的专业评估中,除了依据财务报表对资产进行基于会计学的分类,还应根据相关利益群体的要求,超越会计学的规定,对资产展开下述讨论:

一是有效资产与无效资产。资产是效用的函数,资产负债表可以反映资产的数量,但未必能按效用的状况反映资产的质量。资产的效用取决于初始投资、使用方式、时间演进和竞争格局。投资失误可能导致资产无效,使用不当可能导致资产低效,时间变迁可能导致资产失效,竞争加剧可能导致资产短效。当然上述四项因素也会导致资产效用的改良和提升。

二是创利资产和保值资产。企业的生产经营活动其实就是对市场信号和政府政策微观反映的结果。考虑到未来的不确定性,企业投资者通常会对资产进行创利和保值的配置。创利资产是企业生产经营活动直接或间接消耗的资产,不论其是否能带来利润,逐利是其存续的逻辑起点,该类资产一般因专业化配置具有变现难和风险高的特征。保值资产是企业基于通胀预期和变现要求而持有的以不动产为主的资产,尽管这类资产对企业即期的利润无贡献,甚至是负贡献,但在被交易多方认可的特定假设下,也有增值和溢价的空间。

三是幼稚资产与成熟资产。由于企业的资产受产品和技术寿命周期的影响呈现明显的周期性特征,所以有幼稚和成熟之分。幼稚资产是指处于寿命周期早期,存在技术改进空间和市场拓展余地的资产,例如某些技术专利,尚未大规模生产并为市场所接受,但其先进性和新颖性已为专家认可,具有可以预期的市场前景,我们可将其界定为幼稚资产。反之,我们可称之为成熟资产,具有代表性的是企业可确定和可持续的关系类无形资产。

四是常规无形资产与非常规无形资产。现代企业具有消耗有形资产,借以形成无形资产的性质,其核心竞争能力是以与企业历史和人力资本高度相关的无形资产为基础的。会计学虽然也关注无形资产,但受以机器和机器体系作为关键因素的产业革命的奠基性影响,其不仅对以专利和商标为代表的常规无形资产存在界定和计量的障碍,而且对以企业资质、人力资本、客户关系等为代表的非常规无形资产鞭长莫及。

二、产权

《国际资产评估准则》在讨论资产定义时强调资产的权利特征,并认为这些权利可以有不同排列和组合,所以就有了单项权利和成组权利的表述。其实,人们经常谈及的产权就是资产所有权不同权能的排列与组合,技术的进步和市场的深化不仅使得这种排列与组合的多样化成为必要,而且使之成为可能。一是专业化分工诠释了权利分享优于权利独占的本质;二是社会契约为权利分享提供了制度保障;三是市场机制在加速上述多样化的同时,也为判断产权价值的专业活动创造了需求,资产评估行业的问世正是顺应市场需求的产物。基于这种认识,资产评估必须关注被评估资产的产权属性。

首先,应关注被评估资产的产权内容。由于资产产权既可以解构,又可以重构,根据系统理论中结构决定功能的观点,只有了解被评估资产既定的产权结构,才能较为合理地判断该项权利或权利束的价值。关于产权解构,一是基于分治,例如现代公司治理制度将生产资料的所有权分解为最终产权与法人产权,房屋租赁协议将房屋的所有权分解为出租人权利和承租人权利,分治是市场配置资源的机制和专业化分工共同作用的结果。二是基于分享,在转型经济中,利益多元和产权模糊的矛盾由于历史和技术的原因而难以避免,分享成为解决上述矛盾的理性选择。在国有企业改革中利用国有存量资产促进职工身份转换的实践表明,国家因对国有企业职工的历史责任而不得不与其分享权利。关于产权重构,一是解构决定重构,解构使产权主体具备了重构的能力和动力。二是权利主体和生产要素主体之间的博弈导致权利结构的变革,我们不仅可以看到基于同一资产的不同权利主体之间通过契约实现权利此消彼长的结构变化,如企业控股权的转换。而且还可以看到生产要素在生产经营过程中对收益贡献的强弱交替引起的权利重组,如公司章程可以对收益分配的规则和比例进行修改。三是经济转型的过渡性特征使得产权重组相对频繁,由计划经济模式向市场经济模式转变的核心内容是产权制度的变革。既然事物变化需要服从由渐变到突变、由量变到质变的规律,那么,在这一过程中产权的渐进重组就是在所难免。我国资本市场上曾经出现的同股不同权,同股不同市,同股不同价的制度安排要求产权渐进重组;商标权和商号因管理级次差异引起的权利冲突也要求修改现行规章,以理顺产权关系。

其次,应关注被评估资产的产权限制。资产的评估价值是资产评估师对被评估资产在模拟条件约束下基准日成交价格的专业判断,所以资产评估师除清楚被评估资产的技术限制外,还应了解被评估资产的权利限制。后者主要表现为权利的时间约束、空间约束和规制约束。所谓时间约束,是指基于资产的权利时效或受制于契约安排,或受制于法律规定。所谓空间约束,是指资产权利因空间壁垒或受到保护,或受到限制。所谓规制约束,是指权利的行使既与被评估资产权利的内部约定相关,同时也与该项权利赖以实现的外部规制相关。

再次,应关注被评估资产可能存在的产权瑕疵。产权瑕疵有显性和隐性之分,产权的显性瑕疵是指被评估的资产已经存在产权纠纷,而产权的隐性瑕疵是指被评估资产存在的或有纠纷。

最后,应关注资产权属的说明。资产评估报告负有产权状况描述、产权状况假设和产权状况提醒的责任。产权状况描述要求在产权关系清楚,且资产业务当事人各方声明对产权并无疑义的前提下,对被评估资产产权内容、产权限制和产权瑕疵所做出的说明。产权状况假设是指资产评估师或因委托方要求为被评估资产设置产权假设,或因评估条件的制约,不能清楚描述被评估资产的权属,按照有关资产评估准则,对被评估资产的产权内容、产权限制和产权瑕疵所做的假设。这种假设一是确定资产评估的前提条件,二是防范有关方面对评估报告的不当使用。产权状况提醒是指就被评估资产已经或可能存在的权属问题,这是对评估业务委托方和评估报告使用者给予的标准提示,以免产生风险和歧义。

第三节　资产评估的价值类型和评估目的

一、资产评估的价值类型

(一) 资产评估的价值类型的含义及其种类

资产评估的价值类型是指资产评估结果的价值属性及其表现形式。不同的价值类型从不同的角度反映资产评估价值的属性和特征。不同属性的价值类型所代表的资产评估价值不仅在性质上是不同的,而且在数量上往往也存在着较大差异。资产评估的价值类型的形成,不仅与引起资产评估特定经济行为的原因,即资产评估特定目的有关,而且与被评估对象的功能、状态、评估时的市场条件等因素有着密切的关系。根据资产评估特定目的、被评估资产的功能状态,以及评估时的各种条件合理地选择和确定资产评估的价值类型是资产评估中的关键工作之一。由于所处的角度不同,以及对资产评估价值类型理解方面的差异,资产评估的价值类型主要有以下几种：

一是以资产评估的估价标准形式表述的价值类型，具体包括：重置成本、收益现值、现行市价（或变现价值）和清算价格四种。

二是从资产评估假设的角度来表述资产评估的价值类型，具体包括：继续使用价值、公开市场价值和清算价值三种。

三是从资产业务的性质来划分资产评估的价值类型，具体包括：抵押价值、保险价值、课税价值、投资价值、清算价值、转让价值、保全价值、交易价值、兼并价值、拍卖价值、租赁价值、补偿价值等。

四是以资产评估时所依据的市场条件，以及被评估资产的使用状态来划分资产评估结果的价值类型，具体包括市场价值和市场价值以外的价值。

上述四种分类各有特点：

第一种划分方法基本上承袭了现代会计理论中资产计价标准的划分方法和标准，将资产评估与会计的资产计价紧密地联系在一起。

第二种划分方法有利于人们了解资产评估结果的假设前提条件，同时也强化了评估人员对评估假设前提条件的运用。

第三种划分方法强调资产业务的重要性，认为有什么样的资产业务就应有什么样的资产价值类型。

第四种划分方法不仅注重了资产评估结果的适用范围与评估所依据的市场条件及资产使用状态的匹配，而且通过资产的市场价值概念的提出，树立了一个资产公允价值的坐标。资产的市场价值是资产公允价值的基本表现形式，市场价值以外的价值则是资产公允价值的特殊表现形式。

对资产价值进行合理分类主要有两个层面的目的：第一，为科学合理地进行资产评估提供指引。第二，使资产评估报告使用者能正确理解和恰当使用资产评估结果。从这个意义上讲，将资产评估价值划分为市场价值和市场价值以外的价值更有利于实现划分资产评估价值类型的目的。

（二）关于资产评估中的市场价值与市场价值以外的价值

《国际评估准则》（International Valuation Standards）对资产评估中的市场价值与市场价值以外的价值进行了专门界定。市场价值被定义为："自愿买方与自愿卖方在评估基准日进行营销达成的公平交易中，某项资产或负债应该交换的价值的估计数额，当事人双方应当各自充分知情、理性行事，且未受强迫。"该准则对市场价值还进行了补充说明，例如"估计数额"是指资产在公平市场交易中以应付货币表示的价格；"某项资产或负债应该交换"是指资产或负债为一个估计金额，而不是事先确定的金额或实际销售的价格，并强调资产的市场价值将反映其最高最佳用途，即资产在法律上许可、技术上可能和财务上可行的前提下最大化使用其潜力。

《国际评估准则》并没有直接定义市场价值以外的价值，而是列举了市场租金、公平价值、投资价值、协同价值和清算价值等价值类型，并以"其他价值类型"的方式分别介绍了国际财务报告准则对公允价值的定义，以及经济合作与发展组织对公允市场价值的定义。投资价值是一项资产对于特定所有者或预期所有者针对投资或运营目标的价值，仅反映特定实体持有该资产可获得的经济利益。协同价值是两项或多项资产或利益合并后的价值，该价值通常大于单项资产和权益的价值之和。如果协同仅适用于某一特定买方,则协同价值将不同于市场价值,因为协同价值反映该资产对某一特定买方的特别贡献。清算价值是一项资产或一组资产以件为基础在有序交易或强制交易两种不同前提下出售时实现的数值,应考虑使资产达到可出售条件和处置活动的成本。公平价值是在已确认、了解情形的并有资源交易愿望的交易双方中转移一项资产或负债时估计的价格,相关方的利益分别得到体现。人们普遍认为公平价值是比市场价值更宽泛的概念。尽管在许多情形下,双方达成的公允价格等于市场上可获取的价格,但公平价值的评估也存在考虑并购活动协同因素的情形,例如出租方和承租方视为公平的资产永久转让或租赁债务豁免价格就不一定等于市场价格。

虽然《国际评估准则》并未单独列示在用价值,但该准则通过对最高最佳用途、现状用途及现有用途、有序清算和强制清算等价值前提的规定表明在用价值依然客观存在,在用价值是指作为企业组成部分的特定资产给其所属企业能够带来的价值,而并不考虑该资产的最高最佳用途或资产变现的情况。

(三)明确资产评估中不同价值类型的意义和作用

选择资产的市场价值与市场价值以外的价值作为资产评估中最基本的资产价值类型具有重要意义。资产评估作为一种专业中介性服务活动,它对客户和社会提供的服务是一种专家意见及专业咨询,这种意见或咨询能对客户的某些行为起到指导作用,应防止和杜绝提交可能造成客户误解、误用或误导的资产评估报告。就一般情况而言,资产评估机构和评估人员主观上并不愿意提交可能会对客户及社会造成误解、误用或误导的资产评估报告。但在资产评估实践中,经常出现评估人员并不十分清楚所做的资产评估结果的性质、适用范围等,以致在资产评估报告中未给予充分的说明。而客户或评估报告使用者未必都是专业人员,他们对评估结果的理解和认识主要源于评估报告的内容。资产评估报告中任何概念的模糊或不合理,都会造成客户及社会对评估结果的误解。所以资产评估结果价值类型的科学分类和解释具有重要的作用。而关于资产的市场价值和市场价值以外的价值概念及分类,正是从资产评估结果的适用范围和使用范围限定方面对资产评估结果进行分类。因此,这种分类方法符合资产评估服务于客户和服务于社会的内在要求。其意义和作用具体体现在以下几个方面:

(1)这种分类方法和概念的界定有利于评估人员对评估结果性质的认识,便于评估人员在撰写评估报告时更清楚明了地说明评估结果的确切含义。只有评估人员自己充分认清所做评估结果的性质,才可能在评估报告中充分说明这个评估结果。当然,只有一份结果阐述明确的评估报告才能使客户受益。

(2)这种分类方法及概念界定便于评估人员划定评估结果的适用范围和使用范围。资产评估结果的适用范围与评估目的所要求的评估结果用途的匹配和适应程度,是检验资产评估科学性和合理性的首要标准。把评估结果按资产的市场价值和市场价值以外的价值分类,可以决定评估的适用范围,便于评估人员将其与特定的评估目的相对照。资产评估结果的使用范围关系到评估结果能否被正确使用,对于大多数评估报告使用者来说,他们未必清楚了解不同价值类型的评估结果都有其使用范围的限定,限定评估结果的使用范围的责任应由评估人员承担,评估人员应在评估报告中将评估结果的使用范围给予明确的限定。

一般而言,属于市场价值性质的资产评估结果主要适用于产权变动类资产业务。在特定评估时点的公开市场上,资产的市场价值对于潜在的买者或卖者来说都是相对公平合理的。属于市场价值以外的价值的评估结果,既适用于产权变动类资产业务,同时也适用于非产权变动类资产业务。在评估时点,资产的市场价值以外的价值只对特定的资产业务当事人来说是公平合理的。资产评估结果公平合理性所能涵盖的范围基本上就限定了评估结果的适用范围和使用范围。

总之,按市场价值和市场价值以外的价值将评估结果分为两大类,旨在合理和有效限定评估结果的适用范围和使用范围。因此,把评估结果分为市场价值和市场价值以外的价值两大类是相对合理和便于操作的。

二、资产评估的目的

资产评估的目的有资产评估一般目的和资产评估特定目的之分。资产评估一般目的包含资产评估特定目的,而资产评估特定目的则是资产评估一般目的的具体化。

(一)资产评估的一般目的

资产评估的一般目的或资产评估的基本目标是由资产评估的性质及其基本功能决定的。资产评估作为一种专业人士对特定时点及特定条件约束下资产价值的估计和判断的社会中介活动,它一经产生就具有了为委托人以及资产交易当事人提供合理的资产价值咨询意见的功能。不论是资产评估的委托人,还是与资产交易有关的当事人,他们所需要的无非是评估人员对资产在一定时间及一定条件约束下资产公允价值的判断。如果我们暂且不考虑资产交易或引起资产评估的特殊需求,资产评估所要实现的一般目的只能是资产在评估时点的公允价值。

公允价值是会计、资产评估等专业和行业广泛使用的专业术语。从资产评估的角度,公允价值是评估人员根据被评估资产自身的条件及其所面临的市场条件,对被评估资产客观交换价值的合理估计值。公允价值与相关当事人的地位、资产的状况及所面临的市场条件相吻合,且既未损害各当事人的合法权益,亦未损害他人的利益。

(二)资产评估的特定目的

资产评估总是为满足特定资产业务的需要而进行,在这里资产业务是指引起资产评估的经济行为。通常把资产业务对评估结果用途的具体要求称为资产评估的特定目的。我国资产评估实践表明,资产业务主要有:转让,抵(质)押,公司设立、增资和企业改制,编制财务报告,税收和司法等。

1. 资产转让

资产转让包括资产的收购、置换和抵债等行为,标的资产既可以是以股权为代表的出资人权益,也可以是单位或个人拥有的能够依法转让的有形资产和无形资产。有些属于国家法律法规规定的法定评估,也有些是市场参与者自愿委托的非法定评估。

2. 抵(质)押

为抵(质)押活动服务的资产主要包括三种情形:贷款发放前设定抵(质)押权的评估,通过反映抵押或质押资产的价值,为发放贷款提供参考依据;实现抵(质)押权的评估,为抵(质)押品折现或变现提供专业服务;贷款存续期抵(质)押品价值动态管理所要求的评估,通过反映该类资产的价值变化,为防范风险提供参考。

3. 公司设立、增资和企业改制

在中国,根据《中华人民共和国公司法》和政府相关部门的规定,以下两类行为需要进行资产评估:一是与公司设立和增资有关,涉及非货币资产出资、发行股份购买资产和债权转股权等行为;二是与公司整体或部分改建为有限公司或股份公司有关的行为。

4. 编制财务报告

服务于会计计量和会计报告编制的评估,主要包括合并对价分摊、资产减值测试、投资性房地产和金融工具的公允价值计量所要求的专业评估服务。我国 2006 年颁布的一系列企业会计准则、2014 年颁布的《企业会计准则第 39 号——公允价值计量》,2017 年中国资产评估协会发布的《以财务报告为目的的评估指南》,推动了中国会计计量领域中的资产评估实践。

5. 税收

根据有关规定,确定非货币资产投资的计税价值和确定非货币资产持有或流转环节所涉税种的税基等经济活动,都产生了对资产评估的需求。客观、独立和专业的资产评估不仅可以为税收管理提供公允的价值尺度,而且也为依法治税提供了有效的技术保障。

6. 司法

资产评估提供的司法服务主要涉及两项内容,一是在司法审判中揭示与诉讼标的相关的财产价值及侵权损失;二是在民事判决执行中为确定拟拍卖和变卖标的的处置价值提供专业判断。上述评估结论是司法立案、审判和执行的重要参考依据。

(三) 资产评估特定目的在资产评估中的地位作用

资产评估特定目的是由引起资产评估的特定经济行为(资产业务)所决定的,它对评估结果的性质、价值类型等有重要的影响。资产评估特定目的不仅是某项具体资产评估活动的起点,同时它又是资产评估活动所要达到的目标。资产评估特定目的贯穿于资产评估的全过程,影响评估人员对评估对象界定、资产价值类型的选择。它是评估人员在进行具体资产评估时必须首先明确的基本事项。

资产评估特定目的是界定评估对象的基础。任何一项资产业务,无论产权是否发生变动,它所涉及的资产范围必须接受资产业务本身的制约。资产评估委托方正是根据资产业务的需要来确定资产评估的范围。评估人员不仅要对该范围内的资产权属予以说明,而且要对其价值做出判断。

资产评估特定目的对于资产评估的价值类型选择具有约束作用。特定资产业务决定了资产的存续条件,资产价值受制于这些条件及其可能发生的变化。资产评估人员在进行具体资产评估时一定要根据具体的资产业务的特征选择与之相匹配的评估价值类型。按照资产业务的特征与评估结果的价值属性一致性原则进行评估,是保证资产评估科学、合理的基本前提。

需要指出的是,在不同时间、地点及市场条件下,同一资产业务对资产评估结果的价值类型的要求也会有差别。这表明,引起资产评估的资产业务对评估结果的价值类型要求不是抽象的和绝对的。每一类资产业务在不同时间、地点和市场环境中的发生,对资产评估结果的价值类型要求不是一成不变的。所以,将资产业务与评估结果的价值类型关系固定化是不可取的。资产评估结果的价值类型与评估的特定目的相匹配、相适应,指的是在具体评估操作过程中,评估结果价值类型要与已经确定了的时间、地点、市场条件下的资产业务相匹配、相适应。任何事先划定的资产业务类型与评估结果的价值类型相匹配的固定关系或模型都可能偏离或违背客观存在的具体业务对评估结果价值类型的内在要求。换句话说,资产的业务类型是影响甚至是决定评估结果价值类型的一个重要因素,但是,它绝不是决定资产评估结果价值类型的唯一因素。评估的时间、地点,评估时的市场条件,资产业务各当事人的状况以及资产自身的状态等,都可能对资产评估结果的价值类型产生影响。

第四节　资产评估的原则与假设

一、资产评估的原则

(一)资产评估工作原则

为规范资产评估行为,保护资产评估当事人合法权益和公共利益,促进资产评估行业健康发展,维护社会主义市场经济秩序,2016 年 7 月 2 日第十二届全国人民代表大会常务委员会第二十一次会议通过了《中华人民共和国资产评估法》(以下简称《资产评估法》),并于当年 12 月 1 日正式实施。这项法律就评估专业人员、评估机构、评估程序、行业协会、监督管理和法律责任等进行了规范,对中国经济社会的深化改革和中国资产评估行业的发展产生了重大影响。

《资产评估法》第一章第四条明确规定:评估机构及其评估专业人员开展业务应当遵守法律、行政法规和评估准则,遵循独立、客观、公正的原则。评估机构及其评估专业人员依法开展业务,受法律保护。此外该法还在相关部分详细规定了评估人员和评估机构执业的权利和义务,并就违反该类规定的行为分别制定了包括行政处罚和追究刑事责任的条款。所以,从事资产评估工作应切实遵守下述原则:

1. 守法原则

资产评估是涉及多方经济利益的,具有复杂性和专业性特征的专业服务活动。评估人员和评估机构必须严格遵守包括《资产评估法》在内的,与该类行为相关的各类法律和行政法规。既要依法享有权利,又要依法履行责任。

2. 自律原则

资产评估是社会演进到一定历史阶段出现的专业服务行业,为了提高该类活动的专业水平和社会形象,评估人员和评估机构通过建立资产评估行业协会实施自律管理。《资产评估法》规定了包括制定会员自律管理办法、制定评估执业准则和职业道德准则、组织开展继续教育、建立信用档案和检查风险防范机制等在内的行业协会职责。这些对评估工作具有自我管理和自我约束的功能。

3. 独立、客观、公正原则

独立、客观、公正是市场专业服务行业应共同遵守的工作原则,资产评估机构和资产评估专业人员需要深刻认知并严格执行。例如《国际评估准则 2017》就对客观性进行了描述:评估过程要求评估师能够根据输入和假设的可靠性做出公正判断。在评估过程中,采取增加透明度和最小化任何主观因素的影响的方式做出可行性判断。评估中判断必须客观,避免有偏见的分析、意见或结论。

（二）资产评估技术经济原则

资产评估技术经济原则是指在资产评估执业过程中的一些技术规范和业务准则。它们为评估人员在执业过程中的专业判断提供技术依据和保证。这些技术经济原则主要包括以下几项：

1. 供求原则

供求原则是经济学中关于供求关系影响商品价格原理的概括。需求定义为消费者在某一特定时间内按既定的价格愿意并且有能力购买的商品或劳务的数量。供给可以定义为在某一特定时间内,厂商在既定价格下愿意并能够出售的商品或劳务的数量。假定在其他条件不变的前提下,商品的价格随着需求的增长而上升,随着供给的增加而下降。尽管商品价格随供求变化并不成固定比例变化,但变化的方向都带有规律性。供求规律对商品价格形成的作用同样适用于资产价值的评估,评估人员在判断资产价值时也应充分考虑和依据供求原则。

2. 预期收益原则

所谓"预期",就是指决策者对于与其决策相关的不确定的经济变量所做的预测。预期直接源于未来的不确定性,所谓未来的不确定性,是指人们不能确知未来的经济变动的情形。未来的不确定性取决于主观和客观两方面的因素:首先,预期是对未来经济发展形势的一种主观判断;其次,预期的客观依据是信息。预期的准确程度取决于人们掌握的信息的多寡及其真实可信的程度。对资产未来收益进行预期,是一种典型的经济预期,因此必须遵守相应的预期假设和原则。预期收益原则是评估人员判断资产价值的基本依据之一。

3. 贡献原则

从一定意义上讲,贡献原则是预期收益原则的一种具体化原则。它表明资产价值的高低要由该资产的贡献来决定。贡献原则主要适用于构成某整体资产的各组成要素资产的贡献,或者是当整体资产缺少该项要素资产将蒙受的损失。

4. 替代原则

资产评估中的替代原则说明在一组效用相同的资产中,买方只会购买价格最低的资产。该原则实际上是对替代效应的归纳,在买方效用水平不变的情况下,资产的价格变动所引起的资产相对价格的变动,进而导致资产需求量的变动。即在资产效用相同的情况下,相对价格较低的资产需求量较大。

5. 评估时点原则

市场是变化的,资产的价值会随着市场条件的变化而不断改变。为了使资产评估得以操作,同时,又能保证资产评估结果可以被市场检验,在资产评估时,必须假定市场条件固定在某一时点,这一时点就是评估基准日,或称估价日期。它为资产评估提供了一个时间基准。资产评估的评估时点原则要求资产评估必须有评估基准日,而且评估值就是评估基准日的资产价值。

二、资产评估的假设

由于认识主体和认识客体的无限变化有限能力的矛盾,人们不得不依据已掌握的数据资料对某一事物的某些特征或全部事实做出合乎逻辑的推断。这种依据有限事实,通过一系列推理,对于所研究的事物做出合乎逻辑的假定说明就叫假设。假设必须依据充分的事实,运用已有的科学知识,通过推理(包括演绎、归纳和类比)而形成。当然,无论如何严密的假设都带有推测,甚至是主观猜想的成分。但是,只要假设是合乎逻辑和情理的,其对分析和解决问题都是有价值的。资产评估与其他学科一样,其理论体系和方法体系的确立也是建立在一系列假设基础之上的,其中公开市场假设、持续使用假设和清算假设是资产评估中的基本假设。

(一) 公开市场假设

公开市场假设是对资产拟进入市场的条件,以及资产在这样的市场条件下接受何种影响的一种假定说明或限定。公开市场假设的关键在于认识和把握公开市场的实质和内涵。就资产评估而言,公开市场是指具备充分发达与完善的市场条件,有自愿买者和卖者的竞争市场,且买者和卖者的地位平等,彼此都有获取足够市场信息的机会和时间,买卖双方的交易行为都是在自愿的、理智的而非强制的条件下进行的。现实中的市场条件未必真能达到上述公开市场的完善程度。公开市场假设就是假定这种较为完善的公开市场存在,被评估资产将要在这样一种公开市场中进行交易。当然,公开市场假设也是基于市场客观存在的现实,即资产在市场上可以公开买卖的客观事实。

由于公开市场假设假定市场是一个充分竞争的市场,资产在公开市场上实现的交换价值隐含着市场对该资产在当时条件下有效使用的社会认同。因此,在资产评估中,市场是有范围的,它可以是地区性市场,也可以是国内市场,还可以是国际市场。关于资产在公开市场上实现的交换价值所隐含的对资产效用有效发挥程度的社会认同也是有范围的,它可以是区域性的、全国性的或国际性的。

公开市场假设旨在说明一种充分竞争的市场条件,在这种条件下,资产的交换价值受市场机制的制约并由市场行情决定,而不是由个别交易决定。该假设在现实资产评估中使用频率较高,凡是能在公开市场上交易、用途较为广泛或通用性较强的资产,都可以考虑按公开市场假设前提进行评估。

(二) 持续使用假设

持续使用假设也是对资产拟进入市场的条件,以及在这样的市场条件下的资产状态的一种假定性描述或说明。该假设首先假定被评估资产正处于使用状态,包括正在使用中的资产和备用的资产;其次根据有关数据和信息,推断这些使用状态还将持续的不同状况。持续使用假设既说明了被评估资产面临的市场条件或市场环境,同时着重说明了资产的存续状态,所以持续使用假设又可细分为三种具体情况:一是在用续用;二是转用续用;三是移地续用。在用续用指的是处于使用中的被评估资产在产权发生变动或资产业务发生后,将按其现行正在使用的用途及方式继续使用下去。转用续用是指被评估资产将在产权发生变动后或资产业务发生后,改变资产现时的使用用途,调换新的用途继续使用下去。移地续用则是指被评估资产将在产权变动发生后或资产业务发生后,改变资产现在的空间位置,转移到其他空间位置上继续使用。

由于持续使用假设是在一定市场条件下对被评估资产使用状态的一种假定说明,在持续使用假设前提下的资产评估及其结果的适用范围常常是有限制的。在许多场合下评估结果并没有充分考虑资产用途替换,它只对特定的买者和卖者是公平合理的。我国经济体制仍处于转轨时期,市场还有待进一步完善,资产评估活动与国有企事业单位的存量资产产权变动有关。因此,被评估对象经常处于或被推定在持续使用的假设前提之下。充分认识和掌握持续使用假设的内涵和实质,对于我国的资产评估具有重要意义。

(三)清算假设

清算假设是对资产在非公开市场条件下被迫出售或快速变现条件的假定说明。清算假设首先是基于被评估资产面临清算或具有潜在的被清算的事实或可能性,再根据相应数据资料推定被评估资产处于被迫出售或快速变现的状态。由于清算假设假定被评估资产处于被迫出售或快速变现条件之下,被评估资产的评估值通常要低于在公开市场假设前提下或持续使用假设前提下同样资产的评估值。清算假设还可以细分为有序清算假设和强制清算假设,前者通常指经营主体在其所有者控制下有计划和有秩序的清算,后者通常指经营主体在非所有者的外部势力控制下的清算。

(四)其他假设

为适应资产业务发展的需要,美国《专业评估执业统一准则》设置了"非真实性假设"和"特别假设",并逐渐为包括《国际评估准则》在内的评估准则或执业规范认可和采用。非真实性假设指为进行分析所做出的与现实情况相反的假定;特别假设通常用于描述资产状况的可能变化对其价值产生的影响。

■ 本章小结

* 资产评估是专业机构和评估人员按照国家法律法规和资产评估准则,根据特定目的,遵循评估原则,依照相关程序,选择适当的价值类型,运用科学的方法,对资产价值进行评定和估算的行为。资产评估涉及以下基本要素:一是评估主体,即从事资产评估的机构和人员,他们是资产评估工作的主导者;二是评估客体,即被评估的资产,它是资产评估的具体对象,也称为评估对象;三是评估依据,也就是资产评估工作所遵循的法律、法规、经济行为文件、重大合同协议以及收费标准和其他参考依据;四是评估目的,即资产业务引发的经济行为对资产评估结果的要求,或资产评估结果的具体用途,它直接决定和制约资产评估价值类型和方法的选择;五是评估原则,即资产评估的行为规范,是调节评估当事人各方关系、处理评估业务的行为准则;六是评估程序,即资产评估工作从开始准备到最后结束的工作顺序;七是评估价值类型,即对评估价值的质的规定,它对资产评估参数的选择具有约束性;八是评估方法,即资产评估所运用的特定技术,是分析和判断资产评估价值的手段和途径。

* 资产评估中的价值类型是指资产评估结果的价值属性及其表现形式,其形成不仅与引起资产评估的特定经济行为,即资产评估特定目的有关,而且与被评估对象的功能、状态、评估时的市场条件等因素有着密切的关系。在多种资产价值类型中,选择资产的市场价值与市场价值以外的价值作为资产评估中最基本的价值类型具有重要意义。资产评估的目的有资产评估一般目的和特定目的之分。资产评估所要实现的一般目的是资产在评估时点的公允价值。资产评估的特定目的是资产业务对评估结果用途的具体要求。

* 资产评估与其他学科一样,其理论体系和方法体系的确立也是建立在一系列假设基础之上的,其中公开市场假设、持续使用假设和清算假设是资产评估中的基本假设。资产评估工作原则包括守法原则,自律原则以及独立、客观、公正原则。资产评估技术经济原则主要包括供求原则、预期收益原则、贡献原则、替代原则和评估时点原则。

* 资产评估与审计是既有联系又有区别的专业服务活动。讨论它们之间的关系,一是要明确

它们在资产业务中,因专业分工而产生的内在联系。审计提供以事实判断为主要内容的服务,而资产评估则提供以价值判断为主要内容的服务,它们都是现代市场经济赖以正常运行的基础性服务行业。二是要明确它们之间因工作性质、专业知识和执业标准的不同而产生的区别。

■ 关键词
资产评估　评估目的　价值类型

■ 思考题
1. 什么是资产评估? 它有哪些特点?
2. 如何认识资产评估的功能?
3. 如何理解资产评估与其他相关专业服务的关系?
4. 资产评估活动面临哪些挑战?
5. 资产评估关于资产的理解与会计有何差异?
6. 怎样理解资产评估中的市场价值类型与市场价值以外的类型?
7. 资产评估应遵循哪些工作原则和技术经济原则?

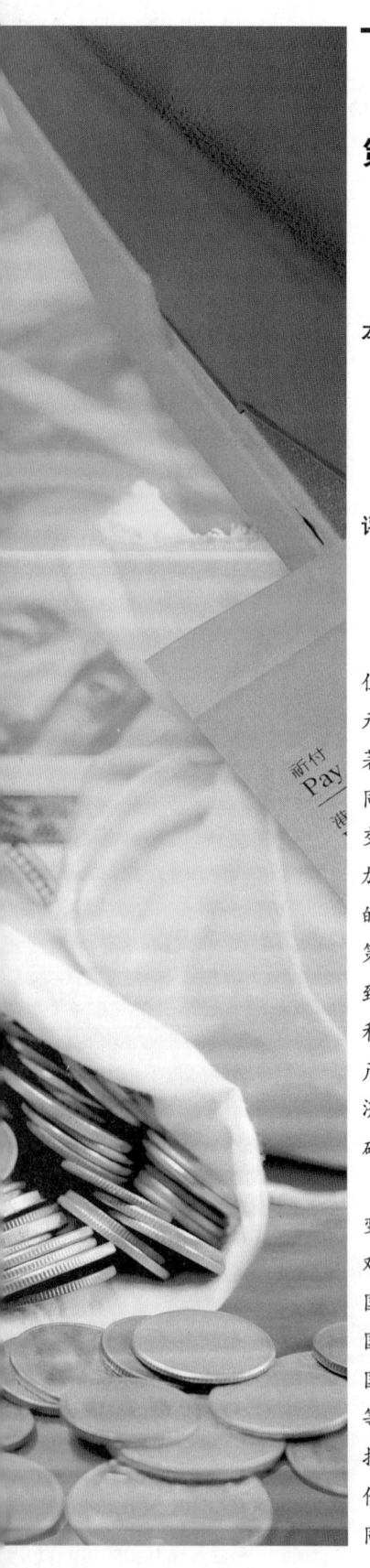

第二章　资产评估的基本方法

本章要点

- 市场法评估中参照物选择及类比分析
- 收益法基本参数的确定及其计算公式
- 成本法中重置成本及各种贬值的估算方法

评估聚焦

资产定价机制与评估方法的新趋势

　　首先,资产定价机制和评估方法受到国际经济体系中美元地位弱化趋势的影响。随着美国国内负债急剧增加和国际上对美元风险的忧虑情绪加剧,国际贸易交易中美元所占比重近年来显著下降。因此,在运用评估方法对资产进行评估时,需要考虑不同货币币种的资产价值和风险溢价计算。此外,由于跨境资产和交易涉及的货币种类更多,美元地位弱化可能导致货币风险增加,因此在用评估方法对资产进行价值评估时,需关注货币风险的管理,包括利用衍生品工具进行风险对冲或采取其他风险管理策略,以确保资产估值的准确性。同时,由货币种类的多样化,导致衍生出新的、更适用的定价模型和评估技术,以适应更多货币和多样化的交易结构,对资产评估方法做出更多的探索。中国资产评估行业、从业机构和专业人员要主动参与美元弱化后国际经济体系转型的进程,积极推动和塑造在国际货币体系多元化的基础上相关评估准则、参数和方法的重构。

　　其次,资产定价机制和评估方法受到国际金融体系定价机制变化的影响。随着中国经济外循环的不断发展,评估机构需要面对国际金融体系定价机制的变化对资产评估业务全球化的影响。国际金融体系定价机制的变化也将对资产的定价方法产生影响。国际金融体系定价机制变化增加了跨国资产定价的复杂性。在国际金融体系中,不同国家的货币汇率波动、利率差异、政治风险等因素都会对资产的定价产生影响。资产定价通常涉及货币的折算和风险溢价的计算,而货币汇率的波动会直接影响资产的定价。另外,在对国外并购资产进行价值评估时,要更多地考虑不同国家法律、会计准则的差异性,尤其是收益法确定参数时,要更多地考虑外部因素对参数确定的影响。中国资产评估行业、从业机构和专业人员要积极思考在新的定价机制变化过程中的基础理论和实践问题,如美联储的加息导致的无风险报酬率的剧烈变化对全球资产定价的影响问题。

最后,大数据和人工智能技术的发展对评估模型和方法的发展有推动作用。大数据和人工智能技术的发展也催生了新的资产定价模型和评估方法。随着金融市场的创新和技术的进步,例如金融衍生品市场的发展和机器学习、人工智能等技术的应用,资产定价模型和评估方法得到了不断更新和改进。这些新的方法和模型能够更好地应对经济和产业体系的变化,提高资产定价的准确性和效率。中国资产评估行业、从业机构和专业人员要主动学习和引入新的技术和模型,以推动专业服务的进一步提升。

资产评估方法是实现评定估算资产价值的技术手段。但就资产评估方法本身来讲,它并不为资产评估所独有。事实上资产评估方法是在工程技术、统计、会计等学科技术方法的基础上,结合自身特点形成的一整套方法体系。资产评估方法与其他学科的技术方法既有联系,又有区别。区别就在于资产评估将其他学科的技术方法按照资产评估的内在要求,用资产评估的技术思路加以重组,从而构成了资产评估方法体系。该体系由多种具体资产评估方法构成,这些方法按分析原理和技术路线不同可以归纳为三种基本类型,即市场法、成本法和收益法。

第一节　市　场　法

一、市场法的基本含义

市场法在这里也可以称为市场路径,是指利用市场上同样或类似资产的近期交易价格,经过直接比较或类比分析以估测资产价值的各种评估技术方法的总称,也是资产评估中若干评估思路中的一种。它是根据替代原则,采用比较和类比的思路及其方法判断资产价值的评估技术规程。因为正常的投资者在购置某项资产时,所愿意支付的价格不会高于市场上具有相同用途的替代品的现行市价。运用市场法要求充分利用类似资产成交价格信息,并以此为基础判断和估测被评估资产的价值。运用已被市场检验了的结论来评估被评估对象,显然容易被资产业务各当事人接受。当然,通过市场法进行资产评估,需满足一些最基本的条件。

二、市场法的基本前提

通过市场法进行资产评估需要满足两个最基本的前提条件:一是要有一个活跃的公开市场;二是公开市场上要有可比的资产及其交易活动。

公开市场是一个竞争充分的市场,市场上有自愿的买者和卖者,他们之间进行平等交易。这就排除了个别交易的偶然性,市场成交价格基本上可以反映市场行情。按市场行情估测被评估资产价值,评估结果会更贴近市场。

资产及其交易的可比性是指选择的可比资产及其交易活动在近期公开市场上已经发生过,且与被评估资产及资产业务相同或相似。这些已经完成交易的资产就可以作为被评估资产的参照物,其交易数据是进行比较分析的主要依据。资产及其交易的可比性具体体现在以下三个方面：① 参照物与评估对象在功能上具有可比性，包括用途、性能上的相同或相似；② 参照物与被评估对象面临的市场条件具有可比性，包括市场供求关系、竞争状况和交易条件等；③ 参照物成交时间与评估基准日间隔时间不能过长，应在一个适度时间范围内，同时，时间对资产价值的影响是可以调整的。

参照物与评估对象的可比性是运用市场法评估资产价值的重要前提。把握参照物与评估对象功能上的一致性，可以避免张冠李戴；把握参照物与评估对象所面临的市场条件，可以明确评估结果的价值类型；选择近期交易的参照物可以减少调整时间因素对资产价值影响的难度。

三、市场法的基本程序及有关指标

通过市场法进行评估大体上要经历以下程序：

（一）选择参照物

评估对象不论是单项资产还是整体资产，运用市场法评估时都需经历选择参照物这样一个程序。对参照物的要求关键是可比性，涉及功能、市场条件及成交时间等。另外就是参照物的数量问题。不论参照物与评估对象如何相似，通常参照物应选择三个以上。因为运用市场法评估资产价值，被评估资产的评估值高低在很大程度上取决于参照物成交价格水平，而参照物成交价不仅是参照物功能自身的市场体现，而且也受买卖双方交易地位、交易动机、交易时限等因素的影响。为了避免某个参照物个别交易中的特殊因素和偶然因素对成交价及评估值的影响，运用市场法评估资产时应尽可能选择多个参照物。

（二）在评估对象与参照物之间选择比较因素

一般而言，影响资产价值的基本因素大致相同，如资产性质、市场条件等。但具体到每一种资产时，影响资产价值的因素又各有侧重。如影响房地产价值的主要是地理位置因素，而技术水平则在机器设备评估中起主导作用。所以，应根据不同种类资产价值形成的特点，选择对资产价值形成影响较大的因素作为对比指标，在参照物与评估对象之间进行比较。

（三）对比指标和量化差异

根据前面所选定的对比指标，在参照物及评估对象之间进行比较，并将两者的差异进行量化。例如，资产功能指标，尽管参照物与评估对象功能相同或相似，但在生产能力、产品质量以及在资产运营过程中的能耗、料耗和工耗等方面都可能有不同程度的差异。运用市场法的一个重要环节就是将参照物与评估对象对比指标之间的上述差异数量化和货币化。

（四）在各参照物成交价格的基础上调整已经量化的对比指标差异

市场法是以参照物的成交价格作为评定估算评估对象价值的基础。在这个基础上将已经量化的参照物与评估对象对比指标差异进行调增或调减，就可以得到以每个参照物为基础的评估对象的初步评估结果。初步评估结果与所选择的参照物个数密切相关。

（五）综合分析确定评估结果

按照一般要求，运用市场法通常应选择三个以上参照物。所以，在一般情况下，运用市场法评估的初步结果也在三种以上。根据资产评估的一般惯例的要求,正式的评估结果只能是一个,这就需要对若干评估初步结果进行综合分析,以确定最终的评估值。在这个环节上没有什么硬性规定,主要是取决于评估人员对参照物的把握和对评估对象的认识。当然,如果参照物与评估对象可比性很好,评估过程中没有明显的遗漏或疏忽,也可以采用加权平均的方法将初步结果转换成最终评估结果。

运用市场法评估单项资产应考虑的可比因素主要有:

第一,资产的功能。资产的功能是资产使用价值的主体,是影响资产价值的重要因素之一。在资产评估中强调资产的使用价值或功能,并不是从纯粹抽象意义上去讲,而是从资产的功能并结合社会需求,从资产实际发挥效用的角度来考虑。就是说,在社会需求一定的前提下,资产的功能越强,其价值越高,反之则价值越低。

第二,资产的实体特征和质量。资产的实体特征主要是指资产的外观、结构、役龄和规格型号等。资产的质量既受制于资产本身的建造或制造工艺水平,也受制于资产的使用和维修状况。

第三,市场状况。主要是要考虑参照物成交时与资产评估时的市场状况及供求关系的变化情况。在一般情况下,供不应求时,价格偏高;供过于求时,价格偏低。市场状况的差异对资产价值的影响应引起评估人员足够的关注。

第四,交易条件。交易条件主要包括交易批量、交易动机、交易时间等。交易批量不同,交易对象的价格就可能不同。交易动机也对资产交易价格有影响。在不同时间交易,资产的交易价格也会有差别。

以上各因素是运用市场法经常涉及的一些可比性因素。在具体运用市场法进行资产评估时,还要视评估对象的具体情况考虑其具体的可比因素。如房地产评估中的地理位置因素,机器设备评估中的制造厂家,资产规格型号等。

四、市场法中的具体评估方法

市场法实际上是指在一种评估思路下的若干具体评估方法的集合。它们可以被分为两大类:其一是直接比较法;其二是类比调整法。

(一)直接比较法

直接比较法是指利用参照物的交易价格及参照物的某一基本特征直接与评估对象的同一基本特征进行比较而判断评估对象价值的方法。其计算公式为:

$$评估对象价值 = 参照物成交价格 \times \frac{评估对象\,A\,特征}{参照物\,B\,特征} \qquad (2-1)$$

直接比较法直观简捷,便于操作,但通常对参照物与评估对象之间的可比性要求较高。参照物与评估对象要达到相同或基本相同的程度,或参照物与评估对象的差异主要体现在某一明显的因素上,例如新旧程度或交易时间早晚等。由于直接比较法对参照物与评估对象的可比性要求较高,在具体评估过程中寻找参照物可能会受到局限。因而,直接比较法的使用也相对受到一定制约。

(二)类比调整法

类比调整法是市场法中最基本的评估方法。该方法并不要求参照物与评估对象必须一样或者基本一样。只要参照物与评估对象在大的方面基本相同或相似,该方法通过对比分析调整参照物与评估对象之间的差异,在参照物成交价格的基础上调整估算评估对象的价值。

类比调整法具有适用性强,应用广泛的特点。但该方法对信息资料的数量和质量要求较高,而且要求评估人员具有较丰富的评估经验和评估技巧。因为,类比调整法可能要对参照物与评估对象的若干可比因素进行对比分析和差异调整。没有足够的数据资料及对资产功能、市场行情的充分了解和把握,很难准确地评定估算出评估对象的价值。

(三)具体技术方法

在具体操作过程中,上述两类评估方法具体表现为以下技术方法:

1. 市场售价类比法

市场售价类比法是以参照物的成交价格为基础,考虑参照物与评估对象在功能、市场条件和销售时间等方面的差异,通过对比分析和量化差异,调整估算出评估对象价值的方法,其计算公式为:

$$资产评估价值=参照物售价+功能差异值+时间差异值+\cdots\cdots+交易情况差异值 \tag{2-2}$$

$$资产评估价值=参照物售价\times功能差异修正系数\times\cdots\cdots\times时间差异修正系数 \tag{2-3}$$

2. 功能价值法

功能价值法是以参照物的成交价格为基础,考虑参照物与评估对象之间的功能差异进行调整来估算评估对象价值的方法。其计算公式为:

$$资产评估价值=参照物成交价格 \times \frac{评估对象生产能力}{参照物生产能力} \tag{2-4}$$

当然,功能价值法不仅仅表现为资产的生产能力这一项指标,它还可以通过对参照物与评估对象的其他功能指标的对比,利用参照物成交价格推算出评估对象价值。

例 2-1 被评估资产年生产能力为 30 吨,参照资产的年生产能力为 40 吨,评估时点参照资产的市场价格为 100 万元,由此确定被评估资产价值为 75 万元。即

$$资产评估价值=100\times30\div40=75(万元)$$

3. 价格指数法

价格指数法是以参照物成交价格为基础,考虑参照物的成交时间与评估对象的评估基准日之间的时间间隔对资产价值的影响,利用价格指数调整估算评估对象价值的方法。其计算公式为:

$$资产评估价值=参照物成交价格\times物价变动指数 \tag{2-5}$$

此方法一般只运用于评估对象与参照物之间仅有时间因素存在差异的情况。当然,此方法稍做调整即可作为市场售价类比方法中估测时间差异系数或时间差异值的方法。

例 2-2 与评估对象完全相同的参照资产 6 个月前的成交价格为 100 万元,半年间该类资产的价格上升了 5%,则:

$$资产评估价值=100\times(1+5\%)=105(万元)$$

4. 成新率价格法

成新率价格法是以参照物的成交价格为基础,考虑参照物与评估对象新旧程度上的差异,通过成新率调整估算出评估对象的价值。其计算公式为:

$$资产评估价值 = 参照物成交价格 \times \frac{评估对象成新率}{参照物成新率} \qquad (2-6)$$

其中： $$资产的成新率 = \frac{资产的尚可使用年限}{资产的已使用年限 + 资产的尚可使用年限}$$

此方法一般只运用于评估对象与参照物之间仅有成新程度差异的情况。当然此方法略加改造也可以作为计算评估对象与参照物成新程度差异调整率和差异调整值的方法。

5. 市价折扣法

市价折扣法是以参照物成交价格为基础,考虑评估对象在销售条件、销售时限等方面的不利因素,凭评估人员的经验或有关部门的规定,设定一个价格折扣率来估算评估对象价值的方法。其计算公式为:

$$资产评估价值 = 参照物成交价格 \times (1 - 价格折扣率) \qquad (2-7)$$

此方法一般只适用于评估对象与参照物之间仅存在交易条件方面差异的情况。

例 2-3 评估某拟快速变现资产,在评估时点与其完全相同的正常变现价为 100 万元,评估人员经综合分析,认为快速变现的折扣率应为 50%,因此,拟快速变现的该项资产价值为:

$$资产评估价值 = 100 \times (1 - 50\%) = 50(万元)$$

6. 成本市价法

成本市价法是以评估对象的现行合理成本为基础,利用参照物的成本市价比率来估算评估对象价值的方法。其计算公式为:

$$资产评估价值 = 评估对象现行合理成本 \times \frac{参照物成交价格}{参照物现行合理成本} \qquad (2-8)$$

例 2-4 评估时点某市商品住宅的成本市价率为 150%,已知被估全新住宅的现行合理成本为 20 万元,则其市价为:

$$资产评估价值 = 20 \times 150\% = 30(万元)$$

7. 市盈率乘数法

市盈率乘数法是以参照物的市盈率作为乘数(倍数),以此乘数与评估对象的收益额相乘来估算评估对象价值的方法。其计算公式为:

$$资产评估价值 = 评估对象收益额 \times 参照物市盈率 \qquad (2-9)$$

例 2-5 某被估企业的年净利润为 1 000 万元,评估时点资产市场上同类企业平均市盈率为 30 倍,则:

$$该企业的评估价值 = 1\,000 \times 30 = 30\,000(万元)$$

上述各种方法中的一部分方法既适用于单项资产的评估,也适用于估测评估标的与参照物之间某一种差异的调整系数或调整值。而市盈率乘数法主要适用于整体企业的评估。在现代市场经济条件下,单项资产和整体资产都可以作为交易对象进入市场流通,不论是单项资产还是整体资产的交易实例都可以为运用市场法进行资产评估提供可资参照的评估依据和资料。

第二节 收 益 法

一、收益法的基本含义

收益法在这里也可以称为收益路径,是指通过估测被评估资产未来预期收益的现值来判断资产价值的各种评估方法的总称,它服从资产评估中将利求本的思路,即采用本金化和折现的方法判断和估算资产价值。该思路认为,任何一个理智的投资者在购置或投资于某一资产时,所愿意支付或投资的货币数额不会高于所购置或投资的资产在未来能给其带来的回报,即收益额。收益法利用投资回报和收益折现等技术手段,把评估对象的预期产出能力和获利能力作为评估标的以估测评估对象的价值。根据评估对象的预期收益评估其价值,是资产业务各交易方决策的重要参考依据。所以,从理论上讲,收益法是具有实用价值的评估方法之一。

二、收益法的基本前提

收益法是依据资产未来预期收益经折现或本金化处理来估测资产价值的,它涉及三个基本要素:一是被评估资产的预期收益;二是折现率或本金化率;三是被评估资产取得预期收益的持续时间。因此,能否清晰地把握上述三要素就成为能否运用收益法的基本前提。从这个意义上讲,应用收益法必须具备三个前提条件:

一是被评估资产的未来预期收益可以预测并可以用货币衡量;

二是资产拥有者获得预期收益所承担的风险也可以预测并可以用货币衡量;

三是被评估资产预期获利年限可以预测。

上述前提条件表明,首先,评估对象的预期收益必须能被较为合理地估测。这就要求被评估资产与其经营收益之间存在着较为稳定的比例关系。同时,影响资产预期收益的主要因素,包括主观因素和客观因素也应是比较明确的,评估人员可以据此分析和测算出被评估资产的预期收益。其次,被评估对象所具有的行业风险、地区风险及企业风险是可以比较和测算的,这些都是测算折现率或本金化率的基本条件。评估对象所处的行业不同、地区不同和企业差别都会不同程度地体现在资产拥有者的获利风险上。对于投资者来说,风险大的投资,要求的回报率就高,投资风险小,其回报率也可以相应降低。最后,评估对象获利期限的长短,即评估对象的寿命,也是影响其价值和评估值的重要因素之一。

三、收益法的基本程序和基本参数

(一)收益法的基本程序

采用收益法进行评估,其基本程序如下:

第一步:收集并验证与评估对象未来预期收益有关的数据资料,包括经营前景、财务状况、市场形势以及经营风险等。

第二步:分析测算被评估对象未来预期收益。

第三步:确定折现率或本金化率。

第四步:用折现率或本金化率将评估对象未来预期收益折算成现值。

第五步:分析确定评估结果。

(二) 收益法的基本参数

运用收益法进行评估涉及许多经济技术参数,其中最主要的参数是收益额、折现率和收益期限。

1. 收益额

收益额是适用收益法评估资产价值的基本参数之一。在资产评估中,资产的收益额是指根据投资回报的原理,资产在正常情况下所能得到的归其产权主体的所得额。资产评估中的收益额有两个比较明确的特点:其一,收益额是资产未来预期收益额,而不是资产的历史收益额或现实收益额;其二,用于资产评估的收益额是资产的客观收益,而不是资产的实际收益。收益额的上述两个特点是非常重要的,评估人员在执业过程中应切实注意收益额的特点,以便合理运用收益法来估测资产的价值。因资产种类较多,不同种类资产的收益额表现形式亦不完全相同,如企业的收益额通常表现为净利润或净现金流量,而专利资产收益通常为专利授权收入等。关于收益额预测将在以后各章结合各类资产的具体情况分别介绍。

2. 折现率

从本质上讲,折现率是一种期望投资报酬率,是投资者在投资风险一定的情况下,对投资所期望的回报率。折现率由无风险报酬率和风险报酬率构成,无风险报酬率一般是指在评估时社会平均报酬率,一般以同期国债利率为指标。风险报酬率是指超过无风险报酬率以上部分的投资回报率。在资产评估中,因资产的行业分布、种类、市场条件等的不同,其折现率亦不相同。确定折现率,首先应该明确折现的内涵。折现体现的是货币时间价值的概念,由于存在货币时间价值,将来的收益或利益的价值被认为低于现在同等数额的收益或利益的价值,并且随着收益时间向将来推迟的程度而有序地降低价值。同时,折现作为一个算术过程,是把一个特定比率应用于一个预期的收益流,从而得出当前价值的活动。

3. 收益期限

收益期限是指资产具有获利能力持续的时间,通常以年为时间单位。它由评估人员根据被评估资产自身效能及有关法律、法规、契约等加以测定。

四、收益法中的主要技术方法

收益法实际上是在预期收益还原思路下若干具体方法的集合。从大的方面来看,收益法中的具体方法可以分为若干类,其一是针对评估对象未来预期收益有无限期的情况划分,分为有限期和无限期的评估方法;其二是针对评估对象预期收益额的情况划分,又可分为等额收益法、非等额收益法等。为了便于学习收益法中的具体方法,先对这些具体方法中所用的字符含义做统一的定义:P 为评估值;t 为年序号;P_t 为未来第 t 年的评估值;R_t 为未来第 t 年的预期收益;r 为折现率或资本化率;r_t 为第 t 年的折现率或资本化率;n 为收益年期;A 为年金;S 为纯收益逐年递减(增)比率。

(一) 纯收益不变

(1) 在收益永续,各因素不变的条件下,有以下计算式:

$$P = A \div r \tag{2-10}$$

其成立条件是:① 纯收益每年不变;② 资本化率固定且大于零;③ 收益年期

无限。

（2）在收益年期有限，资本化率大于零的条件下，有以下计算式：

$$P = \frac{A}{r} \left[1 - \frac{1}{(1+r)^n} \right]$$ (2-11)

这是一个在估价实务中经常运用的计算公式，其成立条件是：① 纯收益每年不变；② 资本化率固定且大于零；③ 收益年期 n 有限。

（3）在收益年期有限，资本化率等于零的条件下，有以下计算式：

$$P = A \times n$$ (2-12)

其成立条件是：① 纯收益每年不变；② 收益年期 n 有限；③ 资本化率为零。

（二）纯收益在若干年后保持不变

（1）无限年期收益。其计算公式为：

$$P = \sum_{t=1}^{n} \frac{R_t}{(1+r)^t} + \frac{A}{r(1+r)^n}$$ (2-13)

其成立条件是：① 纯收益在 n 年（含第 n 年）以前有变化；② 纯收益在 n 年（不含第 n 年）以后保持不变；③ 收益年期无限；④ r 大于零。

（2）有限年期收益。其计算公式为：

$$P = \sum_{t=1}^{n} \frac{R_t}{(1+r)^t} + \frac{A}{r(1+r)^n} \left[1 - \frac{1}{(1+r)^{N-n}} \right]$$ (2-14)

其成立条件是：① 纯收益在 n 年（含第 n 年）以前有变化；② 纯收益在 n 年（不含第 n 年）以后保持不变；③ 收益年期 N 有限；④ r 大于零。

这里要注意的是，纯收益 A 的收益年期是 $(N-n)$，而不是 N。

（三）纯收益按等差级数变化

（1）在纯收益按等差级数递增，收益年期无限的条件下，有以下计算式：

$$P = \frac{A}{r} + \frac{B}{r^2}$$ (2-15)

其成立条件是：① 纯收益按等差级数递增；② 纯收益逐年递增额为 B；③ 收益年期无限；④ r 大于零。

（2）在纯收益按等差级数递增，收益年期有限的条件下，有以下计算式：

$$P = \left(\frac{A}{r} + \frac{B}{r^2} \right) \left[1 - \frac{1}{(1+r)^n} \right] - \frac{B}{r} \times \frac{n}{(1+r)^n}$$ (2-16)

其成立条件是：① 纯收益按等差级数递增；② 纯收益逐年递增额为 B；③ 收益年期 n 有限；④ r 大于零。

（3）在纯收益按等差级数递减，收益年期无限的条件下，有以下计算式：

$$P = \frac{A}{r} - \frac{B}{r^2}$$ (2-17)

其成立条件是：① 纯收益按等差级数递减；② 纯收益逐年递减额为 B；③ 收益年期无限；④ r 大于零。

（4）在纯收益按等差级数递减，收益年期有限的条件下，有以下计算式：

$$P = \left(\frac{A}{r} - \frac{B}{r^2} \right) \left[1 - \frac{1}{(1+r)^n} \right] + \frac{B}{r} \times \frac{n}{(1+r)^n}$$ (2-18)

其成立条件是:① 纯收益按等差级数递减;② 纯收益逐年递减额为 B;③ 收益年期 n 有限;④ r 大于零。

(四) 纯收益按等比级数变化

(1) 在纯收益按等比级数递增,收益年期无限的条件下,有以下计算式:

$$P = \frac{A}{r-s} \qquad (2-19)$$

其成立条件是:① 纯收益按等比级数递增;② 纯收益逐年递增比率为 s;③ 收益年期无限;④ $r>s>0$。

(2) 在纯收益按等比级数递增,收益年期有限的条件下,有以下计算式:

$$P = \frac{A}{r-s}\left[1-\left(\frac{1+s}{1+r}\right)^n\right] \qquad (2-20)$$

其成立条件是:① 纯收益按等比级数递增;② 纯收益逐年递增比率为 s;③ 收益年期 n 有限;④ $r>s>0$。

(3) 在纯收益按等比级数递减,收益年期无限的条件下,有以下计算式:

$$P = \frac{A}{r+s} \qquad (2-21)$$

其成立条件是:① 纯收益按等比级数递减;② 纯收益逐年递减比率为 s;③ 收益年期无限;④ $r>s>0$。

(4) 在纯收益按等比级数递减,收益年期有限的条件下,有以下计算式:

$$P = \frac{A}{r+s}\left[1-\left(\frac{1-s}{1+r}\right)^n\right] \qquad (2-22)$$

其成立条件是:① 纯收益按等比级数递减;② 纯收益逐年递减比率为 s;③ 收益年期 n 有限;④ $r>0$;⑤ $0<s\leq 1$。

(五) 有限年期收益且已知未来若干年后资产变现价格

有限年期收益且已知未来若干年后资产变现价格的条件下,有以下计算式:

$$P = \frac{A}{r}\left[1-\frac{1}{(1+r)^t}\right]+\frac{P_t}{(1+r)^t} \qquad (2-23)$$

其成立条件是:① 纯收益在第 t 年(含 t 年)前保持不变;② 预知第 t 年的价格为 P_t;③ $r>0$。

上述折现计算采用的是普通复利,是在计息周期为一年,付息周期也为一年的条件下得到的。实际经济活动中,计息周期可能小于一年,如为半年、一季度、一个月、一日等。因此,还有一种理论上更为完善的连续复利(即一年中复利随时都在进行),在许多高级工程分析中,通常都采用连续复利,国外资产评估中有些也是采用连续复利。连续复利与企业的实际经济活动情况更为接近,在对年收益比较大,计算周期比较长的评估中,应采用连续复利计算评估值,否则评估结果会偏高。现简单介绍如下:

假设,用普通复利计算时的年折现率为 r(名义折现率),连续复利中的实际年折现率,即连续复利率为 r_0(实际折现率),若一年中复利次数为 m,则有:

$$r_0 = \lim_{m\to\infty}\left(1+\frac{r}{m}\right)^m - 1 = e^r - 1$$

式中:e 为自然对数的底,e = 2.718 3。

连续复利、间断支付的现值计算,即考虑连续复利计息,现金流量序列为间断的情况下,此时将 $r_0 = e^r - 1$ 代入上述普通复利计算模型中,可得到连续复利计息、间断支付情况下的各种模型。

$$P = \frac{A}{e^r - 1} \tag{2-24}$$

$$P = A \times \frac{1 - e^{-rn}}{e^r - 1} \tag{2-25}$$

$$P = \sum_{t=1}^{n} \frac{R_t}{e^{rt}} + \frac{A}{e^{r(n+1)} - e} \tag{2-26}$$

其余可类推。

连续复利、连续支付的现值计算,即考虑连续复利计息,现金流量序列无间断的发生,就产生了连续复利计息、连续支付的计算问题。

设 $\overline{A}$ 为连续年金,即在一年连续均匀发生的现金流,它是在利率为零的条件下计算出的总年金。此时可设 m 是个很大的自然数,每一计息周期利率是 $r_0 = r/m$。这样,可令 $m \to \infty$,推导出普通复利现值模型对应的连续复利、连续支付的计算模型。以(2-25)式为例:

$$P = A \times \frac{(1+r)^n - 1}{r(1+r)^n} = \lim_{m \to \infty} \frac{\overline{A}}{m} \left[\frac{(1+r/m)^{m \cdot n} - 1}{r/m \times (1+r/m)^{m \cdot n}} \right] = \overline{A} \times \left(\frac{e^{rn} - 1}{r \times e^{rn}} \right) = \frac{\overline{A}}{r} (1 - e^{-rn}) \tag{2-27}$$

(六)应用举例

例 2-6 某收益性资产预计未来 5 年收益额分别是 12 万元、15 万元、13 万元、11 万元和 14 万元。假定从第 6 年开始,以后各年收益均为 14 万元,确定的折现率和本金化率为 10%。确定该收益性资产在持续经营条件下的评估值和 50 年收益的评估值。

(1)持续经营条件下的评估过程:

首先,确定未来 5 年收益额的现值。

$$\text{现值总额} = \frac{12}{1+10\%} + \frac{15}{(1+10\%)^2} + \frac{13}{(1+10\%)^3} + \frac{11}{(1+10\%)^4} + \frac{14}{(1+10\%)^5}$$
$$= 12 \times 0.909\,1 + 15 \times 0.826\,4 + 13 \times 0.751\,3 + 11 \times 0.683\,0 + 14 \times 0.620\,9$$
$$= 49.277\,7(\text{万元})$$

计算中的现值系数,可从复利现值表中查得。

其次,将第 6 年以后的收益进行本金化处理,即:

$$14 \div 10\% \times (P, 10\%, 5) = 140 \times 0.620\,9 = 86.926\,0(\text{万元})$$

最后,确定该收益性资产评估值:

$$\text{收益性资产评估值} = 49.277\,7 + 140 \times 0.620\,9 = 136.203\,7(\text{万元})$$

(2)50 年的收益价值评估过程:

$$\text{评估价值} = \frac{12}{1+10\%} + \frac{15}{(1+10\%)^2} + \frac{13}{(1+10\%)^3} + \frac{11}{(1+10\%)^4} + \frac{14}{(1+10\%)^5} +$$

$$\frac{14}{10\%(1+10\%)^5} \times \left[1 - \frac{1}{(1+10\%)^{50-5}} \right]$$

$$= 49.277\ 7 + 140 \times 0.620\ 9 \times (1 - 0.013\ 7)$$

$$= 49.277\ 7 + 85.735\ 1$$

$$= 135.012\ 8(万元)$$

第三节 成 本 法

一、成本法的基本含义

成本法在这里也可以称为成本路径,是指先估测被评估资产的重置成本,然后估测被评估资产已存在的各种贬损因素,并将其从重置成本中予以扣除而得到被评估资产价值的各种评估方法的总称。成本法的基本思路是重建或重置被评估资产。在条件允许的情况下,任何潜在的投资者在决定投资某项资产时,所愿意支付的价格不会超过购建该项资产的现行购建成本。如果投资对象并非全新,投资者所愿支付的价格会在投资对象全新的购建成本的基础上扣除各种贬损因素。上述评估思路可概括为:

$$资产评估价值=资产的重置成本 -资产的实体性贬值- \\ 资产的功能性贬值-资产的经济性贬值 \qquad (2-28)$$

成本法是以再取得被评估资产的重置成本为基础的评估方法。由于被评估资产的再取得成本的有关数据和信息来源较广泛,并且资产重置成本与资产的现行市价及收益现值也存在着内在联系和替代关系,因而,成本法也是一种被广泛应用的评估方法。

二、成本法的基本前提

成本法从再取得资产的角度反映资产价值,即通过资产的重置成本扣减各种贬值反映资产价值。只有当被评估资产处于继续使用状态下,再取得被评估资产的全部费用才能构成其价值的内容。资产的继续使用不仅仅是一个物理上的概念,它包含着有效使用资产的经济意义。只有当资产能够继续使用并且在持续使用中为潜在所有者或控制者带来经济利益,资产的重置成本才能为潜在投资者和市场所承认和接受。从这个意义上讲,成本法主要适用于继续使用前提下的资产评估。对于非继续使用前提下的资产,如果运用成本法进行评估,需对成本法的基本要素做必要的调整。从相对准确合理、减少风险和提高评估效率的角度,把继续使用作为运用成本法的前提是有积极意义的。

采用成本法评估资产的前提条件是:

(1) 被评估资产处于继续使用状态或被假定处于继续使用状态。

(2) 应当具备可利用的历史资料。成本法的应用是建立在历史资料基础上的,许多信息资料、指标需要通过历史资料获得。同时,现时资产与历史资产具有相同性或可比性。

(3) 形成资产价值的耗费是必需的。耗费是形成资产价值的基础,但耗费包括有效耗费和无效耗费。采用成本法评估资产,首先要确定这些耗费是必需的,而且应体现社会或行业平均水平。

三、成本法中的基本要素

就一般意义上讲,成本法的运用涉及四个基本要素,即资产的重置成本、资产的实体性贬值、资产的功能性贬值和资产的经济性贬值。

（一）资产的重置成本

简单地说,资产的重置成本就是资产的现行再取得成本。具体来说,重置成本又分为复原重置成本和更新重置成本两种。

（1）复原重置成本是指采用与评估对象相同的材料、建筑或制造标准、设计、规格及技术等,以现时价格水平重新购建与评估对象相同的全新资产所发生的费用。

（2）更新重置成本是指采用新型材料,新的建筑或制造标准,新型设计、规格和技术等,以现行价格水平购建与评估对象具有同等功能的全新资产所需的费用。

（二）资产的实体性贬值

资产的实体性贬值亦称有形损耗,是指资产由于使用及自然力的作用导致的物理性能的损耗或下降而引起的资产的价值损失。资产的实体性贬值通常采用相对数计量,即实体性贬值率,用公式表示为:

$$实体性贬值率 = \frac{资产的实体性贬值}{资产的重置成本} \tag{2-29}$$

（三）资产的功能性贬值

资产的功能性贬值是指由于技术进步引起的资产功能相对落后而造成的资产价值损失。它包括由于新工艺、新材料和新技术的采用,而使原有资产的建造成本超过现行建造成本的超支额,以及原有资产超过体现技术进步的同类资产的运营成本的超支额。

（四）资产的经济性贬值

资产的经济性贬值是指由于外部条件的变化引起资产闲置、收益下降等而造成的资产价值损失。

四、成本法中的具体评估方法

通过成本法评估资产的价值不可避免地要涉及被评估资产的重置成本、实体性贬值、功能性贬值和经济性贬值四大因素。成本法中的各种具体方法实际上都是在成本法总的评估思路基础上,围绕着上述因素采用不同的方式测算形成的。在评估实务中,人们习惯上以估算重置成本的具体方式来区别和划分成本法中的各种具体方法。

（一）重置成本的估算方法

资产的重置成本可以通过若干种方法进行估算,这里对在评估实务中应用较为广泛的几种方法进行介绍。

1. **重置核算法**

重置核算法亦称细节分析法、核算法等。它是利用成本核算的原理,根据重新取得资产所需的费用项目,逐项计算然后累加得到资产的重置成本。在实际测算过程中又具体划分为两种类型,购买型和自建型。购买型是以购买资产的方式作为资产的重置过程。资产的重置成本具体是由资产的现行购买价格、运杂费、安装调试费以及其他费用构成,将上述取得资产的必要费用累加起来,便可计算出资产的重置成本。自建型是把自建资产作为资产重置方式,它根据重新建造资产所需的料、工、费及必要的资金成本和开发者的合理收益等分析和计算出资产的重置成本。

资产的重置成本应包括开发者的合理收益。一是重置成本是按在现行市场条件下重新购建一项全新资产所支付的全部货币总额,应该包括资产开发和制造商的合理收益。二是资产评估旨在了解被评估资产在模拟条件下的交易价格,一般情况下,价格都应该含有开发者或制造者合理收益部分。资产重置成本中的收益部分的确定,应以现行行业或社会平均资产收益水平为依据。

例2-7 某企业重置购建设备一台,现行市场价格为每台6万元,运杂费1 000元,直接安装成本800元,其中原材料300元,人工成本500元。根据统计分析,计算求得安装中的间接成本与人工成本的比为0.8∶1,该机器设备重置成本为:

$$直接成本 = 60\ 000 + 1\ 000 + 800 = 61\ 800(元)$$
$$间接安装成本 = 500 \times 0.8 = 400(元)$$
$$重置成本合计 = 61\ 800 + 400 = 62\ 200(元)$$

2. 价格指数法

价格指数法是利用与资产有关的价格变动指数,将被评估资产的历史成本(账面价值)调整为重置成本的一种方法,其计算公式为:

$$重置成本 = 资产的账面原值 \times 价格变动指数 \qquad (2-30)$$

式中:价格变动指数可以是定基价格变动指数或环比价格变动指数。定基价格变动指数是评估时点的价格指数与资产购建时点的价格指数之比,即:

$$定基价格变动指数 = (评估时点价格指数 \div 资产购建时点的价格指数) \times 100\%$$

环比价格变动指数可考虑按下式求得:

$$x = (1 + a_1)(1 + a_2)(1 + a_3) \cdots (1 + a_i) \times 100\%$$

式中:x为环比价格变动指数;a_i为第i年环比价格指数,$i = 1, 2, 3, \cdots, n$。

例2-8 某被评估资产购建于2015年,账面原值为50 000元,当时该类资产的价格指数为95%,评估时该类资产的价格指数为160%,则:

$$被评估资产重置成本 = 50\ 000 \times (160\% \div 95\%) \times 100\% = 84\ 211(元)$$

又如,被评估资产账面价值为200 000元,2013年建成,2019年进行评估,经调查已知同类资产环比价格指数分别为2014年11.7%,2015年17%,2016年30.5%,2017年6.9%,2018年4.8%,则有:

$$\begin{aligned} 被评估资产重置成本 &= 200\ 000 \times (1 + 11.7\%) \times (1 + 17\%) \times (1 + 30.5\%) \times \\ &\quad (1 + 6.9\%) \times (1 + 4.8\%) \\ &= 200\ 000 \times 191.07\% \\ &= 382\ 137(元) \end{aligned}$$

价格指数法与重置核算法是重置成本估算较常用的方法,但二者具有明显的区别:

(1)价格指数法估算的重置成本,仅考虑了价格变动因素,因而确定的是复原重置成本;而重置核算法既考虑了价格因素,也考虑了生产技术进步和劳动生产率的变化因素,因而可以估算复原重置成本和更新重置成本。

（2）价格指数法建立在不同时期的某一种或某类甚至全部资产的物价变动水平上;而重置核算法建立在现行价格水平与购建成本费用核算的基础上。

明确价格指数法和重置核算法的区别,有助于重置成本估算中方法的判断和选择。一项科学技术进步影响明显的资产,采用价格指数法估算的重置成本往往会偏高。当然,价格指数法和重置核算法也有其相同点,即都是建立在利用历史资料基础上。因此,分析、判断资产评估时重置成本口径与委托方提供历史资料(如财务资料)的口径差异,是上述两种方法应用时需注意的共同问题。

3. 规模经济效益指数法

通过不同资产的生产能力与其成本之间关系的分析可以发现,许多资产的成本与其生产能力之间不存在线性关系,当资产 A 的生产能力比资产 B 的生产能力大一倍时,其成本却不一定大一倍,也就是说,资产生产能力和成本之间只成同方向变化,而不是等比例变化,这是由于规模经济效益作用的结果。两项资产的重置成本和生产能力相比较,其关系可用下列公式表示:

$$\frac{被评估资产的重置成本}{参照物资产的重置成本}=\left(\frac{被评估资产的产量}{参照物资产的产量}\right)^{x}$$

推导可得:

$$被评估资产的重置成本=\frac{参照物资产}{的重置成本}\times\left(\frac{被评估资产的产量}{参照物资产的产量}\right)^{x} \qquad (2-31)$$

公式中的 x 是一个经验数据,又被称为规模经济效益指数。我国到目前为止尚未有统一的经验数据,评估过程中要谨慎使用这种方法。公式中参照物一般可选择同类资产中的标准资产。

当公式中的 x 为 1 时,规模经济效益指数法演变为功能价值法,也称生产能力比例法。这种方法是寻找一个与被评估资产相同或相似的资产为参照物,根据参照资产的重置成本及参照物与被评估资产生产能力的比例,估算被评估资产的重置成本。计算公式为:

$$被评估资产重置成本=\frac{被评估资产年产量}{参照物年产量}\times参照物重置成本 \qquad (2-32)$$

例 2-9 某企业重置全新的一台机器设备的价格为 6 万元,年产量为 5 000 件。现知被评估资产年产量为 4 000 件,由此可以确定其重置成本:

$$被评估资产的重置成本 = 4\ 000\div5\ 000\times60\ 000 = 48\ 000(元)$$

这种方法运用的前提条件和假设是资产的成本与其生产能力呈线性关系,生产能力越大,成本越高,而且是成正比例变化。应用这种方法估算重置成本时,首先应分析资产成本与生产能力之间是否存在这种线性关系,如果不存在这种关系,则不宜采用这种方法。

上述三种方法均可用于确定在成本法运用中的重置成本。至于选用哪种方法,应根据具体的评估对象和可以搜集到的资料确定。这些方法中,对某项资产可能同时都能用,有的则不然,应用时必须注意分析方法运用的前提条件,否则将得出错误的结论。

另外,在用成本法对企业整体资产及某一相同类型资产进行评估时,为了简化评

估业务,节省评估时间,还可以采用统计分析方法确定某类资产重置成本,这种方法运用的步骤是:

第一,在核实资产数量的基础上,把全部资产按照适当标准划分为若干类别,如房屋建筑物按结构划分为钢结构、钢筋混凝土结构等;机器设备按有关规定划分为专用设备、通用设备、运输设备、仪器、仪表等。

第二,在各类资产中抽样选择适量具有代表性的资产,应用功能价值法、价格指数法、重置核算法或规模经济效益指数法等方法估算其重置成本。

第三,依据分类抽样估算资产的重置成本额与账面历史成本,计算出分类资产的调整系数,其计算公式为:

$$K = \frac{R'}{R} \qquad (2-33)$$

式中:K 为资产重置成本与历史成本的调整系数;R' 为某类抽样资产的重置成本;R 为某类抽样资产的历史成本。

根据调整系数 K 估算被评估资产的重置成本,计算公式为:

$$被评估资产的重置成本 = \sum 某类资产账面的历史成本 \times K \qquad (2-34)$$

某类资产账面历史成本可从会计记录中取得。

例 2-10 评估某企业某类通用设备,经抽样选择具有代表性的通用设备 5 台,估算其重置成本之和为 30 万元,而该 5 台具有代表性通用设备历史成本之和为 20 万元,该类通用设备账面历史成本之和为 500 万元。则:

$$K = 30 \div 20 = 1.5$$

$$该类通用设备的重置成本 = 500 \times 1.5 = 750(万元)$$

(二) 实体性贬值的测算方法

资产的实体性贬值的测算一般可以选择以下两种方法估测:

1. 观测法

观测法也称成新率法。它是指由具有专业知识和丰富经验的工程技术人员对被评估资产的实体各主要部位进行技术鉴定,并综合分析资产的设计、制造、使用、磨损、维护、修理、改造情况和物理寿命等因素,将评估对象与其全新状态相比较,考察由于使用磨损和自然损耗对资产的功能、使用效率带来的影响,判断被评估资产的成新率,从而估算实体性贬值。计算公式为:

$$资产的实体性贬值 = 重置成本 \times (1 - 实体性成新率) \qquad (2-35)$$

式中:

$$实体性成新率 = 1 - 实体性贬值率$$

2. 使用年限法

使用年限法是利用被评估资产的实际已使用年限与其总使用年限的比值来判断其实体贬值率(程度),进而估测资产的实体性贬值。使用年限法的计算公式为:

$$资产的实体性贬值 = \frac{重置成本 - 预计残值}{总使用年限} \times 实际已使用年限 \qquad (2-36)$$

公式中预计残值是指被评估资产在清理报废时净收回的金额。在资产评估中,通常只考虑数额较大的残值,如残值数额较小可以忽略不计。总使用年限指的是实际已使用年限与尚可使用年限之和。计算公式为:

$$总使用年限 = 实际已使用年限 + 尚可使用年限$$
$$实际已使用年限 = 名义已使用年限 × 资产利用率$$

由于资产在使用中负荷程度的影响,必须将资产的名义已使用年限调整为实际已使用年限。

名义已使用年限是指资产从购进使用到评估时的年限。名义已使用年限可以通过会计记录、资产登记簿、登记卡片查询确定。实际已使用年限是指资产在使用中实际损耗的年限。实际已使用年限与名义已使用年限的差异,可以通过资产利用率来调整。资产利用率的计算公式为:

$$资产利用率 = \frac{截至评估日资产累计实际使用时间}{截至评估日资产累计法定使用时间} × 100\% \qquad (2-37)$$

当资产利用率>1 时,表示资产超负荷运转,资产实际已使用年限比名义已使用年限要长;

当资产利用率=1 时,表示资产满负荷运转,资产实际已使用年限等于名义已使用年限;

当资产利用率<1 时,表示开工不足,资产实际已使用年限小于名义已使用年限。

例 2-11 某资产 2009 年 2 月购进,当月评估时,名义已使用年限是 10 年。根据该资产技术指标,正常使用情况下,每天应工作 8 小时,该资产实际每天工作 7.5 小时。由此可以计算资产利用率:

$$资产利用率 = \frac{10 × 360 × 7.5}{10 × 360 × 8} × 100\% = 93.75\%$$

由此可确定其实际已使用年限为 9.4 年。

实际评估过程中,由于某些企业基础管理工作较弱,再加上资产运转的复杂性,资产利用率的指标往往很难确定。评估人员应综合分析资产的运转状态,诸如资产开工情况、大修间隔期、原材料供应情况、电力供应情况、是否季节性生产等各方面因素分析确定。

尚可使用年限是根据资产的有形损耗因素,预计资产的继续使用年限。

(三) 功能性贬值的测算方法

功能性贬值是由技术相对落后造成的贬值。估算功能性贬值时,主要根据资产的效用、生产加工能力、工耗、物耗、能耗水平等功能方面的差异造成的成本增加或效益降低,相应确定功能性贬值额。同时,还要重视技术进步因素,注意替代设备、替代技术、替代产品的影响以及行业技术装备水平现状和资产更新换代速度。

通常情况下,功能性贬值的估算可以按下列步骤进行:

第一,将被评估资产的年运营成本与功能相同但性能更好的新资产的年运营成本进行比较。

第二,计算二者的差异,确定净超额运营成本。由于企业支付的运营成本是在税前扣除的,企业支付的超额运营成本会引致税前利润额下降,所得税额降低,使得企业负担的运营成本低于其实际支付额。因此,净超额运营成本是超额运营成本扣除其抵减的所得税以后的余额。

第三,估计被评估资产的剩余寿命。

第四,以适当的折现率将被评估资产在剩余寿命内每年的超额运营成本折现,这些折现值之和就是被评估资产功能性损耗,计算公式为:

被评估资产的功能性贬值 = $\sum$(被评估资产年超额运营成本×折现系数)

$$(2-38)$$

例 2-12 某种设备,技术先进的设备比原有的陈旧设备生产效率高,节约工资费用,有关资料及计算结果如表 2-1 所示。

表 2-1　某设备的技术资料及功能性贬值额的计算

项　　目	技术先进设备	技术陈旧设备
月产量	10 000 件	10 000 件
单件工资	0.80 元	1.20 元
月工资成本	8 000 元	12 000 元
月差异额		12 000−8 000=4 000 元
年工资成本超支额		4 000×12=48 000 元
减:所得税(税率 25%)		12 000 元
扣除所得税后年净超额工资		36 000 元
资产剩余使用年限		5 年
假定折现率 10%,5 年年金折现系数		3.790 8
功能性贬值额		136 469 元

应当指出,新老技术设备的对比,除生产效率影响工资成本超额支出外,还可对原材料消耗、能源消耗以及产品质量等指标进行对比,计算其功能性贬值。

此外,功能性贬值的估算还可以通过超额投资成本的估算进行,即超额投资成本可视同为功能性贬值,计算公式为:

功能性贬值=复原重置成本−更新重置成本

(四)经济性贬值的测算方法

就表现形式而言,资产的经济性贬值主要表现为运营中的资产利用率下降,甚至闲置,并由此引起资产的运营收益减少。当有确实证据表明资产已经存在经济性贬值,可参考下面方法估测其经济性贬值率或经济性贬值额。

经济性贬值率 = $\left[1-\left(\dfrac{资产预计可被利用的生产能力}{资产原设计生产能力}\right)^x\right]×100\%$ 　(2-39)

式中:x 为功能价值指数,实践中多采用经验数据,数值一般在 0.6~0.7。

经济性贬值额=资产年收益损失额×(1−所得税税率)×$(P/A,r,n)$ 　(2-40)

式中:$(P/A,r,n)$ 为年金现值系数。

例 2-13 某被评估生产线设计生产能力为年产 25 000 台产品,因市场需求结构变化,在未来可使用年限内,每年产量估计要减少 8 000 台,功能价值指数取 0.6。根据上述条件,该生产线的经济性贬值率计算如下:

经济性贬值率 = $[1-(17\,000÷25\,000)^{0.6}]×100\% = (1-0.79)×100\% = 21\%$

又如,数据承上例,假定该生产线尚可使用 3 年,每年减少 8 000 台产品,每台产

品利润为 100 元,行业的投资回报率为 10%,所得税税率为 25%。该资产的经济性贬值额大约为:

$$经济性贬值额 = (8\,000 \times 100) \times (1 - 25\%) \times (P/A, 10\%, 3)$$
$$= 600\,000 \times 2.486\,9 = 1\,492\,140(元)$$

第四节　评估方法的选择

一、评估方法之间的关系

　　资产评估的市场法、收益法和成本法,以及由以上三条基本评估思路衍生出来的其他评估思路共同构成了资产评估的方法体系。资产评估的专业性质决定了构成资产评估方法体系的各种评估方法之间存在着内在联系,而各种评估方法的独立存在又说明它们各有特点。正确认识资产评估方法之间的内在联系以及各自的特点,对于恰当地选择评估方法,合理地、高效地进行资产评估是十分重要的。

　　评估方法是实现评估目的的手段。对于特定经济行为,在相同的市场条件下,对处在相同状态下的同一资产进行评估,其评估值应该是客观的。这个客观的评估值不会因评估人员所选用的评估方法的不同而出现截然不同的结果。可以认为正是评估基本目的决定了评估方法间的内在联系,而这种内在联系为评估人员运用多种评估方法评估同一条件下的同一资产,并作相互验证提供了理论根据。但需要指出的是,运用不同的评估方法评估同一资产,必须保证评估目的、评估前提、被评估对象状态的一致,以及运用不同评估方法所选择的经济技术参数合理。

　　由于资产评估工作基本目标的一致性,在同一资产的评估中可以采用多种方法,如果使用这些方法的前提条件同时具备,而且评估人员也具备相应的专业判断能力,那么,多种方法得出的结果应该趋同。如果采用多种方法得出的结果出现较大差异,可能的原因有:一是某些方法的应用前提不具备;二是分析过程有缺陷;三是结构分析有问题;四是某些支撑评估结果的信息依据出现失真;五是评估人员的职业判断有误。建议评估师为不同评估方法建立逻辑分析框架图,通过对比分析,有利于问题的发现。评估师在发现问题的基础上,除了对评估方法做出取舍外,还应该分析问题产生的原因,并据此研究解决问题的对策,以便最后确定评估价值。

二、资产评估方法的选择

　　资产评估方法的多样性,为评估人员选择适当的评估方法,有效地完成评估任务提供了现实可能。为高效、简捷、相对合理地估测资产的价值,在评估方法的选择过程中应注意以下因素:

　　(1)评估方法的选择要与评估目的、评估时的市场条件、被评估对象在评估过程中所处的状态,以及由此所决定的资产评估价值类型相适应。

　　(2)评估方法的选择受评估对象的类型、理化状态等因素制约。例如,对于既无市场参照物,又无经营记录的资产,只能选择成本法进行评估;对于工艺比较特别且处在经营中的企业,可以优先考虑选择收益法。

　　(3)评估方法的选择受各种评估方法运用所需的数据资料及主要经济技术参数

能否收集的制约。每种评估方法的运用都需要有充分的数据资料作依据。在一个相对较短的时间内,收集某种评估方法所需的数据资料可能会很困难,在这种情况下,评估人员应考虑采用替代的评估方法进行评估。

总之,在评估方法的选择过程中,应注意因地制宜和因事制宜,不可机械地按某种模式或某种顺序进行选择。但是,不论选择哪种评估方法进行评估,都应保证评估目的、评估时所依据的各种假设和条件、评估时所使用的各种参数数据,以及其评估结果在性质和逻辑上的一致。尤其是在运用多种方法评估同一评估对象时,更要保证每种评估方法运用中所依据的各种假设、前提条件、数据参数的可比性,以便能够确保运用不同评估方法所得到的评估结果的可比性和相互可验证性。

■ 本章小结

● 市场法是指利用市场上同样或类似资产的近期交易价格,经过比较分析以估测资产价值的各种评估技术方法的总称。运用市场法进行资产评估需要满足两个最基本的前提条件:其一是要有一个活跃的公开市场;其二是公开市场上要有可比的资产及其交易活动。市场法评估资产价值的具体方法可以被分为两大类:一是直接比较法,二是类比调整法。

● 收益法是依据资产未来预期收益经折现或本金化处理来估测资产价值的方法。应用收益法必须具备的前提条件为:一是资产的未来预期收益可以预测并可以用货币衡量;二是资产拥有者获得预期收益所承担的风险也可以预测,并可以用货币衡量;三是资产预期获利年限可以预测。

● 成本法是指从再取得资产的角度反映资产价值,即通过资产的重置成本扣减各种贬值反映资产价值。采用成本法评估资产的前提条件为:一是被评估资产处于继续使用状态或被假定处于继续使用状态;二是具备可利用的历史资料;三是形成资产价值的耗费是可计量的。成本法的运用涉及四个基本要素,即资产的重置成本、资产的实体性贬值、资产的功能性贬值和资产的经济性贬值。

■ 关键词

市场法 收益法 成本法

■ 思考题

1. 分别说明市场法、收益法和成本法的基本含义和适用条件。
2. 如何运用市场法中的直接比较法和类比调整法?
3. 怎样选择和分析收益法中的基本参数?
4. 如何理解和测算重置成本法的基本要素?
5. 分析市场法、收益法和成本法的联系与区别。

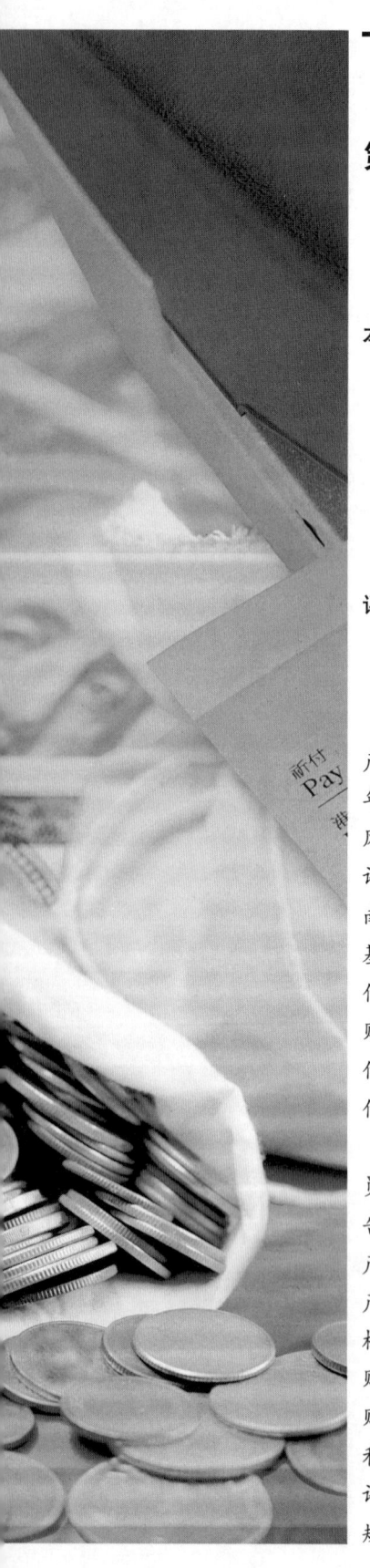

第三章　资产评估程序与信息处理

本章要点

- 资产评估程序
- 资产评估中需要收集的信息
- 资产评估中信息收集的具体方法
- 资产信息资料的鉴定
- 资产信息的分析方法

评估聚焦

资产评估程序的历史发展和当前要求

鉴于资产评估程序的重要性,我国资产评估行政管理部门和资产评估行业协会一直非常重视对资产评估程序的规范。20 世纪 90 年代,为规范资产评估的系统性工作步骤,保证评估质量,规避评估风险,中国资产评估协会发布了《资产评估业务约定书指南》《资产评估计划指南》《资产评估工作底稿指南》《资产评估档案管理指南》等文件。2007 年,中国资产评估协会根据《资产评估准则——基本准则》,健全了资产评估程序的执业准则体系,发布了《资产评估准则——评估报告》《资产评估准则——评估程序》《资产评估准则——业务约定书》《资产评估准则——工作底稿》等七项资产评估准则。其中,《资产评估准则——评估程序》规定了八项基本评估程序,以及九项应当明确的评估业务基本事项。

2016 年,《资产评估法》颁布,规定了评估机构和评估专业人员履行资产评估程序的基本要求,并从评估业务的委托、评估报告的签署出具、评估报告的使用等方面提出了具体要求。伴随资产评估行业的发展和资产评估法律法规的完善,为进一步规范资产评估执业行为,维护社会公共利益和资产评估各方当事人合法权益,在财政部指导下,中国资产评估协会根据《资产评估基本准则》,修订发布了《资产评估执业准则——资产评估程序》。该准则规定,资产评估师执行资产评估业务,应当遵守法律、行政法规和资产评估准则,坚持独立、客观、公正的原则,履行适当的资产评估程序;资产评估师执行资产评估业务,应当遵守法律、行政法规和资产评估准则,坚持独立、客观、公正的原则,履行适当的资产评估程序;资产评估机构受理资产评估业务前,应当明确十项评估业务基本事项。

数字经济时代,数据作为新型生产要素,深刻影响着生产方式、生活方式和社会治理方式。党的二十大报告强调,要"加快发展数字经济,促进数字经济和实体经济深度融合,打造具有国际竞争力的数字产业集群"。毋庸置疑,资产评估信息收集的内容和信息处理的方式势必都会受到数字化发展的影响。中国资产评估协会发布的《"十四五"时期资产评估行业发展规划》强调,要"加快推进行业数字化转型,全面提升资产评估行业信息化水平及服务能力"。据此,资产评估行业需要积极顺应数字化、信息化的发展趋势,逐步实现业务数据标准化、行业管理信息一体化、资产评估机构运营信息化、资产评估执业智能化,资产评估机构及其资产评估专业人员也需要合理运用互联网、大数据、云计算等数字技术,不断提升其在数字经济时代的专业胜任能力,进而为资产评估行业信息化水平的提升和资产评估程序高质量的履行奠定扎实基础。

按照规定的程序实施资产评估对保证质量和控制风险具有至关重要的作用,所以相关资产评估准则都有关于评估程序的规定。同时信息收集和分析又是履行评估程序的基础性工作,并直接影响评估结果的客观性、准确性和公平性。所以本章在介绍关于资产评估程序的有关规定后,着重讨论了信息的分类、来源及收集方法。

第一节 资产评估程序

一、资产评估程序的概念

资产评估程序,是指资产评估师执行资产评估业务所履行的系统性工作步骤。资产评估师在实际业务中,依照资产评估程序中的具体步骤展开工作,同时依据实际业务的具体情况,对执行的具体步骤进行一定的调整。但是由于资产评估业务具有一定的相似性,从其评估对象、评估目的的确定到资料收集、评估方法和评估结果的确定,其执行步骤也具有相似性。把这些相似性的步骤归纳总结,便可以确定资产评估的基本程序。

对资产评估程序的理解,可以依据《资产评估基本准则》和《资产评估执业准则——资产评估程序》两部准则。根据准则,资产评估程序一般开始于承接资产评估业务前的明确业务基本事项环节,终止于评估报告提交后的评估档案整理归集环节。除了我国的《资产评估基本准则》和《资产评估执业准则——资产评估程序》以外,《国际评估准则》(IVS)、美国《专业评估执业统一准则》(USPAP)、英国《RICS评估全球标准》(红皮书)、澳大利亚《专业评估守则》和中国香港地区《资产评估指南》等国际上的主要评估准则也都针对评估程序进行了系统的描述与规范。但与我国不同,国际上的主要评估准则一般将涉及评估程序的规范性条款置于各项具体评估准则之中。例如,《国际评估准则》中的企业价值评估准则对评估对象及评估范围进行了详尽描述;《专业评估执业统一准则》中的房地产评估准则运用大量的篇幅来说明房地产评估的注意事项及评估程序要求。

《国际评估准则》强调资产评估项目的进行必须遵循评估准则。在准则中重点说明了调查研究、评估方法、评估项目记录以及有效时间四个要点。而《专业评估执业统一准则》中简要地说明了资产评估程序，共分为三大步骤，在业务承接后，评估师首先要明确评估目的和需要解决的问题，其次明确评估的工作范围并得到可信有效的评估结果，最后在评估报告中进行披露。当然，针对具体的评估项目，详细的评估程序都与各个资产的评估准则条例相结合。例如，在不动产评估条例中，资产评估师就必须要先确认委托人和其他报告使用者，然后明确价值类型及定义等。

二、资产评估程序的作用

重视资产评估程序的作用，对资产评估业务和委托人都具有积极的意义。作为资产评估业务执行的具体步骤，不论是对资产评估师还是对相关当事方，甚至是对社会公众和监督机构而言，资产评估程序都是使其了解资产评估业务执行过程和结果取得过程的重要依据。随着市场经济的高速发展，资产评估业务日渐增多，但针对资产评估师和资产评估机构的各种诉讼也随之呈上升趋势，司法实践对评估行业的影响日益重要。在评估责任界定过程中，评估程序是否得到完整、正确的履行是一项非常重要的判定依据。资产评估程序的明确规范，是资产评估业务合理、高效进行的保证。资产评估程序的作用主要体现在以下三个方面：

（一）公信力保证

依照评估准则履行评估基本程序，并按照工作计划进行，不仅可以有效地规范资产评估师的执业行为，评估基本程序的统一也更有利于行业管理，以避免不同资产评估师或资产评估机构因执行程序的差异而导致评估结果产生歧义的现象发生。相对统一的行业执业规范，可以保证行业的有序发展，这是让资产评估行业赢得社会公众公信力的保证。

（二）服务依据

作为资产评估业务执业操作的具体步骤，资产评估程序也是资产评估师的服务依据。对于相关当事方、监督检查机构以及社会公众而言，可以依靠资产评估程序了解资产评估执业的操作过程和资产评估业务的进行状况，从而对资产评估服务进行评价，监督资产评估服务质量。

（三）抗辩手段

随着针对资产评估师和资产评估机构诉讼的增加，资产评估师和资产评估机构自身权益保护的问题开始受到重视。依据资产评估程序执行业务，履行必要的评估程序，保证业务操作步骤的完整性和有效性，进而才能保障评估结果的合理性。因此，资产评估程序是资产评估师和资产评估机构自我保护的一种强有力手段，也是在发生纠纷和诉讼后，保护自身权益合理抗辩的重要手段。特别是近年来随着我国资产评估行业的不断发展，恰当履行评估程序已逐渐受到资产评估师和资产评估机构的普遍重视。

三、资产评估程序的内容和要求

依据《资产评估执业准则——资产评估程序》，资产评估师通常执行下列基本评估程序：① 明确业务基本事项；② 订立业务委托合同；③ 编制资产评估计划；④ 进行评估现场调查；⑤ 收集整理评估资料；⑥ 评定估算形成结论；⑦ 编制出具评估报告;⑧整理归集评估档案。资产评估机构及其资产评估师应当根据资产评估业务的具体情况以及重要性原则确定所履行各基本程序的繁简程度。并且,资产评估机构及其资产评估师不得随意减少资产评估基本程序。

(一)明确资产评估业务基本事项

明确资产评估业务基本事项是资产评估程序的第一个环节,开始于评估业务承接之前。其作为整个评估业务的起点,资产评估师和资产评估机构应通过与相关当事方沟通讨论、查阅相关资料、初步调查等方式明确评估业务的基本事项。而这些对随后的资产评估项目的承接、项目的顺利进行都具有重大意义。需要明确的基本事项包括:

第一,委托人、产权持有者和委托人以外的其他评估报告使用人。

第二,评估目的。

第三,评估对象和评估范围。

第四,价值类型。

第五,评估基准日。

第六,资产评估项目所涉及的需要批准的经济行为的审批情况。

第七,资产评估报告使用范围。

第八,评估报告提交期限及方式。

第九,评估服务费及支付方式。

第十,委托人、其他相关当事人与资产评估机构及其资产评估师工作配合和协助等其他需要明确的重要事项。

(二)订立业务委托合同

在明确资产评估业务基本事项后,资产评估师和资产评估机构如果认为可以承接此评估业务,则应首先与委托人订立资产评估业务委托合同,作为服务合同。

1. 业务委托合同的概念

业务委托合同是资产评估机构与委托人共同订立的,一般由资产评估师代表资产评估机构同委托人订立,用来确定委托与受托关系,明确评估目的、评估范围、双方义务责任等重要事项的合同。

虽然业务委托合同的订立一般由资产评估师签署协议,但是需要明确的是,资产评估师不能以个人名义签署业务委托合同。而委托人则是需要法定代表人或者授权代签,才能签署。

2. 业务委托合同的作用

业务委托合同是用来明确受托关系、评估基本事项及双方义务和责任的反映中介服务活动的合同,具有《中华人民共和国民法典》所规定的合同基本属性。需要明确的是,业务委托合同应采用书面形式,而不能以口头或其他形式。

3. 准则对业务委托合同的要求

根据中国资产评估协会颁布的《资产评估执业准则——资产评估委托合同》,业务委托合同应当包括以下基本内容:①资产评估机构和委托人的名称、住所、联系人及联系方式;②评估目的;③评估对象和评估范围;④评估基准日;⑤评估报告使用范围;⑥评估报告提交期限和方式;⑦评估服务费总额或者支付标准、支付时间及支付方式;⑧资产评估机构和委托人的其他权利和义务;⑨违约责任和争议解决；⑩合同当事人签字或者签章的时间和地点。准则还特别强调，资产评估委托合同载明的评估目的、评估基准日应当唯一且表述应该明确清晰。业务委托合同订立后，发现相关事项存在遗漏、约定不明确，或者合同履行中约定内容发生变化的，资产评估机构可以要求与委托人订立补充合同或者重新订立资产评估委托合同，或者以法律允许的其他方式对资产评估委托合同的相关条款进行变更。

（三）编制资产评估计划

在订立业务委托合同后，资产评估师应根据资产评估业务具体情况编制资产评估计划，并合理确定资产评估计划的繁简程度，以便可以高效地展开评估业务。在评估计划中，资产评估师将对各个工作步骤合理地进行统筹安排，包括对资产评估业务实施的主要过程及时间进度、人员安排等进行规划，以形成整体的工作思路和可视性方案。在项目执行过程中，资产评估师也应当根据业务的具体情况，对评估计划进行及时修改和补充。评估计划包含评估工作的全部过程，在评估计划的编制过程中也需要与委托人进行一定的沟通，主要是针对具体问题或者配合状况。最终在计划实施时，应报经资产评估机构相关负责人审核批准。

（四）进行评估现场调查

现场调查是评估工作中相当重要的环节之一。资产评估师应当对评估对象进行现场勘查，包括不动产、机械设备等实物资产以及无形资产、股权等非实物资产，以获取评估业务需要的资料，了解评估对象现状，关注评估对象法律权属。根据不同业务以及不同评估对象的具体情况，资产评估师可以选用适当的方式进行现场调查，并事先与委托人做好沟通配合的工作，以保证现场勘查工作的有序进行。现场调查手段通常包括询问、访谈、核对、监盘、勘查等；资产评估师可以根据重要性原则采用逐项或者抽样的方式进行现场调查。对于现场勘查存在困难无法进行现场勘查的，资产评估师可以考虑通过两方面内容来判断是否继续执行评估业务：一是所受限制是否对评估结论或评估目的所对应的经济行为构成重大影响；二是能否采取必要措施弥补不能实施调查程序的缺失。

（五）收集整理评估资料

在以上各个环节的基础上，资产评估师应当根据资产评估业务具体情况收集资产评估业务需要的资料。包括：委托人或其他相关当事人提供的涉及评估对象和评估范围等资料；从政府部门、各类专业机构以及市场等渠道获取的其他资料。资产评估师应当要求委托人或其他相关当事人提供涉及评估对象和评估范围的必要资料，并要求他们对提供的资产评估明细表及其他重要资料进行确认，确认方式包括签字、盖章及法律允许的其他方式。这些资料都是随后进行的评估对象分析、评估估算等环节的数据基础，也是资产评估业务的质量保证。

评估资料的形式多种多样，包括查询记录、询价结果、检查记录、行业资讯、分析资料、鉴定报告、专业报告及政府文件等。收集来的相关资料需要进行整理和筛选。资产评估师应选择项目所需资料并对其按照一定的顺序进行整理，归入工作底稿中。此外，资产评估师应当依法对使用的资料进行核查验证。核查验证的方式通常包括观察、询问、书面审查、实地调查、查询、函证、复核等。对于超出专业能力范畴的核查验证事项，资产评估机构应委托其他专业机构或专家出具意见。对于因法律法规规定或客观条件限制而无法实施核查验证的事项，资产评估师应当在工作底稿中说明，分析其对评估结论的影响程度,并在资产评估报告中予以披露。若这些事项对评估结论产生重大影响或者无法判断其影响程度,资产评估机构不得出具资产评估报告。

（六）评定估算形成结论

评定估算是指以资产评估师收集到的资料为基础,对评估资料进行分析,选择恰当的评估方法,运用评估方法形成初步评估结论,综合分析确定资产评估结论。分析评估资料是指对评估资料进行整理和筛选,去粗取精,去伪存真,选择具有可靠性、相关性、可比性的信息。以这些信息为基础,根据业务需求及时补充评估资料,进而选择恰当的资产评估方法形成评估结论。

成本法、市场法和收益法是资产评估中常用的三种基本方法。资产评估师应当根据评估目的、评估对象、价值类型、资料收集等情况,分析市场法、收益法和成本法三种资产评估基本方法的适用性与针对性,选择评估方法,并根据所采用的评估方法,选取相应的公式和参数进行分析、计算和判断,形成测算结果。在实际工作中,一般鼓励用两种以上的评估方法对项目进行资产评估,最终形成合理评估结论。

在资产评估师选用多种方法进行评估时,不仅要满足各种评估方法适用的条件要求和程序要求,还要对各种方法取得的价值结论进行比较分析,综合分析各种方法的相关性、恰当性、相关参数的合理性等,最终确定评估结论。

（七）编制出具评估报告

资产评估师应当在执行评定估算程序、形成评估结论后,根据法律、法规和资产评估准则的要求编制初步评估报告。资产评估机构应当按照法律、行政法规、资产评估准则和资产评估机构内部质量控制制度,对初步资评估报告进行内部审核。其中,在不影响对评估结论进行独立判断的前提下,资产评估机构可以与委托人或者委托人同意的其他相关当事人就资产评估报告有关内容进行沟通,对沟通情况进行独立分析,并决定是否对资产评估报告进行调整。审核程序完成后,资产评估机构方可出具并提交正式资产评估报告。初步资产评估报告和正式资产评估报告都需要纳入资产评估档案。评估报告作为评估项目的最终成果,综合反映了整个项目中资产评估师的专业劳动,体现了资产评估师和资产评估机构的综合职业能力和专业水平。

（八）整理归集评估档案

在提交评估报告后,资产评估机构应当按照法律、法规和评估准则的要求对工作底稿、资产评估报告及其他相关资料进行整理,形成资产评估档案。与评估报告相同,评估档案也是评估程序中不可缺少一个重要组成部分。它保证了评估数据的真实可靠性,强化了评估质量,是提升执业水平的重要措施,也为资产评估师和资产评估机构提供了评估项目执行的直接依据。在今后可能出现的资产评估项目的检查和法律诉讼中,评估档案也可以作为工作证明,进而防范执业风险。

作为评估档案的关键性组成部分,工作底稿包括评估项目进行时的所有相关资料、相关程序等,是对评估项目的记录。根据中国资产评估协会颁布的《资产评估执业准则——资产评估档案》,工作底稿应当真实完整、重点突出、记录清晰。资产评估机构及其资产评估师可以根据资产评估业务具体情况,合理确定工作底稿的繁简程度。形式上,工作底稿可以是纸质文档、电子文档或者其他介质形式的文档,资产评估机构及其资产评估师应当根据资产评估业务具体情况和工作底稿介质的理化特性谨慎选择工作底稿的介质形式。内容上,工作底稿分为两种类型,即管理类工作底稿和操作类工作底稿。管理类工作底稿主要包括:①资产评估业务基本事项的记录;②资产评估委托合同;③资产评估计划;④资产评估业务执行过程中重大问题处理记录;⑤资产评估报告的审核意见。操作类工作底稿主要包括:①现场调查记录与相关资料;②收集的评估资料;③评定估算过程记录。

值得强调的是,资产评估机构应当在法定保存期内妥善保存资产评估档案,保证资产评估档案安全和持续使用。资产评估档案自资产评估报告日起保存期限不少于15年;属于法定资产评估业务的,不少于30年。并且,资产评估机构不得将在法定保存期内的资产评估档案非法删改或者销毁。

第二节　资产评估中的信息收集

一、信息收集与分析是资产评估的基础

进行资产评估需要有充分的数据资料。从某种意义上讲,资产评估的过程就是对与资产价值相关的数据资料进行收集、整理、归纳和分析的过程。不论采用什么样的技术途径和方法,都要有充分的数据资料作保证。因此,数据资料的来源和渠道,分类整理与归纳分析都将影响资产评估的质量甚至是评估结果的可用性。由于经济活动纷繁复杂,存在着信息失真的情况,要求在选择评估资产的数据资料时需付出更多的精力,采取必要措施和程序判断所收集信息资料的可靠性和适当性,而这些措施和程序应当符合行业内公认的要求或惯例,以杜绝资料选取上的随意性。

二、信息收集与分析是解决资产信息不对称的要求

关于信息不对称问题,三位2001年度的诺贝尔经济学奖获得者对此做了深入研究:阿克尔洛夫研究了旧车交易买卖双方由于信息不对称导致的"逆向选择";斯彭斯研究人才市场存在用人单位与应聘者之间的信息不对称,使得相应市场萎缩,证明信息是有价值的;斯蒂格利茨将信息不对称理论应用到保险和金融市场。我们分析资产信息时也会发现其不对称,具体表现如下:

(1)资产信息传递方面,由于其传递的方法、路径等原因使相关各方获取信息的程度不一,获得时间也不同,导致信息不对称。

(2)资产影响因素方面,有些资产受成本、效益、技术成熟程度、技术寿命周期和资产市场供求等因素的影响,加之这些因素相互作用的表现不同,开发的程度不同或某些潜在价值未被发现等,都可能导致信息的不对称。

(3)与资产的关联程度方面,资产的卖方或信息的提供者掌握的信息资料比较多,而资产的买方或信息的收集者则知之较少,这样也会形成信息的不对称。

资产信息不对称的客观存在,必然要求资产评估机构及资产评估师在收集资产的信息时,应发现和研究这种不对称,尽可能收集到完整、真实的信息资料,为客观、公正评估资产价值提供保障,以促进资产交易市场的发展。

三、资产评估中需要收集的信息

资产评估师应当独立获取评估所依据的信息,并确信信息来源是可靠的和适当

的。评估资产所依据的所有信息,应当是资产评估师在力所能及的条件下认为是可靠和适当的,同时为达到这种确信程度而采取的必要措施应当是行业内所公认的。

在进行资产评估时,应当考虑下列事项:

(1)有关资产权利的法律文件或其他证明资料;

(2)资产的性质、目前和历史状况信息;

(3)有关资产的经济寿命和法定寿命信息;

(4)有关资产的使用范围和获利能力的信息;

(5)资产以往的评估及交易情况信息;

(6)资产转让的可行性信息;

(7)类似资产的市场价格信息;

(8)卖方承诺的保证、赔偿及其他附加条件;

(9)可能影响资产价值的宏观经济前景信息;

(10)可能影响资产价值的行业状况及前景信息;

(11)可能影响资产价值的企业状况及前景信息;

(12)其他相关信息。

这些信息中,有些是资产评估师从各种信息渠道直接可收集的资产相关信息,如(1)(2)(5)(7)(8)等,有些则是资产评估师在对资产相关信息进行分析后得到的信息,如(3)(4)(6)等。

有关资产权利的法律文件或其他证明资料是指相关的证书、说明书或其他法律文件等,它们是确定资产是否存在以及以何种方式存在的主要依据,也是评估资产价值的重要出发点。不同的资产有不同的权利法律文件或其他证明资料。如专利的权利法律文件是专利主管部门颁发的专利证书、专利说明书、权利要求书等。资产评估师应当采取必要措施检查、复核相关法律文件或其他证明资料,并在评估过程中充分考虑这些文件所载明的具体资产权利对价值的影响。对有关资产权利的法律文件或其他证明资料不仅要核实,同时也要收集作为工作底稿保存。在核实转让有关资产权利的法律文件或其他证明资料时,还应注意掌握其真实性和可靠性程度。

在进行资产评估时应当了解和掌握资产的性质、资产的目前状况和历史状况。资产的历史状况反映了资产的形成和使用的过程,如无形资产的开发或申请过程,资源性资产的形成过程及性质等。资产的目前状况反映其现实真实情况,如磨损情况、维护情况、法律保护情况等。通过收集资产的历史资料和目前状况的信息,能对其形成过程、成熟程度、使用状况和开发支出等情况进行分析,从而有利于正确评估其价值。

在进行资产评估时,要对有关资产的使用范围和收益情况的信息进行收集。不同性质的资产具有不同的使用范围,使用范围直接影响了资产的潜在获利能力,对其价值也有着重要影响,因此应详细研究和分析资产的使用范围。

资产评估师应收集资产过去的评估资料和过去交易的信息,并结合当前评估的相关情况加以考虑和分析。这个调查过程一方面可以进一步了解该资产的历史状况和有关资料;另一方面,可以验证过去进行的评估中所做的未来预测与其实际情况是否相吻合,并对存在较大差异的原因进行分析,为当前评估积累有用的资料。对资产以往交易有关情况的了解和考虑,有利于了解被评估资产的可交易性、使用范围、以前交易对目前状况的限制等情况,也有利于收集可比资料,供进一步评估时参考。

资产转让的可行性是由其技术经济特征及市场供求状况决定的,因此资产评估师通常要收集有关该资产本身的技术成熟程度、市场需求状况、受让方具备的应用和开发条件等信息。

进行资产评估时,需进行市场调查并注意了解和掌握现时或近期的类似资产市场价格、交易等有关信息。就采用市场法的资产评估项目而言,类似资产市场价格信息的收集工作更是不可缺少。

四、资产评估中信息收集的基本程序

资产评估中的信息收集是一项有步骤、有计划、连续性很强的工作。在实践中,资产评估师根据项目的复杂程度来安排信息收集的工作量,但基本遵循以下基本程序。

（一）制定信息收集计划

资产信息收集是指取得支撑专业评估判断所需必要信息的活动。因此,必须确定目标需求,制定信息的收集计划,以指导整个资产信息收集工作。

完整的信息收集计划一般包括如下三个方面的内容:

一是确定收集信息的内容。不同类型资产的评估所需求的信息内容是各不相同的。因此,资产评估师要确定信息收集的内容,明确收集的方法,有目的地展开收集工作。

二是选择资产信息资料的来源,即所需要的信息要从何处收集、获取。

三是明确信息的收集方法。只有信息的收集方法明确了,才可以在收集信息的过程中少走弯路,收到事半功倍的效果。

（二）实施信息收集

资产信息的收集过程可以分为以下四个阶段:

（1）实施信息收集计划。按照信息收集计划的要求去收集信息,这是信息具体收集过程的第一步,也是关键的一步。现场访谈和外部调研都是常见的信息收集途径。归纳而言,资产评估师在信息收集时,应把握可靠性、相关性、有效性、客观性、经济性五个原则。

（2）补充和追踪信息。除了从委托人和资产占有方获得的以及资产评估师在评估现场调查所得的资料外,资产评估师还需要从公开的社会资料或商业性数据服务商处获取所需资料。另外,在信息收集过程中,往往还会出现新问题、新情况。例如,信息收集计划难免会不完全、不准确;又如,在评估项目,特别是大型、复杂项目的执行过程中,由于工作时间较长,被评估对象的有关信息可能发生变化,这就要求资产评估师进行补充性的信息收集或追踪收集。

（3）鉴定信息的完整性和系统性。在对资产进行直接调查的同时,还要间接地从文献资料中收集历史的和当前的信息资料。将直接收集的信息与间接收集的信息结合起来,可以保证信息的完整性和系统性,以判断信息收集是否能够满足评估结论和工作底稿的需要。

（4）对信息进行整理和分类分析。对收集的信息进行整理和分类,可以避免信息中可能发生的遗漏。例如,访谈资料经过整理,可以作为评估档案予以保存;对于

国有资产评估、证券相关业务资产评估，资产评估师应当按照有关部门的监管要求，组织、编辑、整理访谈资料，作为支持评估结论的工作资料，并便于接受行业协会或监管部门的执业质量检查。

（三）提供资产信息资料

资产信息资料的提供是指信息收集者将所获得的资产信息以文字等形式整理出来，形成调查报告、资料汇编、统计报表等，以便评估时使用。这是信息收集的最后一步，也是信息收集工作的具体成果。

五、资产评估中信息收集的一般方法

为了保证资产评估结果的公正性和客观性，资产评估师需要采用恰当的信息收集方法，尽可能地收集信息资料。下面介绍几种常用的信息收集方法：

（一）业务法

业务法是根据业务工作的需要，确定收集计划、设计数据结构以便收集信息的方法。这种收集方法只需把与某项业务有关的信息收集起来并能最后提供出所需的信息资料就可以了，而且，收集的主要环节只包括调查和校验，因此，它所调查的目的和调查的内容比较明确，容易确定。但是，业务法也有其缺陷：一是不容易保证整个评估工作的信息组成一个系统的信息流；二是可能造成多次重复收集信息或重要信息在收集中可能被遗漏。

（二）系统法

系统法是指信息的收集不是仅用于满足某项要素确定的需要，而是从整个评估工作的目标出发，来确定信息的收集内容、收集计划、数据结构以及收集信息的方法。

系统法与业务法相比较，具有两项优点：一是这种方法从系统总目标出发去收集信息，所获得的信息不仅能满足某项要素确定的需要，而且能满足整个评估工作的需要。因此，系统法能反映它所依附的系统内部的有关联系，建立其网络。二是这种方法可以避免所收集的信息之间的重复、遗漏现象，提高信息收集的效率。但是在现实的社会生活中，系统法存在一定的困难，特别是结构设计不易确定。

无论是业务法还是系统法，都要通过如下具体步骤进行信息的收集。

1. 确认原始记录

原始记录是指按照一定的要求，用数字和文字的形式，对业务活动的过程和结果均做了比较详细的记载的资料。它的质量直接关系到整个信息收集工作的质量。因此，原始记录不仅是信息收集的重要手段，也是信息收集的重要内容。

2. 制作信息收集卡

信息收集卡既是一种信息收集的方法，也是一种信息收集的工具。它通过简明的书面方式，不仅能取得真实的信息资料，而且还能得到数值化的信息资料。

3. 调查研究

调查研究是收集信息资料的重要阶段。它是指对资产进行观察了解，占有详细材料，并加以综合分析研究，从中得到新的信息。

4. 统计分析

统计分析是指运用统计方法及与分析对象即所评估资产相关的知识，从定量与定性结合上进行的研究活动。通过统计，可以获得更具体、更准确的定量信息。

调查统计是指通过实物盘点、电询、函询等方式统计与资产评估有关的数据资料。如要获得影响待评估资产各要素的数据资料,就可采用调查统计法,或要求被评估单位如实申报等方式实现。

第三节　资产评估中的信息分析

一、比较

比较就是对照各个事物,以确定其间差异点和共同点的逻辑方法。事物间的差异性和同一性是进行比较的客观基础。比较是人类认识客观事物、揭示客观事物发展变化规律的一种基本方法。在资产评估中,比较分析法是一种应用十分广泛的方法,如市场法就是一种通过比较分析确定资产价值的方法。通过对不同来源的信息应用比较分析,还可鉴定其可靠性和准确性。

比较通常有时间上的比较和空间上的比较两种类型。时间上的比较是一种纵向比较,即将同一事物在不同时期的某一(或某些)指标如资产的性能、成本等进行对比,以动态地认识和把握该事物发展变化的历史、现状和趋势。空间上的比较是一种横向比较,即将某一时期不同国家、不同地区、不同企业的同类事物进行对比,找出差距,判明优劣。在实际评估中,时间上和空间上的比较往往是彼此结合的。在比较时,要注意以下几点:

(1)要注意可比性。所谓可比性,是指进行比较的各个对象必须具有共同的基础。它包括时间上的可比性、空间上的可比性和内容上的可比性。时间上的可比性是指所比较的对象必须是同期的。空间上的可比性是指在比较时要注意国家、地区、行业等的差异。内容的可比性是指在比较时要注意所比较的对象内容范畴的一致性。

(2)要确定比较的标准。比较必须要有一个客观可行的标准,没有标准的比较,其结果是表面的、不可靠的。

(3)要注意比较方式的选择。不同的比较方式会产生不同的结果,并可用于不同的目的。例如,时间上的比较可反映某一事物的动态变化趋势,可用于预测未来;空间上的比较可找到不同比较对象之间的水平和差距。

(4)要注意比较内容的深度。在比较时,应注意不要被所比较的对象的表面现象所迷惑,而应该关注其内在本质。

二、分析与综合

(一)分析

分析就是把客观事物整体按照研究目的的需要分解为各个要素及其关系,并根据事物之间或事物内部各要素之间的特定关系,通过由此及彼、由表及里的研究,以正确认识事物的一种逻辑方法。在分析某一事物时,常常要将事物有逻辑地分解为各个要素。只有通过分解,才能找到这些要素,才能通过研究找出这些要素中影响客观事物发展变化的主要要素或关键要素。例如,对不同行业的企业,有些行业的企业业绩受技术进步的影响较大,而有些行业的企业业绩受营销能力影响较大。

在实际评估中,事物之间以及构成事物整体的各要素之间的关系是错综复杂、形式多样的,如因果关系、表象和本质关系、一般和特殊关系等。下面就这些具体关系的分析方法做一些介绍。

1. 因果分析

因果关系是客观事物各种现象之间的一种普遍的联系形式。引起某种现象出现的现象就是原因,由于原因的作用而产生的现象就是结果。即只要当某一现象出现时,另一现象必定会接着出现,我们就认为这两个现象具备因果关系。其中先行现象称作原因,后续现象称作结果。从客观事物的这种因果关系出发,由原因推导出结果,或者由结果探究出原因的分析方法,就是因果分析。通过因果分析,可以找出事物发展变化的原因,认识和把握事物发展的规律和方向。

2. 表象和本质分析

表象和本质是揭示客观事物的外部表现和内部联系之间相互关系的一对范畴。表象是事物的表面特征以及这些特征之间的外部联系;本质是事物的根本性质,是构成事物的各种必不可少的要素的内在联系。由于本质是通过表象以某种方式表现出来的,因此,两者之间存在着一定的关系。利用事物的表象和本质之间的这种关系进行分析的方法,就是表象和本质分析。利用表象和本质分析,可达到由表及里、透过事物表象把握其本质的目的。

3. 相关分析

客观事物之间除了因果关系、表象与本质关系外,还存在许多其他相关关系。如科技与经济发展、市场供给与需求、市场风险与收益、股票价格与业绩等。在资产评估中,需要对收集的资料做相关性分析,从而找出影响研究目标的主要因素。

4. 典型分析

典型分析是对一个或几个具有代表性的典型事例,就其核心问题进行深入分析和研究的方法。这种方法涉及面不宽,但却能使人们深入了解同类事物的性质与发展趋势。在资产评估中,如果涉及的类似目标资产数量较大,可采用典型分析法。

（二）综合

综合是同分析相对立的一种方法。它是指人们在思维过程中将与研究对象有关的众多片面分散的要素联系起来考虑,以从错综复杂的现象中探索它们之间的相互关系,从整体的角度把握事物的本质和规律的一种逻辑方法。

在资产评估中,综合方法是一种行之有效的方法。它将各种来源和内容各异的分散信息按特定目的汇集、整理、归纳和提炼,从而形成系统的、全面的认识。例如,影响一项资产价值的因素多种多样,通常需要收集大量的关于目标资产的信息资料,包括它的技术性能、市场前景、相关技术发展状况、所属企业经营历史与现状等。资产评估中,需要对这些大量的信息资料做出综合的考虑,才能准确把握目标资产的价值。

三、推理

推理是由一个或几个已知的判断推出一个新判断的思维形式。具体来讲,就是在掌握一定的已知事实、数据或因素相关性的基础上,通过因果关系或其他相关关系顺次、逐步地推论,最终得出新结论的一种逻辑方法。任何推理都包含三个要素:一是前提,即推理所依据的一个或几个判断;二是结论,即由已知判断推出的新判断;三是推理过程,即由前提到结论的逻辑关系形式。

在推理时,要想获得正确的结论,必须注意两点:一是推理的前提必须是准确无误的;二是推理的过程必须是合乎逻辑思维规律的。

推理是一种重要的逻辑方法,在信息分析与预测中被广泛应用。例如,通过对某些已知事实或数据及其相关性的严密推理,可以获得一些未知的事实或数据,如科技发展的动向、技术优势和缺陷、市场机会和威胁等。常用的推理方法有以下两种:

(一)演绎推理

演绎推理是借助于一个共同的概念把两个直言判断联系起来,从而推出一个新结论的推理,是由一般到个别的推理方法。它以普遍性的事实或数据为前提,通过一定程式的严密推论,最后得出新的、个别的结论,因而是一种典型的必然性推理。这种推理只要前提准确无误,推理过程严格合乎逻辑,所推出的结论必然是正确的和可信的。

(二)归纳推理

归纳推理是由个别到一般的推理,即由关于特殊对象的知识得出一般性的知识。在信息分析与预测中,简单枚举推理是常见的一种归纳推理形式。它是通过简单枚举某类事物的部分对象的某种情况,在枚举中又没有遇到与此相矛盾的情况,从而得出这类事物的所有对象具有此种情况的归纳推理。

■ 本章小结

- 资产评估程序是指资产评估专业人员执行资产评估业务所履行的系统性工作步骤。依据《资产评估执业准则——资产评估程序》,资产评估基本评估程序包括:① 明确业务基本事项;② 订立业务委托合同;③ 编制资产评估计划;④ 进行评估现场调查;⑤ 收集整理评估资料;⑥ 评定估算形成结论;⑦ 编制出具评估报告;⑧ 整理归集评估档案。

- 信息收集与分析是资产评估的基础,资产评估人员从什么地方收集数据资料,对数据资料如何分类整理、怎样归纳与分析都将影响资产评估的质量,甚至是评估结果的可用性。资产信息不对称的客观存在,必然要求资产评估机构及评估人员在收集资产的信息时,要发现和研究这种不对称,尽可能收集到完整真实的信息资料,为客观、公正评估提供保障。

- 资产信息分析中常用的分析方法有比较法、分析与综合法、推理法。

■ 关键词

评估程序　信息收集　信息源　信息分析方法

■ 思考题

1. 请说明资产评估程序的作用。
2. 试述资产信息资料收集的内容。
3. 资产信息资料的收集方法有哪些?
4. 资产信息资料的分析方法有哪些?

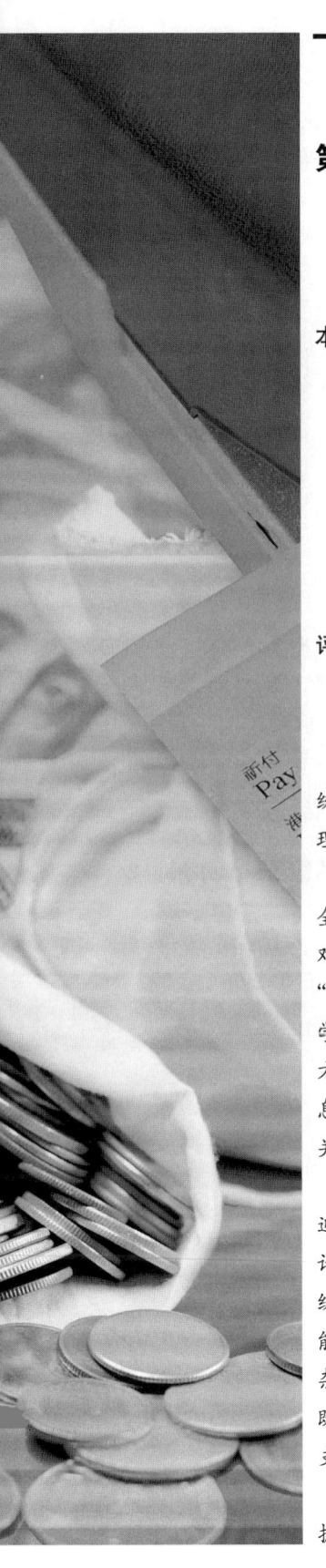

第四章　资产评估中的定量分析基础与模型

本章要点

- 各种平均数的含义和计算方法
- 数据相关性分析的检验方法
- 线性回归预测方法及移动平均预测方法的应用
- 生存曲线图的构造
- AHP法应用中层次图及判断矩阵的处理
- 随机模拟法、实物期权法的应用

评估聚焦

我国统计与数据科学进入新阶段

从科学研究到政策制定,从经济发展到社会治理,都离不开统计与数据科学的支持。"用数据说话、用数据决策、用数据管理、用数据创新"已蔚然成风。

首届全国统计与数据科学联合会议的举行是为了聚集、展示全国统计与数据科学的研究力量和成果,推动与国家重大需求的对接,加强与工业界的交流合作。统计是大数据时代的基石。"当今的信息时代,数据已经成为一种重要资源,而统计与数据科学则为数据的收集、处理、分析和解释提供了强大的理论基础和方法。通过这些理论和方法,我们可以更好地挖掘数据中的信息,揭示数据背后的规律和趋势,从而推动科学研究的进步。"有关人士在会上表示。

有关专家表示,作为数据资源开发的基石,统计与数据科学迎来了崭新的发展机遇。经济统计、风险管理、精算学、数理统计、卫生统计、大数据等研究方向的演变,极大地丰富和拓展了统计与数据科学的内涵和外延;在大气治理、机器学习、人工智能、金融经济、医疗卫生等多个领域,统计与数据科学为解决复杂问题提供了方案,扮演着不可或缺的角色。统计与数据科学,既是学术研究的前沿领域,也越来越成为经济社会发展的重要支柱。

有关教授在回顾统计学科发展历史后表示,世界进入了大数据、数字化的新时代,这对统计学科无疑是重要机遇。

"在大数据时代,数据科学不仅与统计学有联系,而且与计算机科学、数学、人工智能等学科都有联系,数据科学已发展成为多学科交叉学科。"有关专家表示。但同时,大数据的海量和非结构特征也给统计学提出了新的研究问题。因此,统计学科迫切需要建立大数据分析的统计学基础,为数据科学建立严谨的统计分析体系和计算基础。

资料来源:《科技日报》2023 年 7 月 14 日。

在资产评估过程中,既要进行定性分析,又要进行定量分析。定性分析可指导定量分析,定量分析可验证或修正定性分析。因此,进行资产评估除了需要具备一定的定性分析水平外,还必须具备一定的定量分析水平。资产评估人员除要掌握基本的高等数学知识外,还应掌握统计分析的基础知识。本章主要介绍资产评估中常用的统计基础知识及一些常用的模型。

第一节　数据的统计分析基础

一、数据的集中趋势分析

一组数据的集中趋势指的是该组数据值的平均水平。一组数据各不相等乃个性使然,抽象个性方能表现共性,也就是说,消除数据间的具体差别才能得到平均值。资产评估中,常用平均值描述一组数据的共性(集中趋势)。平均值是一个代表性数值。常用的平均值主要有算术平均数、几何平均数、众数和中位数等。以下主要介绍算术平均数和几何平均数。

(一)算术平均数

算术平均数是总体各单位变量值之和除以变量值个数所得的结果。算术平均数有两种计算方法:简单算术平均数和加权算术平均数。

1. 简单算术平均数

简单算术平均数是依据未分组的原始数据,将总体各单位变量值简单加总之后除以变量值个数所得的结果。其计算公式为:

$$\bar{x} = \frac{x_1 + x_2 + \cdots + x_n}{n} = \frac{\sum_{i=1}^{n} x_i}{n} \tag{4-1}$$

式中:$\bar{x}$ 表示算术平均数,x_i 表示第 i 个样本数据值,n 表示变量值个数。

2. 加权算术平均数

加权算术平均数是将各个变量值乘以其相应的权重,然后加总求和。其计算公式为:

$$\bar{x} = x_1 w_1 + x_2 w_2 + \cdots + x_n w_n = \sum_{i=1}^{n} x_i w_i \tag{4-2}$$

式中:w_i 表示 x_i 对应的各个变量的权重,满足 $w_1 + w_2 + \cdots + w_n = 1$。

算术平均数是平均值的基本计算方法,算术平均数有一条重要的数学性质,即各个变量值与其算术平均值的离差之和等于 0。

(二)几何平均数

几何平均数是 n 个变量值连乘的积的 n 次方根。在资产评估中常用的是简单几

何平均数,它适用于总体中每个变量只出现一次的情况。其计算公式为:

$$G = \sqrt[n]{x_1 \cdot x_2 \cdots x_n} = \sqrt[n]{\prod_{i=1}^{n} x_i} \qquad (4-3)$$

式中:G 表示几何平均数;x 表示变量值。

计算几何平均数也可采用对数方法。将等式两边同时取对数得:

$$\lg G = \frac{1}{n} \lg(x_1 \cdot x_2 \cdots x_n) = \frac{1}{n}(\lg x_1 + \lg x_2 + \cdots + \lg x_n) \qquad (4-4)$$

然后将等式右边的计算结果求反对数,即得几何平均数 G 的值。

几何平均数是用各变量值乘积开方的方法计算平均值,因此受极端数值的影响比算术平均数小。但它要求总体中变量取值不能为零或负数,否则计算结果为零,或没有意义。在资产评估中,几何平均数常用来计算各种平均比率或平均速度。如在未来收入预测中,通常根据历史收入增长率的几何平均数做参考来预测企业未来收入的增长率。

例 4-1 对某企业进行资产评估时,预计未来 3 年的通货膨胀率分别为 2%、6% 和 10%,则其平均的通货膨胀率计算如下:

$$未来平均通货膨胀率 = \sqrt[3]{(1+2\%)(1+6\%)(1+10\%)} - 1 = 5.95\%$$

一般而言,由于算术平均数受极端值影响较大,对于同一资料几何平均数总是等于或小于算术平均数。尤其对于比率分析及测定生产或经济变量时间序列的平均增长时,通常选用几何平均数指标。

二、数据离散趋势的测定

与集中趋势相反,离散趋势反映的是一组数据中各变量值之间的差距或离散程度。对于平均数相同的不同组数据,可能由于其差异情形的不同,而使得平均数的代表性不同,数据的分布状态也不同。因此,为了了解一组数据较完整的特性,除了测定集中趋势外,还必须测定其离散趋势。这里仅介绍资产评估中常用的标准差与离散系数指标,它们也是测度离散趋势的最重要和最常见的指标。

(一)标准差

标准差又称均方差,它表示变量值对算术平均数的平均距离。标准差用平方的方法消除变量值与算术平均数离差的负号。标准差依据已知数据的不同,有简单式和加权式两种计算方法。

如果已知的是未分组的数据,则可按简单式计算,计算公式为:

$$\sigma = \sqrt{\frac{\sum_{i=1}^{n}(x_i - \bar{x})^2}{n-1}} \qquad (4-5)$$

式中:σ 表示标准差。

如果已知的是分组数据,则可按加权式计算,计算公式为:

$$\sigma = \sqrt{\sum_{i=1}^{n}(x_i - \bar{x})^2 f_i} \qquad (4-6)$$

其中 f_i 代表权重,不论是简单式标准差还是加权式标准差,均可按下列简便公式计算:

$$\sigma = \sqrt{\overline{x^2} - \overline{x}^2} \qquad (4-7)$$

上式中的 $\overline{x^2}$ 是一组变量值(或各组变量值水平)的平方的算术平均数,$\overline{x}^2$ 是一组变量值(或各组变量值水平)的算术平均数的平方值。

标准差通过对离差进行平方来避免正负离差的互相抵消,这使得它在计算时能够充分考虑所有数据的离散情况,因而能较好地反映分析对象的离散特性。

(二) 离散系数

离散系数是测定变量值离散程度的相对指标,常用的离散系数是标准差系数,它是标准差与相应的平均数对比的结果。

标准差的大小与平均数的大小有关,以量纲为单位反映一组数据的离散与集中程度。因此,平均数差异较大的总体的标准差之间,或具有不同计量单位的标准差之间就缺乏可比性。通过计算离散系数,可以消除总体平均水平和计量单位对标准差的影响。标准差系数的计算公式为:

$$V_\sigma = \frac{\sigma}{\overline{x}} \times 100\% \qquad (4-8)$$

离散系数与平均数代表性的优劣呈反向关系。离散系数大,说明变量值的差异程度大,平均数的代表性差;离散系数小,说明变量值的差异程度小,平均数的代表性强。

三、数据的相关性分析

(一) 相关关系

在自然界和人类社会中,普遍存在着现象和现象之间的相互依赖和相互制约的关系。一些现象在数量上的发展变化经常伴随着另一些现象在数量上的发展变化。有些关系是严格依存的、确定的关系,可以表示为确定的函数关系。然而变量间的关系往往并不那么简单,当一种现象的数量发生变化时,另一种现象的数量可能在一定的范围内发生变化,出现不同的数值。我们把现象之间这种确实存在的,但却不是严格确定的关系称为相关关系。通常只有在大量观察的基础上,在平均意义上,相关关系才能被描述。因此,在资产评估中,评估人员事先必须收集大量的相关资料,才能通过统计分析,从中找出相关变化规律,从而做出合理的专业判断。相关分析主要分析现象之间是否存在相关关系,以及相关关系的方向、形式和关系的密切程度。

(二) 相关关系的测定

简单相关系数是用来度量两个变量之间线性相关程度的统计指标,也叫线性相关系数,一般情况下简称为相关系数。

相关系数有多种计算方法。其中应用最广泛的是皮尔森(Pearson)相关系数。设 $(x_i, y_i)(i = 1, 2, \cdots, n)$ 是 (x, y) 的 n 组观测值,则相关系数的计算公式为:

$$r = \frac{\sum\limits_{i=1}^{n}(x_i - \overline{x})(y_i - \overline{y})}{\sqrt{\sum\limits_{i=1}^{n}(x_i - \overline{x})^2 \sum\limits_{i=1}^{n}(y_i - \overline{y})^2}} \qquad (4-9)$$

在许多情况下,相关系数的计算可以同回归系数的计算结合起来,于是也可以用下列公式进行计算:

$$r = \frac{n\sum\limits_{i=1}^{n}x_iy_i - \sum\limits_{i=1}^{n}x_i\sum\limits_{i=1}^{n}y_i}{\sqrt{n\sum\limits_{i=1}^{n}x_i^2 - (\sum\limits_{i=1}^{n}x_i)^2}\sqrt{n\sum\limits_{i=1}^{n}y_i^2 - (\sum\limits_{i=1}^{n}y_i)^2}} \qquad (4-10)$$

在现代数据分析中,这种计算一般都借助统计软件如 Excel、Eviews、SPSS、SAS 等在计算机上来实现。

简单相关系数 r 测定了变量 x 和 y 之间的线性相关程度,其取值范围是 $[-1,1]$。

若 $0<r\leqslant1$,表明 x 与 y 之间存在正相关;

若 $-1\leqslant r<0$,表明 x 与 y 之间存在负相关;

若 $r=1$,表明 x 与 y 之间存在完全正相关;

若 $r=-1$,表明 x 与 y 之间存在完全负相关;

若 $r=0$,表明 x 与 y 之间不存在线性相关关系。

利用相关系数的数值大小来判断变量之间的相关程度的高低,也有一些经验的标准。

若 $|r|<0.3$,表明 x 与 y 之间不存在线性相关关系;

若 $0.3\leqslant|r|<0.5$,表明 x 与 y 之间存在低度的线性相关关系;

若 $0.5\leqslant|r|<0.8$,表明 x 与 y 之间存在中度的线性相关关系;

若 $|r|\geqslant0.8$,表明 x 与 y 之间存在高度的线性相关关系。

但要注意,这种判断只在样本范围内有效。那么,样本相关系数所描述的变量之间的相关程度是否也在总体范围内显著地存在,还必须通过相关系数的显著性检验来回答。现举例说明相关系数的计算。

例 4-2 某集团中的 10 家企业的固定资产原值与增加值的相关资料如表 4-1 所示,根据相关资料计算固定资产原值与增加值之间的线性相关系数如下:

表 4-1 相关系数计算表

企业编号	固定资产原值 x(百万元)	增加值 y(百万元)	$x_i-\bar{x}$	$y_i-\bar{y}$	$(x_i-\bar{x})^2$	$(y_i-\bar{y})^2$	$(x_i-\bar{x})(y_i-\bar{y})$
1	2	7	-3.8	-18	14.44	324	68.4
2	2.5	10	-3.3	-15	10.89	225	49.5
3	3.5	15	-2.3	-10	5.29	100	23.0
4	4	12	-1.8	-13	3.24	169	23.4
5	5	27	-0.8	2	17.64	4	-1.6
6	6	25	17.2	0	17.04	0	0
7	7	42	17.2	17	17.44	289	20.4
8	8.5	35	2.7	10	7.29	100	27.0
9	9.5	37	3.7	12	13.69	144	44.4
10	10	40	4.2	15	17.64	225	63.0
合计	58	250	0	0	74.6	1 580	317.5

将表中有关数据代入公式(4-9)得:

$$r = \frac{317.5}{\sqrt{74.6}\times\sqrt{1\,580}} = \frac{317.5}{8.637\,1\times39.794\,2} = \frac{317.5}{343.317\,8} = 0.924\,8$$

计算结果表明,这 10 家企业的固定资产原值与增加值之间存在着高度的正相关关系。

(三) 相关系数的显著性检验

如果相关系数是根据样本数据计算的,我们称之为样本相关系数。样本相关系数 r 只能在样本范围内说明相关的两个变量 x 与 y 之间的线性相关程度。然而,我们分析的目的是要揭示在总体范围内 x 与 y 之间是否存在显著的线性相关关系,即要获得总体相关系数(记为 r)的信息。那么,样本相关系数所刻画的变量 x 与 y 之间的线性相关程度是否在总体的范围内也显著地成立呢? 也就是说,若 r 较高,我们能否认为总体范围内 x 与 y 之间也存在较高的相关程度呢? 这就需要对样本的相关系数进行显著性检验。

下面结合表 4-1 的数据,介绍对样本相关系数进行显著性检验的步骤。

第一步:建立假设。

$H_0 : r = 0$(总体内两个变量之间的线性相关关系不显著)

$H_1 : r \neq 0$(总体内两个变量之间的线性相关关系显著)

第二步:确定显著性水平 a。一般规定 $a = 0.05$ 或 $a = 0.01$。本例取 $a = 0.05$。

第三步:建立检验的统计量。在小样本条件下,通常采用 t 检验来检验相关系数的显著性,其检验采用的统计量为:

$$t = \frac{r\sqrt{n-2}}{\sqrt{1-r^2}}$$

根据表 4-1 的数据可得:

$$t = \frac{0.924\,8\sqrt{10-2}}{\sqrt{1-0.924\,8^2}} = \frac{2.62}{0.37} = 7.08$$

第四步:查 t 分布表。根据给定的显著性水平 a 和自由度 $df = n - 2$,查 t 分布表,得到相应的临界值 $t_{\frac{a}{2}}$。本例中,查 t 分布表可得 $t_{\frac{0.05}{2}}(10-2) = 2.306$。

第五步:做出统计决策。若 $|t| \geqslant t_{\frac{a}{2}}$,拒绝原假设,表明 r 不是抽自 $r = 0$ 的总体,说明在总体范围内,变量 x 与 y 之间存在显著的线性关系;若 $|t| < t_{\frac{a}{2}}$,表明 r 是抽自 $r = 0$ 的总体,说明在总体范围内,变量 x 与 y 之间不存在显著的线性关系。本例中 $|t| = 7.08 > t_{\frac{a}{2}} = 2.306$,说明在总体范围内,企业的固定资产原值与增加值之间存在着显著的线性相关关系。

四、数据的回归分析

相关分析旨在测试变量之间关系的密切程度,它所使用的测试工具就是相关系数。而回归分析则是侧重于考察变量之间的数量变化规律,并通过一定的数学表达式描述它们的相关关系,进而确定一个或几个变量的变化对另一个特定变量的影响程度。相关分析和回归分析是研究现象之间相关关系的两种基本方法,两者有着密切的联系,它们不仅具有共同的研究对象,而且在具体应用时,常常必须互相补充。相关分析需要依靠回归分析来表明现象数量相关的具体形式,而回归分析则需要依靠相关分析来表明现象数量变化的相关程度;只有当变量之间存在着高度相关时,进行回归分析寻求其相关的具体形式才有意义。

回归分析的主要思路如下:从样本数据出发,确定出变量之间的数学关系式;对所确定的关系式的可信程度进行各种统计检验,并从影响某一特定变量的诸多变量中找出影响显著的变量;用确定的关系式,根据一个或几个变量的值来预测或控制另一特定变量的取值,并给出相应的精确度。

(一)一元线性回归分析

一元回归分析是指只有一个自变量的回归分析法。在这种分析中仅涉及两个变量,即一个自变量和一个因变量。在一般情况下,影响某一现象的因素很多,但如果其中只有一个因素是基本的、起决定作用的,就可以以此作为自变量对该现象变动原因进行分析。若自变量与因变量之间的数量变动关系为线性关系,则要进行一元线性回归分析。一元线性回归分析是回归分析中最简单和最基本的形式。

若通过观察或实验,得到一组数据 $(x_1,y_1),(x_2,y_2),\cdots,(x_n,y_n)$,根据这组数据绘制散点图,若散点分布近似一条直线,就可认为变量 x 和 y 之间存在着线性关系,其数量变化关系可用下列一元线性回归模型描述:

$$y=a+bx+m \qquad (4-11)$$

式中:a 与 b 是待定参数,b 也称回归系数,表示自变量 x 每变动一个单位时,因变量 y 的平均变动量;m 是随机误差项,其含义是除自变量 x 外,其他所有随机因素对 y 的影响。在回归分析中,总是假定 m 的数学期望等于零。

我们通常用 y 的数学期望 $E(y)$ 作为 y 的估计 $(\hat{y})$,得到如下一元线性回归方程:

$$E(y)=a+bx \qquad (4-12)$$

对于上述回归模型或回归方程中的参数 a 和 b,我们可以根据样本数据,运用适当的统计方法进行估计,分别得到其估计值 $\hat{a}$ 和 $\hat{b}$,这样,我们可以得到如下经验回归方程:

$$\hat{y}=\hat{a}+\hat{b}x \qquad (4-13)$$

实际应用中,我们一般运用普通最小二乘法来估计 $\hat{a}$ 和 $\hat{b}$,其估计公式为:

$$\hat{b}=\frac{n\sum_{i=1}^{n}x_iy_i-\sum_{i=1}^{n}x_i\sum_{i=1}^{n}y_i}{n\sum_{i=1}^{n}x_i^2-\left(\sum_{i=1}^{n}x_i\right)^2} \qquad (4-14)$$

$$\hat{a}=\frac{1}{n}\sum_{i=1}^{n}y_i-\frac{\hat{b}}{n}\sum_{i=1}^{n}x_i \qquad (4-15)$$

(二)多元线性回归分析

现实生活中,由于事物的复杂性,影响因变量的因素往往不止一个,而是多个。例如,估计一家企业的风险系数时,就要考虑多种变量,并应揭示它们之间的关系。在回归分析中,将两个或两个以上变量之间的回归称为多元回归分析。这里仅介绍二元线性回归分析。二元线性回归模型的一般表达式为:

$$y=a+b_1x_1+b_2x_2+\cdots+b_px_p+m \qquad (4-16)$$

式中:a 为常数项,$b_1,b_2,\cdots,b_p$ 为偏回归系数,m 为随机误差项。定义如下系数矩阵:

$$X=\begin{bmatrix} 1 & x_{11} & \cdots & x_{1p} \\ 1 & x_{21} & \cdots & x_{2p} \\ \vdots & \vdots & & \vdots \\ 1 & x_{n1} & \cdots & x_{np} \end{bmatrix}$$

$$Y = \begin{bmatrix} y_1 \\ y_2 \\ \vdots \\ y_n \end{bmatrix}, B = \begin{bmatrix} a \\ b_1 \\ \vdots \\ b_p \end{bmatrix}$$

其中 X 为自变量的样本数据,Y 为因变量的样本数据,B 代表需要识别的模型参数。那么,回归模型的参数估计值可按以下矩阵关系计算:

$$\hat{B} = \begin{bmatrix} \hat{a} \\ \hat{b}_1 \\ \vdots \\ \hat{b}_p \end{bmatrix} = (X^T X)^{-1} X^T Y \tag{4-17}$$

(三)非线性回归分析

在前面的讨论中,我们一直假定因变量与自变量之间的相关关系可以用线性方程来近似地反映。但在实际工作中,有时变量之间的相关关系并非线性关系,而呈诸如抛物线、指数曲线、双曲线等各种各样的非线性关系。这时,如果仍然直接用线性回归方程进行分析,将不能正确反映客观现象之间的相互联系。因此,需要应用适当形式的曲线回归方程来描述它们之间的关系。这种为观察数据拟合曲线回归方程所进行的分析,称为非线性回归分析。这里只介绍一元非线性回归分析。在进行回归分析时,根据分析的需要,如果只分析一个自变量和一个因变量的非线性数量变动关系,就称这种回归分析为一元非线性回归分析。一元非线性回归问题,大多数可以转化为线性回归问题来解决。即通过对非线性回归模型进行适当的变量变换,使其转化为线性模型来求解。以下介绍三种常见的曲线函数。

1. 双曲线型

双曲线型的数学模型有多种形式,这里只介绍一种双曲线数学模型:

$$\frac{1}{\hat{y}} = a + b\frac{1}{x} \tag{4-18}$$

若变量 y 随 x 的增加而增加(或减少),且最初增加(或减少)很快,以后逐渐减慢并趋于稳定,可以选用上述双曲线公式作为其回归方程。

对于双曲线进行线性化处理,可以令 $y' = \dfrac{1}{\hat{y}}$,$x' = \dfrac{1}{x}$,则有线性化模型:

$$y' = a + bx' \tag{4-19}$$

运用最小二乘法估计原模型中的参数,首先要按 $y' = \dfrac{1}{\hat{y}}$ 和 $x' = \dfrac{1}{x}$ 生成新的数据 y' 和 x',然后按最小二乘法估计方法,估计出参数 a 和 b 的值即可。

2. 指数曲线型

指数曲线型的一般方程为:

$$\hat{y} = ae^{bx}$$

对于指数曲线进行线性化处理,可以令 $y' = \ln\hat{y}$,$a' = \ln a$,则有:

$$y' = a' + bx \tag{4-20}$$

这就是指数曲线的线性化模型表达式。运用最小二乘法估计原模型中的参数,

首先要按 $y' = \ln y$ 生成新的数据 y',然后按最小二乘法估计方法,估计出线性化模型中的参数 a' 和 b,最后还要查反对数,获得真值 a。这样,原模型中的参数 a 和 b 就全部估计出来了。

3. 抛物线型

抛物线型的回归方程的一般形式是:

$$\hat{y} = a + bx + cx^2 \tag{4-21}$$

令 $y' = \hat{y}$,$x_1 = x$,$x_2 = x^2$,上述回归方程则可以转化为二元线性回归模型:

$$y' = a + b_1 x_1 + b_2 x_2$$

回归参数的估计值直接可以根据式(4-17)计算出来。

(四)线性回归分析的统计评价与显著性检验

在线性回归分析中,根据样本数据,运用最小二乘法,建立了经验回归方程,这个方程是否成立、是否有用,还要对其进行统计评价和显著性检验才能够确定。计算相关系数是检验回归模型的首要步骤,如果变量之间相关性不强,那就说明建立的回归分析模型不可靠。在此基础上,再做进一步的统计评价与显著性检验。统计评价主要是对回归直线的拟合优度进行判断,显著性检验主要是对回归方程中的线性关系和回归系数进行假设检验。

1. 回归直线拟合优度的统计评价

所谓拟合优度,是指样本观测值聚集在样本回归线周围的紧密程度。判断回归模型拟合优度最常用指标是判定系数 r^2 和估计标准误差。这两个指标都是建立在对总离差平方和进行分解的基础之上的。

对于任一样本观测点,因变量的实际观测值与其样本均值的离差即总离差 $(y - \bar{y})$ 可以分解为两部分:一部分是因变量的回归值与其样本均值的离差 $(\hat{y} - \bar{y})$,它可以看成是总离差中能够由回归直线解释的部分,称为可解释离差;另一部分是实际观测值与回归值的离差 $(y - \hat{y})$,它是总离差中不能由回归直线加以解释的残差,该残差可以看作是回归模型中随机误差项 m 的一个估计值。对任一实际观察值 y_i 总有:

$$y_i - \bar{y} = (\hat{y}_i - \bar{y}) + (y_i - \hat{y}_i)$$

对于全部样本观测点,可以证明有如下关系式成立:

$$\sum_{i=1}^{n} (y_i - \bar{y})^2 = \sum_{i=1}^{n} (\hat{y}_i - \bar{y})^2 + \sum_{i=1}^{n} (y_i - \hat{y}_i)^2$$

如果记 $SST = \sum_{i=1}^{n} (y_i - \bar{y})^2$,$SSR = \sum_{i=1}^{n} (\hat{y}_i - \bar{y})^2$,$SSE = \sum_{i=1}^{n} (y_i - \hat{y}_i)^2$,则有:

$$SST = SSR + SSE$$

式中:SST 是总离差平方和(或总变差);SSR 是由回归直线可以解释的那一部分离差平方和,称为回归平方和(或回归变差);SSE 是用回归直线无法解释的离差平方和,称为剩余平方和(或剩余变差)。显然,各点观测值与直线越靠拢,回归变差占总变差的比重就越大,说明直线拟合得就越好。

(1)判定系数 R^2。我们把回归平方和与总离差平方和之比定义为样本判定系数,即:

$$R^2 = \frac{SSR}{SST} = \frac{\sum\limits_{i=1}^{n}(\hat{y}_i - \bar{y})^2}{\sum\limits_{i=1}^{n}(y_i - \bar{y})^2} \qquad (4-22)$$

判定系数 R^2 是评价一条回归直线与样本观测值拟合优度的指标。R^2 的值总是在 0 和 1 之间。一个线性回归模型如果充分利用了 x 的信息,则 R^2 越接近于 1,拟合优度就越好。反之,如果 R^2 不大,说明以模型中给出的 x 对 y 的信息还不充分,应进行修改,使 x 和 y 的信息得到充分的利用。

对于多元线性回归分析,一般使用修正的判定系数来判断回归直线的拟合优度。修正的判定系数计算公式如下:

$$R_a^2 = 1 - \frac{n-1}{n-k-1}(1-R^2) \qquad (4-23)$$

式中:k 为自变量个数,二元线性回归方程中 $k=2$。

实际应用中,如果判定系数在 0.7 以上,则说明回归直线的拟合优度比较高。

(2)回归标准差。如上所述,从观测值 y 与估计值 $\hat{y}$ 的对比来看,回归直线上的各点同对应的观察期各点之间,均存在着一定的离差,即观察值曲线上各点的 y 值均偏离回归直线。离差越大,拟合优度越差。因而需要测定估计值的标准差,而回归标准差 s 就是用来估量 y 值在回归直线两侧的离差程度,以便在进行实际预测时为预测值建立一个置信区间范围。回归标准差的计算公式为:

一元线性回归时:

$$s_y = \sqrt{\frac{\sum\limits_{i=1}^{n}(y_i - \hat{y}_i)^2}{n-2}} \qquad (4-24)$$

多元线性回归时:

$$s_y = \sqrt{\frac{\sum\limits_{i=1}^{n}(y_i - \hat{y}_i)^2}{n-k-1}} \qquad (4-25)$$

s_y 值越小,表明回归直线拟合优度越高。

2. 显著性检验

线性回归分析中的显著性检验包括两个方面的内容:一是对各回归系数的显著性进行检验(t 检验),二是对回归方程中自变量与因变量线性关系的显著性进行检验(F 检验)。

(1)回归系数的显著性检验——t 检验。t 检验的目的在于检验各回归系数的显著性,即 x 与 y 之间是否真正存在线性关系,具体表现为回归系数是否为 0。若为 0,则所求回归直线就为一条水平线,x 与 y 之间无线性关系;若不为 0,认为 x 与 y 之间存在线性关系,所建立的回归方程符合变量间的变化规律。t 检验的步骤如下:

① 假设观测的样本来自没有线性关系的总体,即:

一元线性回归时:$H_0 : b = 0$ $\qquad\qquad$ $H_1 : b \neq 0$

二元线性回归时:$H_0 : b_j = 0$ $\qquad\qquad$ $H_1 : b_j \neq 0 (j = 1, 2, \cdots)$

② 计算回归系数 b_j 的检验统计量 t 值:

一元线性回归时：

$$t = \frac{\hat{b} - b}{s_b}$$

式中，s_b 为回归系数 b 的标准差，s_y 为回归估计标准误差，计算公式为：

$$s_b = \sqrt{\frac{s_y^2}{\sum\limits_{i=1}^{n} (x_i - \bar{x})^2}} \qquad (4-26)$$

$$s_y = \sqrt{\frac{\sum\limits_{i=1}^{n} e_i^2}{n-2}} = \sqrt{\frac{\sum\limits_{i=1}^{n} (y_i - \hat{y}_i)^2}{n-2}} \qquad (4-27)$$

二元线性回归时：

$$t = \frac{\hat{b}_j - b_j}{s_{b_j}} \qquad (4-28)$$

式中，s_{b_j} 为回归系数 b_j 的标准差，其计算公式为：

$$s_{b_1} = \sqrt{\frac{\sum\limits_{i=1}^{n} (x_{i2} - \bar{x}_2)^2 \sum\limits_{i=1}^{n} (y_i - \hat{y}_i)^2}{\left\{\sum\limits_{i=1}^{n} (x_{i1} - \bar{x}_1)^2 \sum\limits_{i=1}^{n} (x_{i2} - \bar{x}_2)^2 - \left[\sum\limits_{i=1}^{n} (x_{i1} - \bar{x}_1)(x_{i2} - \bar{x}_2)\right]^2\right\}(n-3)}}$$

$$(4-29)$$

$$s_{b_2} = \sqrt{\frac{\sum\limits_{i=1}^{n} (x_{i1} - \bar{x}_1)^2 \sum\limits_{i=1}^{n} (y_i - \hat{y}_i)^2}{\left\{\sum\limits_{i=1}^{n} (x_{i1} - \bar{x}_1)^2 \sum\limits_{i=1}^{n} (x_{i2} - \bar{x}_2)^2 - \left[\sum\limits_{i=1}^{n} (x_{i1} - \bar{x}_1)(x_{i2} - \bar{x}_2)\right]^2\right\}(n-3)}}$$

$$(4-30)$$

③ 根据给定的显著性水平 α 和自由度 $n-2$，查 t 分布表，可得相应的临界值 $t_{\alpha/2}$。

④ 决策：

若 $|t| > t_{\alpha/2}$，则拒绝 H_0，得出 $b_j \neq 0$ 的结论；

若 $|t| \leqslant t_{\alpha/2}$，则不能拒绝 H_0。

（2）线性关系的显著性检验——F 检验。F 检验的目的在于检验所得到的线性回归方程在整体上是否显著成立，进一步检验 x 与 y 之间是否存在线性关系。其检验步骤如下：

① 假设回归方程是不显著的，即：

一元回归分析时：$H_0 : b = 0$ $H_1 : b \neq 0$

二元回归分析时：$H_0 : b_1 = b_2 = 0$ $H_1 :$ 至少有一个参数不等于零

② 计算回归方程的 F 统计量：

一元回归分析时：

$$F = \frac{\sum (\hat{y} - \bar{y})^2}{\sum (y - \hat{y})^2 / (n-2)} \qquad (4-31)$$

二元回归分析时：

$$F = \frac{\sum (\hat{y} - \bar{y})^2 / k}{\sum (y - \hat{y})^2 / (n - k - 1)} \qquad (4-32)$$

③ 根据给定的显著性水平 α,分子自由度 1 和分母自由度 $(n-2)$,查 F 分布表中相应的临界值 F_α。

④ 决策:

若 $F > F_\alpha$,则拒绝原假设 H_0,说明回归方程显著;

若 $F \leqslant F_\alpha$,则不能拒绝原假设 H_0,x 与 y 之间的关系不明显或无关系,说明回归方程不显著。

需要说明的是,在一元回归模型中,只存在一个解释变量 x,因此对 $b=0$ 的 t 检验与对方程整体的 F 检验是等价的,即 t 检验成立,则 F 检验一定成立。

（五）回归分析在资产评估中的应用举例

资产评估中,需要进行大量的回归分析。因为影响资产价值的因素很多,除了需要对这些影响因素进行定性分析外,还必须运用统计方法,对资产的相关历史数据进行统计分析,寻找出这些因素与资产价值之间的关系,找出它们之间的变化规律,从而为定性分析提供有说服力的依据。此外,在确定一些评估中的参数也经常需要进行回归分析,如风险调整系数、在运用市场比较法进行公司价值评估过程中的各种定价倍数等。下面将举例说明回归分析的运用。

例 4-3 对一家银行进行价值评估,该银行的股权收益率为 12.5%。我们收集了 14 家上市银行的市场价值与账面价值比率及股权收益率的资料,如表 4-2 所示。评估中拟以这些银行市场价值/账面价值比率与其股权收益率的关系来确定目标银行市场价值/账面价值比率。

表 4-2 上市银行的市场价值/账面价值比率和股权收益率

银行	市场价值/账面价值比率 y	股权收益率 $x(\%)$
银行 1	3.25	18.77
银行 2	3.45	22.93
银行 3	2.12	8.38
银行 4	2.04	9.26
银行 5	0.734	0.81
银行 6	3.65	18.96
银行 7	2.12	7.395
银行 8	1.18	1.89
银行 9	8.46	33.93
银行 10	2.23	5.80
银行 11	2.22	18.80
银行 12	4.19	20.02
银行 13	1.42	8.50
银行 14	3.36	29.47

一般而言,市场价值/账面价值比率和股权收益率有很强的相关关系。股权收益率高的银行,其市场价值/账面价值比率也比较高。为了更确切地说明这种关系,我们对市场价值/账面价值比率和股权收益率进行回归分析:

第一步,建立回归模型:

$$\hat{y} = a + bx$$

式中:$\hat{y}$ 为市场价值/账面价值比率;x 为股权收益率;a 与 b 是待定参数。

第二步,运用 Excel 软件对数据进行回归分析。打开 Excel 程序,将表 4-2 中的数据输入数据表中,单击菜单栏中"工具—数据分析",然后选中"数据分析"对话框中的"回归"项,然后单击"确定",便可得到如表 4-3 所示的数据回归分析结果。

表 4-3　数据回归分析结果表

SUMMARY OUTPUT

回归统计

Multiple R	0.841 572 496			
R Square	0.708 244 267			
Adjusted R Square	0.683 931 289			
标准误差	1.063 076 421			
观测值	14			

方差分析

	Df	SS	MS	F	Significance F
回归分析	1	32.921 07	32.921 07	29.130 3	0.000 160 798

方差分析

残差	12	13.561 58	1.130 131	
总计	13	46.482 64		

参数估计

	Coefficients	标准误差	T Stat	P-Value	Lower 95%
Intercept	0.587 239 532	0.512 203	1.146 499	0.273 936	-0.528 753 832
X Variable 1	15.715 124 1	2.911 691	5.397 249	0.000 161	9.371 093 426

表 4-3 是 Excel 分析结果表的一部分,下面将对表中相关各项的含义进行解释。

回归统计部分:Multiple R 是数据间的相关系数,约为 0.842;R Square 是判定系数,结果为 0.708,说明市场价值/账面价值比率与股权收益率之间的相关性较强,回归直线的拟合优度较高;Adjusted R Square 为调整的判定系数,本例为一元线性回归,不需用此项结果。

方差分析和参数估计部分:Coefficients 列中的 Intercept 是回归方程中参数 a 的值,结果为 0.587;X Variable 1 是回归方程中参数 b 的值,结果为 15.715;$F = 29.13$ 是线性关系显著性检验的统计量 F 的计算结果。其对应的显著水平为 Significance $F = 0.000\ 161$,表明在显著性水平 α 不论是 0.01 还是 0.05 的条件下,变量 x 和 y 之间的线性关系是显著的,通过了 F 检验;T Stat 和 X Variable 1 相交的值为 5.397,表示回归系数 b 的 t 检验统计量的计算结果,它对应的显著水平是 P-Value $= 0.000\ 161$,表明在显著性水平 α 不论是 0.01 还是 0.05 的条件下,回归系数 b 都是显著的,通过

了 t 检验。

根据上述的计算结果,我们可以建立如下的市场价值/账面价值比率与股权收益率之间的一元线性回归方程:

$$\hat{y} = 0.587 + 15.715x$$

第三步,运用回归方程估计目标公司的市场价值/账面价值比率。由于目标公司的股权收益率为 12.5%,代入回归方程得:

目标公司市场价值/账面价值比率 $= 0.587 + 15.715 \times 12.50\% = 2.55$

第二节　预测中的定量分析方法

资产的价值,实质是该资产未来能产生的收益的现值。因此,对资产价值的评估,一项关键性工作就是对其未来收益年限及各年收益的预测。对未来收益的预测,除了需要对未来所处内外环境、企业经营状况等进行定性分析,还必须建立合适的数学模型,通过对所占用的相关资料进行定量分析,从而对定性分析提供支持,增强预测的可靠性。常见的定量预测方法有许多种,本节主要介绍趋势回归预测、多元回归预测、时间序列预测分析中的一些方法。

一、趋势回归预测

上一节介绍的回归分析不仅能揭示因变量与自变量之间的相关性,而且,通过回归方程可分析因变量与自变量在未来的变化趋势。如果在回归分析中,设定时间变量为自变量,这种回归分析就称为趋势回归分析,它是时间序列分析中的一种常用的预测方法。前面已经介绍了回归分析的基本原理,本节将主要介绍它们在资产评估预测中的应用。

在资产评估中,通常需要对未来收益进行预测,这种预测除了需要对被评估对象未来所处环境进行综合分析外,还需要对其历史收益状况以及影响收益变化的各个因素进行分析,从历史上各年收益变化情况中寻找其变化规律,回归方程分析则是一种很好的分析工具。

在一些情况下,影响预测目标的因素基本稳定,预测目标随时间序列呈线性变化趋势,这时可直接运用一元线性回归方法进行预测。

例 4-4　为评估××公司价值,拟采用折现现金流量法。首先要预测该公司未来销售收入。已知该公司历年销售收入如表 4-4 所示。由于该公司目前发展稳定,在过去几年里销售收入稳步增长,可采用趋势回归外推法来进行未来销售收入预测。

表 4-4　××公司历年销售收入

年份	年序 x	销售收入 y(万元)
2009	1	4 008
2010	2	4 555
2011	3	6 269
2012	4	6 592

年份	年序 x	销售收入 y(万元)
2013	5	10 458
2014	6	12 401
2015	7	11 050
2016	8	11 590
2017	9	14 814
2018	10	15 243

首先,以年份系列为自变量 x,对应销售收入为因变量 y,对该公司 2009—2018 年的销售收入进行回归分析,求出反映销售收入随年份的变化规律。

然后,根据所得的回归方程,预测 2019—2025 年的各年销售收入。

运用 Excel 程序进行回归分析结果如表 4-5 所示。

表 4-5　Excel 程序进行回归分析的结果

SUMMARY OUTPUT

回归统计

Multiple R	0.964 253 909				
R Square	0.929 785 601				

回归统计

标准误差	1 149.092 728				
观测值	10				

方差分析

	Df	SS	MS	F	Significance F
回归分析	1	139 880 371.2	139 880 371	105.936 74	6.841 32E-06
残差	8	10 563 312.79	1 320 414.1		
总计	9	150 443 684			

参数估计

	Coefficients	标准误差	T Stat	P-Value	
Intercept	2 536.333 333	784.979 774 2	3.231 081 13	0.012 037 5	
X Variable 1	1 302.121 212	126.510 945 7	10.292 557 7	6.841 E-06	

从上述分析表可得回归方程为:

$$\hat{y} = 2\ 536.33 + 1\ 302.12x$$

销售收入与年份序列的相关关系为 0.964 3,判定系数 R^2 为 0.929 8,说明二者相关性很强,回归方程拟合优度较好。在显著性水平 $\alpha = 0.05$ 的条件下,回归方程的线性关系 F 检验的 P 值和回归系数 b 的 t 检验的 P 值均小于 0.05,说明回归方程的线性关系和回归系数通过了显著性检验,利用回归方程对未来几年的销售收入进行预测具有较高的准确性。利用上述回归方程预测未来若干年销售收入的结果如表4-6所示。

表 4-6　××公司销售收入趋势预测结果

年份	年序 x	销售收入 y(万元)
2019	11	16 859.67
2020	12	18 161.79
2021	13	19 463.91
2022	14	20 766.03
2023	15	22 068.15
2024	16	23 370.27
2025	17	24 672.39

二、多元回归预测

对那些受较多因素影响的预测目标而言,有时需要运用多元回归分析方法,分析多种因素同时作用时,预测目标未来的变化趋势。多元回归预测方法较为复杂,它一般要按以下步骤进行:

步骤一:因素分析。根据历史记录的信息,分析影响预测目标变动的各种因素。

步骤二:简单相关分析。根据历史资料分别计算预测目标与各个影响因素的简单相关系数,选择那些与预测目标相关程度较高者作为自变量。一般而言,与预测目标相关系数小于0.8的因素被视为相关程度不高,可以舍弃,不纳入预测模型。

步骤三:判断影响因素的多重共线性。通过简单相关分析选择的自变量能否全部进入预测模型,取决于自变量之间是否有较强的线性关系。解决的办法是在存在高度线性相关的自变量间略去与预测目标相关系数较小者,只保留一个相关程度较高的自变量。

步骤四:运用最小二乘法,借助计算机软件求出回归方程,对预测目标的未来变化进行预测。

例 4-5[①]　对某种食品 V 的未来需求进行预测,相关资料如表4-7所示。

表 4-7　食品 V 历年销售量及其影响因素数据

年份	销售量 Y(吨)	消费人口 X_1(万人)	V 的价格 X_2(万元/吨)	替代品 G 人均消费量 X_3(千克/人)	替代品 F 人均消费量 X_4(千克/人)	替代品 L 人均消费量 X_5(千克/人)	人均年收入 X_6(百元)
2000	7.450	425.5	8.12	17.5	17.8	185.85	21.68
2001	7.605	422.3	8.32	22.9	19.51	185.35	21.08

---

① 张锦成.资产评估中如何进行销售额的统计预测.中国资产评估,2001(6).

年份	销售量 Y(吨)	消费人口 X_1(万人)	V 的价格 X_2(万元/吨)	替代品 G 人均消费量 X_3(千克/人)	替代品 F 人均消费量 X_4(千克/人)	替代品 L 人均消费量 X_5(千克/人)	人均年收入 X_6(百元)
2002	7.855	418.0	8.36	23.7	18.93	185.10	21.03
…	…	…	…	…	…	…	…
2016	10.995	525.0	12.30	28.4	40.35	158.25	42.85
2017	12.380	550.0	12.88	35.4	45.00	155.00	46.75
2018	11.770	561.0	14.02	34.8	49.87	141.05	—

因素分析:从表中可以看出,影响食品 V 需求量的因素有两方面,一是消费人口,二是人均需求量。消费人口取决于人口机械变动和自然变动;人均需求量受到季节、人均收入、产品的平均价格、替代品的销售状况影响。显然,消费人口可作为影响食品 V 需求量的主要因素,人均需求量不能直接作为影响因素。

简单相关分析:根据表 4-7 中数据分别计算预测目标 Y 与各个影响因素的简单相关系数,选择那些与预测目标相关程度高者作为自变量。本例计算结果如表 4-8 所示。

表 4-8 对食品 V 的简单相关分析

项目	Y	X_1	X_2	X_3	X_4	X_5	X_6
Y	1.000 0	0.927 6	0.809 2	0.708 2	0.958 7	-0.823 7	0.909 6
X_1	0.927 6	1.000 0	0.885 0	0.654 5	0.898 9	-0.841 6	0.930 0
X_2	0.809 2	0.885 0	1.000 0	0.782 7	0.898 0	-0.962 7	0.963 2
X_3	0.708 2	0.654 5	0.782 7	1.000 0	0.783 2	-0.828 8	0.716 7
X_4	0.958 7	0.898 9	0.898 0	0.783 2	1.000 0	-0.927 8	0.953 9
X_5	-0.823 7	-0.841 6	-0.962 7	-0.828 8	-0.927 8	1.000 0	-0.936 3
X_6	0.909 6	0.930 0	0.963 2	0.716 7	0.953 9	-0.936 3	1.000 0

由于表 4-8 中相关系数 $R(X_3, Y) = 0.708\ 2 < 0.8$,所以将 X_3 舍弃。

多重共线性分析:从表 4-8 中可以看出,X_6 和 X_1、X_2、X_4、X_5 的相关系数均大于 0.93,且大于其与因变量 Y 的简单相关系数,意味着 X_6 与其他 4 个自变量高度相关,所以舍弃 X_6;X_5 与 X_4、X_2 间也有高度线性关系,X_5 也应舍弃。经取舍后自变量为:消费人口 X_1,V 的平均价格 X_2,F 的人均消费量 X_4。

建立回归方程:

$$\hat{Y} = a + b_1X_1 + b_2X_2 + b_4X_4$$

用最小二乘法估计参数,借助计算机软件,求出回归方程:

$$\hat{Y} = 1.842\ 7 + 0.015\ 8X_1 - 0.472\ 5X_2 + 0.162\ 8X_4$$

判定系数 $R^2 = 0.972\ 5$,说明拟合优度很高。假设消费人口和替代品 F 的人均消费存在着稳定的净增长率,可以预先估测;V 的平均价格也可以事前调控,则可以预测五年后 V 的需求量,如表 4-9 所示。

表 4-9　食品 V 五年后的需求量预测表

年份	消费人口(万人)	年平均价格(万元/吨)	F 的人均消费(千克/人)	V 的需求量(吨)
2019	592.89	15.53	57.21	13.19
2020	604.63	16.46	60.74	13.69
2021	616.60	17.44	64.42	13.83
2022	628.81	18.48	68.26	14.16
2023	641.26	19.57	70.24	14.49

三、时间序列预测分析及其应用

(一)移动平均数法

移动平均数法是在算术平均数法的基础上发展起来的,它是利用过去若干期实际销售量的平均值,来预测当期的销售量。每预测一次,在时间上就逐次往后推移,每期预测,均取前若干期销售实绩的平均值作为当期的预期值。周期个数的选择取决于实验目的,必须包括足够的期数,以抵消随机波动的影响,但期数又不能过多,以便除去过早的、作用不大的数据。期数的多少,要根据具体商品的销售规律来考虑。一般而言,移动平均期取得越长,预测的误差就越小。这种方法适用于变动不大的比较单纯的中短期预测。例如商品流通额的预测和某种商品需求量的预测等。

移动平均数的计算公式为:

$$M_t = \frac{X_{t-1} + X_{t-2} + \cdots + X_{t-N}}{N} \tag{4-33}$$

式中:M_t 为第 t 期的平均数,即当期预测值;N 为期数;X_{t-1} 为前一期实际值;X_{t-2} 为前二期实际值;X_{t-N} 为前第 N 期实际值。

上述移动平均数法的缺点是均等考虑过去 N 期的历史数据,然而在实际生活中,往往距离当前时刻近的历史数据对预测值会有更重要的影响。为了克服这一缺点,可以采用加权移动平均数法:

$$M_t = \overline{\omega_1} X_{t-1} + \overline{\omega_2} X_{t-2} + \cdots + \overline{\omega_N} X_{t-N} \tag{4-34}$$

其中,$\sum_1^N \overline{\omega_i} = 1$,一般而言,$\overline{\omega_1} > \overline{\omega_2} > \dots > \overline{\omega_N}$。

(二)指数平滑法

如果采用移动平均数法,虽然考虑新的数据点比较容易,但需要有较多的历史数据,数据储存量比较大,有时显得不太方便。因此,发展了一种依存数据较少的改进方法,这就是指数平滑法。指数平滑法是一种权数较特殊的加权平均法。下面以一阶指数平滑法进行介绍,前期实际销售量乘以 α(α 表示加权因子或平滑系数),前期预测的销售量乘以 1-α,这两个乘积相加便得出本期预测销售量。

指数平滑法是利用上期预测值为实际值资料进行预测的一种应用方法,其计算公式为:

$$Y_t = Y_{t-1} + \alpha(X_{t-1} - Y_{t-1}) = \alpha X_{t-1} + (1 - \alpha) Y_{t-1} \qquad (4-35)$$

式中:X_{t-1}为上期实际销售量;Y_{t-1}为上期预测值;Y_t为本期预测值;α为平滑系数。

平滑系数α代表了新旧数据的分配比值,其取值大小表现了不同时期不同因素在预测中所扮演的不同角色。α值越大,其上期的实际值比重就越大,预测曲线波动越强;α值越小,则上期的预测值占的比重越大,预测曲线越平滑。α取值范围为$0<\alpha<1$,一般在$0.1\sim0.3$较为合适。

当$\alpha=1$时,则$1-\alpha=0$,预测值等于上期实际值,是一种最原始的预测方法。

当$\alpha=0$时,则$1-\alpha=1$,预测值等于上期估计值,未将历史实际值纳入预测过程,无任何意义。

四、组合预测方法

在进行预测时,每种方法都有一定的局限性,例如,移动平均法和指数平滑法比较适合做短期预测,回归分析忽视了因变量之间的复杂关系,故单纯利用某一种预测方法难以保证预测结果的准确性和稳健性。

为了提高预测的精度和稳健性,可以使用组合预测方法,即将几种预测方法所得的预测结果,选择适当的权重进行加权平均的一种预测方法。对某一种资产,利用第i种方法得到的预测值为f_i,那么使用n种方法得到的最终的预测结果f可以表示为$f = \varphi(f_1, f_2, \cdots, f_n)$,特别的,$f = \sum_{i=1}^{n} w_i f_i$,其中$w_i$为第$i$种方法对应的权重,满足$\sum_{i=1}^{n} w_i = 1$,确定权重系数是提高组合预测方法精度的关键,常见的方法有最小二乘法、二次规划法、线性规划等方法。

除了上述组合预测方法以外,还可以使用调焦预测法,即在预测过程中,不断对每一种预测技术进行评估,选择最为有效的预测方法。

更复杂的时间序列分析方法还有高阶指数平滑、自回归滑动平均模型、季节平均系数分析法和移动平均数季节指数法等方法,可参阅相关的专业统计书籍。[①] 值得指出,影响预测误差的因素非常复杂,并不是采用越复杂的预测的方法,预测误差就越低。实践证明,一阶指数平滑和滑动平均对于短期预测往往是有效的预测方法。

例4-6 某企业拥有一项专利技术,此专利技术已经应用了9年,相关资料如表4-10所示。现对该专利进行评估,预计该专利技术还能应用4年,折现率根据经验值设为14%,以净现金流量作为收益值,净现金流的计算公式为:

净现金流量=利润总额+折旧-税款-每年增加投资

表4-10 某专利技术收益资料

t	年份	利润总额	折旧	税款	年增加投资	净现金流y_t
1	2010	89.05	17.81	26.7	22.25	57.91
2	2011	92.03	22.25	26.31	21.39	66.58

---

① Jonathan D. Cryer, Kung-Sik Chan. 时间序列分析及应用. 潘红宇,等,译. 原书2版. 北京:机械工业出版社,2011.

t	年份	利润总额	折旧	税款	年增加投资	净现金流 y_t
3	2012	91.23	21.82	28.21	23.84	61
4	2013	110.58	32.60	33.25	26.67	83.26
5	2014	113.16	27.33	33.75	26.31	80.79
6	2015	106.08	27.67	31.72	22.19	79.84
7	2016	115.07	28.52	33.98	25.69	83.92
8	2017	108.17	31.50	25.32	29.33	85.02
9	2018	119.59	32.51	35.76	27.64	88.7
合计		994.96	242.01	274.82	225.13	687.02

下面分别用不同的时间序列方法进行预测。

1. 移动平均法

表 4-11 分别给出了当期数分别为 3 和 4 个周期时的净现金流预测结果。从表中可以看出 $N=3$ 时的平均误差要大于 $N=4$ 时的平均误差,故选用 $N=4$ 为预测变动周期,则 2028 年的预测值为 84.37 万元。

表 4-11 移动平均预测表

年份	净现金流 y_t	$N=3$		$N=4$	
		预测值 M_t	绝对误差	预测值 M_t	绝对误差
2019	57.91				
2020	66.58				
2021	61				
2022	83.26	61.83	21.43		
2023	80.79	70.28	10.51	67.188	13.603
2024	79.84	75.017	4.823	72.908	6.933
2025	83.92	81.297	2.623	76.223	7.698
2026	85.02	81.517	3.503	81.953	3.068
2027	88.7	82.927	5.773	82.393	
2028		85.88		84.37	
合计			48.663		37.608
平均			8.111		7.522

2. 指数平滑法

将指数平滑的初始预测值设置为其实际值,表 4-12 给出了当平滑系数 α 分别为 0.3 和 0.8 的预测结果,当平滑系数取值为 0.8 时,预测误差比较小。选择预测系

数 $\alpha = 0.8$，得到 2028 年的预测误差为 87. 888 29。

表 4-12　指数平滑预测表

年份	净现金流 y_t	$\alpha = 0.3$		$\alpha = 0.8$	
		预测值 Y_t	绝对误差	预测值 Y_t	绝对误差
2019	57. 91	57. 91		57. 91	
2020	66. 58	57. 91	8. 67	57. 91	8. 67
2021	61	60. 511	3. 09	64. 846	3. 09
2022	83. 26	60. 657 7	22. 749	61. 769 2	18. 414
2023	80. 79	67. 438 39	20. 132 3	78. 961 84	19. 020 8
2024	79. 84	71. 443 87	12. 401 61	80. 424 37	0. 878 16
2025	83. 92	73. 962 71	12. 476 13	79. 956 87	3. 495 632
2026	85. 02	76. 949 9	11. 057 29	83. 127 37	5. 063 126
2027	88. 7	79. 370 93	11. 750 1	84. 641 47	5. 572 625
2028		82. 169 65		87. 888 29	
合计			102. 326 4		64. 204 34
平均			12. 790 8		8. 025 543

3. 组合预测法

将指数平滑法与移动平均法的预测结果进行组合，分别设置权重为 0. 5 时，得到最终预测结果为 86. 13 万元。

第三节　寿命周期模型分析及应用[①]

一、寿命周期模型分析应收集的数据

在估算资产剩余使用寿命时，寿命周期分析是最常见的定性分析方法之一。如果结合统计分析对寿命周期进一步量化，则可以对特定类型的资产（如与客户有关的资产、大批同类型机器设备）做出更精确的定量分析，即生存曲线分析方法，它根据特定资产的历史生存时间资料来估测相关资产的寿命特征，再进一步推测相似的目标资产的剩余使用寿命。

在运用寿命周期模型对资产剩余使用寿命进行分析时，常常用到退废这一术语。当一项资产退出有效的服务或经营时，可以称之为退废。

运用生存曲线分析方法应收集目标资产的下列历史信息：在评估基准日所有活跃的资产个体单位的年龄；所有已退废的资产个体单位的年龄（在退废时）；所有已退废的资产个体单位开始使用的日期。具体来讲，这些信息应包括：

[①] 　本节内容主要参考：罗伯特·F. 赖利，罗伯特·P. 施韦斯. 无形资产评估. 俞兴保，译. 北京：中国大百科全书出版社，2001：169-180.

1. 活跃的个体单位（如现有客户、机器设备等）

（1）独特的个体单位识别符号（姓名、账号、机器标识码等）；

（2）开始日期（客户首次加入服务的日期、机器首次投入使用的日期等）；

（3）资产相关的经济收益的计量（如客户、设备带来的平均收入等）。

2. 退出服务的个体单位

（1）独特的个体单位识别符号；

（2）开始日期；

（3）结束日期（如业务关系结束的日期、机器设备报废的日期等）。

在多数情况下，不易获得已退出服务的资产个体单位的年限。这时，一般只能取得评估基准日之间一个阶段的数据：

（1）在每个时间段开始时在用个体单位的数量；

（2）在每个时间段内服务的个体单位数量（退出服务实际使用年限未知）。

二、构建生存曲线

生存曲线是一条向下倾斜的（或反 S 形）的图形，表示在某一组已知的资产中各年龄点仍在继续服务（或起作用）的个体单位数量。纵坐标 y 表示在不同年龄点（横坐标 x）仍在继续服务（或起作用）的最初那组资产的百分比数或实际数量。

构建目标资产的生存曲线，首先就要根据企业相关资产历史数据信息，确定目标资产的退废率及生存率。然后根据估计的退废率构建相似目标资产的未来生存曲线图。退废率的计算公式为：

$$退废率 = \frac{一个期间内退废的个体单位数量}{该期期初面临退废的个体单位数量} \tag{4-36}$$

根据年退废率可计算出年生存率。每年的生存率计算公式如下：

$$生存率 = 1 - 退废率 \tag{4-37}$$

例 4-7 假设某一银行的客户账户资产历史数据如表 4-13 所示。

表 4-13 某银行客户账户历史数据表

建立期	经验期（2018 年以前）											
	2007	2008	2009	2010	2011	2012	2013	2014	2015	2016	2017	2018
2007　95	95 0	95 9	86 19	67 6	61 16	45 4	41 3	38 1	37 9	28 0	28 3	25
2008　21		21 6	15 5	10 2	8 1	7 1	6 1	5 0	5 1	4 0	4 1	3
2009　29			29 8	21 9	12 6	6 2	4 0	4 2	2 0	2 0	2 0	2
2010　23				23 3	20 10	10 1	9 2	7 2	5 0	5 0	5 2	3
2011　14					14 7	7 1	6 1	5 1	4 2	2 0	2 0	2
2012　41						41 10	31 2	29 3	26 12	14 0	14 2	12
2013　63							63 17	46 9	37 15	22 3	19 3	16
2014　39								39 15	24 17	7 0	7 1	6

建立期	经验期（2018 年以前）											
	2007	2008	2009	2010	2011	2012	2013	2014	2015	2016	2017	2018
2015　23									23 17	6 0	6 0	6
2016　27										27 2	25 1	24
2017　35											35 6	29
2018　60												60
合计 470 累计 总退出数	95 0	116 15	130 32	121 20	115 40	116 19	160 26	173 30	166 76	117 5	147 19	188

注：（1）在每个单元格中，顶端数字表示年初面临退废的账户数，底端数字表示该年度内退废的账户数。

（2）在每个年龄段中，退废率＝退废数/将退废数。

（3）水平栏对应建立期。

（4）竖栏对应经验期。

考虑到距评估基准日越近，历史数据的影响越大，我们选取最近三年（2016—2018 年）为经验期，对该经验期的生存曲线进行计算，结果如表 4-14 所示。

表 4-14　2016—2018 年生存曲线数据表

年龄段 （年） [1]	面临退废的 账户数量 [2]	在该年龄段 间退废的账 户数量 [3]	退废率（%） [4]	生存率（%） [5]	生存曲线（%） [6]
10—11	28	3	10.71	89.29	7.39
9—10	32	1	3.13	96.88	8.28
8—9	43	9	20.93	79.07	8.54
7—8	12	3	25.00	75.00	10.80
6—7	11		18.18	81.82	14.40
5—6	22	3	13.64	86.36	17.61
4—5	37	5	13.51	86.49	20.39
3—4	55	16	29.09	70.91	23.57
2—3	50	15	30.00	70.00	33.24
1—2	55	18	32.73	67.27	47.49
0—1	85	25	29.41	70.59	70.59
0	85				100.00

注：第[4]列＝第[3]列/第[2]列。

第[5]列＝1-第[4]列。

第[6]列＝第[6]列（本列下一行数）×第[5]列

应用与以前年度存续的客户账户数量相同的退废率，可以对以后年度存续的客户账户数量进行预测。通过对该公司的业务经营、市场政策、留住客户的策略等问题进行分析,并把历史上的各年龄段退废率进行加权平均,估算出一个加权平均退废率。这里我们对上述公司的客户账户的退废率进行简单平均作为估算未来客户账户的退废率来构建生存曲线。

平均退废率=20.58%

表4-15给出了1999—2018年的客户账户生存曲线数据。

表4-15　1999—2018年的客户账户生存曲线数据表

年份 [1]	年初存续的客户关系 [2]	退废率 [3]	年中退废的客户关系 [4]	年末存续的客户关系 [5]	生存曲线(年中) [6]
1999	188	20%	38	150	169
2000	150	20%	30	120	135
2001	120	20%	24	96	108
2002	96	20%	19	77	86
2003	77	20%	15	62	69
2004	62	20%	12	50	56
2005	49	20%	10	39	44
2006	39	20%	8	31	35
2007	32	20%	6	26	29
2008	25	20%	5	20	23
2009	20	20%	4	16	18
2010	16	20%	3	13	14
2011	13	20%	3	10	12
2012	10	20%	2	8	9
2013	8	20%	2	6	7
2014	7	20%	1	6	6
2015	5	20%	1	4	5
2016	4	20%	1	3	4
2017	3	20%	1	2	3
2018	3	20%	1	2	3

注:从2000年起,第[2]列=上一年的第[5]列。1999年年初数188个来自表4-13。

第[3]列,退废率估计在以后的年份中为常数。

第[4]列=第[2]列×第[3]列。

第[5]列=第[2]列-第[4]列。

第[6]列=第[2]列和第[5]列的平均数。

根据上表中最后一栏年中生存曲线数据可做生存曲线图,如图4-1所示。

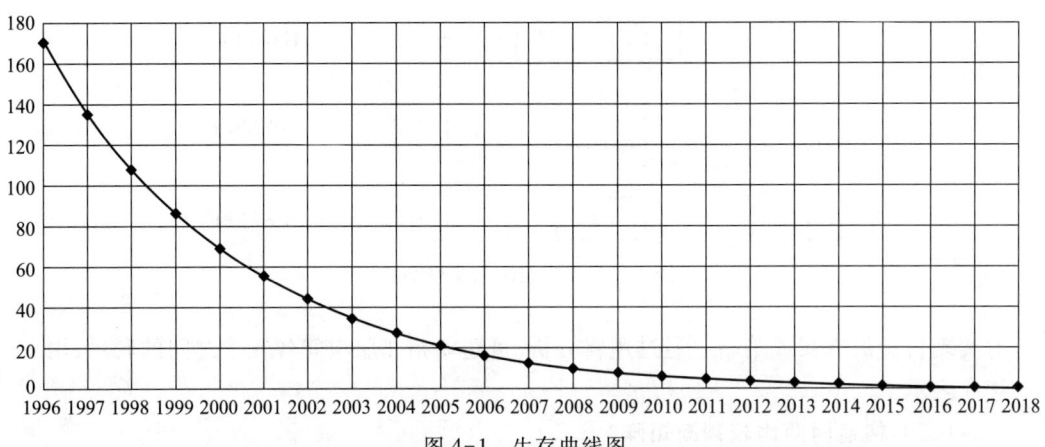

图 4-1　生存曲线图

建立了目标资产的生存曲线图后,已明确了目标资产的未来服务年限(或未来各年中起作用的资产数量),从而为估算目标资产未来各年的收益打下基础。

第四节　AHP 法在组合无形资产分割评估中的应用

一、层次分析法简介

无形资产收益在许多情况下,可能是其组成的由若干种无形资产共同带来的,即得到的是组合无形资产带来的收益。因此,必须强调,不能将其他无形资产带来的收益误算到被评估无形资产的收益中。在组合无形资产形成的价值中,正确界定各种无形资产的价值,这就是所谓组合无形资产的分割问题。

有些资产评估的著作讨论了组合无形资产的分割问题,所论方法有以下两个缺点:其一,很难准确收集到所需资料,操作上比较困难;其二,仅适用于同类专利技术产品中使用的相同种类不同名称的无形资产(主要是技术类无形资产)。如何对组合无形资产组成的各单项无形资产的价值分别评估,确实是一个比较复杂的问题,目前国内外有效的方法不多。这里介绍运用系统分析方法中的层次分析法解决其分别评定价值问题。实践证明,这种方法应用于组合无形资产的分割,有一定合理性,实际效果较好,操作也不是十分困难。

层次分析,简称 AHP 法(Analytical Hierarchy Process),是美国学者 Saaty 提出的一种运筹学方法。这是一种综合定性和定量的分析方法,用来处理一些多因素、多目标、多层次复杂问题。

运用 AHP 法解决问题,大体可以分为以下四个步骤。

(一) 建立层次结构模型

首先,把复杂问题分解为由元素组成的各个部分,把这些元素按其属性分成若干组形成不同层次,建立相邻(上、下)层次中不同元素间的联系,构造递阶层次结构模型,如图 4-2 所示。

目标层为运用 AHP 法分析的明确目的,只有一个元素;准则层为判断目标的或实现目标的约束,如果问题复杂,可划分为若干子层次,同层元素有支配作用;方案层

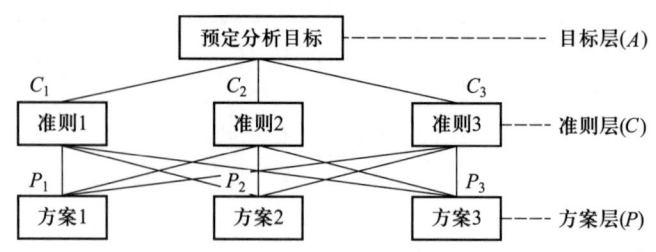

图 4-2 递阶层次结构模型图

为实现目标的方案或策略。通过逻辑分析，可建立相邻层次间各元素之间的联系，用连线表示。

（二）构造两两比较判断矩阵

根据模型表示的层次和元素间的联系，构造由某一元素与相邻下一层次有联系的所有元素的比较判断矩阵。图 4-2 的 A 层与 C 层间可建立比较判断矩阵如下：

A	C_1	C_2	$\cdots$	C_n
C_1	a_{11}	a_{12}	$\cdots$	a_{1n}
C_2	a_{21}	a_{22}	$\cdots$	a_{2n}
$\vdots$	$\vdots$	$\vdots$		$\vdots$
C_n	a_{n1}	a_{n2}	$\cdots$	a_{nn}

比较判断矩阵元素按一定比例标度两两比较得到，标度及含义如表 4-16 所示。

表 4-16　AHP 比较标度及含义

相对重要标度	含　义	理　解
1	两元素具有相同重要性	对于同一问题两个要素贡献相同
3	一个元素比另一元素稍微重要	认为一个要素比另一要素贡献稍微大一些
5	一个元素比另一元素明显重要	认为一个要素比另一要素贡献明显大一些
7	一个元素比另一元素强烈重要	认为一个要素比另一要素贡献强烈大
9	一个元素比另一元素极端重要	认为一个要素比另一要素贡献极端大
2、4、6、8	作为上述相邻判断的插值	

以上判断是一种经验和对问题的认识程度的主观反映。

原则上，判断矩阵是一个方阵，$A = (a_{ij})_{n \times n}$，$a_{ij} > 0$，应当满足如下性质：

性质 1：任取 i、j，满足 $a_{ii} = 1$。

性质 2：任取 i、j，满足 $a_{ij} = 1/a_{ji}$。

性质 3：任取 i、j，满足 $a_{ik} a_{kj} = a_{ij}$。

（三）层次单排序

计算比较判断矩阵的特征向量及最大特征根 $\lambda_{\max}$（特征向量 W 及最大特征根的计算方法不在此述）。比较判断矩阵特征向量的值，表示了同一层次中若干元素对相邻上一层次某一元素的相对重要性排序权重。层次分析法的计算问题基本上归结为如何计算判断矩阵的最大特征根及其对应的特征向量。这里仅介绍一种简单的近似计算方法——方根法。其计算步骤如下：

步骤一，计算判断矩阵每一行元素的乘积 M_i。

$$M_i = \prod_{i=1}^{n} a_{ij} \qquad (i=1,2,\cdots,n)$$

步骤二，计算 M_i 的 n 次方根 $\overline{W_i}$。

$$\overline{W_i} = \sqrt[n]{M_i} \qquad (i=1,2,\cdots,n)$$

步骤三，对向量 $W_i = (\overline{W_1}, \overline{W_2}, \overline{W_3}, \cdots, \overline{W_n})^T$ 进行归一化处理，即使

$$W_i = \frac{\overline{W_i}}{\sum_{i=1}^{n} \overline{W_i}} \qquad (i=1,2,\cdots,n)$$

则 $W = (W_1, W_2, W_3, \cdots, W_n)^T$ 即为判断矩阵的特征向量。

步骤四，计算判断矩阵的每一列元素的和 S_j。

$$S_j = \sum_{j=1}^{n} a_{ij}$$

步骤五，计算最大特征值。

$$\lambda_{\max} = \sum_{i=1}^{n} W_i S_i$$

步骤六，一致性检验。上述排序权重由经验和判断形成的比较判断矩阵计算得到，主观的经验和判断是否有客观的一致性（不至于出现相互矛盾），即排序权重是否有满足性要求，必须进行检验。检验方法分三步进行：

首先，计算一致性指标 CI。

$$CI = \frac{\lambda_{\max} - n}{n-1} \qquad (4-38)$$

式中：$\lambda_{\max}$ 为比较判断矩阵的最大特征根，n 代表比较判断矩阵阶数。

然后，根据比较判断矩阵阶数 n，查出平均随机一致性指标 RI，如表 4-17 所示。

表 4-17　平均随机一致性指标表

矩阵阶数 n	1	2	3	4	5	6	7	8	9
RI 值	0.00	0.00	0.58	0.90	1.12	1.24	1.32	1.41	1.45

最后，计算一致性比率 CR。

$$CR = \frac{CI}{RI}$$

当 $CR < 0.1$，认为比较判断矩阵具有满意的一致性，排序权重可以接受。

（四）层次总排序

进行各层次元素的组合权重计算，得到递阶层次结构中各层次中所有元素对总目标的相对权重，直至求出方案层各元素对总目标的排序权重。要做到这一点，需要把第三步中的计算结果进行适当组合，步骤是由上至下逐层进行，每一步的结果还需

要进行一致性检验。

假设已经计算出的第 $k-1$ 层各元素相对总目标的组合排序权重向量为：
$$a^{k-1} = (a_1^{k-1}, a_2^{k-1}, \cdots, a_n^{k-1})^T$$

第 k 层对在第 $k-1$ 层第 j 个元素作为准则下各元素的排序权重向量为：
$$b_j^k = (b_{11}^k, b_{21}^k, \cdots, b_{m1}^k)^T$$

并构成矩阵 $B^k = (b_1^k, b_2^k, \cdots, b_n^k)$

则第 k 层的各元素相对于总目标的总排序（或称组合排序向量）由下式算出。
$$a^k = B^k a^{k-1}$$

用表 4-18 表示如下：

表 4-18　第 k 层各元素相对于总目标的总排序

第 k 层因素	第 $k-1$ 层因素				层次总排序权重
	A_1	A_2	$\cdots$	A_m	
	a_1^{k-1}	a_2^{k-1}	$\cdots$	a_m^{k-1}	
B_1	b_{11}^k	b_{12}^k	$\cdots$	b_{1m}^k	$\sum\limits_{j=1}^{m} a_j^{k-1} b_{1j}^k$
B_2	b_{21}^k	b_{22}^k	$\cdots$	b_{2m}^k	$\sum\limits_{j=1}^{m} a_j^{k-1} b_{2j}^k$
$\vdots$	$\vdots$	$\vdots$	$\vdots$	$\vdots$	$\vdots$
B_n	b_{n1}^k	b_{n2}^k	$\cdots$	b_{nm}^k	$\sum\limits_{j=1}^{m} a_j^{k-1} b_{nj}^k$

对于总排序权重的一致性检验，也需类似逐层计算 CI，若分别得到了第 $k-1$ 层的计算结果 CI^{k-1} 和查表结果 RI^{k-1}，则相应的第 k 层指标为：
$$CI^k = (CI_1^{k-1}, CI_2^{k-1}, \cdots, CI_n^{k-1}) a^{k-1}$$
$$RI^k = (RI_1^{k-1}, RI_2^{k-1}, \cdots, RI_n^{k-1}) a^{k-1}$$

第 k 层总排序一致性比率为：
$$CR^k = \frac{CI^k}{RI^k} \tag{4-39}$$

同样当 $CR^k < 0.1$，认为 k 层对总目标的排序权值具有满意的一致性，可以接受。

二、AHP 法在无形资产评估中的应用

在组合无形资产的分割时，我们总是可以评估出组合无形资产的价值（组合无形资产超额收益的折现或资本化），关键是要找出组合中不同类型无形资产带来的超额收益在总的组合无形资产价值中的贡献，即比重。这样，可以将确定不同无形资产在组合无形资产价值中的权重分析作为 AHP 法的总目标，而其中各种不同类型的无形资产应作为方案层的各个不同要素。由于各种类型无形资产对超额收益产生的作用不同，贡献大小不一样，因此将超额收益产生的各种原因（在业绩分析中可以确定）作为准则层的诸元素。分清了 AHP 法中的三个层次（问题复杂还可将准则层分若干子层次），就可以在相邻层次各要素间建立联系。这一点可以依据一般经济活

动的逻辑规律或咨询被评估单位的高级管理人员做到。下层次对上一层次某一因素,即各种类型无形资产对超额收益产生的原因,有贡献的用连线连接起来,无贡献的不画连线。至此,完成了AHP法递阶层次结构模型的构造,称为组合无形资产分析结构图(如图4-3所示)。

图中各层的含义如下:

A 层:为进行层次分析的总目标,在已确定出组合无形资产形成的超额收益中,分析求出各种无形资产在超额收益中的贡献份额或权重;

C 层:准则层,即如何权衡或区分无形资产带来超额收益的评价标准,根据复杂程度,可分为若干子标准层;

P 层:方案层,排列出组合无形资产所包含的各种类型不同的无形资产(名称)。

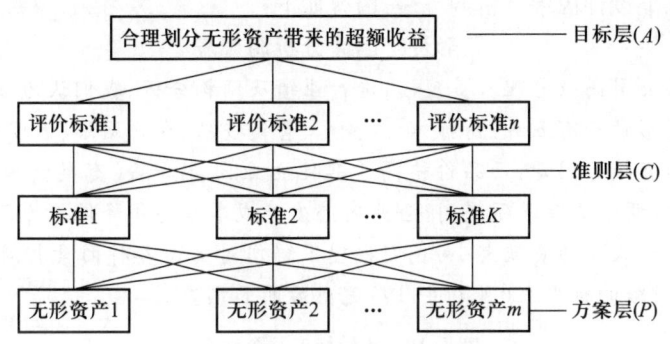

图 4-3　组合无形资产分析结构图

模型完成后,设计出反映层次间各要素相互关系的比较判断矩阵调查表,邀请有关专家和被评估单位不同管理部门的高级管理人员(一般要有技术、销售、财务、生产部门负责人及全面掌握情况的厂级领导参加),向他们讲清调查意图及标度方法,并给予示范。请他们根据历史业绩、现行结构、未来预期的各种因素,凭自己的经验和判断填写调查表。一般不要求当场完成,让他们回去消化后独立认真填写。调查表收回后由有经验的评估人员综合整理出符合要求的比较判断矩阵。

进行层次单排序、总排序计算及一致性检验,所有计算通过一致性检验,若可接受通过,得到的方案层总排序权值即为各种不同无形资产在组合无形资产评估价值中的权重数,用组合无形资产的评估价值去乘权重数,即得到了各种不同无形资产的评估价值,完成了组合无形资产的价值分割。

例 4-8　WK 制药厂是一家中型制药企业,在多年的生产经营中开发出了某系列药品,销售遍及全国,这些药品使用的注册商标"WK"已成为国内知名商标。因为企业进行股份制改造的需要,要求对其商标价值进行评估。

评估人员经过认真的调查分析,采用超额收益法计算出无形资产价值为 15 000 万元。在评估过程中,评估人员认为这些超额收益不完全是由商标带来的(或者不能采用有效的方法把商标带来的超额收益单独计算出来),通过与企业高级管理人员多次座谈,进行业绩及结构分析,确定带来超额收益的无形资产有五种,分别为商标、配方技术、营销技巧、客户网络、管理水平,发现能够带来超额收益的直接原因是产品价格高于其他企业同类产品(有垄断加价因素),销售量增幅较大,竞争力在逐年提高,企业内部生产成本在逐年降低。评估人员采用 AHP 法进行分割,建立了层次结构图,如图4-4所示。

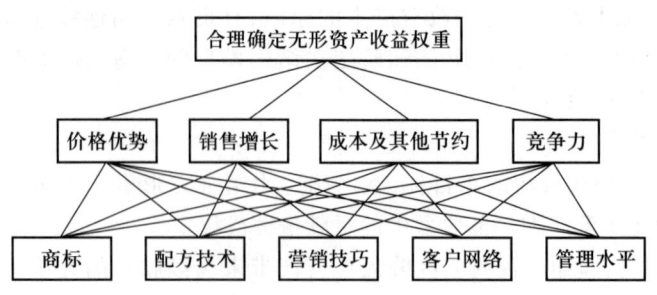

图4-4 WK制药厂组合无形资产分析结构图

在此基础上设计因素分析调查表,内容如下:

无形资产因素分析调查表

通过与该公司高级管理人员座谈,进行业绩及结构分析,我们认为该公司能带来超额收益的无形资产有五种:商标、配方技术、营销技巧、客户网络、管理水平;能够带来超额收益的直接原因是:产品价格高于其他企业同类产品(有垄断加价因素)、销售量增幅较大、竞争力在逐年提高、企业内部生产成本在逐年降低。为评估以上五种无形资产对超额收益的贡献大小,我们希望了解您对上述各种因素相对贡献大小的看法,请您按所给的标度表(见表4-19)完成后面的调查表。

表4-19 比较标度及含义表

相对重要标度	含 义	理 解
1	两元素具有相同重要性	对于同一问题两个要素贡献相同
3	一个元素比另一元素稍微重要	认为一个要素比另一要素贡献稍微大一些
5	一个元素比另一元素明显重要	认为一个要素比另一要素贡献明显大一些
7	一个元素比另一元素强烈重要	认为一个要素比另一要素贡献强烈大
9	一个元素比另一元素极端重要	认为一个要素比另一要素贡献极端大
2、4、6、8	作为上述相邻判断的插值	

表4-19中相对重要标度表示对于目标对象来说,一个因素相对另一因素的重要性大小。如对于无形资产的超额收益来说,价格优势对销售增长明显重要,用标度5表示;价格优势相对成本及其他节约的重要度介于稍微重要和明显重要之间,用标度4表示;竞争力比价格优势强烈重要,则用相对标度的倒数1/7表示,如表4-20所示。

表4-20 无形资产超额收益的直接原因相对贡献大小分析调查表

A	价格优势	销售增长	成本及其他节约	竞争力
价格优势	1	5	4	1/7
销售增长	—	1	1/3	1/2
成本及其他节约	—	—	1	1/5
竞争力	—	—	—	1

请按上述填写方法填写表 4-21 至表 4-25 的调查表,仅填写表格的空白格。

表 4-21　无形资产超额收益的直接原因相对贡献大小分析调查表

无形资产超额收益	价格优势	销售增长	成本及其他节约	竞争力
价格优势				
销售增长	—			
成本及其他节约	—	—		
竞争力	—	—	—	

表 4-22　各类无形资产对形成价格优势的相对贡献大小调查表

价格优势	商标	配方技术	营销技巧	客户网络	管理水平
商标					
配方技术	—				
营销技巧	—	—			
客户网络	—	—	—		
管理水平	—	—	—	—	

表 4-23　各类无形资产对销售增长的相对贡献大小调查表

销售增长	商标	配方技术	营销技巧	客户网络	管理水平
商标					
配方技术	—				
营销技巧	—	—			
客户网络	—	—	—		
管理水平	—	—	—	—	

表 4-24　各类无形资产对成本及其他节约的相对贡献大小调查表

成本及其他节约	商标	配方技术	营销技巧	客户网络	管理水平
商标					
配方技术	—				
营销技巧	—	—			
客户网络	—	—	—		
管理水平	—	—	—	—	

表 4-25　各类无形资产对竞争力的相对贡献大小调查表

竞争力	商标	配方技术	营销技巧	客户网络	管理水平
商标					
配方技术	—				
营销技巧	—	—			
客户网络	—	—	—		
管理水平	—	—	—	—	

邀请企业外部有关专家和企业内部生产、销售、财务、技术、运营各部门的高级管理人员,对其讲解填表意图及要求,然后发放调查表调查。调查表收集后,可对每一表格的标度做平均处理,得到判断矩阵的上三角矩阵。根据判断矩阵的对称性补充完整,即得出比较判断矩阵,并进行排序计算。计算过程如下(计算中的比较判断矩阵是通过调查表综合得到的):

1. 层次单排序权的计算及一致性检验

(1) $A-C$ 层单排序:确定各种因素在无形资产收益中作用的大小,如表 4-26 所示。

表 4-26 各种因素在无形资产收益中作用的大小

A	C_1	C_2	C_3	C_4	排序权重
C_1	1	1/3	2	1/4	0.126
C_2	3	1	5	3	0.511
C_3	1/2	1/5	1	1/3	0.084
C_4	4	1/3	3	1	0.279

表 4-26 中的排序权重可采用 Excel 软件设计一个计算模板实现自动计算,该计算模板如图 4-5 所示。

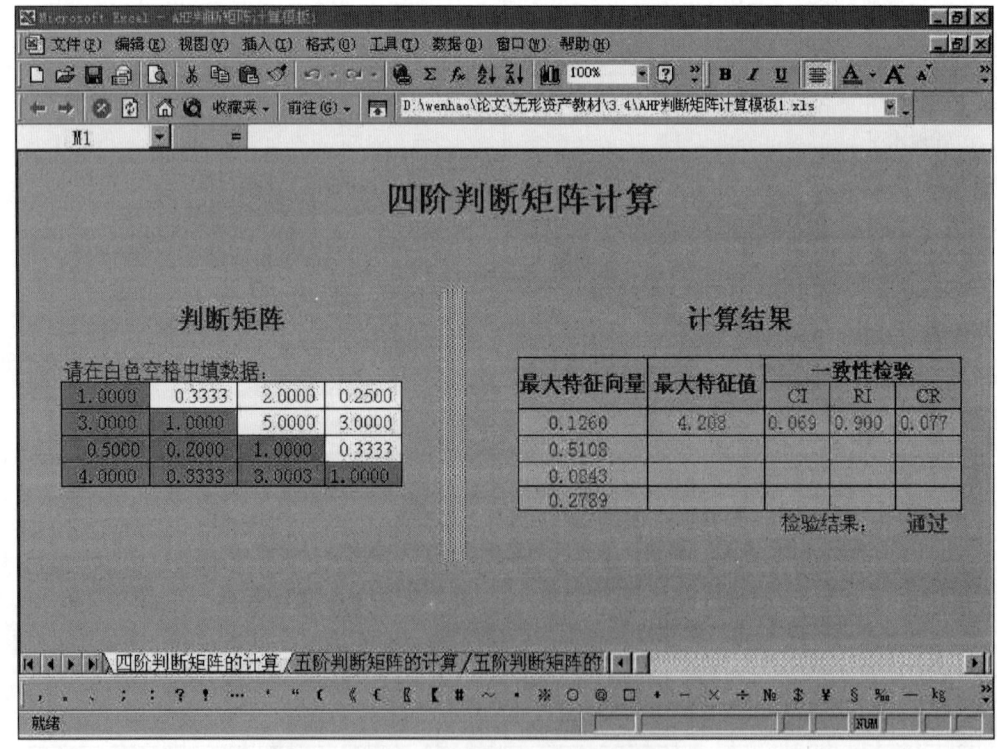

图 4-5 Excel 设计的计算模板

一致性检验:

$$\lambda_{\max} = 4.208$$
$$CI = (4.208-4)/3 = 0.069$$

查表得到：$RI = 0.9$

$CR = CI/RI = 0.077 < 0.1$，通过一致性检验。

（2）C_1-P 单排序：确定各种无形资产在产品加价因素中的贡献大小，如表 4-27 所示。

表 4-27　各种无形资产在产品加价因素中的贡献大小

C_1	P_1	P_2	P_3	P_4	P_5	排序权重
P_1	1	2	6	4	7	0.472
P_2	1/2	1	2	3	4	0.243
P_3	1/6	1/2	1	3	5	0.154
P_4	1/4	1/3	1/3	1	2	0.083
P_5	1/7	1/4	1/5	1/2	1	0.048

一致性检验：
$$\lambda_{\max} = 5.256$$
$$CI = (5.256-5)/4 = 0.064$$

查表得到：$RI = 1.12$

$CR = CI/RI = 0.057 < 0.1$，通过一致性检验。

（3）C_2-P 单排序：确定各种无形资产在销售增长因素中贡献的大小，如表 4-28 所示。

表 4-28　各种无形资产在产品销售增长因素中的贡献大小

C_2	P_1	P_2	P_3	P_4	P_5	排序权重
P_1	1	4	6	7	3	0.524
P_2	1/4	1	2	3	1/2	0.151
P_3	1/6	1/2	1	3	3/2	0.124
P_4	1/7	1/3	1/3	1	1/2	0.054
P_5	1/3	2	2/3	2	1	0.147

一致性检验：
$$\lambda_{\max} = 5.342$$
$$CI = (5.342-5)/4 = 0.086$$

查表得到：$RI = 1.12$

$CR = CI/RI = 0.076 < 0.1$，通过一致性检验。

（4）C_3-P 单排序：确定各种无形资产在成本及其他节约因素中的贡献大小，如表 4-29 所示。

表 4-29　各种无形资产在成本及其他节约因素中的贡献大小

C_3	P_1	P_2	P_3	P_4	P_5	排序权重
P_1	1	6	4	7	3	0.510
P_2	1/6	1	3/2	5	3	0.192
P_3	1/4	2/3	1	4	2	0.156
P_4	1/7	1/5	1/4	1	1/2	0.048
P_5	1/3	1/3	1/2	2	1	0.095

一致性检验：

$$\lambda_{max} = 5.319$$
$$CI = (5.319 - 5)/4 = 0.080$$

查表得到：$RI = 1.12$

$CR = CI/RI = 0.071 < 0.1$，通过一致性检验。

（5）C_4-P 单排序：确定各种无形资产在提高企业市场竞争力因素中的贡献大小，如表 4-30 所示。

表 4-30　各种无形资产在提高企业市场竞争力中的贡献大小

C_4	P_1	P_2	P_3	P_4	P_5	排序权重
P_1	1	2	4	7	5	0.445
P_2	1/2	1	2	6	5	0.285
P_3	1/4	1/2	1	4	3	0.157
P_4	1/7	1/6	1/4	1	3	0.065
P_5	1/5	1/5	1/3	1/3	1	0.049

一致性检验：

$$\lambda_{max} = 5.330$$
$$CI = (5.330 - 5)/4 = 0.082$$

查表得到：$RI = 1.12$

$CR = CI/RI = 0.074 < 0.1$，通过一致性检验。

2. 层次总排序计算

通过组合权重计算，确定各种无形资产对超额收益的贡献权重大小。利用 Excel 软件计算，如图 4-6 所示。

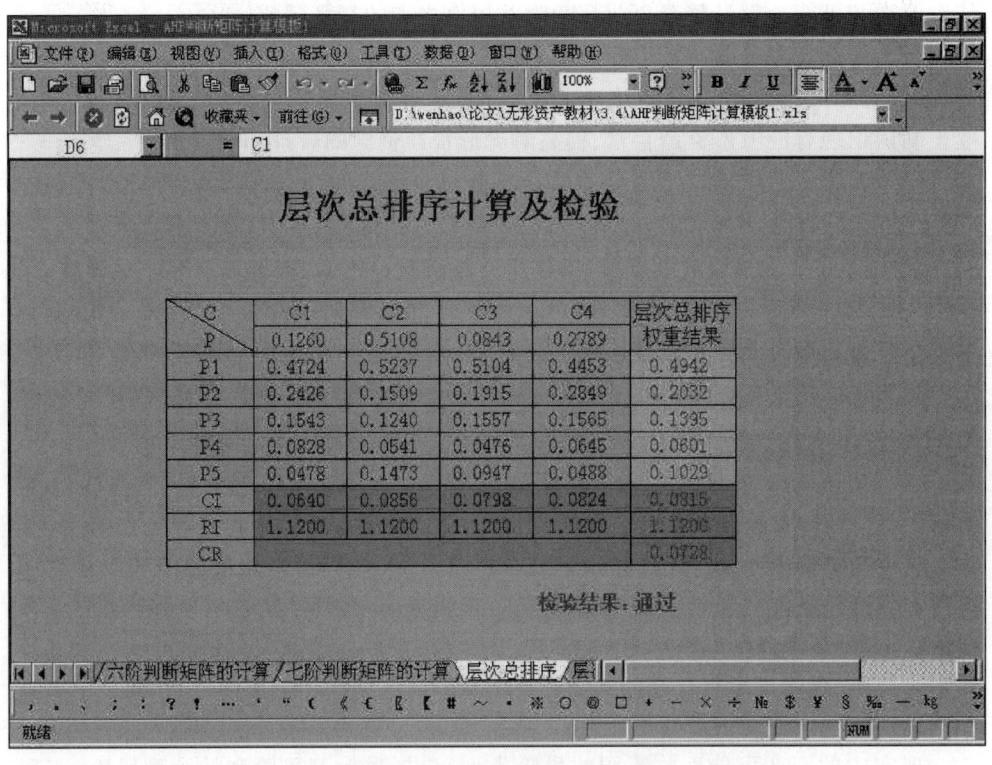

图 4-6　层次总排序计算及检验

3. 组合分割,确定被评估无形资产价值

以上计算结果表明,在无形资产超额收益中,商标、配方技术、营销技巧、客户网络、管理水平占的权重分别为 0.494, 0.203, 0.140, 0.060, 0.103。无形资产超额收益评估值为 1 500 万元,那么商标的评估值应为:

$$1\ 500 \times 0.494 = 741(万元)$$

同时还可得到:

$$配方技术评估值为 1\ 500 \times 0.203 = 304.5(万元)$$
$$营销技巧评估值为 1\ 500 \times 0.140 = 210(万元)$$
$$客户网络评估值为 1\ 500 \times 0.06 = 90(万元)$$
$$管理水平评估值为 1\ 500 \times 0.103 = 154.5(万元)$$

评估结果反馈给被评估企业后,企业认为基本符合实际生产经营情况,有客观性、合理性。

AHP 法用来进行组合无形资产价值的分割,具有如下优点:

(1) AHP 法是在对被评估企业历史业绩、现行结构、未来预期综合分析基础上完成,评估中能与被评估企业各级管理部门进行对话,比较客观地反映了企业的实际情况及特点。结论比较合理,易于接受。

(2) 这种方法在分割组合无形资产价值中,虽不免带来一些主观性,但能检验主观判断的合理性(对明显不合理的判断能检测,并加以纠正)。更重要的是,这样分割的无形资产价值在总量上不会超过企业超额收益的价值(注意,单排序、总排序得到的每一组权重的和必须为 1),避免了分项进行无形资产评估时,各类无形资产评估价值之和可能会超过整个企业超额收益现值之和的奇怪现象。

（3）目前企业普遍对无形资产的管理和应用认识不足，甚至不知道存在无形资产（或滥评估无形资产），AHP法要求评估人员和企业人员共同分析。这样可以使企业正确认识现有的无形资产存量，提高对无形资产资源的管理和利用水平。

（4）AHP法有完整的理论体系和简单的应用形式，有利于提高无形资产评估中的科学性和可操作性水平。

AHP法应用于无形资产评估，也存在一些问题。比如，比例标度有一定弹性，实践中如何去正确把握；当不同的管理人员得到的经验判断相差较大（甚至结论相反），怎样去进行数据分析处理，这些方面都较棘手。另外，AHP法技术性强，要求评估人员的素质较高。

第五节　资产评估中的新方法

价值是资产风险的函数。在传统的资产评估中，一项资产所面临的风险往往通过调整折现率来表达，得到的评估结果是一个单点值，这种评估方式可能会丢掉一些重要的信息，从而影响投资决策。传统的评估模型难以考虑不同因素如何影响评估结果，也难以预测由客观存在的不确定性因素所引发的资产价值的波动，还难以解释不同的评估师评估的结果的差异性。

现实中的资产可能面临不同的风险类型，包括离散型风险和持续型风险，离散型风险是指资产价值取决于几种不同的情形，此时情景分析可以提供每种特定情景下的资产价值。在某些估值过程中，所涉风险不仅是离散的，也是持续的。换言之，为了使资产具有价值，必须经过一系列的决策过程，随着决策进程的不断推进，资产的价值不断提升，决策的失败可能意外导致资产整体价值的丧失。例如，在美国，一种新药想要在市场上出售，必须经历美国药品管理局三个阶段批准程序所设的关口。在这三个阶段的任意关口失败都会葬送该药品的价值。决策树则是考虑这些阶段性风险的有力工具。如果情景分析和决策树是帮助我们评估离散型风险影响的工具，那么模拟算法提供的则是检测持续型风险影响的风险。模拟算法在处理不确定性上具有更多的灵活性，可以用概率分布描述每种影响价值的要素的不确定性，通过多次模拟计算，可以确定资产价值的概率分布，从而为资产的交易提供更多的筹码。

情景分析、决策树、模拟算法聚焦于风险的负面影响，但是忽视了其机会成分中有利的一面。典型的投资分析通常建立在预期现金流和贴现率之上，投资决策往往基于一个简单的规则：负净现值投资摧毁价值，不应该予以接受。但是，预期现金流和贴现率会随着时间变化，现在的负净现值在未来可能转正。企业花费巨额成本开发的专利可能毫无价值，但是也有可能是企业未来利润的主要来源。这意味着风险对于特定的投资主体，有时可能是资产增值的重要来源。实物期权法则有利于评估那些面临风险，但是蕴藏巨大预期收益潜力的资产类型，如高科技企业的无形资产。

下面分别介绍情景分析法、决策树法、模拟算法以及实物期权法。

一、情景分析法

对于离散型风险资产预期现金流的评估,有两种方法:一是评估所有可能情景的现金流,最终结果可以根据概率进行加权平均;二是评估最有可能情景的现金流。第一种方法更精确,但是需要采集更多信息。在本节,重点介绍一般化的情景分析版本,对于最有可能情形、最佳情形、最差情形下的资产评估可以视为一般化情景分析的部分内容。

情景分析具有如下关键性的步骤及注意点:

(1)情景设计:确定情景要围绕哪些要素建立,一般而言,评估人员应当聚焦于能决定资产价值的两三个关键要素,然后围绕这些要素建立情景。虽然情景多比情景少更加接近现实,但是付出的成本也更高,要区分不同情景下的现金流也不容易。

(2)预测现金流:针对不同的情景,对现金流进行预测。

(3)确定情景发生的概率。在涉及汇率、利率和整体经济增长率等宏观要素时,可以借助中介咨询机构,获取这些变量的专业预测。对于其他的一些情景,在涉及板块或竞争对手时,我们必须依赖我们的行业知识。

(4)多重情景分析虽然能够给决策者带来更多的信息,但是也存在一些问题:情景分析也只适合处理离散型风险,而不适合处理持续型风险。与决策树一样,情景分析也存在双倍计入风险的危险。

二、决策树法

决策树由根节点、事件节点、决策节点、和终端节点所组成。根节点代表决策问题的开始;事件节点代表可能出现的不同结果,用来描述资产所面临的各种不确定性;决策节点指决策者可能做出的选择;终端节点是指决策的最终结果。图4-7给出了一个简单的决策树示例,该决策树代表你可以选择获得20美元,或者可以选择一项赌博:有50%的可能性获得50美元,50%的可能赢得10美元。

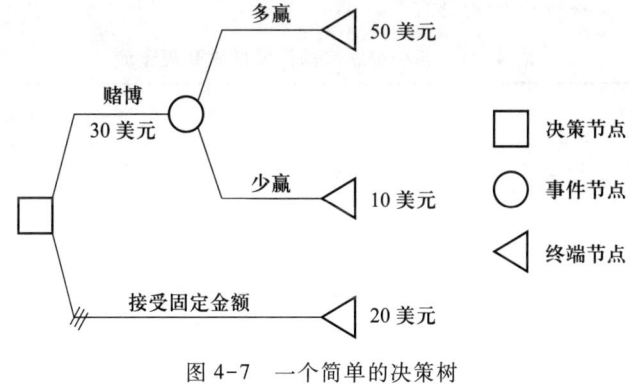

图4-7 一个简单的决策树

应用决策树进行资产评估的基本步骤如下:

(1)划分不同的风险阶段。比如,药品监督管理局的每一道批准程序都可以视为一个风险阶段。

(2)在每个阶段,评估结果的发生概率。一个基本的要求是一个事件的所有可能结果的概率加总必须为 1。此外一个分析师还应考虑某一阶段的结果是否会受到先前结果的影响。

（3）定义决策节点。决策节点往往嵌入决策树之中。在这些节点上，意味着需要确定最佳的行动选择。

（4）在终端节点计算现金流和价值。当决策失败时，只需要清算在已经发生的资金；当决策成功时，必须评估资产在寿命期限内的预期现金流，并予以贴现。

（5）沿决策树的后展路径，评估预期价值。沿着决策树由前向后，分阶段计算其中的预期价值，如果遇到机会节点，则其预期价值按所有可能结果的概率加权平均计算；如果是决策节点，预期价值则按每个分支计算，而且会选择最高价值。

决策树不仅可以得到评估时点的资产价值，同时也考虑了为了应对风险，我们一路采取的应对行为。

例 4-9　我们将对一家仅有一个产品的小型生物技术公司进行价值评估。它的产品是一剂治疗 1 型糖尿病的药，已经完成了临床前的试验，即将进入药品监督管理局批准流程的第一阶段。下面给出三个阶段的信息：

第一阶段预期要花费 5 000 万美元，将涉及 100 位志愿者，以确定该药的安全性和服用剂量：这预期要花费 1 年的时间。成功完成第一阶段的概率为 70%。

第二阶段将花费 2 年的时间，在 250 位志愿者身上测试治疗糖尿病的有效性。该阶段需要花费 1 亿美元，而想要继续走进下个阶段，该药必须在统计数据上对这种疾病显示出足够疗效。该药能成功治疗 1 型糖尿病的概率仅为 30%，能同时治疗 1 型或 2 型糖尿病概率仅为 10%，仅能治疗 2 型糖尿病的概率为 10%。

第三阶段将在 4 000 位志愿者身上做试验，以确定此药的长期影响。如果该药仅在 1 型或 2 型糖尿病患者身上做试验，该阶段要持续 4 年，将花费 2.5 亿美元，如果同时在两类患者身上做试验，该阶段将持续 4 年，花费 3 亿美元，成功的概率为 75%。

假设该公司的资本成本为 10%，如果该药已经完成了所有三个流程，那么开发该药的成本和年度现金流如表 4-31 所示。

表 4-31　各种糖尿病的开发成本和现金流　　　　　单位：亿美元

治疗的疾病	开发成本	年度现金流
1 型糖尿病	5	3
2 型糖尿病	5	1.25
1 型和 2 型糖尿病	6	5

应用决策树可以计算得到的每种决策结果的预期价值如图 4-8 所示。我们计算预期价值方法是从树前往树后的方向推导，评估每一个决策阶段的最佳行为。在存在不确定性的情况下，该药品当前的预期价值为 5 036 万美元，该价值反映了所有可能的概率，显示了每个决策分支的次优且应该放弃的选择。该决策树提供了有关我们应该赋予该公司价值的信息，一旦初始试验成功，该公司的价值会跃升到 9 337 万美元，在接下来的试验中，如果该药能治疗 1 型和 2 型糖尿病，那么该公司的价值

会进一步跃升到 5.737 1 亿美元。

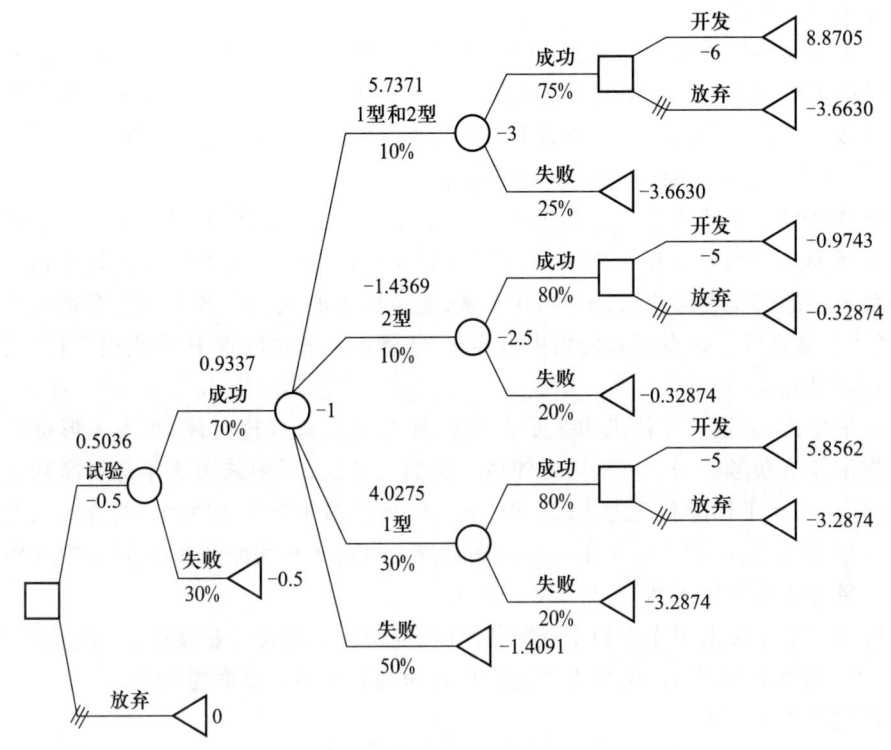

图 4-8　每种决策结果的预期价值

三、模拟算法

在现实世界中,我们遇到的大多数风险可产生数百种可能的结果,而模拟算法在处理这类风险上具有更大灵活性。在每次模拟计算中,我们从每个分布中提取一个结果,由此产生一组独一无二的现金流和价值。通过无数次的计算,我们可以得到一项资产价值的概率分布,反映在评估那些估值要素时所面临的不确定性。

模拟算法的基本步骤如下:

(1)确定概率变量。任何评估都可能有数十个潜在的估值要素,有些可以预测,有些则不能,不像决策树和情景分析,模拟算法在理论上可以处理的变量没有限制,尽管如此,变量太多会极大地加大运算工作量,为每个变量定义概率分布也是一件耗时耗力的工作。通常而言,比较有意义的做法是聚焦于几个对价值有很大影响的变量。

(2)为这些变量定义概率分布。这是模拟算法中最关键也是最困难的步骤。通常我们可以从历史数据或者板块间的数据来定义概率分布。如果市场没有发生结构性的变化,对于历史悠久且数据可信的那些变量,利用历史数据推导概率分布是可行的。在一些情况下,如果能找到与被评估资产相似的资产,也可以用参照物的特定变量的概率分布来作为替代指标。

(3)检测变量的相关性。假如你正在为利率和高通胀率拟算概率分布,但是这两个变量之间好像具有相关性。高通胀率往往伴随着高利率。当估值变量之间存在很强的关联性时,可以选择对价值影响较大的那个要素作为变量,也可以在模拟模型中考虑这种关联性。

(4)运算模拟模型。运算模拟的次数应当由估值要素的数量、概率分布的特征、结果的范围综合确定。估值要素的概率分布多样性越多,则所需的模拟运算次数越多。多数模拟软件包允许用户跑数千次的运算,增加运算数量几乎没有成本,既然如此,为了获得更多的信息,我们就宁愿多算几次。

例 4-10① 上海 A 汽车客运公司为了适应客运行业发展的需要,拟将该公司的公交 H 专线经营权转让给上海 B 汽车客运公司。H 专线是从上海郊县某地到上海火车新客站的汽车客运线路,全程 60 千米,途径市中心人民广场 13 站,客运流量较大,经济效益良好。H 专线共使用中巴客车 27 辆。A 公司取得 H 专线经营权,至进行评估时已有 2 年。

评估思路:某资产评估机构接受委托对 H 专线经营权进行评估,为无形资产的转让提供作价参考依据。所采用的评估方法为收益法,预测未来 3 年每年净利润保持相对不变,年平均净利润为 2 929 692 元/年,预计第 4 年平均净利润将降为目前年平均净利润的 50%,第 5 年年平均净利润将降为目前年平均净利润的 33.4%,5 年后收益假设等于第 5 年净利润,为 978 517 元。

综合考虑中长期国库券利率及财务风险、经营风险以及行业风险,确定折现率为10.13%。参考国际惯例,取 H 专线经营权在净利润中的分成率为 25%。

评估结果计算为:

$$P = k \times \sum_{t=1}^{3} \frac{M_t}{(1+r)^t} + k \times \frac{M_4}{(1+r)^4} + k \times \frac{M_5}{(1+r)^5} + k \times \frac{M_5}{r \times (1+r)^5}$$
$$\approx 371(万元)$$

即上海 A 汽车客运公司 H 专线经营权在评估基准日价值为 371 万元。

在原评估过程中,H 专线经营权目前还是由 A 汽车客运公司独家经营,处于垄断地位,预测在未来 3 年内每年净利润保持相对不变,等于目前的年平均净利润,具有一定的说服力和合理性。但是,原评估报告认为从第 4 年将降为目前年平均净利润的 50%,第 5 年年平均净利润降为目前年平均净利润的 33.4%,第 5 年以后的年平均净利润保持为第 5 年的利润,就缺少说服力了。这样处理显得过于简单,尽管说公交线路相对于其他行业来说未来收益应该比较稳定,但是随着时间的推移,汽车客运公司的软硬件、票价政策会发生变化,客流量也会随着市场条件、政府政策、城市发展规划而变化,不产生任何波动的未来收益预测,是不合理的。因此,下面采用 Crystal Ball 软件对上述案例的收益进行蒙特卡罗模拟,为了与原评估过程形成对比,折现率、利润分成率和收益期保持不变,然后进行两个层次的模拟计算,置信水平设置为 95%。

在蒙特卡罗模拟中,假设前 5 年收益不发生波动,第 5 年以后的年利润进行随机波动:第一种情况,假设未来年利润波动范围在 0~2 929 692 上服从均匀分布;第二种是年利润波动范围在 0~978 517 上服从均匀分布;第三种情况假设年利润的波动范围在 -978 517~978 517 上服从均匀分布;第四种是年利润波动范围在

① 本案例参考资料:郭强,伍青.蒙特卡罗模拟在收益法评估中的应用.中国资产评估,2005(11).

−2 929 692~2 929 692上服从均匀分布。表4-32给出了蒙特卡罗模拟结果。

表4-32　蒙特卡罗模拟结果　　　　　　　　　　　　　　单位:元

模拟次数	0~2 929 692	0~978 517	−978 517~978 517	−2 929 692~2 929 692
1 000	4 463 019.77	2 969 148.73	2 236 652.43	2 149 805.87
2 000	4 468.795.41	2 950 629.21	2 247 043.74	2 236 895.45
5 000	4 471.943.74	2 966 765.14	2 203 179.55	2 222 582.78
10 000	4 446 467.72	2 964 443.36	2 216 740.18	2 229 822.27
20 000	4 455 944.78	2 963 088.97	2 212 588.03	2 223 808.16
50 000	4 449 244.55	2 964 044.76	2 221 726.46	2 215 501.27
100 000	4 443 659.30	2 962 067.07	2 217 793.55	2 197 444 28
1 000 000	4 448 633.65	2 962 329.16	2 214 800.37	2 218 882 26

从表4-32可以看出,经不同波动范围模拟计算,得到的评估价值分别为440多万元、290多万元和220多万元。将蒙特卡罗模拟评估的结果与原评估结果进行对比,可以得到如下结论:① 评估值随着利润波动空间的不同将发生很大的变动;② 随着波动范围的扩大,评估值有所降低;③ 模拟计算次数对评估结果的差异影响并不显著。

模拟算法是对风险提供最全面的评估方法,模拟运算的输出结果可以得到各次运算的预期价值及其分布。在运用的过程中,应当注意一些问题:模拟算法的运用以大量的历史数据为基础,运算结果的好坏取决于原始数据的质量。即便是真实的数据,也可能与统计分布不相吻合,随着环境的改变,概率分布也会发生结构性的变化,变量服从非平稳分布,此时运用模拟算法得到的评估结果就未必合理。

四、实物期权法

期权(option)又称为选择权,是一种特殊的合约协议,它赋予持有人在某给定日期之前的任何时间以固定价格购进或出售一种资产的权利。拥有或者控制相应企业股权或其他资产的个人或组织在将来可以执行这种选择权,并预期通过执行这种选择权带来经济利益。条件有利的时候可以执行期权,获得正的收益,条件不利的时候,可以不执行期权,以减少损失,期权合约是一种赋予权利而不是义务的标准化契约。因此期权具有两个重要的特征:① 期权赋予投资者选择的权利;② 所依附的资产的未来价值存在不确定性。

按照购买者的权利可以分为看涨期权和看跌期权;按照执行期权的时限可以分为欧式期权和美式期权。一份期权的价值取决于一组与标的资产和金融市场相关的变量。影响期权价值的主要因素如下:

(1)标的资产的当期价值。期权是一项从标的资产获取价值的资产。因此,标的资产的价值影响该资产期权的价值。因为看涨期权提供了以一个固定价格购买标的资产的权利,所以,标的资产价格的增加会提高看涨期权的价值。另一方面,标的资产价值的增加会降低看跌期权的价值。

（2）标的资产价值的方差。一份期权的购买者获得以某个固定价格购买或出售标的资产的权利,标的资产价值的方差越大,该期权的价值就越高。无论看涨期权还是看跌期权均是如此。期权购买者所丧失价值不会大于其所购买期权的费用,因此可以从大幅的价格波动中获取相当的回报。

（3）基于标的资产支付的红利。在期权有效期内,如果其标的资产支付了红利,我们会预期标的资产的价值将下降。

（4）期权的价格。在看涨期权情形下,持有人获得以某个固定价格购买的权利,随着价格上升,看涨期权的价值降低;在看跌期权的情形下,持有人获得以某个固定价格出售的权利,随着价格上升,看跌期权的价值增加。

（5）期权的到期时间。无论是看涨期权还是看跌期权,都会由于到期时间增加而变得更加有价值,因为距离到期时间越长,标的资产的价格变动就有了更多的时间。

（6）无风险利率。购买者在一开始就支付了该期权的价格,所以,这里有一个机会成本,该成本取决于利率水平和该期权到期的时间。

1973 年,美国芝加哥大学的布莱克教授和斯科尔斯教授在美国的《政治经济学》杂志上发表了《期权定价与公司负债》的论文,为红利保护型欧洲期权的估值提供了一个模型。自那以后,期权定价模型理论获得了长足的进步。

究竟采用布莱克-斯科尔斯模型还是二项树模型评估实物期权的价值,可以根据参数估计和计算方便的原则选择,由于二项树模型理论上对于欧式实物期权和美式实物期权都适用,但多数情况下应用很不方便,下面重点介绍布莱克-斯科尔斯模型:

模型考虑了标的物当前价值(S)、实物期权约定价值(X)、到期时间(T)、无风险利率(r)、标的资产的价值方差(σ^2)五大因素,表达形式为:

买方实物期权价值:

$$C = SN(d_1) - Xe^{-rT}N(d_2)$$

卖方实物期权价值:

$$P = Xe^{-rT}N(-d_2) - SN(-d_1)$$

其中,e^{-rT} 代表连续复利下的现值系数;$N(d_1)$ 和 $N(d_2)$ 分别表示在正态分布下,变量小于 d_1 和 d_2 的累计概率,满足:

$$d_1 = \frac{\ln(S/X) + (r + \sigma^2/2)T}{\sigma\sqrt{T}}$$

$$d_2 = \frac{\ln(S/X) + (r - \sigma^2/2)T}{\sigma\sqrt{T}} = d_1 - \sigma\sqrt{T}$$

应用布莱克-斯科尔斯模型评估实物期权价值,应按照以下步骤进行:

第一步:估计有关参数数据。标的物当前价值往往可以采用收益法或成本法进行估算;资产价值的方差可以采用下面的一种方式评估:如果类似的项目在过去被市场推出过,那么来自这些项目的现金流方差可以被当作评估值;也可以针对每一种市场情形,根据每种市场情形所评估的现金流,及其根据其现值所评估的方差,算出上述三项各自的概率;可以把经营相同业务的上市公司价值的方差,视为该方差的值,因此软件公司企业价值的平均方差可以作为软件项目现值的方差。

第二步:计算 d_1 和 d_2。

第三步:计算 $N(d_1)$ 和 $N(d_2)$。

第四步:计算卖方或卖方期权的价值。

目前,期权法用于资产评估越来越流行,不仅可以用于金融资产的评估,也可以用于实物资产评估。许多大型投资银行已经逐渐应用实物期权理论取代传统的评价方法,企业可以基于实物期权方法解决市场进入、国际扩张、业务转移等投资决策问题。随着科技的迅猛发展,当今涌现出越来越多的高科技企业,高科技企业一般是一些具有很强的科研和创新能力的初创企业,他们只有少量的有形资产,却积累了很多的专利等无形资产,应用传统的资产评估方法很难对这些可能具有巨大潜在价值的资产进行评估,然而应用实物期权法则是一种很好的选择,如何应用实物期权法对无形资产进行评估可以参照教材无形资产评估章节内容。

◨ 本章小结

- 平均数是反映总体各单位某一数量标志值一般水平的代表数值。平均数能测定次数分布数列中各变量值分布的集中趋势。平均数按计算的方法不同,可分为算术平均数、几何平均数等。反映数据的离散程度的参数有标准差和离散系数。标准差又称均方差,它表示变量值对算术平均数的平均距离。离散系数是测定变量值离散程度的相对指标,它是标志变异的绝对水平指标与相应的平均数对比的结果,常用的离散系数是标准差系数。

- 现象之间确实存在,但却不是严格确定的数量关系称为相关关系。通常只有在大量观察的基础上,在平均意义上,相关关系才能被描述。因此,在资产评估中,评估人员事先必须收集大量的相关资料,才能通过统计分析,从中找出相关变化规律,从而做出准确的判断。相关关系的测定一般采用线性回归分析方法,包括一元线性回归、多元线性回归和非线性回归分析。由目标数据得出的回归方程要通过拟合优度检验,才能判断分析的精确性。资产评估人员通常可借助于分析软件如 Excel 或 SPSS 等进行分析,从而简化工作量。

- 对资产价值的评估,一项关键性工作就是对其未来收益年限及各年收益的预测。对未来收益的预测,除了需要对未来所处内外环境、企业经营状况等进行定性的分析,还必须建立合适的数学模型,通过对所占用的相关资料进行定量分析,从而对定性分析提供支持,增强预测的可靠性。常见的定量预测方法包括回归趋势分析、时间序列分析等。

- 生存曲线分析方法是根据特定无形资产的历史生存时间资料以估测目标资产的寿命特征。采用这种方法对目标无形资产有效服务年限进行分析,需要收集较为完整的目标无形资产历史资料,根据这些历史资料估算出目标无形资产未来的衰退率,从而作出目标无形资产的未来生存曲线图,估计出目标无形资产的有效服务年限。

- 无形资产收益在许多情况下,可能是其组成的由若干种无形资产共同带来的,即得到的是组合无形资产带来的收益。因此,必须强调,不能将其他无形资产带来的收益误算到被评估无形资产的收益中,或者说如何在组合无形资产形成的价值中,正确界定各种无形资产的价值,这就是所谓组合无形资产的分割问题。对无形资产进行分割的常用方法是层次分析法。这是一种综合定性和定量的分析方法,可以将人的主观判断标准,用来处理一些多因素、多目标、多层次复杂问题。运用 AHP 法解决问题,大体可以分为四个步骤:① 建立问题的递阶层次结构模型;② 构造两两比较判断矩阵;③ 由判断矩阵计算被比较元素相对权重(层次单排序);④ 计算各层元素的组合权重(层次总排序)。

- 根据资产面临的风险可以分为离散性风险与持续性风险,情景分析与决策树是处理离散性风险的有力工具,模拟算法可以通过设置多个风险变量服从一定的概率分布,可以得到估价结果的概率分布,为决策人员提供更多的支撑信息,实物期权法有利于评估那些具有潜在获利能力的资产,例如高科技企业的无形资产。

■ 关键词

平均数　相关性分析　回归分析　时间序列分析　生存曲线　AHP法　实物期权法　决策树　情景分析　随机模拟

■ 思考题

1. 反映数据集中趋势和离散程度的指标有哪些? 它们各自的含义是什么?
2. 什么是相关关系? 测定相关关系的常用指标有哪些?
3. 简述相关关系的线性回归分析方法及其检验。
4. 简述资产评估中常用的预测方法。
5. 简述无形资产生存曲线的构造过程。
6. 什么是层次分析法? 简述它在资产评估中应用的步骤。
7. 简述决策树用于资产评估的基本程序与主要优点。
8. 简述模拟算法的基本步骤。
9. 什么是实物期权法? 简述实物期权法的步骤。

第四章　资产评估中的定量分析基础与模型

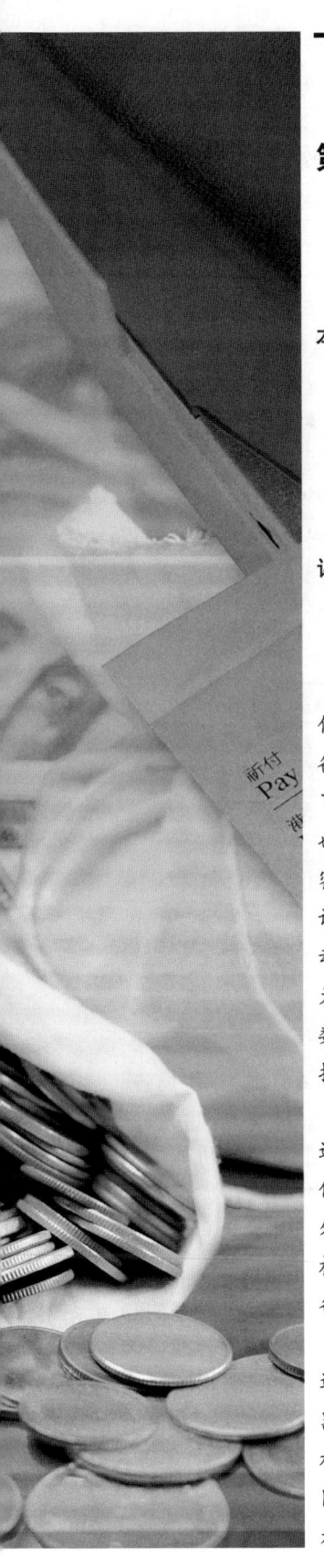

第五章　机器设备评估

本章要点

- 机器设备评估的特点
- 机器设备重置成本的估算
- 机器设备各种陈旧性贬值的估算
- 机器设备成本法评估的应用

评估聚焦

机器设备评估的新需求

人类社会不断进步,从工业时代、信息时代再到如今的数字化时代,机器设备都发挥了重要作用。在工业时代,革命性的设备不断出现,从蒸汽机,内燃机再到电机等动力机械,显著地提升了人类的生产力水平。在此过程中,机械的精密程度和复杂程度也在不断提升,大约20世纪50年代,计算机的出现又将机械的精密程度提升了一个等级,由此人类进入信息时代。在信息时代,计算机网络渗透到社会的各个领域,信息和数据在多台设备间流动,同时又源源不断地产生数据。以电力系统为例,电力设备作为电力系统的基本要素,电网运行过程中会生成静态数据和动态数据,主要包括铭牌参数、运行数据、带电检测数据、检修试验数据、设备隐患记录、检修记录等。

在数字化时代,海量数据交由计算机进行处理,帮助企业创造、分析和应用数据并产生商业价值,可以认为,数据是信息的载体,而机器设备又是数据的载体。数据资产的登记、存储、使用、处置等环节均离不开对应的设备载体,各种智能设备,如智能手机、智能家居、智能城市等又是数字化时代的重要组成工具。设备和数据相互作用,共同促进数字化时代发展。

如智能装备行业中的大族激光智能装备集团,以自主创新、迈向高端为指引,研制了一系列世界顶级装备,打造了一款款"重器":中国首台高架龙门三维五轴激光加工(切割、焊接、3D打印)机床与热成型件三维五轴激光切割机,打破德国、日本、意大利等国的少数行业巨头的把控,代表着目前全球数控机床的最高技术水平;独立自主研制的三维五轴激光加工头;最具竞争力的光纤激光切割机与激光切割柔性生产线；高速高精的数控激光焊接系统；智能化的激光拼焊生产线、金属 3D 打印装备等。大族激光智能装备集团成为中国装备制造业数字化智能化的一个缩影，作为中国装备制造业的典范，入选《大国重器第二季》纪录片。如果大族激光智能装备集团的机器设备需要进行评估，该怎样进行评估？

第一节　机器设备评估概述

一、机器设备评估对象

（一）机器设备及其构成

机器设备是指人类利用机械原理以及其他科学原理制造的、特定主体拥有或者控制的有形资产，包括机器、仪器、器械、装置、附属的特殊建筑物等。

机器设备种类繁多，其存在形态和使用方式、功能各不相同，构造、性能和用途也千差万别。但大部分机器设备在基本构成上都是相近的。从结构上看，都由许多零件、构件、机构等组成（如图 5-1 所示）；从功能上看，由外界输入能量的动力部分、履行机器功能的工作部分、介于动力部分和工作部分之间的传动部分及使机器协调工作的控制部分组成（如图 5-2 所示）。

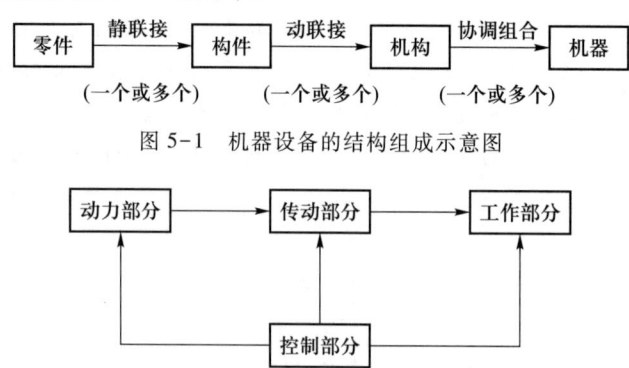

图 5-1　机器设备的结构组成示意图

图 5-2　机器设备的功能组成示意图

《国际评估准则》中将设备、机器和装备统称机器设备，其定义分别如下：设备、机器和装备是用来为所有者提供收益的、不动产以外的有形资产。设备是包括特殊性非永久性建筑物、机器和仪器在内的组合资产。机器包括单独的机器和机器的组合，是指使用或应用机械动力的器械装置，由具有特定功能的结构组成，用以完成一定的工作。装备是用以支持企业功能的附属资产。可以这样理解，机器和装备都是由若干零件、部件组成的装置。机器是具有能量转换的机械装置，可以是独立的这种装置，也可以是若干这种装置的组合。为生产活动提供动力源或改变工作对象的物理状态，在工作状态下组成这种装置的零件、部件之间会有相对运动及力的传递。装备没有能量转换装置，在生产过程中发挥作用时也没有零件、部件之间的相对运动（如需改变工作对象的物理状态，由机器完成）；设备则是将机器或装备进行有目的的结合，必要时还需特殊性非永久性建筑物（如基础）形成的组合资产。

（二）机器设备的分类

机器设备种类繁多，出于设计、制造、使用、管理等不同需要，有不同的分类标准和方法。从机器设备评估的角度考虑,应了解以下的一些分类方式。

1. 按会计核算分类

(1)生产用机器设备,是指直接参加和直接服务于企业生产经营过程的机器设备。

(2)非生产用机器设备,是指用于非生产经营方面的各种机器设备。

(3)租出机器设备,是指出租给外单位使用的机器设备。

(4)未使用机器设备,是指尚未使用的新增机器设备和已停止使用的机器设备。

(5)不需用机器设备,是指本企业不需用的设备,包括准备对外出售或报废处理的设备。

(6)融资租入机器设备,是指企业以融资租赁方式租入的机器设备。

2. 按机器设备用途的适用性分类

(1)通用机器设备,是指适用于一般机械制造企业生产和各类企业维修、生产性服务的设备,如各种金属切割机床、锻压、铸造、运输、动力设备等。

(2)专用机器设备,是指适用于不同行业或产品特点的各种企业的专用设备。如纺织、冶金、石油化工专用设备等,它们具有较强的行业特点和工程技术要求。再如,用于仪表制造的仪表机床、用于完成某项加工的专用设备等,它们主要用来提高劳动生产率,保证产品质量和完成某些特殊的工序工作。

3. 按机器设备有无制造标准分类

(1)标准设备,是指有国家设计和制造标准的国家定型设备,通常可以在市场上直接买到。如通用设备和各种不同行业生产的专用设备。

(2)非标准设备,是指非国家定型设备,通常无法在市场上直接买到,需要定制和企业自行制造。一般完成某些特殊加工工作的设备都属非标准设备。

4. 按机器设备的组合程度分类

机器设备在使用中通常将不同功用的设备进行分配组合,以完成某种生产工艺活动。按其组合方式和程度划分,可分为:① 单台设备(独立设备);② 机组,如组合机床、柴油发电机组等;③ 成套设备(包括生产线),由若干不同设备按生产工艺过程,依次排序联结,形成一个完成全部或主要生产过程的机器体系,如氯碱成套设备、金属轧板生产线等。

5. 按机器设备的来源分类

机器设备按来源划分,通常可分为自制设备和外购设备两种。外购设备中又有国内购置和国外引进之分。

6. 按固定资产管理分类

我国在固定资产管理中使用的是,国家市场监督管理总局、国家标准化管理委员会于 2022 年 12 月 30 日批准发布的《固定资产等资产基础分类与代码》(GB/T 14885-2022)。该标准规定了固定资产、公共基础设施、文物文化资产、政府储备物资、保障性住房、政府和社会资本合作(PPP)项目资产、存货等资产的基础分类与代码的编码方法、代码结构、分类和代码表,适用于资产配置、登记、清查、报告等管理工作。该标准采用线分类法和分层次编码方法,将固定资产等资产基础分类代码划分为门类、大类、中类和小类四级。固定资产等资产基础分类代码的第一层表示了如下七个门类:房屋和构筑物、设备、文物和陈列品、图书和档案、家具和用具、特种动植物、物资。

按固定资产管理并进行会计核算的分类方法,经常在资产评估实践中使用。资产评估中可以根据委托评估企业的生产技术特点、评估目的、采用的评估操作方法、评估操作人员的专业特长等,按不同分类进行操作,最后按评估结果汇总要求进行统计。在评估时既可先按生产车间进行清查评估;也可按通用设备、专用设备等分类清查评估;还可按自制设备、外购设备、国内设备和进口设备分类清查评估,完成这些工作后再进行分类汇总。《企业国有资产评估报告指南》(中评协〔2008〕218号)中,将作为固定资产组成部分的设备类资产在汇总时归集成机器设备、运输车辆及电子设备三类。

二、机器设备评估范围

明确机器设备评估范围,对评估技术方法的正确运用及保证评估结果的合理性有重要作用。机器设备评估范围可以分为一般范围和具体范围。

(一) 机器设备评估的一般范围

1. 根据资产类别划分

凡属企业固定资产管理和使用范围的机器设备都属机器设备评估的一般范围,不论其在企业账内还是账外。并非企业所有的机器设备都在设备评估范围之内,如机械制造企业的设备产品属存货评估范围,不适用于机器设备评估方法评估,区分的标准在于看其是否为该企业的生产工具。

2. 根据经济行为划分

根据评估发生的经济行为可以明确纳入评估的机器设备范围,如公司上市、合资、合作。通常非经营性机器设备不属于评估范围。在具体经济行为中,纳入评估范围的机器设备,应由经济行为当事各方协商确定,或由公司董事会确定,若属国家出资或国有资金控股的企业还需将评估范围上报国有资产管理部门确认备案。

(二) 机器设备评估的具体范围

机器设备评估的具体范围是指进行机器设备价值评估时,需要明确相关其他资产是否应该包括在评估价值中。

企业在生产经营条件下,机器设备往往与房屋建筑物、某些无形资产甚至原材料等有密切的联系。比如设备基础等构筑物,大型房屋建筑物附属的电梯、消防、空调等设备,成套设备附带的生产工艺技术或软件、试车材料及备件等。在不重复、不遗漏、评估方法相同、评估结果一致的原则下,可视情况将其他附属资产归入设备评估范围或将设备归于房屋建筑物范围。通常小型基础等构筑物以及随机器设备购入的技术型无形资产、试车材料及备件等归入设备一起评估,大型独立建筑物的附属设备归入房屋建筑物评估范围。

三、机器设备评估特点

评估机器设备是一种技术经济分析活动。机器设备具有本身的一些特征,评估需要将机器设备固有的特征与评估的要求相结合,掌握机器设备评估的特点和规律。以下几点在机器设备评估中应予以充分重视。

（一）专业性和技术性

机器设备是根据一定科学原理设计制造出来的,具有一定的技术含量,而且不同设备的技术内容和专业知识差异非常大。机器设备评估需要以技术鉴定和必要的技术检测为基础。因此,评估人员必须具备相应的技术和专业知识,在必要时需聘请相关专业技术人员协助。

（二）周期性特点

机器设备的周期性特点可以从三个方面体现:

1. 产品的寿命周期性

机器设备是企业生产的产品,具有一般产品寿命周期,即投入期、成长期、成熟期、衰退期。技术现状相近的设备,若处在产品寿命周期的不同阶段,价值大小不同。

2. 磨损的周期性

通常机器设备的磨损具有一定的规律性,即初期磨损阶段、正常磨损阶段和急剧磨损阶段。

3. 故障的周期性

机器设备故障具有一定的规律性,即初期故障阶段、偶发故障阶段和磨损故障阶段。各个阶段的故障率变化有相应的规律,并有其自身的固有故障率和平均故障率。

了解机器设备的磨损规律和故障规律,可以使评估人员根据机器设备的磨损速度和故障率对其技术状态做出正确评价。

（三）实物运动与价值运动相分离

机器设备的实物运动主要是指机器设备的选择、购买、运输安装、使用、维修保养与更新。其价值运动主要是指机器设备的初期投资、折旧的分期提取、更新改造资金的投入以及残值的回收。机器设备实际运行中,这两者是分离的,即机器设备的账面价值并非设备现实价值的客观反映。

（四）实际用途的有限性

机器设备毕竟只是一种生产装备,只能按规定的条件在专门的生产中使用,专用设备在这方面就更突出了。一台机器设备如果脱离了适用范围,再昂贵的机器设备也只是一堆无用的弃物。因此,评估中还必须根据企业按原用途续用还是改变用途续用,对其他主体是否有使用价值等来正确评估其价值。比如一台现状完好价值不菲的专用设备,如果加工生产的产品已被市场淘汰,无论在何种经济活动情况下的评估,都只能按清算价格作价评估;一台企业不需要用而其他企业急求的设备在不同目的下评估价值会有很大差异。

四、机器设备评估的基础信息

进行机器设备评估,首先需了解评估对象在功能、用途、质量、技术和使用状况等方面的资料。这些资料是评估机器设备的重要基础信息,对评估价值的合理确定有很大的影响。

（一）成套设备

一般应收集下列信息:

(1) 公司名称和地址;

(2) 产品、副产品种类及其产量;

（3）产品生产模式（如季节性生产）和生产流程；

（4）工程设计单位；

（5）购建、扩建日期和因故延迟日期,购置合同或工程决算资料；

（6）设备技术水平、目前同类技术水平进展情况；

（7）原料及其供应来源、中间产品和最终产品的结构；

（8）燃料和能源消耗、所用人员数量和分类（每个装置配备的人数）；

（9）控制系统的类别和性能；

（10）三年到五年的历史运营记录、维修制度（规律型、预防型或随机型）、维修费用和今后维修预算；

（11）日历役龄、有效役龄、设备按目前状况估计的尚可用年限；

（12）安全状况、环境保护标准和污染状况,设备不符合标准时能否改进,使用成本和费用等；

（13）其他。

（二）单项设备

一般包括下列信息：

（1）生产厂家或商标；

（2）标准生产能力,如起重机的起重量、挖土机铲斗的容积、皮带运输机的长度等；

（3）规格型号和出厂日期；

（4）技术水平性能、加工产品质量保证程度；

（5）设备原始价值及其构成；

（6）负荷、利用率、役龄和目前状态；

（7）维修及主要部件更换情况；

（8）其他。

第二节 成本法评估机器设备

用成本法评估机器设备的基本计算公式是：

设备评估值 = 重置成本−实体性贬值−功能性贬值−经济性贬值   (5-1)

或：

设备评估值 = 重置成本×成新率−功能性贬值−经济性贬值   (5-2)

当需要考虑设备的残值及清理费时,实体性贬值应单独估算,计算公式为：

实体性贬值 =（重置成本−残值+清理费）×有形损耗率   (5-3)

一、机器设备重置成本的估算

机器设备的重置成本是指以评估基准日的现行价格重新购买或自行制造取得被估机器设备并使之处于正常使用状态的全部成本及需承担的费用金额,是获得同样功能全新设备的全部投资额。

机器设备的重置成本包括购置或购建设备所发生的必要的、合理的直接成本、间接成本和因资金占用所发生的资金成本。设备的直接成本一般包括设备本体重置成本、运杂费、安装费、基础费及其他合理成本。设备的间接成本一般包括管理费用、设计费、工程监理费、保险费等。直接成本与每一台设备有直接对应关系,间接成本和资金成本有时不能对应到每一台设备上,是为整个项目发生的,在计算每一台设备的重置成本时一般按比例摊入。

机器设备的重置成本有更新重置成本和复原重置成本之分,在当前市场条件下购买和制造同种设备也有价格上的差异。根据评估的替代原则,在取得相同资产功能条件下,低价优先。因此,评估中必须明确得到的是复原重置成本还是更新重置成本,以及是否存在价格差异,它对设备评估价格的合理选择以及各类贬值的正确扣除至关重要,直接影响到设备价值评估结果的合理性。

机器设备的来源不同,其重置成本的构成不一样,下面分外购机器设备和自制机器设备两种情况分别说明。

(一)外购机器设备重置成本的确定

1. 设备重置成本的构成

设备重置成本构成主要有以下六项:

(1)机器设备购置价格;

(2)运输费用;

(3)安装调试费用;

(4)设备价值量大、购建时间较长时一定期限内的资金成本;

(5)合理的税费,如增值税、车辆购置税、牌照费等;

(6)进口设备的从属税费,如关税、增值税、外贸代理费、银行手续费、商检费及其他相关费用等。

需要指出的是,财政部、国家税务总局颁布的《关于全国实施增值税转型改革若干问题的通知》(财税〔2008〕170号)实施后,设备重置成本中是否计入增值税应视不同情况有所区别。一般来说,在企业持续经营条件下,对继续使用的设备评估时,重置成本中应不含增值税。

2. 国内外购设备重置成本确定

国内外购设备是指在国内市场用人民币支付购买的设备,无论这些设备是国内厂家生产,还是国外厂商制造的。

(1)核算法。这种方法是分别估算机器设备各构成部分在评估基准日的成本,然后加和得到重置成本的方法。下面分别按不同情况说明细分加和法的应用。

① 外购单台不需安装的国内设备重置成本:

$$重置成本 = 全新设备基准日的公开市场成交价格 + 运杂费$$
$$= 全新设备基准日的公开市场成交价格 \times (1 + 运杂费率)$$

$$(5-4)$$

② 外购单台需安装的国内设备重置成本:

$$重置成本 = 全新设备基准日的公开市场成交价格 + 运杂费 + 安装调试费$$
$$= 全新设备基准日的公开市场成交价格 \times (1 + 运杂费率)$$
$$\times (1 + 安装调试费率)$$

$$(5-5)$$

③ 外购成套需安装设备重置成本:

$$\text{重置成本} = \frac{\text{单台未安装设备}}{\text{重置成本总和}} + \frac{\text{器具}}{\text{重置成本}} + \frac{\text{安装}}{\text{工程费}} + \frac{\text{工程}}{\text{监理费}} + \frac{\text{软件重}}{\text{置成本}} +$$

$$\text{设计费} + \text{贷款利息(资金成本)} \qquad\qquad (5-6)$$

全新设备基准日的公开市场成交价格可以通过市场询价取得,应该为含税价。如果不能直接得到成交价时,可向生产厂家询价,但要注意剔除厂家报价与实际成交价的差异。

单台设备的运杂费率、安装调试费率以及成套设备的设计、监理、工程费可查阅国家相关部委制定的取费标准或费率标准。

表5-1、表5-2分别给出了一般常用的运杂费率及安装调试费率取费参数,可供确定机器设备重置成本时参考。

表 5-1　运杂费率参考表

运输距离(千米)	费率(占设备基价的比率,%)
当地生产	1~2.5
100~1 000	1.5~3.5
1 000~2 000	2.0~5.5
2 000~2 800	2.5~6.5
大于 2 800	3~7.5

表 5-2　机器设备安装调试费率参考指标(占设备基价的比率)

序号	设 备 名 称	费率(%)
1	轻型通用设备	0.5~1.0
2	一般机加工设备	0.5~2.0
3	大型机加工设备	1~4
4	数控机床和精密加工机床	2~4
5	铸造设备	3~6
6	锻造、冲压设备	4~8
7	起重设备	4~10
8	焊接、切割设备	0.5~2.0
9	泵站设备	8~15
10	制冷、通风设备	8~12
11	集中空调设备	5~8
12	冷却塔	8~12
13	工业炉窑及冶炼设备	10~20
14	电梯	10~16
15	变、配电设备	8~15
16	电气设备	6~12
17	气体压缩机	8~14

序号	设 备 名 称	费率(%)
18	电话总机	10~15
19	检测、试验设备	1~4
20	快装锅炉(以锅炉主机价计算)	15~20
21	蒸汽锅炉(10吨/时及以下)(以锅炉主机价计算)	35~45
22	蒸汽锅炉(20吨/时及以上)(以锅炉主机价计算)	30~40
23	热水锅炉	25~30
24	电镀、镀装设备	5~12
25	热处理设备	2~5
26	化工工业专用设备	6~15

注:(1) 专用生产线或成套设备试生产过程费用未包括在内。

(2) 设备基础费用另行计加。

(3) 锅炉安装包括砌炉、炉体保温等工程。

(4) 特殊情况安装或某些专用设备的安装可按实估算。

资料来源:吕发钦.资产评估常用数据与参数手册.2版.北京:北京科学技术出版社,1998.

用表5-1对费率取值时,对于体积小、重量轻而价值高的设备,其费率取下限;体积大、重量大而价值并不大的设备,或交通不便、运输困难的设备,其费率取上限。

表5-2中的费率包含设备的调试费用、基础费用、距设备1.5米内管路、由设备至配电箱之间的电气线路等。机组及成套设备的安装费率表5-2未涉及。

(2) 物价指数法。物价指数法是在待评机器设备历史成本基础上,通过现时物价指数确定其重置成本。对于二手设备,历史成本是指设备最初使用者的账面原值,而非当前设备使用者的购置成本。物价指数分为定基物价指数和环比物价指数。

计算公式为:

$$设备重置成本 = 设备账面原值 \times \frac{评估基准日定基物价指数}{设备购建时定基物价指数} \qquad (5-7)$$

或:

$$设备重置成本 = 设备账面原值 \times \prod_{t=t_1+1}^{t_2} 环比物价指数 \qquad (5-8)$$

式中:t_1 为资产购建年;t_2 为资产评估年。

在利用物价指数法时要对历史成本进行鉴别,历史成本应是真实、准确、符合社会平均的合理历史成本。

公式中的物价指数最好是相同产品的价格变动指数,其次是同类设备的物价指数。指数概括的范围越宽,其误差可能越大。选取的物价指数应与评估对象相配比,一般采用某一类产品的综合物价指数,而非某个设备的物价指数。

例5-1 某被评估设备2016年购进,账面原值10万元,2023年进行评估,2016年和2023年定基物价指数分别为109.6和143.2,2016—2023年环比物价指数分别为1.066,1.197,1.095,1.063,1.016,0.981,0.97,0.97,则按两种物价指数计算的重置成本为:

$$一种被评估资产重置成本 = 100\ 000 \times \frac{143.2}{109.6} = 130\ 656.9(元)$$

$$\begin{aligned}另一种被评估资产重置成本 &= 100\ 000 \times 1.197 \times 1.095 \times 1.063 \times 1.016\\ &\quad \times 0.981 \times 0.97 \times 0.97 = 130\ 661.5(元)\end{aligned}$$

物价指数法只是按物价的变化将已知的历史成本转变成基准日的成本,没有考虑技术进步和市场变化的影响。所以,结果是复原重置成本,物价指数法不能运用于确定更新重置成本,也不能作为衡量复原重置成本和更新重置成本差异的手段。

对于购置年限较长、型号陈旧(或已淘汰型号)的设备,不宜采用物价指数法估算重置成本,因为影响这些设备成本大小的原因不仅仅是物价变动因素。此外,对于设备原值价值构成比较复杂的,还须分别采用不同类别的物价指数分别调整计算,这样确定的重置成本才趋于合理。

用物价指数法计算进口设备的重置成本,应使用进口国的分类物价指数。

(3)规模经济效益指数法。通过对不同资产的生产能力与其成本之间关系的分析可以发现,许多资产的成本与其生产能力之间是非线性关系,当资产 A 的生产能力比资产 B 的生产能力大一倍时,其成本却不一定大一倍,也就是说,资产生产能力和成本之间只呈同方向变化,而通常不是等比例变化,这是由于规模经济作用的结果。两项资产的重置成本和生产能力间的关系可用下列公式表示:

$$\frac{被评估设备的重置成本}{参照物设备的重置成本} = \left(\frac{被评估设备的生产能力}{参照物设备的生产能力}\right)^{x} \tag{5-9}$$

亦即:

$$\frac{被评估设备}{的重置成本} = \frac{参照物设备}{的重置成本} \times \left(\frac{被评估设备的生产能力}{参照物设备的生产能力}\right)^{x} \tag{5-10}$$

公式中 x 是统计得到的数据,称规模经济效益指数。在美国,规模经济效益指数的经验数据一般在 0.4~1.2,设备多在 0.6~0.7。这种方法适用于具有额定生产能力特性参数的成套设备和单台设备,只要知道对应规模指数的数值即可应用。如果能够得到一组与被评资产相似或相近资产的价格与规模(生产能力)的实际资料,也可利用统计分析方法估算出这个指数的近似值。

$$x = \frac{\lg(资产 A 成本/资产 B 成本)}{\lg(资产 A 生产能力/资产 B 生产能力)} \tag{5-11}$$

用上式计量 x 值时需要有足够的样本量和进行统计处理。

应用规模经济效益指数法时,如果被评资产与参照物的生产能力规模相差很大,结果的误差会变得很显著。另外,单体设备在不同的规模段其成本规模指数也是不同的。例如,对 5~20 马力(3.7~15 kW)鼠笼式电机合适的成本规模指数可能不适用于 100~200 马力(75~150 kW)的同类电机。

特例,当 $x = 1$ 时式(5-10)即为一般文献中介绍的估算设备重置成本的"生产能力法"。

用规模经济效益指数法得到的结果不一定是完全重置成本,需要进行深入分析。评估时应考虑被评估对象,原始数据构成,特别是参照物价格中是否含增值税等因素,对费用构成进行适当调整以形成重置成本。

例5-2 某企业2018年购建一套年产50万吨某产品的生产线,账面原值1000万元,2023年进行评估,评估时选择了一套与被评估生产线相似的生产线,该生产线2022年建成,年产同类产品75万吨,造价为3000万元。经查询,该类生产线的规模效率指数为0.7,根据被评估生产线与参照物生产能力方面的差异,调整计算2022年被评估生产线的重置成本为:

$$重置成本 = 3\,000 \times (50 \div 75)^{0.7} = 2\,259(万元)$$

以上根据生产能力调整得到的重置成本,还需要考虑时间因素将其调整到基准日水平。由于无法获取评估基准日该生产线的价格指数,不能直接将生产线的2022年重置成本调整为2023年评估基准日的重置成本。因此,采用了将该生产线划分为主要装置、辅助生产装置、工艺管道、仪器仪表、建筑安装费和管理费六大项,并按被评估生产线原始成本中上述六项各占比重作权数,对2022—2023年上述六项的价格变动系数加权求取生产线价格调整系数。上述六项在生产线原始成本中的比重为:主要装置占70%,辅助生产装置占5%,工艺管道占5%,仪器仪表占5%,建筑安装费占10%,管理费占5%。2022—2023年上述六项价格及费用变动率为:主要装置为5%,辅助生产装置为3%,工艺管道为10%,仪器仪表为2%,建筑安装费为15%,管理费为10%。则续用前提下的重置成本为:

$$
\begin{aligned}
重置成本 &= 2\,259 \times (1 + 70\% \times 5\% + 5\% \times 3\% + 5\% \times 10\% + 5\% \times 2\% + \\
&\quad 10\% \times 15\% + 5\% \times 10\%) \\
&= 2\,259 \times (1 + 3.5\% + 0.15\% + 0.5\% + 0.1\% + 1.5\% + 0.5\%) \\
&= 2\,259 \times (1 + 6.25\%) \\
&= 2\,400(万元)
\end{aligned}
$$

3. 国外外购机器设备重置成本确定

国外外购机器设备是指直接向境外设备供应厂商购买,通过外汇结算支付取得的机器设备。与国内外购机器设备重置成本确定的主要区别是需要用基准日外汇汇率进行外币换算和增加进口入关的相关税费。

外购单台不需安装进口机器设备重置成本的计算公式如下:

$$
\begin{aligned}
重置成本 &= \left(\begin{matrix}FOB\\价格\end{matrix} + \begin{matrix}途中\\保险费\end{matrix} + \begin{matrix}国外\\运杂费\end{matrix}\right) \times \begin{matrix}基准日\\外汇汇率\end{matrix} + \begin{matrix}进口\\关税费\end{matrix} + 增值税 + \\
&\quad \begin{matrix}银行\\手续费\end{matrix} + \begin{matrix}外贸\\代理费\end{matrix} + 商检费 + \begin{matrix}国内\\运杂费\end{matrix}
\end{aligned} \tag{5-12}
$$

$$
重置成本 = \begin{matrix}CIF\\价格\end{matrix} \times \begin{matrix}基准日\\外汇汇率\end{matrix} + \begin{matrix}进口\\关税费\end{matrix} + 增值税 + \begin{matrix}银行\\手续费\end{matrix} + \begin{matrix}外贸\\代理费\end{matrix} + 商检费 + \begin{matrix}国内\\运杂费\end{matrix} \tag{5-13}
$$

外购单台需安装进口机器设备重置成本的计算公式如下:

$$
重置成本 = \begin{matrix}单台未安装进口\\设备重置成本\end{matrix} + 安装调试费 + 人员培训费 + 其他 \tag{5-14}
$$

上面计算式中:

(1) FOB价格(离岸价),指卖方在出口国家装运港口交货的价格(包括运至船上的运输费及装船费)。

(2) CIF价格(到岸价),指包括海上运输费、海运保险费等在内的到达国内港口交货的价格。

（3）相关税率的计算。

$$进口关税费 = CIF 价格 \times 基准日汇率 \times 关税税率 \tag{5-15}$$

$$增值税 = CIF 价格 \times 基准日汇率 \times (1 + 关税税率) \times 增值税税率 \tag{5-16}$$

$$银行手续费 = FOB 价格 \times 银行手续费率 \tag{5-17}$$

$$外贸代理费 = CIF 价格 \times 外贸代理费率 \tag{5-18}$$

$$商检费 = CIF 价格 \times 商检费率 \tag{5-19}$$

对需要征消费税的设备，还要计入消费税。关税、增值税及消费税的税率需要根据进口设备的性质和品种，按基准日海关所规定的税率确定，外贸手续费率一般为 $1\% \sim 1.15\%$，银行手续费率一般为 $0.4\% \sim 0.5\%$，商检费率为 0.3%。国内运杂费可参照国内外购设备重置成本计算中的方法确定。

需要指出的是，进口机器设备相关税费的项目及取费费率依设备种类和其他因素变化而不尽相同，因此，在进口机器设备重置成本确定时，通常都需要查阅原始订货合同。

采用物价指数法测算进口设备重置成本，可用下述方法估算：

$$\frac{基准日}{到岸价格} = \frac{账面原值中的到岸价格}{进口时的外汇汇率} \times \frac{进口生产国同类设}{备价格变动指数} \times \frac{评估基准日}{外汇汇率} \tag{5-20}$$

得到基准日到岸价格后，进口机器设备的重置成本及其中的相关税费可按式（5-13）～（5-19）计算。

应该注意的是国外机器设备的技术更新期较短，一旦旧型号设备淘汰，其价格会大幅度下降。同样，对于技术已经更新的进口设备也不宜采用指数调整法。

实际上，不但生产国机器设备出口时的同类资产价格指数不易获取，即使是评估时点的同类资产价格指数也不易取得。所以，实际运用上述公式时，往往可以用进口机器设备生产国在机器设备出口时的价格水平为基期价格水平，再根据机器设备生产国从基期到评估时点的价格变化率，将生产国出口机器设备价值从原值调整为现值。计算公式为：

$$\frac{进口机器设备}{价格现值} = \frac{设备原值（人民币）中支付外汇部分}{设备进口时的外汇汇率} \times \left(1 + \frac{生产国从机器设备出口到}{评估时点的价格变化率}\right) \tag{5-21}$$

例 5-3 某企业 2018 年从美国引进一条生产线，该生产线在当年安装试车成功正式投入生产。从会计凭证得知，该生产线账面原值为 1 000 万元人民币，其中 72% 为外汇支付部分，28% 为人民币支付部分，其中国内配套设备原值 60 万元，国内运输、安装费 10 万元，其余为其他税费。查阅进口合同得知，进口设备主机 CIF 价格 75 万美元，两年用进口备件 15 万美元。2023 年进行评估。经评估人员对该生产线进行现场勘察和技术水平鉴定，以及向有关部门进行调查了解，认为该生产线的技术水平在国内仍居先进行列，在国际上也属普遍使用的设备。采用指数调整法对该生产线重置成本进行估测。按照国内及国外的价格变动对生产线的不同影响，评估人员先将生产线分成进口设备主机、进口备件、国内配套设施、其他费用四大部分，分别考虑国外、国内不同部分价格变化率予以调整。经调查询价了解到，从设备进口到评估基准日，进口设备主机在其生产国的价格变化率上升了 20%，进口备件的价格变化率上升了 15%,国内配套设施价格上升了 40%,国内运杂率、安装和其他费用上升了 30%。按评估基准日的国家有关政策规定,该进口设备的进口关税税率为 20%、增值税税率为 10%。银行手续费费率为 1.5%、商检费费率为 0.3%、外贸代理费费率为 0.5%,海上运输保险费率为 4%。

进口时美元对人民币汇率为 1∶7.2,评估时点美元对人民币汇率为 1∶6.7。根据上述数据,估算被评估机组的重置成本如下:

(1)进口设备及配套备件评估时人民币价格:
$$[75\times(1+20\%)+15\times(1+15\%)]\times6.7=718.58(万元)$$

(2)国内配套设备及运输、安装调试费:
$$60\times(1+40\%)+10\times(1+30\%)=97(万元)$$

(3)其他税、费:
$$关税=718.58\times20\%=143.72(万元)$$
$$增值税=718.58\times(1+20\%)\times10\%=86.23(万元)$$
$$银行手续费=[718.58/(1+4\%)]\times1.5\%=10.36(万元)$$
$$商检费=718.58\times0.3\%=2.16(万元)$$
$$外贸代理费=718.58\times0.5\%=3.59(万元)$$

(4)生产线重置成本:
$$718.58+97+143.72+86.23+10.36+2.16+3.59=1\,061.64(万元)$$

(二)自制机器设备重置成本的确定

1. 自制机器设备重置成本的构成

(1)制造成本。包括消耗的原材料、辅助材料、外购件、燃料及动力、人工费、运杂费、应分摊的管理费和财务费用等。

(2)设备设计费、安装调试费。

(3)大型自制设备合理的资金成本。

(4)合理利润。

(5)其他必要合理的税费,如增值税等。

2. 自制标准机器设备重置成本的确定

标准机器设备为国家定型产品,因此,自制标准设置可视同国内外购机器设备方法确定,并同时参考市场价格和正常的安装调试费来估算,外购机器设备中的运输费一般可以不予考虑。如果自制企业为非专业厂家,一般很难达到专业厂家的质量标准,这时应适当低于市场价格。

3. 自制非标准机器设备重置成本的确定

(1)简单非标准机器设备重置成本的计算方法。简单非标准机器设备是指制造技术不太复杂,制造周期较短的自制非标准机器设备,如各种组装、结构件为主的自制设备,简单异型加工设备,化工反应釜等。

根据自制非标准机器设备设计图纸,可得到主要材料消耗量和主要外购件消耗量时,以主要材料费为基础,根据其与成本费用的关系指标估算出相应成本,另外考虑一定的利润、税金和设计费,从而求得该设备重置成本的方法。其计算公式为:
$$P=(C_{m1}\div K_m+C_{m2})\times(1+K_p)\times(1+K_d\div n)\div(1-r) \tag{5-22}$$
式中:P 为非标准设备重置成本;C_{m1} 为主材费(不含主要外购件费);K_m 为不含主要

外购件费的成本主材费率(即主材在成本中的比重,通常可从被评估企业的成本统计资料中获得);C_{m2} 为主要外购件费;K_p 为成本利润率;K_d 为非标准设备设计费率;n 为非标准设备数量;r 为综合税率。

主材费 C_{m1} 由工艺设备专业人员提出或按图纸估算出主要材料的净消耗量(如重量、面积、体积、个数等),根据各种主要材料的利用率求出各种材料的总消耗量,然后按照评估基准日材料市场价格(不含税价)计算主要材料费用。其费用可按下列公式进行计算:

$$C_{m1} = \sum \left[\left(\frac{某主材净消耗量}{该主材利用率} \right) \times \frac{含税市场价格}{(1+增值税税率)} \right] \qquad (5-23)$$

主要外购件价格按不含税的市场价格计算。主要外购件费可按下列公式进行计算:

$$C_{m2} = \sum \left[某主要外购件数量 \times \frac{含税市场价格}{(1+增值税税率)} \right] \qquad (5-24)$$

例 5-4 根据设计图纸,某非标准机器设备的主材(钢材)净消耗量为 3.8 吨,估价时该主材不含税的市场价为 3 800 元/吨,设备所需主要外购件(泵、阀、风机等)不含税的价格为 21 470 元。现行增值税税率为 13%,城市维护建设税率为 7%,教育费附加费率为 3%,主材利用率为 90%,成本主材费率 K_m 取 47%,成本利润率 K_p 取 16%,设计费率取 15%,数量 2 台。估算该机器设备的重置成本。

单台重置成本估算如下:
$$主材费 \ C_{m1} = (3.8 \div 90\%) \times 3\ 800 = 16\ 044(元)$$
$$主要外购件费 \ C_{m2} = 21\ 470(元)$$
$$综合税率 \ r = 13\% \times (1+7\%+3\%) = 14.3\%$$

则单台重置成本:
$$P = (16\ 044 \div 47\% + 21\ 470) \times (1+16\%) \times (1+15\%/2) \div (1-14.3\%)$$
$$= 80\ 911.2(元)$$

(2)大型复杂的专用自制机器设备和机器设备工程项目重置成本的估算。如成套设备、生产线等,可通过收集项目的工程设计及决算资料,根据各种行业机器设备制造与安装工程定额和取费标准,采用概算方法估算重置成本(具体概算比较复杂,此处从略)。

二、机器设备陈旧贬值的估算

新旧机器设备在价值上存在差别,这种差别的货币量,称为机器设备的陈旧贬值。测定机器设备的各种贬值,在机器设备评估中很重要。引起机器设备陈旧贬值的原因很多,根据造成机器设备陈旧贬值的不同原因,通常分为三种陈旧贬值,即实体性贬值、功能性贬值和经济性贬值。即:

$$机器设备陈旧贬值 = 实体性贬值 + 功能性贬值 + 经济性贬值 \qquad (5-25)$$

(一)机器设备实体性贬值的测定

机器设备的实体性贬值又称有形损耗,它是由于机器设备在使用中的磨损和暴露于自然环境造成的侵蚀而引起的设备价值的贬损。任何机器设备都会有实体性贬值。其实体性贬值是从机器设备制造完毕后就开始发生,即使机器设备没有使用,在闲置和存放过程中也产生损耗,这种损耗与机器设备闲置和存放的时间、存放的环境、条件有关;而机器设备在使用过程中产生的损耗,与工作负荷、工作条件、维修保养状况有关。在机器设备的整个使用寿命期间,开始时实体性贬值为零,报废时如果没有废料残值,则实体性贬值为100%,其余时间设备的实体性贬值在0~100%。由于上述这种损耗的机理很复杂,所以评估时主要依靠其工作环境、工作量和工作时间、损坏程度,以及维护修理的状况来估算设备的实体性贬值。实体性贬值一般通过估测机器设备的有形损耗率进行计量,即:

$$实体性贬值 = 机器设备重置成本 \times 有形损耗率 \qquad (5-26)$$

评估中常称"1-有形损耗率"为成新率,成新率与有形损耗率有两者之和为"1"的关系,并且在应用中更为方便。因此确定机器设备的有形损耗率与确定成新率是相通而不同的表示方法。

下面介绍几种估算实体性贬值的方法。

1. 技术测定法

技术测定法是指由专业人员依据设备的成新状况判断标准,通过对设备的现场技术检测和观察,结合设备的使用时间、实际技术状况、负荷程度、制造质量等经济技术参数,综合分析估测机器设备的有形损耗率或成新率的方法。在用技术测定法评估时要观察和收集下列方面的信息:

(1)设备的现时技术状态;

(2)设备的实际已使用时间;

(3)设备的正常负荷率;

(4)设备的原始制造质量;

(5)设备的维修保养状况;

(6)设备重大故障(事故)经历;

(7)设备大修、技改情况;

(8)设备工作环境和条件;

(9)设备的外观和完整性。

在将上列信息转换成有形损耗率时可参考表5-3。除此之外,在实际判断机器设备有形损耗率时,评估人员还必须与操作人员、维修人员、设备管理人员沟通,听取他们的介绍和评价,加深对设备的了解。在可能的范围内尽量做好调查研究是估计设备实体性贬值最关键的环节。对重要的、精密的、专业性很强的设备应该聘请专家,听取其意见,运用他们多年积累的经验,使估计的结果更准确。

表5-3 机器设备有形损耗率及成新率测定参考表

类别	新旧情况	状态说明	成新率 (%)	有形损耗率 (%)
I	新设备	全新或使用不久的设备;经试车验收,质量达标,能保证按原设计性能正常使用的设备	90~100	0~10

类别	新旧情况	状态说明	成新率（%）	有形损耗率（%）
Ⅱ	较新设备	使用时间不长,或经第一次大修,恢复原设计性能使用不久的设备,能保持原有性能正常使用;除正常维修外,平时故障不多,未发生过重大故障的设备	65~89	11~35
Ⅲ	半新旧设备	已使用相当时间或大修后已使用一定时间的设备,能基本保持原设计性能,满足现加工工艺要求,零部件完整,能正常使用的设备	40~64	36~60
Ⅳ	老旧或较老旧设备	已使用较长时间或发生过较大故障(事故)经过修复;目前能维持使用,性能(功能)有所下降,但能满足工艺要求,保证安全使用的设备,或使用中故障较多,以及已超过规定使用年限,目前技术状况尚可,仍能继续使用的设备	15~39	61~85
Ⅴ	报废待处理设备	性能已严重劣化,目前只勉强维持使用,即将更新的设备;已使用无修复价值的设备;国家明文规定限期淘汰禁止继续使用的设备	0~14	86~100
操作说明		1. 首先将待评估的设备界定类别: (1) 先评定Ⅰ类(新设备)和Ⅴ类(待处理设备)。 (2) 除Ⅰ、Ⅴ类外,其余设备按新旧程度和实际技术状况分别列为Ⅱ、Ⅲ、Ⅳ类。 2. 根据各类设备设定的成新率范围,按勘察结果、综合分析,分别取上限值、下限值或中值。		

资料来源:改编自吕发钦.资产评估常用数据与参数手册.2 版.北京:北京科学技术出版社,1998.

实际操作中,许多复杂的设备很难直接给出有形损耗率的判断值,这时需要将被评估机器设备进行功能结构及组成部分的分解,分别对各部分进行有形损耗率或成新率的估定,然后根据各功能及组成部分在整体机器设备中的作用权重,计算加权平均值得到有形损耗率或成新率,如表5-4所示。

表5-4　技术测定机器设备成新率计算表

功能部位	权重1	组成部位	权重2	技术状态	成新率(%)
动力部分	α_1	构件1	α_{11}		
		构件2	α_{12}		
		……	…		
		构件n	α_{1n}		

功能部位	权重1	组成部位	权重2	技术状态	成新率(%)
传动部分	α_2	构件1	α_{21}		
		构件2	α_{22}		
		……	…		
		构件m	α_{2m}		
工作部分	α_3	……	…		
控制部分	α_4	……	…		
其他	α_5	……	…		

2. 比率法

比率法主要根据对一台设备的使用情况或寿命进行分析,综合设备已完成的工作量(或已使用年限)和还能完成的工作量(或尚可使用年限),通过计算比率,确定有形损耗率。

在实际操作中,又常分为下面两种方法:

(1)工作量比率法。由于设备的使用情况与实体性贬值有密切的关系,所以设备的有形损耗率可简化为下面的公式:

$$有形损耗率=\frac{已完成工作量}{可完成工作总量}\times100\%=\frac{已完成工作量}{已完成工作量+尚可完成工作量}\times100\%$$

$$(5-27)$$

例5-5 某设备预计可生产产品500 000件,现在已生产150 000件,则该设备的有形损耗率如下:

$$该设备的有形损耗率=\frac{150\ 000}{500\ 000}\times100\%=30\%$$

如果此设备已生产了500 000件产品,但因为维护良好或因为进行过大修,各种损耗已得到补偿,预计还可再生产200 000件,这时其有形损耗率为:

$$有形损耗率=\frac{500\ 000}{500\ 000+200\ 000}\times100\%=71\%$$

对运输车辆、已完成工作量和尚可完成工作量可用已行驶千米数和尚可行驶千米数替代。

(2)役龄比率法(或称年限法)。如果工作量法中的计量单位是时间,通常用"年"表示。将机器设备从开始投入使用至评估基准日所经历的实际工作时间称为设备的有效役龄,则设备的有形损耗率和成新率的估算公式为:

$$有形损耗率=\frac{有效役龄}{有效役龄+尚可使用年限}=\frac{有效役龄}{总使用年限}\qquad(5-28)$$

$$成新率=\frac{尚可使用年限}{有效役龄+尚可使用年限}\times100\%=\frac{总使用年限-有效役龄}{总使用年限}\times100\%$$

$$(5-29)$$

从上述表达式可知,使用役龄比率法估测设备的有形损耗率涉及三个基本参数:

设备的总使用年限、设备的尚可使用年限和设备的役龄。为了合理确定这三个基本参数,首先介绍几个有关设备寿命的基本概念。

物理寿命是指机器设备从全新状态开始使用,直到不能正常工作而予以报废所经历的时间。物理寿命的长短取决于机器设备制造质量、使用强度、使用环境、保养和维护情况。有些设备可以通过恢复修理来延长其物理寿命。

技术寿命是指机器设备从开始使用到技术过时予以淘汰所经历的时间,技术寿命很大程度上取决于技术进步和技术更新的速度和周期。

经济寿命是指机器设备从开始使用到经济上不合算而停止使用所经历的时间。所谓经济上不合算,即使用该设备不能获得收益。机器设备的经济寿命不但受机器本身的物理性能、技术进步速度、机器设备的使用情况的影响,而且还与原始投资成本、维护使用费用以及外部经济环境变化等都有直接联系。

下面,分别对使用役龄比率法中三个基本参数选择做出说明:

① 有效役龄。通常情况下它与日历役龄(或称名义已使用年限)并不完全相同。

$$有效役龄 = 日历役龄 \times 设备利用率 \quad (5\text{-}30)$$

有些设备利用率为实际工作时间与额定工作时间之比,额定工作时间随设备种类不同而不同,这时设备利用率为:

$$设备利用率(\eta) = \frac{至评估基准日累计实际工作时间}{至评估基准日累计额定工作时间} \quad (5\text{-}31)$$

$\eta < 1$,表示设备开工不足,有效役龄小于日历役龄;

$\eta > 1$,表示设备超负荷运行,有效役龄大于日历役龄;

$\eta = 1$,表示设备能按设计要求正常运行、维护,有效役龄等于日历役龄。

有些设备的利用率并不一定与时间相关,如连续生产设备等,可根据实际使用负荷与额定负荷的关系来确定,这时设备利用率为:

$$设备利用率(\eta) = \left(\frac{设备实际使用负荷}{设备额定负荷}\right)^x \quad (5\text{-}32)$$

式中:x 为规模经济效益指数。

有效役龄实际是对机器设备的磨损程度的一种度量,而机器设备的磨损常常是可以通过更换部件予以修复的,或者可以通过添加一些新的装置来改善它的功能。这时采用上述方法计算有效役龄就不可能真实反映设备的磨损情况。因此,对多次投资形成的机器设备可通过估算加权投资年限来替代有效役龄。

$$加权投资年限 = \frac{\sum(复原或更新重置成本 \times 投资年限)}{\sum 复原或更新重置成本} \quad (5\text{-}33)$$

$$实体性贬值率 = \frac{加权投资年限}{加权投资年限 + 尚可使用年限} \times 100\% \quad (5\text{-}34)$$

$$成新率 = \frac{尚可使用年限}{加权投资年限 + 尚可使用年限} \times 100\% \quad (5\text{-}35)$$

例 5-6 被评估设备购建于 2013 年,原始价值 30 000 元,2018 年和 2021 年进行两次更新改造,主要是添置一些自动化控制装置,投资分别为 3 000 元和 2 000 元。2023 年对该资产进行评估,假设从 2013 年至 2023 年每年的价格上升率为 10%,该设备的尚可使用年限经检测和鉴定为 6 年,求该设备的成新率。

第一,估算设备复原重置成本,如表 5-5 所示。

表 5-5　重置成本估算表

投资日期	原始投资额(元)	价格变动系数	复原重置成本(元)
2013 年	30 000	$(1+10\%)^{10}=2.60$	78 000
2018 年	3 000	$(1+10\%)^{5}=1.61$	4 830
2021 年	2 000	$(1+10\%)^{2}=1.21$	2 420
合计	35 000		85 250

第二,估算设备加权重置成本,加权重置成本 = ∑(复原重置成本×投资年限),见表 5-6。

第三,计算加权投资年限。

加权投资年限 = 808 990÷85 250 = 9.5(年)

得出的结果 9.5 年,它就是被评估设备的有效役龄。若此时设备的利用率 $\eta \neq$ 1,还需进行修正。

第四,计算设备成新率。

该设备成新率 = 6÷(9.5+6)×100% = 39%

表 5-6　加权重置成本估算表

投资日期	复原重置成本(元)	投资年限	复原重置成本×投资年数(元)
2013 年	78 000	10	780 000
2018 年	4 830	5	24 150
2021 年	2 420	2	4 840
合计	85 250		808 990

② 尚可使用年限。设备的尚可使用年限,指设备至评估基准日后的剩余使用寿命。通常需要通过对设备的技术检测和专业技术鉴定,确定其尚可使用的物理年限,并结合设备的尚可使用技术年限和尚可使用经济年限,采用技术经济分析方法对尚可使用年限进行判断。对于设备处于寿命周期的期初、期末和有特殊因素存在时,可按下述方法处理:

第一,对于较新且使用维护正常的设备,可用设备的总使用年限减去设备的实际已使用年限得到设备的尚可使用年限。

第二,对那些已接近甚至超过总使用年限的设备,可以通过专业技术人员的判断,直接估算尚可使用年限。

第三,对那些不准备通过大修理继续使用的设备,评估基准日至下一个大修理的起始时间即为尚可使用年限。

第四,对有些需要多次更换部件才能维持正常运行的设备,可根据构成机器设备各个部位的尚可使用年限及更换部件的投资,计算出加权尚可使用年限,作为评估时的尚可使用年限。计算公式为:

$$加权尚可使用年限 = \frac{\sum (复原或更新重置成本 \times 尚可使用年限)}{\sum 复原或更新重置成本} \qquad (5-36)$$

第五,对于国家明文规定限期淘汰、禁止超期使用的设备,如压力容器、运输车辆、严重污染环境、高能耗等设备,其尚可使用年限不能超过国家规定禁止使用的日期,而不论设备的现时技术状态如何。

③ 总使用年限(也称预计使用年限)。机器设备的总使用年限亦即机器设备的使用寿命。前述机器设备的寿命有物理寿命、技术寿命和经济寿命三种,到底以何种寿命作为总使用年限,是一个比较复杂的问题。一般文献中认为取经济寿命为宜,但也存在一定争议。

如果能够合理地确定机器设备的尚可使用年限,以设备的实际已使用年限(有效役龄)加上设备的尚可使用年限之和作为设备的总使用年限,在目前情况下更易于操作,也更合理。设备较新且使用正常的情况,也可用设备的设计寿命作为设备使用年限的估计。

3. 修复费用法

修复费用法是假设设备所发生的实体性损耗是可补偿性的,则设备的实体性贬值就应该等于补偿实体性损耗所发生的费用。所用的补偿手段一般是通过修理或更换损坏部分。所指修复费用包括机器设备主要零部件的更换或者修复、改造等费用支出。因此可认为:设备实体性损耗等于修复费用。

机器设备的实体性贬值可分为可修复和不可修复两种,在使用这种方法时,要尽量把实体性贬值中的可修复部分和不可修复部分区别开来。这两者的根本不同点在于可修复的实体性损耗可以通过技术修理恢复其功能,且经济上是合理的(即带来的经济利益大于修复支出),而不可修复的实体性贬值或者是通过技术修理并不能恢复其功能,或者是经济上不划算。对于大多数情况,设备的可修复性损耗和不可修复性损耗是并存的,评估专业人员应分别计算它们的贬值。因此,操作中通过区分这两种损耗,把机器设备分成两部分来分析,对可修复的实体性损耗以修复费用直接作为实体性贬值,对不可修复的实体性损耗采用前述观察法或比率法确定实体性贬值,这两部分之和就是被评估设备的全部实体性贬值。计算公式如下:

$$有形损耗率 = \frac{可修复部分实体性贬值 + 不可修复部分实体性贬值}{设备复原重置成本} \qquad (5-37)$$

例 5-7 被评估设备为一储油罐,已经建成并使用了 10 年,并预计将来还能再使用 20 年。评估人员了解到,该储油罐目前正在维修,其原因是原储油罐因受到腐蚀,底部已出现裂纹,发生渗漏,必须更换才能使用。整个维修计划大约需要花费 35 万元,其中包括储油罐停止使用造成的经济损失、清理、布置安全工作环境、拆卸并更换被腐蚀底部的全部费用。评估人员已经估算出该储油罐的复原重置成本为 200 万元,现在用修复费用法估测储油罐的有形损耗率。计算过程如下:

根据题中条件可知,可修复部分实体性贬值 = 350 000(元)

$$不可修复部分有形损耗率 = \frac{10}{10+20} \times 100\% = 33.3\%$$

不可修复部分复原重置成本=2 000 000-350 000=1 650 000(元)

不可修复部分实体性贬值=1 650 000×33.3%=549 450(元)

$$储油罐全部有形损耗率=\frac{350\ 000+549\ 450}{2\ 000\ 000}×100\%=45\%$$

假若该储油罐有更新重置成本,这时用更新重置成本乘以45%的有形损耗率,就可得到用成本法评估储油罐时应该扣除的实体性贬值。

修复费用法适用于那些特定结构部件经常磨损,但能够以经济上可行的办法修复的情形,如需定期更换易损件的纺织机械,需更换部分系统的机组、成套设备、生产线等的评估。

以上介绍的计算机器设备实体性贬值的三种方法简单易行,可操作性也较强,在机器设备评估中得到了广泛应用。计算设备实体性贬值的还有一些其他方法,但都比较复杂,不在此介绍。

上述三种方法虽易于操作,但都有其不足之处。因此,对一台机器设备有形损耗的测定,应尽量采用多种方法进行测算分析,得到合理的有形损耗率,或根据不同方法测定的成新率计算出综合成新率。如实务中通常要求机器设备成新率估计中应分别采用技术测定法和年限法得出设备综合成新率。

$$设备综合成新率=A_1×技术测定成新率+A_2×年限法成新率 \tag{5-38}$$

式中:A_1、A_2 为权重系数,一般 A_1 取 0.6,A_2 取 0.4。

(二)功能性贬值及其测定

机器设备功能性贬值是指由于技术进步导致的设备贬值。它包括新技术引起的设计、材料及加工工艺改变,从而导致老设备的相对能力过剩、能力不足、结构过多、功能短缺以及可变营运成本过高等。机器设备的功能性贬值主要体现在超额投资成本和超额运营成本两方面。

评估时通常归纳成两种表现形式:

一是第Ⅰ类功能性贬值。由于技术进步引起劳动生产率的提高,制造与原功能相同设备的社会必要劳动时间减少,材料的节约、工艺的改进,从而带来成本降低,造成原有设备的贬值。它主要反映为更新重置成本低于复原重置成本。具体表现为原有设备价值中有一部分超额投资成本将不被社会所承认。

二是第Ⅱ类功能性贬值。由于技术进步出现了新的、性能更优的设备,致使原有设备的功能相对新式设备已经落后,从而引起贬值。具体表现为原有设备完成相同生产任务,消耗相对增加,形成了一部分超额运营成本。

1. 第Ⅰ类功能性贬值的估算

超额投资成本形成的功能性贬值,一般来说,可用设备的复原重置成本与更新重置成本之间的差额来估计。计算公式为:

$$设备超额投资成本=设备复原重置成本-设备更新重置成本 \tag{5-39}$$

在设备功能相同的情况下,由于技术进步,更新重置成本应该小于其复原重置成本。评估机器设备时直接使用设备的更新重置成本,就已经将被评估设备价值中所包含的超额投资成本剔除掉了。不需要再单独估算第Ⅰ类功能性贬值。只是在采用复原重置成本时,需判断是否存在第Ⅰ类功能性贬值。因此,在机器设备评估时,其重置成本尽量应选取更新重置成本。

评估实际中,被评估的设备可能已经停止生产,评估时只能参照其替代设备。而这些替代设备的特性和功能通常要比被评估设备更先进、更好,自然其价格通常也会高于被评估设备的复原重置成本。这样一来,就可能会出现设备更新重置成本大于设备复原重置成本的情形,式(5-39)得出的结果就会是负值。对此不必产生疑虑,其更新重置成本大于其复原重置成本的部分将在运营成本节约上得到抵偿。

2. 第Ⅱ类功能性贬值的估算

从理论上讲,第Ⅱ类功能性贬值就是设备在未来使用过程中超额运营成本的现值。通常可以按下面步骤测算:

(1)选择参照物,并将参照物的年操作运营成本与被评估设备的年操作运营成本进行对比,找出两者之间的差别及年超额运营成本额;

(2)估测被评估设备的剩余使用年限或工作量;

(3)按企业适用的所得税率,计算被估设备超额运营成本而抵减的所得税,得出被评估设备的年超额运营成本净额;

(4)选择适当的折现率,将被评估设备在剩余使用年限中的每年超额运营成本净额折现,累加计算被估机器设备的功能性贬值。

例5-8 某被评估对象是一生产控制装置,其正常运行需6名操作人员。目前同类新式生产控制装置所需的操作人员定额为3名。假定被评估生产控制装置与参照物在运营成本的其他项目支出方面大致相同,操作人员平均年工资福利费约为6 000元,被评估生产控制装置尚可使用3年,所得税税率为25%,适用的折现率为10%。根据上述数据资料,被评估生产控制装置的功能性贬值测算如下:

计算被评估生产控制装置的年超额运营成本额,如表5-7所示。

表 5-7　年超额运营成本额

项　　目	技术先进控制装置	技术陈旧控制装置
操作人员数(人)		6
人年均工资福利(元)	3	6 000
年工资福利总额(元)	6 000	36 000
年差异额(元)	18 000	36 000-18 000=18 000
减:所得税(税率25%)		4 500
扣除所得税后年净超额工资		13 500

将被评估生产控制装置在剩余使用年限内的每年超额运营成本净额折现累加,估算其功能性贬值额:

$$生产控制装置的功能性贬值额 = 13\,500×(P/A,10\%,3)$$
$$= 13\,500×2.486\,9$$
$$= 33\,573.15(元)$$

（三）经济性贬值及其估算

经济性贬值是指因外部环境变化引起的机器设备贬值。导致设备经济性贬值的原因大致有:市场竞争的加剧致使产品需求下降;产业结构调整导致的限产;原材料供应情况的变化;劳动力及其他成本的上涨,但产品价格不能相应提高;通货膨胀;环境保护因素等。因为经济性贬值通常是外部因素影响整体企业运行的结果,而不是影响个别资产和缺乏联系的一组独立资产,所以成本法的一个弱点就是很难充分衡量经济性贬值的效果。

通常经济性贬值可以按下述几种类型划分和估算。

1. 第Ⅰ类经济性贬值

第Ⅰ类经济性贬值是指因生产能力降低造成的经济性贬值。由于市场竞争的加剧,导致产品销售数量的减少,从而引起设备开工不足,生产能力相对过剩,进而引起经济性贬值。当个别或一组机器设备因外部因素影响出现开工不足,使设备的实际生产能力显著低于其额定或设计能力时,它的价值也就低于能充分利用时的价值。国内外文献中,通常将这种差别用经济性贬值率来表示,该比率可以用下式确定:

$$经济性贬值率 = \left[1 - \left(\frac{实际使用生产能力}{额定生产能力} \right)^x \right] \times 100\% \qquad (5\text{-}40)$$

式中: x 为规模经济效益指数。

上述生产能力达不到原设计生产能力致使被评估设备限产使用的原因有多种,因此计算出的贬值含义不仅仅是经济性贬值。若达不到设计能力的原因是外部经济因素,则计算的是经济性贬值;若达不到设计能力的原因是资产老化,则计算的是实体性贬值;若达不到设计能力的原因是资产配套限制,则计算的是功能匹配性损失。因此,所谓经济性贬值率不仅能用于计算经济性贬值,也可用来计算其他类型的贬值。

经济性贬值率乘以何种基数得到设备的经济性贬值,一直存在不同观点,有的认为用重置成本为基数,有的认为应用重置成本扣除有形损耗后的余值为基数,还有的认为应该用重置成本扣除有形损耗和功能性贬值的余额为基数。评估时应根据被评估资产过去及未来生产能力的利用情况、功能性贬值计算等相关条件,正确选用计算基数。基本原则是:

(1)当被评估资产在评估基准日前按原设计能力使用,评估基准日后按限产后的生产能力使用(即实际能力),功能性贬值是按实际能力估算或功能性贬值不与生产能力大小相关时,其计算公式如下:

经济性贬值额 = 重置成本×经济性贬值率

(2)当被评估资产在评估基准日前和基准日后均按限产后的生产能力使用,且功能性贬值是按实际能力估算或功能性贬值不受生产能力大小影响时,其计算公式如下:

经济性贬值额 = (重置成本−实体性贬值)×经济性贬值率

(3)当被评估资产在评估基准日前和基准日后均按限产后的生产能力使用,功能性贬值是按设计能力估算且功能性贬值受生产能力影响时,其计算公式如下:

经济性贬值额 = (重置成本−实体性贬值−功能性贬值)×经济性贬值率

由此看来,用经济性贬值率估算经济性贬值是一项技术性较强的工作,操作把握并不容易,稍有不慎就会影响到评估结果的合理性。从式(5-40)分析可以看出,用经济性贬值率计算得到的经济性贬值额就是机器设备原来具有的额定生产能力或设计能力所需投资成本与实际使用生产能力所需投资成本之间的差额,即机器设备因生产能力闲置产生使用价值降低的经济惩罚,也就是设备资本投入的贬值,而这种贬值是可以利用规模经济效益指数来直接计量的。因此,我们认为第Ⅰ类经济性贬值,不必单独测定,评估中做出适当处理即可,操作简单且避免了误用计数基数产生的错误。

2. 第Ⅱ类经济性贬值

第Ⅱ类经济性贬值是指因收益减少造成的经济性贬值。由于企业外部的原因,虽然设备生产负荷并未降低,但出现原材料涨价带来的生产成本提高得不到补偿,或是竞争必须使产品降价出售等情况时,可能使设备创造的收益减少,使用价值降低,进而引起经济性贬值。

如果设备由于外界因素变化,造成的收益减少额能够直接测算出来的话,可直接按设备继续使用期间每年的收益损失额折现累加得到设备的经济性贬值额。用数学式表达如下:

$$经济性贬值额 = 设备年收益损失额 \times (1-所得税税率) \times (P/A, r, n) \quad (5-41)$$

式中:$(P/A, r, n)$ 为年金现值系数。

例 5-9 某条生产线额定生产能力为 10 万台/年,由于原材料价格上升,成本增加,而市场竞争激烈不可能提高产品销价。假定原产品销价为 2 000 元/台,经测算每台成本上升了 100 元,即每台产品损失毛利 100 元。经估测,该生产线还可以继续使用 3 年,企业所在行业的投资报酬率为 10%,试估算该生产线的经济性贬值额。

根据上式和提供的有关资料,

$$
\begin{aligned}
经济性贬值额 &= (100 \times 100\ 000) \times (1-25\%) \times (P/A, 10\%, 3) \\
&= 7\ 500\ 000 \times 2.486\ 9 \\
&= 18\ 651\ 750(元)
\end{aligned}
$$

3. 其他类型的经济性贬值

其他类型的经济性贬值是指如受节能、环境保护等限制而造成的经济性贬值。

随着节能和环保规定要求越来越严格,有些机器设备在运行中会因高能耗或产生污染环境的有害气体、液体、固体等,设备的使用会受到一定的约束和管制,使机器设备的使用价值受到了影响。因此,在被评估设备受到诸如规定限制时,必须考虑法规对被评估设备价值的影响,否则评估结果不能全面反映被评估资产的价值。

评估时首先要根据被评估设备所在的具体环境判断它是否受相关法规条款的限制和影响,其次是从专业的角度确定造成污染的种类、程度或数量,以便估算处理污染物所需费用,不处理时所受惩罚,或根除污染所需成本等,最后把这些影响计入评估结果。

下列三种情况是比较常见的:

(1)限制设备的使用期限。引起机器设备使用寿命缩短的外部因素,主要是国家有关能源、环境保护等方面的法律、法规。例如近年来,由于对环境保护方面的问题日益严重,国家对机器的环保要求越来越高,对落后的、高能耗的机电产品施行强制淘汰制度,缩短了设备的正常使用寿命,从而造成了经济性贬值,可以通过缩短尚可使用年限得到扣除。

(2)高能耗或产生污染的设备可以继续使用,但要交纳罚金。其中,国家对排放超过标准的排污企业要征收高额的排污费,设备能耗超过限额的,按超过限额的能源量加价收费。这种处罚增加了运营资本,从而造成了经济性贬值。这时,可将年应交罚金视为年运营成本的增加,以其扣税后的年处罚金净增值,按一定的折现率计算出尚可使用年限内处罚金的累计净现值,予以扣除。

（3）必须立刻纠正,否则不准使用。这种情况下必须支出一笔设备改造成本,这些改造成本通常需要采用一定的方式在正常评估结果中予以扣除。

在实际评估工作中,机器设备的经济性贬值和功能性贬值有时是可以单独估测的,有时不能单独估测。这主要取决于在设备的重置成本和成新率的测算中考虑了哪些因素。所以,在具体运用重置成本法评估机器设备时要予以特别关注,要避免重复扣减贬值因素,以及漏评贬值因素。

三、成本法在机器设备评估中的应用

用成本法评估机器设备,首先要明确评估的价值类型。《国际评估准则》中把资产评估的价值类型主要分为市场价值和市场价值以外的价值两种,这两种价值类型又可以再细分为不同的类型。机器设备评估的市场价值以外的价值,通常有续用价值、清偿价值、保险价值、投资价值等。续用价值即设备在继续条件下的公平价值,是设备评估中经常遇到的情形,它又有复用续用价值与非复用续用价值之分。复用续用是指设备按原使用方式,不变更使用地点继续使用;非复用续用是指设备改变原有使用方式,或变更使用地点继续使用。这两种情况下设备评估价值中包括的内容有所不同。在评估设备的续用价值时,还有三点需要强调:第一,续用价值是对设备续用者来说的效用价值;第二,被评估设备是正在生产过程中使用的设备;第三,续用价值是设备的使用价值,这对合理地确定设备的评估价值是很重要的。机器设备评估的市场价值是指设备的交换价值,是设备潜在的购买者和出让者认为的公平市价,通常有续用公平市价与非续用公平市价之分。成本法对设备评估中的两种价值类型都有适用性,但需要根据评估特定目的、价值类型以及设备的特性正确使用。

其次,对能采用成本法评估的机器设备,应根据所确定的评估价值类型、含义以及特定评估资产业务中有无相关的附加条款内容等,合理地计算重置成本（应该包含的项目）以及应该扣除的各种陈旧性贬值,从而得到合理的评估结果。而并非用成本法评估机器设备,就是统一采用式（5-1）~式（5-3）进行机械的简单计算。例如,在设备的复用续用、非复用续用、续用公平市价、非续用公平市价的不同价值评估中,重置成本确定中对原始运输、安装调试的会计处理会不一样,有时甚至还要考虑设备的拆卸费用;要相机处置各种贬值扣除,特别是经济性贬值的扣除。

例 5-10 某厂对 Z3050 摇臂钻床进行评估,评估基准日为 2023 年 6 月 30 日,评估目的为企业改制,评估价值种类为续用价值。

第一,基本情况。Z3050 摇臂钻床是使用较普遍的通用设备,安装在该厂综合车间。该设备由××市第二机床厂生产,2012 年购入,同年投入使用,账面原值 72 560.00 元。

该摇臂钻床最大钻孔直径 φ50 mm。该设备自购入以来在综合车间为各类柜体打孔用,一直正常使用,投入运行以来仅大修过一次,各部分运行正常。摇臂绕立柱

摇动灵活,主轴箱沿摇臂水平导轨移动平稳。技术状态较好,加工精度在要求范围内,设备维护保养一般,外观尚好(见照片,此处略)。

第二,评估判断。

(1)该设备在评估目的实现后,属复用续用状态,采用成本法评估。

(2)经现场查勘,该设备运行情况、维修保养良好,未发生重大故障,亦未进行技改和重要部件的更换,属正常使用设备,无须进行相应评估修正。

(3)与近期同类设备相比,不存在因技术进步引起的功能性贬值;作为完成产品生产打孔工序的单台设备,不考虑经济性贬值。故评估中按普通通用设备对待,陈旧性贬值中只估算实体性贬值。

(4)经专业性判断,该设备尚可使用年限大约为7年。

第三,评估方法。采用成本法,其基本公式为:

评估值=重置成本×综合成新率

(1)设备重置成本的确定。

重置成本=全新设备市场价格×(1+运杂费率+安装调试费率)

经查询,该型号钻床市场价格为67 512.00元,根据有关规定收取运杂费3%,安装调试费3.5%,则该设备的重置成本为:

重置成本 = 67 512.00×(1+3%+3.5%) = 71 900.00(元)

(2)综合成新率的确定。其计算公式为:

综合成新率=年限法成新率×0.4+技术鉴定法成新率×0.6

式中:

年限法成新率估算的计算公式为:

$$成新率=1-\frac{已使用年限}{已使用年限+尚可使用年限}×100\%$$

该设备2012年投入使用,至基准日2023年,已使用11年,预计尚可使用7年,则:

成新率=1-11÷18 ×100% = 39%

技术鉴定法成新率根据现场查勘,经过评定计算为56%,如表5-8所示。

综合成本率=39%×0.4+56%×0.6=49%

(3)评估价值计算:

评估价值 = 重置成本×综合成新率
= 71 900.00×49%
= 35 231.00(元)

表5-8是该钻床设备成新率综合评定计算表。

表 5-8 钻床设备成新率综合评定计算表

资产占有单位：××公司　　　　　　　　　　　　　　　评估基准日：2023 年 6 月 30 日
底稿编号：

一、设备概况

资产类别	机器设备	序号	15	设备编号	Z025-4	设备名称	摇臂钻床	型号及规格	Z3050	生产厂家	××市第二机床厂
购置日期	2012.4	启用日期	2012.4	已使用年月	11 年	计量单位	台	设备目前使用状况（在用、备用、不需用）			在用
设备维修状况（好、较好、不好）	较好	设备大修次数	1 次	设备关键部位是否更换							否
设备技术水平（与同类比）		设备设计生产能力		设备实际生产能力		预计使用年限	18 年	尚可使用年限			7 年
设备主要参数　最大钻孔直径 φ50 mm											

二、技术鉴定法成新率的确定（评分法）

设备主要部分项目名称	检测项目	标准分	实测分值	实际状况描述
钻床精度	由钻床精度指数确定	40	22	精度稍降
操作系统	变速及溜板操作手轮或手柄是否灵便，丝杆与螺母间的间隙是否过大	10	5	间隙稍大
润滑系统	润滑油泵出口压力是否达到额定值，油管是否有泄漏，油路是否畅通	4	2	润滑基本正常
传动系统	主轴箱进给箱的齿轮转动系统各部位轴承有无振动及发热等	25	15	轻微振动
电气系统	电流开断装置，各种电器继电器工作是否正常，电动机在运转中是否发热等	15	8	工作正常，噪声稍大
外观及其他	钻床附件是否齐全，安全保护装置是否完好，外观有无锈蚀、碰伤等	6	4	局部锈蚀，其他完好
合计		100	56	

三、年限法成新率的确定

计算公式：成新率＝（1-已使用年限÷总使用年限）×100% 或 [尚可使用年限÷（已使用年限+尚可使用年限）] ×100% ＝(1-11÷18)×100%＝39%

四、综合成新率

综合成新率＝技术成新率×60%+年限成新率×40%＝56%×60%+39×40%＝49%

资产占有单位填表人：×××　　技术鉴定人：×××　　评估人员：×××　　审核：×××

第三节　机器设备评估的其他方法

一、运用市场法评估机器设备

市场法是指通过分析评估基准日近期旧设备交易市场上和被评估设备相同或类似设备的成交价格,并把参照设备价格调整为与被评估设备可比因素相同时的水平以估算被评估设备价值的方法。

如果被评估机器设备有成熟的交易市场,用市场法评估单台设备的价值是较为简捷和有用的方法,这种方法直接着眼于交易行为,交易价格中综合考虑了设备各种性质的贬值。有成熟的市场、存在着独立的交易和有可靠的信息资料,是运用市场法的前提条件。参照物与评估对象具有相似性和可比性是采用市场法的基础。如果市场很有限,同类设备交易很少,或即使有很多同类设备的交易,但无法了解这些交易的详情,就很难使用市场法。由于大多数机器设备都存在着这种障碍,因此市场法在设备评估中的实际运用受到限制。符合运用市场法评估条件的是那些已经存在着交易市场的机器设备,主要是部分通用设备,如普通机床、建筑机械、汽车、微型计算机等。

下面对运用市场法评估机器设备进行简要介绍。

(一) 运用市场法评估机器设备的基本步骤

1. 选择交易市场

根据确定的评估目的和适用的价值类型,在同一供需圈内,选择合适的交易市场,如旧设备交易市场、典当拍卖行、罚没处置市场等。

2. 明确鉴定被评估对象

鉴定主要包括设备类别、名称、规格型号、生产厂家、生产日期、设备性能、现时技术状况及有效役龄。

3. 选择参照物

在市场中选择参照物,最重要的是要具有可比性,且其成交价具有代表性和合理性,数据可靠。主要包括:

(1) 设备的规格型号,生产厂家;

(2) 设备的实体状态条件;

(3) 设备的制造质量;

(4) 设备的特征及组成部件;

(5) 设备的有效役龄;

(6) 设备的技术状况;

(7) 设备的交易价格及付款方式、条件;

(8) 设备的出售动机;

(9) 设备的成交数量和成交时间;

(10) 设备交易时的市场状况;

(11) 设备的存放和使用地点。

在条件允许的情况下,参照物最好能有多个。参照物和被评估设备同质性越强越好。

4. 调整参照物价格及估算被评估设备的评估值

参照物通常与被评估设备是可比的,但不一定是同样的。所以,必须按可比因素逐一调整参照物的价格,使之接近被评估设备的价格。一般用多个参照设备调整后价格的算术平均值或加权平均值作为被评估设备的评估值。

(二)调整比较方法

应用市场法评估单体机器设备并进行价格调整时,通常有三种常用方法。

1. 直接比较方法

这种方法是根据与评估对象基本相同的市场参照物,通过直接比较来确定评估对象价值的评估方法。如果有与被评估设备完全相同的交易参照对象,这时可以不必选择多个参照设备,而进行直接比较,调整因素亦可适当减少。例如汽车的评估,当知道被评估汽车生产厂家、型号、出厂时间、役龄、附属装置及配置情况时就可以从旧汽车公开的交易价格信息资料中,选取相同条件的汽车,只要根据实际行驶里程和车辆状况(这点非常重要)等对价格进行调整就行了。

使用直接比较法的前提是评估对象与市场参照物基本相同,需要调整的项目较少,差异不大,并且差异对价值的影响可以直接确定。

2. 相似比较方法

这种方法是将与评估对象相似的市场参照物作为评估的基础,通过对比差异因素(比如规格类型、生产能力、质量、实体状态等)求得被评估对象的价值。在难以找到与评估对象相同的市场参照物、但存在与评估对象相似的市场参照物时,相似比较法就成为具有操作可行性的评估方法。比如当要求对 A 公司制造的一台普通机床进行评估时,可以将其与已经有交易的 B 公司和 C 公司生产的同样规格的类似普通机床进行类比调整。采用相似比较法时,需要有较多的交易参照对象,并对可比诸因素进行详尽的分析。

3. 成本百分率比较方法

这种方法是在市场上无法找到基本相同或相似的参照物时,通过收集足够的数据,采用统计方法分析得到交易参照设备的交易价格与当时重置成本的比值(类似旧设备的役龄,售价与成本间的关系),利用这一比值来确定被评估设备的价值。例如,在评估一台甲公司生产的车床时,找不到同样规格、同一厂家生产的车床的价格,但能找到类似规格不同厂家生产的车床的价格,经分析认为与被评估资产役龄和状态相近的车床的售价是其重置成本的 40%~50%,于是,有理由认为被评估设备的价值也在其重置成本的 40%~50%的范围内。必须注意的是旧车床的规格不同,其市场价格与重置成本的比值是不同的,因为小规格的车床常出现在维修车间,中等规格的车床常用于标准的加工车间,而大型车床仅用于如设备制造、船舶修理、铁路车辆的生产等,所以可用的数据必须适合于被评估设备的规格范围。

上面介绍的三种比较调整方法,实际是用市场法评估机器设备进行比较调整的主要技术线路。由于被评估设备种类繁多,所处环境和类型各不相同,应对哪些差异因素进行比较和如何调整并没有固定的规则。可以采用的具体技术方法很多,主要依靠评估人员对这些技术的了解和掌握程度,以及其积累的专业经验。因此,市场法评估机器设备差异修正调整受评估人员主观因素的影响,这也是用市场法评估机器设备的主要缺点之一。

用市场法评估机器设备,得到的市场价值还需要通过对相关因素的分析予以确认,如对交易动机和市场条件的分析。市场法也可以评估设备的其他类型价值,比如通用设备的续用价值,用市场法得到旧设备的市场价格之后,再加上必要的运输、安装调试费用即可。此外,不同交易市场的价格水平可能存在差异,应当根据评估目的和评估对象的具体情况,确定可以作为评估依据的合适的交易市场,或者对市场差异做出调整。拆除、运输、安装、调试等因素对评估结论也存在影响。与用成本法评估机器设备一样,评估人员必须结合实际情况通过细致的分析来确定评估结果的价值类型和价值含义。

二、运用收益法评估机器设备

运用收益法评估资产的价值,其前提是该资产应具备独立的获利能力以及能够确定合理的折现率。就单项机器设备而言,大部分不具有独立获利能力。因此,单项设备评估通常不宜采用收益法评估。对于自成体系的成套设备、生产线,以及可以单独作业的车辆等设备,特别是租赁的设备则可以采用收益法评估。下面简要介绍用收益现值法评估机器设备的应用。

收益现值法是把一个特定期间内的固定或固定变化的经济收益流量进行折现计算,以其收益折现值作为评估价值的方法。由于机器设备通常都只能在有限年限内获得收益,因此,运用收益现值法评估其价值时,应合理估测其尚可使用年限。该方法需要预测收益和收益年限,并确定合理的折现率。

对于租赁的设备,其租金就是收益。为估测租金多少可以进行市场调查,分析比较可比的租赁设备的租金,经调整后得到被评估设备的预期收益,调整的因素可能包括时间、地点、规格和役龄等。对可以单独获利的成套设备、生产线等,收益则是生产产品的经营收益,特别值得注意的是生产产品的经营收益为多种要素共同作用产生的结果,必须从中正确估算分离出设备带来的收益,否则会高评设备的价值。同时,还需要根据被评估机器的状况,估计其剩余使用寿命,作为确定收益年限的依据,并合理确定折现率(或资产收益率)。

当设备的收益为等额时,可用下式计算评估值:

$$P = \frac{A}{r}\left[1 - \frac{1}{(1+r)^n}\right] \tag{5-42}$$

式中:P 为机器设备评估值;A 为被评机器设备的预测收益;r 为折现率;n 为机器设备的收益年限。

例 5-11 试用收益现值法估测某租赁设备的公平市场价值。

评估人员由租赁市场了解到被评估设备的三个参照物的年租金信息如下:

参照物	日期	租金(元/年)
(一)	上个月	8 000
(二)	上个月	8 000
(三)	去年	7 750

三个参照物和被评估设备是相同的,前两个和被评估设备是同期租赁的,第三个

是前一年的,由于物价上涨 3%,第三个数据应调至 $7\,750\times1.03=7\,983$(元/年),因此预期年收益为 $8\,000$ 元/年是合理的。根据该机器设备的当前状况,估测其尚可使用年限为 10 年,10 年后残值为零。

又查到两个类似于被评设备的参照物的销售和租金信息如下:

参照物	日期	售价(元)	收益(元/年)	本金化率(%)
(四)	上周	42 400	6 400	15.1
(五)	上周	58 400	9 600	16.4

其中,本金化率平均值为 15.8%,由于该本金化率是根据出售的机器设备估计的,其包含的风险要高于租赁的机器设备的收益风险,因此要适当调低后作为待评机器设备的本金化率,在本例中取 14.5%。于是:

$$机器设备评估值 = \frac{租金收入}{折现率}\times\left[1-\frac{1}{(1+折现率)^n}\right]$$

$$= \frac{8\,000}{14.5\%}\times\left[1-\frac{1}{(1+14.5\%)^{10}}\right]$$

$$= 40\,275(元)$$

第四节　设备评估实例分析

被评估设备账面原值 100 万元,重置成本 146.4 万元,收集到如下数据资料:

(1)由于企业设备配套上的缺陷,该设备实际负荷率仅为正常负荷率的 60%,这种情况将长期继续下去。

(2)与同类技术先进设备相比,该设备每月生产用原材料消耗多出 1 000 元。

(3)该设备已使用 3 年,经技术测定该设备尚可使用 5 年。

(4)设折现率为 10%,所得税税率为 25%,规模经济效益指数 $x=0.7$。

根据上述资料,计算被评估设备的续用评估值和出售评估值。

采用成本法评估:

第一,续用价值的评估。

(1)设备实体性贬值 $= 146.4\times\dfrac{3}{5+3}\times100\% = 54.9$(万元)

(2)设备功能性贬值 $= 1\,000\times12\times(1-25\%)\times\dfrac{1}{10\%}\left[1-\dfrac{1}{(1+10\%)^5}\right] = 3.41$(万元)

(3)设备经济性贬值。因该设备评估基准日前后均未达到设计能力,故用经济性贬值率计算该项贬值的基数,即:

$$设备经济性贬值 = 重置成本 - 实体性贬值 - \frac{功能性贬值(这里假设功能}{性贬值受生产能力影响)}$$

$$= (146.4-54.9-3.41)\times(1-0.6^{0.7}) = 26.48(万元)$$

(4)该设备续用评估值为:

$$146.4-54.9-3.41-26.48 = 61.61(万元)$$

分析讨论:

（1）经济性贬值计算若选用其他基数计算的讨论。

用重置成本为基数，即：经济性贬值 $= 146.4 \times (1 - 0.6^{0.7}) = 44.01$（万元）

用"重置成本-有形损耗"为基数，即：

$$经济性贬值 = (146.4 - 54.9) \times (1 - 0.6^{0.7}) = 27.41（万元）$$

显然，这样的计算结果都会在不同程度上低估该设备价值。

（2）该设备实体性贬值的计算问题的讨论。

该设备在使用过程中资产负荷率仅为 60%，应对已使用年限进行资产负荷率调整，这样，其有形损耗应为：

$$146.4 \times \frac{3 \times 0.6}{5 + 3 \times 0.6} = 38.75（万元）$$

如果有形损耗计算中已考虑了过去未按设计能力生产的因素（或已扣除限产因素），那么计算经济性贬值的基数中就应剔除有形损耗项（否则即为重复扣除），这时：

$$经济性贬值 = (146.4 - 3.41) \times (1 - 0.6^{0.7}) = 42.99（万元）$$

$$评估值 = 146.4 - 38.75 - 3.41 - 42.99 = 61.25（万元）$$

与上述评估结果一致。

如果按如下公式计算有形损耗，即：

$$重置成本 \times 有形损耗率 \times \left(\frac{实际能力}{设计能力}\right)^n = 146.4 \times \frac{3}{5+3} \times 0.6^{0.7} = 38.39（万元）$$

同上面计算出的实际有形损耗是一致的。

若采用如下公式估算经济性贬值，即：

$$\left(146.4 - 146.4 \times \frac{3 \times 0.6}{3 \times 0.6 + 5} - 3.41\right)(1 - 0.6^{0.7}) = 31.34（万元）$$

则：

$$评估值 = 146.4 - 38.75 - 3.41 - 31.34 = 72.9（万元）$$

此时因对有形损耗资产负荷不足进行了重复计算，导致高评估该设备价值。

结论：

通过上面的分析案例，我们看到，用经济性损耗率估算经济性贬值，稍有不慎就会影响评估结果的合理性。同时，我们通过对用不同思路计算经济性贬值进行分析发现，这一问题可以简化：对第 I 类经济性贬值，不必采用经济性贬值率来专门单独估算经济性贬值，只需利用规模经济效益指数 n 计算出的 $\left(\dfrac{实际能力}{设计能力}\right)^n$ 这一参数，根据委托评估资产的历史和未来使用情况及外部因素分析，对需要修正的重置成本、有形损耗（或有形损耗率，或成新率）、功能性贬值进行调整计算即可。

根据本例中的相关条件，可直接采用规模经济效益指数得到评估结果：

$$评估值 = 重置成本 \times \left(\frac{实际能力}{设计能力}\right)^n \times 成新率 - 功能性贬值 \times \left(\frac{实际能力}{设计能力}\right)^n$$

$$= 146.4 \times 0.6^{0.7} \times \frac{5}{5+3} \times 100\% - 3.41 \times 0.6^{0.7}$$

$$= 61.86（万元）$$

第二，出售评估价值的确定。

如果本例中被评估的设备是一种专用机器设备,而目前市场交易没有同类设备的交易实例,成本法同样可以用来评估该设备的出售价值。与评估续用价值不同,理智的设备出售人不会考虑自己使用时因设备配套原因基准日后设备生产能力达不到设计能力的情形,只按设备的实际负荷能力的价格出售这台设备。因此,评估时不应扣除上述分析中所谓的经济性贬值,则:

$$出售评估值 = 146.4 - 38.75 - 3.41 = 104.24(万元)$$

如果是非原地使用出售,重置成本中的设备运输、安装调试费用不应计入。如果是原地续用公平市价的评估,或者交易中有其他附加条款,评估结果和上述评估值也会不一样。

■ 本章小结

- 企业资产评估中,机器设备的种类很多,可以按各种不同标准进行分类,评估中通常分为生产设备、运输车辆及电子设备。还有其他分类方式,可以根据评估工作需要进行类别划分。机器设备是企业重要的生产要素之一,是评估的重要对象。

- 机器设备评估有如下特点:机器设备类资产通常与其他资产共同完成某项特定生产任务,一般不具备独立获利能力,常用成本法和市场法评估;某些具有独立获利能力的生产线、成套设备也可用收益现值法评估;机器设备有较高的技术含量,是一项专业性很强的评估工作,当评估人员的专业知识缺乏时,需聘请有关专家协助进行。

- 机器设备的重置成本是指机器设备的现行再取得成本,这一概念的要点是:按功能重置或重制设备,设备是全新的,设备处于在用状态,按现行价格计算。机器设备的重置成本有复原重置成本和更新重置成本之分。机器设备重置成本估算的要领是:必须明确重置成本的构成,按设备取得方式分外购设备和自制设备两大类,合理运用核算法、价格指数法和规模经济效益指数法进行计算。

- 机器设备的陈旧性贬值是指已使用过的旧设备与全新设备相比产生的价值贬损,通常分为三类,即实体性贬值、功能性贬值和经济性贬值。实体性贬值亦称有形损耗,是指机器设备因为使用或放置受物理、化学原因影响引起设备实体劣化产生的价值贬损;功能性贬值是指因技术进步原因导致设备制造成本降低(超值投资)和生产运营成本增加(超额营运)引起的设备价值贬损;经济性贬值是指因外部经济原因导致设备生产负荷不足、经营收益下降和环保节能规定致使设备使用受限而引起的设备价值贬损。功能性贬值和经济性贬值统称为设备的无形损耗。估算设备的有形损耗和无形损耗是比较困难和复杂的工作,本章介绍了一些实用的方法,对如何正确地运用这些方法必须予以重视。

- 成本法是评估单台设备的主要方法,它是通过估算机器设备的重置成本,然后扣减实体性贬值、功能性贬值、经济性贬值,来确定机器设备评估价值的方法。不要将这种方法视为一种简单的减法计算,必须根据评估目的、市场条件和设备的特性确定的评估价值类型,合理估算重置成本和各类贬值,确定应扣除何种贬值和选择正确的扣减方式,否则会导致设备价值的高估或低估。

- 市场法评估机器设备是根据现行市场上类似设备若干完成交易的价格资料,通过对评估机器设备与参照交易设备的各种因素的比较分析,进行差异量化,对参照交易价格进行修正,确定机器设备评估价值的方法。明确活跃的市场是采用市场法评估机器设备的前提条件,应当考虑市场是否能够提供足够数量的可比资产的交易数据以及数据的可靠性。明确参照物与评估对象具有相似性和可比性是采用市场法的基础,应当对参照物与评估对象的差异进行调整。选择恰当的参照交易案例和科学地进行差异修正是这种方法的关键和困难之处。因此,市场法在设备评估中的应用受到限制,通常用于交易频繁的通用机器设备。

关键词

机器设备　实体性贬值　功能性贬值　经济性贬值

思考题

1. 机器设备评估中应用成本法时，其思路和基本步骤是什么？
2. 续用前提下固定成套机器设备重置成本在构成上包括哪些内容？
3. 如何计算机器设备的加权投资年限及其成新率？
4. 在利用成本法对设备进行评估时会涉及哪几种贬值？它们之间有何关系？
5. 估算机器设备的实体性贬值主要有哪些方法？如何掌握这些方法？
6. 如何理解和测算机器设备的功能性贬值？
7. 用成本法评估机器设备，如何估算经济性贬值？

计算题

1. 某型号压力机购置于 2013 年 12 月，账面原值 40 万元，其中压力机械购买价为 35 万元，基础及安装费 4.5 万元，运杂费 0.5 万元。评估基准日为 2023 年 12 月 20 日。经过调查得知，该类压力机械的定基价格指数 2013 年和 2023 年分别为 120%、150%，基础及安装费 10 年间上涨了 100%，评估基准日的运杂费为 1.1 万元。10 年间，该压力机前 5 年的利用率为 120%，后 5 年的利用率为 95%，预计尚可使用年限为 3 年。与同类设备相比，该设备的操作需要 5 名工作人员，而同类设备只需要 3 名工作人员，操作人员的年工资及福利费为 2 万元/人。所得税税率为 25%，折现率为 12%。要求完成下列计算：

(1) 该设备的重置成本；

(2) 该设备的实体性贬值；

(3) 该设备的功能性贬值；

(4) 该设备的评估价值。

2. 某油罐主体结构建于 2010 年，原购置价为 350 000 元，原油位控制装置于 2014 年拆除，该部分的原始成本为 20 000 元，同年新增加的油位控制及数据自动采集系统投资 32 000 元，2016 年又增添工业电视监控装置，投资 50 000 元。评估基准日为 2022 年，若 2010 年至 2022 年罐体的价格上涨指数为 2.5，2014 年至 2022 年自动控制系统的价格上涨指数为 1.5。2016 年至 2022 年电视监控装置价格上涨指数为 1.2，评估人员经现场检测该油罐设备尚可使用 12 年。试计算该油罐设备 2022 年的评估价格。

3. 对一台刨床进行评估，该设备已使用 4 年，经检测评定尚可使用 8 年，但该刨床的台钳嘴有裂纹需要更换，经调查其更换费约 8 000 元。该刨床的重置成本为 12 万元。试用修复费用法评估设备的实体性贬值额及成新率。

4. 某企业 10 年前购入一台锅炉，现要求对其评估。收集到如下资料：

(1) 经市场调查，该型号锅炉市场价格为 68 000 元，附属设备 8 400 元，运杂费率 2%，安装调试费率 8%。

(2) 根据锅炉压力容器规定，该锅炉预计总使用年限为 22 年。预计残值率 3%，清理费为 2 000 元。

(3) 调查表明，该锅炉比新型同型号锅炉每年多耗煤 2 吨。

(4) 假设企业所得税税率为 25%，折现率取 10%，每吨煤价格 1 000 元。

要求：

（1）计算该锅炉的重置成本；

（2）估算该锅炉的各种贬值；

（3）确定该锅炉的评估价值。

5. 评估某灯泡厂一条普通灯泡生产线的重置完全成本。该生产线的账面原值100万元，其中封口机、排气机与装头机均为外购设备计60万元，传送带与机构爪为自制计30万元，运输、安装调试费用为10万元。

经市场调研，发现目前市面上已出现了用料节省、结构更为合理的换代产品。而且自制的传送带与机构爪也有改进的必要，技术攻关小组认为改进后的设备将大大节省能源与用料，且占地小。运输、安装调试费用随主体设备的换代也会发生相应的变化。下面将分别就生产线中的外购设备、自制设备及运输、安装调试费用分述如下：

（1）外购机器设备情况：经市场调查，得知封口机、排气机、装头机的现行市价分别为30万元、37万元、33万元。成套购买均优惠10%，验货后立即付款优惠5%，购货后延期一个月付款加价3%，并标明价格还可面议。通过销售统计，一般厂家的价格折让为4%。根据以上资料，我们评估时应选择：成套购买、正常的付款条件、正常的价格折扣。

（2）自制机器设备情况：评估人员与企业技术人员和财会人员进行了座谈，听取了专业人员的介绍，查看了有关账表，得知自制设备账面原值30万元的构成为：钢材40%，铸铁20%，人工费30%，制造费用10%；按现行技术条件更新自制设备，钢材和铸铁均可节约20%，人工及制造费用可节省10%。从企业财务资料获悉，自制设备购建以来，钢材价格上涨80%，铸铁价格上扬50%，工时成本也提高了100%，制造费用按工时分摊的额度上涨40%。

（3）运杂费、安装调试费用情况：由于三件主要设备的结构变化，吨位减轻，经与技术人员和财务人员座谈，得知设备吨位减轻与运价上调相抵后运杂费上升20%，基础、基桩等耗用水泥和钢材分别减少30%，用工减少50%，钢材价格上涨指数同上，水泥价格上涨10%，人工费上涨100%，管理费上涨40%。分析原成本核算资料，获知各项费用占运杂费、安装调试费的总成本的比重如下：运杂费10%，钢材40%，水泥20%，人工20%，管理费10%。

6. 某进口机器设备，评估基准日时的FOB价为2.5万美元，国外运输保险费为103美元，国内运杂费率为3%，关税税率为16%，增值税税率13%，银行手续费率为0.5%，外贸手续费率为1.5%。评估基准日美元对人民币汇率为8.3，试计算这台进口机器设备的重置全价。

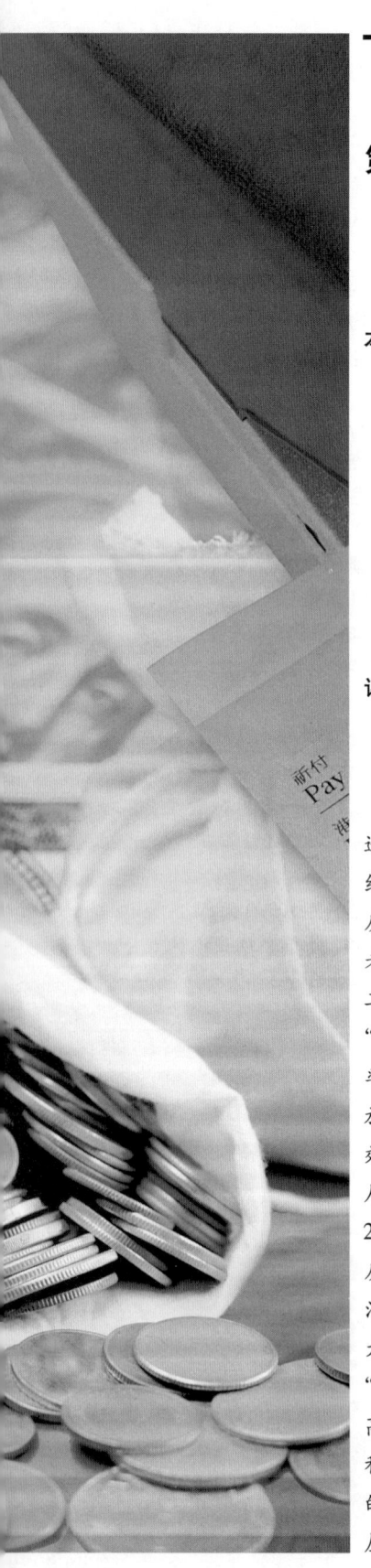

第六章　房地产评估

本章要点

- 房地产评估的对象、类别及相关概念
- 房地产的特点以及评估特点
- 房地产价格体系，影响房地产价格的因素
- 房地产评估市场法的应用
- 房地产评估收益法的应用
- 土地价值评估的剩余法
- 在建工程评估

评估聚焦

房地产评估面对的转型

2022年以后，由于人口结构的改变，我国房地产市场发展进入转型期。在需求收缩、供给冲击、预期转弱三重压力下，一线城市和部分热门二线城市由于经济基本面好、人口吸引力强，房价尚处于上升阶段，但是，三、四线城市由于人口外流，新购房者缺乏购房能力及意愿，导致房屋供大于求，空置率加大。党的二十大之后，为了保障房地产市场的稳定健康发展，中央坚持"房住不炒"的定位，多部门密集出台稳楼市政策，涉及贷款利率调降、个税退税优惠、保交楼专项借款、不良资产处置，明确释放出稳定房地产市场的信号。2023年年初，这些政策初显成效，房地产市场出现阶段性回暖，但由于房企债务持续违约导致居民对房地产市场的预期转差，整个市场依然呈现疲软态势。2023年中央"因城施策"，除了二、三、四线城市采取宽松政策为房价松绑，一线城市也开始进行优化调整。7月24日，中央政治局会议对房地产市场重新进行定调，"房地产供求关系发生重大变化"，从需求端来说，9月北上广深等多个省市落实首套房"认房不认贷"政策，同时降低首付比例、放宽贷款利率下限，提高房地产市场成交活跃度；从供给端来说，布局和推进"三大工程"，盘活存量用地。如国务院印发《关于规划建设保障性住房的指导意见》，加大了保障性住房建设和供给，实现"居者有其屋"，解决商品房需求断层问题；同时，落实了供给端金融支持问

题,中国人民银行、国家金融监督管理总局延长"金融十六条"政策期限,利用"三支箭"持续发力,全面支持房企融资。

在房地产发展模式发生重大转型的背景下,对房地产价值进行专业估价的过程,对房地产具有重要的影响。专业化估值有助于金融机构更准确地了解房企抵押物的价值,从而有效控制债务违约风险。立足于房地产的居住属性,房地产估值可以提供客观的参考,引导市场回归合理水平,在市场中发挥调节作用,平衡买方和卖方的利益,为"多主体供给、多渠道保障、租购并举"的多元化房地产市场提供专业知识和专业化服务。

第一节　房地产评估概述

一、房地产评估对象及其分类

(一)房地产评估对象

房地产通常是指房屋建筑物(含相关建筑物和附着物)和承载房屋建筑物的土地的合称,法律上称为"不动产"。对城镇某宗房地产,通常称为物业。

房地产从组成内容上看,有二元性,即土地和地上的建筑物。由于地球表面的土地具有永久性,建于其上的建筑物相对其他商品而言也具有固定性。所有房地产位置上都是固定的,这是房地产区别于其他商品的又一重要性质,但它们的用途都是可以改变的,改变用途有时可以视为房地产的相对"移动"。

资产评估中,因具体评估业务项目和评估处理的需要,通常可以将房地产分为三种评估对象:单纯评估土地价值、单纯评估房屋建筑物价值、房地合一价值(或称房地产价值、物业价值)。

(二)土地及其分类

土地是指地球上陆地表层范围,包括水域、滩涂在内由地貌、土壤、岩石、水文、气候状态、植被等要素组成的自然综合体。

在我国,城镇土地的所有权属于国家;农村和城市郊区的土地,除由法律规定属于国家所有的以外,属于农民集体所有,包括农民的宅基地、自留地、自留山等。我国实行国有土地所有权与使用权相分离的制度,土地使用者只能拥有土地使用权并可依法转让土地使用权。因此,国有土地的地价都是指国有土地使用权价格,所谓土地价值评估也是指土地使用权价值评估。

从资产评估的角度,土地可以从如下方式来认识和进行分类:

(1)按土地的权属性质,可分为国有土地和集体土地。

(2)按《中华人民共和国土地管理法》规定的土地用途,可分为农用地、建设用地、未利用地。

(3)按土地利用现状分类,可分为耕地、园地、林地、草地、商服用地、工矿仓储用地、住宅用地、公共管理与公共服务用地、特殊用地、交通运输用地、水域及水利设施用地、其他土地。

(4)按土地的经济地理位置,可分为市中心区土地、城区土地、开发区土地、农村和城市郊区土地等。

（5）按土地取得方式，可分为划拨土地、出让土地、转让土地、承包经营土地、租赁土地等。

（6）按土地开发程度，可分为：生地，指不具备城市基础设施的土地，如荒地、农地等；毛地，指具有一定城市基础设施，但地上有需要支付迁移安置房屋费用的土地；熟地，指有完善的城市基础设施，土地平整能直接在其上进行房屋建设的土地。

（三）房屋建筑物及其分类

房屋建筑物通常是房屋和构筑物的总称，其中，房屋是指用建筑平方米为计量单位，具有一定高度空间的建筑物；构筑物是指用建筑施工方式形成的非房屋类建筑物，如围墙、工业烟囱、沟槽、水池等建筑设施。本教材中所指房屋建筑物仅指上述房屋类建筑物。

房屋建筑物通常由基础、结构、设备和装饰四个部分组成。房屋建筑物的分类方法很多，以下主要介绍四类划分方式。

1. 按房屋建筑物的使用性质划分

（1）生产性建筑。主要包括工业生产建筑（含工矿业生产、辅助生产、动力、运输、仓库等用房）、农业生产建筑（含农牧业种植、养殖、储存等用房）等。

（2）非生产性建筑。主要为民用建筑，可进一步细分为居住建筑（含住宅、公寓、别墅、宿舍等）和公用建筑（含商业、办公、科教文卫、体育、交通、园林、公共配套等）。

2. 按房屋建筑物权属性划分

（1）国有房产。指归国家所有的房产，包括由政府接管、国家经租、收购、新建以及由国有单位用自筹资金建设或购买的房产。主要包括直管产、自管产、军产。

（2）集体所有房产。指城市集体所有制单位所有的房产，即集体所有制单位投资建造、购买的房产。

（3）私有房产。指私人所有的房产，包括中国公民、港澳台同胞、海外侨胞、在华外国侨民、外国人所投资建造、购买的房产，以及中国公民投资的私营企业所投资建造、购买的房产。

（4）其他房产。

3. 按房屋的结构类型划分

（1）砖木结构。这类结构的房屋主要承重构件采用砖、木制成。其中垂直承重构件的砖墙、柱采用砖砌，水平承重构件的楼板、屋架采用木材。

（2）砖混结构。这类结构的房屋垂直承重构件采用砖砌或砖柱，水平承重构件采用钢筋混凝土楼板、屋面板。

（3）钢筋混凝土结构。该类结构的承重都是由钢筋混凝土构件构成的，外墙、隔墙等围护结构则是由轻质或其他砌体构成。其特点是结构的适用性强、抗震性能好和耐用年限较长，是目前我国建筑工程中采用最多的一种建筑结构类型。钢筋混凝土结构建筑的结构形式主要有：框架结构、剪力墙结构、筒体结构、框架剪力墙结构、框架筒体结构和筒中筒结构等多种形式。

（4）钢结构。主要的承重构件采用钢材作为承重材料的建筑物为钢结构建筑，钢结构建筑建造成本较高，多用于超高层建筑和有大跨度要求的建筑物，如体育馆、大剧院、大跨度的工业厂房等。

（5）其他结构。凡不属于上述结构的房屋都归此类。如竹结构、砖拱结构、窑洞等。

4. 按房屋建筑物登记用途划分

（1）住宅。主要包含成套住宅、非成套住宅、集体宿舍等。

（2）工业、交通、仓储。主要包含工业、公用设施、铁路、民航、航运、公交运输、仓储等。

（3）商业、金融、信息。主要包括商业服务、经营、旅游、金融保险、电讯信息等。

（4）教育、医疗卫生、科研。主要包括教育、医疗卫生、科研等。

（5）文化、娱乐、体育。

（6）办公。指党、政机关、群众团体、行政事业单位等行政、事业单位等所用的房屋。

（7）军事。指中国人民解放军军事机关、营房、阵地、基地、机场、码头、工厂、学校等所用的房。

（8）其他。主要包括涉外、宗教、监狱等。

二、房地产的特点和评估特点

（一）房地产的特点

流通中的房地产除具有一般商品的共性外，还具有其特殊性，主要有如下十点：

1. 不可移动

不可移动特点也称为位置固定性，是房地产最重要的一个特点，也是房地产不同于其他财产的主要之处。

房地产的不可移动特点主要是指其自然地理位置固定不变，房地产的社会经济位置在经过一段时间之后可能会发生变化。因为对外交通、外部配套设施等，均可以影响房地产的社会经济位置，而这些通常是随着城市建设和发展而发生变化的，特别是在中国目前城市建设和发展变化较大较快的情况下。

2. 独一无二

独一无二特点也称为独特性、异质性、非同质性、个别性。

房地产的独一无二特点，使得房地产市场上难以出现相同房地产的大量供给，房地产之间不能完全替代，房地产市场不是完全竞争的市场，房地产价格千差万别并容易受个别因素的影响。

3. 寿命长久

寿命长久特点也称为耐久性，对土地而言，也称为不可毁灭性、永续性。土地虽然可能发生塌陷、被洪水淹没或者荒漠化、盐渍化等，但它在地表上所标明的场所、作为空间是永存的。实际上，只要对土地进行适当的保护，土地的生产力或利用价值一般不会丧失，能够一次又一次地被反复利用。建筑物虽然不像土地那样具有不可毁灭性，但其寿命通常可达数十年甚至上百年。

4. 供给有限

土地是大自然的产物，人工生产不出来，地表面积基本上是固定不变的，因此土地总量不能增加。土地的这种特点称为有限性、不可再生性、不增性。但对狭义的土地（可用的陆地）来讲，如果地价高到一定程度，可以吸引人们移山填海或者将荒漠改造为良田,从而"制造"出可用的土地。但即使如此,这种"造地"的数量相对于现存的土地数量是微不足道的。由于土地不能增加,特别是位置较好的土地供给有限,导致了建筑物特别是位置较好的建筑物的数量也是有限的。

5. 价值较大

与一般物品相比,房地产不仅单价高,而且总价大。从单价高来看,每平方米土地或每平方米建筑面积房屋的价格,低则数千元,高则上万元甚至十几万元,繁华商业地段经常有"寸土寸金"之说。

6. 用途多样

用途多样特点也称为用途的竞争、转换及并存的可能性,主要是空地所具有的特点。房地产虽然具有用途多样特点,但现实中房地产的用途并不是其拥有者可以随意决定的。房地产的利用一方面要符合城市规划等的规定,另一方面存在着不同用途以及利用方式之间的竞争和优选问题。

7. 相互影响

房地产因为不可移动,其用途、建筑高度、外观等状况通常会对周围的房地产产生较大而长久的影响;反过来,周围房地产的状况也会对该房地产产生影响。

8. 易受限制

由于房地产具有不可移动、相互影响的特点,并且是各种生产、生活活动都不可缺少的基础要素,关系民生及社会、经济稳定,所以世界上几乎所有的国家和地区,对房地产的利用、交易等都有一些限制,甚至是严格管制的。

9. 难以变现

难以变现也称为变现能力弱、流动性差、弱流动性,房地产由于具有独一无二、价值较大、易受限制等特性,加上交易手续较复杂、交易税费较多等原因,使得同一宗房地产的买卖不会频繁发生,一旦需要出售,通常需要较长的时间才能脱手。

10. 保值增值

房地产由于寿命长久、土地总量不能增加以及交通等基础设施不断完善、人口增加等,其价值通常可以得到保持,甚至随着时间的推移而不断增加。

上述特点对房地产价格都有直接影响,在房地产评估中必须予以充分重视。

(二) 房地产评估的特点

由于房地产商品的特殊性,在房地产评估中,以下三点与其他有形资产评估有较大区别。

1. 非完全竞争性

土地的固定性和稀缺性制约了房地产的供应,所以房地产市场是一个不完全竞争市场,即不充分市场。评估房地产价值,必须充分考虑被评房地产同一供需圈的供求情况和价格水平,即使在同一供需圈内,由于其地理位置和环境的不同,差别也客观存在。这种非完全竞争性,决定了房地产评估价值虽受同一供需圈总体价格影响,但每一宗房地产的评估都有个别性。

2. 影响因素多样性

在一般有形资产评估中,成本因素通常是决定其评估价值的主要因素。房地产评估中,在许多情况下非成本因素在决定其评估价值时起到了重要作用。房地产市场和房地产价格是政策性非常强的一个经济领域,政府在房地产方面的政策、法规在评估中必须得到贯彻执行。影响房地产价格的各种宏观、微观因素必须充分考虑。因此,在房地产价值评估中需要特别重视对评估价值有影响的这些非成本因素。

3. 房地不可分性

房地产实质是土地、房屋建筑物及其相关权益的综合体。土地使用权转让时,其地上房屋建筑物、其他附着物所有权随之转让;地上建筑物、其他附着物所有权发生转让时,其使用范围内的土地使用权也随之转让。房地产评估时,必须注意房地产不可分割的因素,进行综合评估。其一,在确定影响评估结果的一些重要参数,如剩余年限时,要有一致性,即使在需要进行房、地分估的情况下也应一致。其二,在确定的综合评估结果中要正确区分权利人各项权利的价值。

三、土地价格种类

(一) 土地所有权价格和土地使用权价格

与土地交换关系相适应,土地价格有所有权价格和使用权价格之分。

土地所有权价格实质上是购买价格,现实中表现为征地价格,只有在国家与农村集体发生征地关系时才产生,国家对农村集体土地进行征用的价格,即为征地价格,它反映的是土地所有权和使用权的一次性转移价格。

土地使用权价格本质是租赁价格,土地使用者在支付土地使用权价格后,得到的仅仅是土地使用权,土地的所有权仍属于国家。现实中,土地使用权价格表现为出让金,即批租地价或出让地价。依照法律规定,国有城镇土地,在不改变土地所有权的情况下,可以有偿出让土地使用权。我国一般采取一次性收取土地出让期间的地租,这个地租就是出让金。国家以土地所有者的身份将土地使用权在一定年限内让与土地使用者,并由土地使用者向国家支付土地出让金的行为,称土地使用权出让,形成的价格称土地出让价格。国有土地使用权出让在我国可以有协议、招标、拍卖和挂牌四种方式,因此,按照出让方式可以划分为协议地价、招标地价、拍卖地价和挂牌地价。土地使用权出让最高年限按不同用途确定:居住用地 70 年;工业用地 50 年;商业用地 40 年;教育、科技、文化、体育用地 50 年。

(二) 基准地价、标定地价、出让底价、转让地价和租赁地价

(1) 基准地价,指一定时期、一定区域内,对城市土地根据用途相同、地段相近、条件相近的原则划分地价区段,估算出的每个地价区段的区域性平均地价。

(2) 标定地价,也称标准宗地价格,它是以基准地价为基础,根据规定的土地使用年限,地块大小和形状、用途、容积率、市场供求关系等条件确定的宗地地块在一定时期内的地价。

(3) 出让底价,指政府土地管理部门对国有土地在使用年限、用途、地产行情等因素的影响条件下,所确定的待出让宗地或成片开发土地的最低控制价格。

(4) 转让地价,是指土地使用者在使用期内将已取得的土地使用权依法转让给其他土地使用权人时的土地价格。

(5) 租赁地价,指在不改变土地使用权属性质的情况下,以支付租金的形式取得一定时期土地使用权时的土地价格。

上述土地价格中,基准地价、标定地价和出让底价属于土地一级市场价格,由政府组织确定;转让地价、租赁地价属土地二级市场价格,诸如土地使用权转让、抵押价

格、征税价格等。

（三）土地总价、单位地价和楼面地价

这是按计量单位不同,对土地评估值的有如下划分。

（1）土地总价,指一定范围内土地的价格总额,计算公式为:

$$土地总价 = 单位地价 \times 土地总面积$$

由于一定范围的土地面积有大有小,土地总价不能说明土地的价格水平。

（2）单位地价,指单位土地面积的价格,通常用每平方米价格或每亩[①]价格表示,计算公式为:

$$单位地价 = \frac{土地总价}{土地面积}$$

单位地价可以反映一定时期内土地价格水平。

（3）楼面地价,又称单位建筑面积地价,它是每单位建筑面积所分摊的土地价格,计算公式为:

$$楼面地价 = \frac{土地总价}{建筑总面积}$$

在实际工作中,楼面地价实质反映的就是单位建筑面积的土地成本,它最能反映土地价格的高低。楼面地价常用单位地价÷容积率来计算。

四、房屋建筑物价格种类

按照流通形式划分,房屋建筑物价格包括房地产或建筑物的出售价格和租赁价格。

按照计算单位划分,房屋建筑物价格包括房地产（或建筑物）的总价格和单位面积价格。

按照交房时间划分,房屋建筑物价格包括现房价格和期房价格。

按照用途不同划分,房屋建筑物价格包括销售价格、租赁价格、抵押价格、课税价格和典当价格等。

房地产评估中,可以根据具体情况进行房地分估或房地合一评估,无论在何种情况下,都需要针对具体的资产业务情况,对评估价值的种类和内涵予以定义和披露。

五、房地产价格的影响因素

影响房地产价格的因素众多而且复杂。由于这些因素本身具有动态性,时间不同、地区不同、房地产用途不同,这些因素对房地产价格的影响也各不相同。因此,分析和量化这些影响因素及其影响程度在房地产评估中十分重要。通常把影响房地产价格的因素划分为房地产外部因素和房地产自身因素两大类。房地产外部因素可再分为经济因素、社会因素、行政因素等,房地产自身因素可再分为房地产实物因素、房地产权益因素和房地产区位因素。这些因素还可以进一步细分。

（一）房地产外部因素

影响房地产价格的外部因素是指对房地产价格高低及其变动具有普遍性、一般

---

① 1亩 = 666.67平方米。

性的共同性因素。这些因素主要有：

1. 经济因素

经济发展状况、居民收入和消费水平、物价变动、财政收支与金融状况、产业结构调整变化等都会对房地产价格产生一定影响。例如，房地产价格随经济增长的周期性变化而呈现规律性波动，二者之间的密切关系是通过房地产供需变化而产生的。当经济高速增长时，投资者增多，对房地产需求旺盛，加之房地产供给有限，房地产价格通常进入上升通道；而当经济处于萧条或衰退时期，投资者减少，房地产需求减弱，一般会致使房地产价格下跌。

2. 社会因素

人口数量与素质、家庭规模、地区教育水平、治安状况和社会福利状态等社会因素都会对房地产价格产生影响。就人口因素而言，人是房地产需求的主体，人口数量、素质和结构的变动，将对房地产价格产生长远而深刻的影响。由于人口增加，对房地产消费的需求也加大，而土地供给在一定程度上是缺乏弹性的，因而从长期来看房地产价格会呈上涨趋势。人口密度越高的地区，由于供需矛盾突出，房地产价格一般趋高。同时也要看到人口密度过高会造成生活环境恶化，如果是住宅，其价格会因此受到抑制。另外，不同的居住人群的结构也会造成房地产价格（特别是住宅价格）的差异。

3. 行政因素

行政因素包括有关房地产、土地利用的制度，政策与行政管理措施，主要有以下三方面：

（1）城市发展计划与城市土地利用规划。政府通过城市经济发展的速度、产业结构、投资等计划，决定土地供给数量和结构的变化，对土地价格影响特别大。土地利用规划通过对城市土地的用途及空间布局的制定影响了土地利用的收益，从而影响土地价格。

（2）对房地产价格的调控措施。政府为防止房地产价格异常波动和抑制投机行为，对房地产价格实行一定的管制措施，使之有利于整个经济的健康发展。这些措施如：公布基准地价，开征土地、房产的税收，以及制定和实施土地的拍卖转让制度等。国家规定的土地使用制度与住房制度、地价政策等，也会对房地产价格产生影响。

（3）其他行政因素。为了适应城市发展战略，土地利用规划需要对用地结构、土地用途、利用程度等进行规划，对房地产价格影响较大。行政隶属关系变化，城镇级别和管制权发生变更，都会促使该区域房地产价格的变化。此外，随着城市管制规定，诸如交通管制、噪声管制、市场管制等的变化，也会使控制区域的房地产价格发生变化。

（二）房地产自身因素

房地产自身状况的好坏，直接关系到其价格的高低，是不同房地产之间价值高低差异的基本原因。房地产自身因素可分为房地产实物因素、房地产权益因素和房地产区位因素三类。

1. 房地产实物因素

（1）土地实物因素。土地实物因素就是宗地实物因素，是宗地自身的自然条件和特征对该地块价格的影响。

① 面积与形状。不同土地利用方式对土地面积和形状要求不同,而土地利用方式是决定土地价格的重要因素,这样,土地面积和形状就间接影响着土地价格。如在商业区,面积大的土地由于规模效益产生高额收益,其地价必然高,而面积狭小的地块由于土地利用受到诸多限制,地价也会反映这一局限性。又如形状规则的土地比形状不规则土地利用效率高,从而价格较高。而且同一形状的地块由于宽度和深度不同也使地价产生差异。

② 地形与地势。地形是指地面的起伏形状,地形高低不平会加大开发成本,地价较低。地势是指被评估土地与相邻地的高低关系,地势低洼会造成背阳、潮湿等问题,因而地势高的土地价格必然高于地势低的土地。

③ 土壤与地质。两者分别对农用地与城市土地价格产生影响。对农用地而言,土地越肥沃,其地价当然越高。对城市土地而言,地质条件决定着土地承载力的大小,限制建筑物的高度,从而影响土地使用效益,也就影响了土地价格。

④ 土地开发程度。一宗土地的基础设施完备程度和场地平整程度,对其价格的影响是显而易见的:熟地的价格要高于生地的价格;"七通一平"土地价格要高于"五通一平"土地的价格,"五通一平"土地的价格要高于"三通一平"土地的价格。

（2）建筑物实物因素。建筑物实物因素是指房屋建筑物个别特性和相关条件对建筑物价格的影响因素。

① 建筑规模。建筑物的面积、体积、开间、深度、层高、室内净高、层数、高度等规模因素,关系到建筑物的形象、使用性等,对房地产价格有所影响。

② 建筑结构。不同结构的建筑物在稳固性和耐久性不同,对价值影响也不同。如钢筋混凝土结构、砖混结构、砖木结构的建筑物,价值一般是越来越低。

③ 设施设备。建筑物的设施设备是否齐全、是否与其功能相匹配及优劣,对建筑物价格有很大影响。

④ 装饰装修。建筑物的装饰装修状况,一般分为精装修、简装修和毛坯房三大类,其价格也会越来越低。

⑤ 空间布局。空间布局关系到建筑物的使用,不同用途的建筑物对空间布局的要求也不相同。一般来说,平面布局合理、交通联系方便有利于建筑物的使用,价值就越高;反之,价值越低。

⑥ 建筑功能。建筑物应满足防水、保温、隔热、隔声、通风、采光、日照等的要求。

⑦ 外观。建筑物外观包括建筑式样、风格、色调、可视性等,对房地产价格有较大的影响。凡是建筑物外观新颖、优美,可给人以舒适的感觉,价格就会高;反之,价格就低。

⑧ 新旧程度。建筑物的新旧程度包含建筑物的年龄、维护状况、完损程度、工程质量等。一般来说,建筑物越新,价值量越高;反之,价值量越低。

2. 房地产权益因素

房地产权益因素调整的内容包含规划条件、土地使用期限、共有情况、用益物权设立情况、担保物权设立情况、租赁或占用情况、拖欠税费情况、查封等形式限制权利情况、权属清晰情况等。

3. 房地产区位因素

房地产区位因素包含位置、交通、外部配套设施、周围环境等状况。其中位置因素又可分为方位、与相关场所的距离、临街状况、朝向、楼层等;交通因素又可分为道路状况、出入可利用的交通工具、交通管制情况、停车方便程度以及交通收费情况等;周围环境因素又可分为大气环境、水文环境、声觉环境、视觉环境、卫生环境、人文环境等。建筑物应当与周围环境相协调,否则就不会有最佳使用状态。当建筑物不能充分发挥其使用效用时,其价格自然会降低。

第二节　收益法在房地产评估中的应用

一、收益法在房地产评估中的对象及适用范围

收益法是预测评估对象的未来收益,利用报酬率或资本化率、收益乘数将未来收益转换为价值得到评估对象价值或价格的方法。

收益法是被广泛运用于收益性房地产价值评估的方法,在房地产评估中收益法又称资本化法或收益还原法。收益法是将房地产的年净收益按一定的报酬率资本化,即在一定的折现率下计算出的未来净收益的现值总和,作为房地产的评估价值。

运用收益法评估房地产价值,只要求评估对象具有连续的、可预测的净收益,因此评估对象可以是单纯的土地,还可以是地上的纯建筑物,还可以是房地合一的房地产。

收益法适用于有收益的房地产价值评估,如住宅、写字楼、商店、旅馆、餐馆、游乐场、影剧院、停车场、汽车加油站、标准厂房(用于出租的)、仓库(用于出租的)、农地等,对于行政办公楼、学校、公园等公用、公益性房地产价值的评估大多不适用。

二、收益法的步骤

应用收益法进行房地产评估时,应按下列步骤进行:
(1) 选择具体评估方法;
(2) 估计未来收益期或持有期;
(3) 测算未来净收益;
(4) 确定报酬率或资本化率、收益乘数;
(5) 计算收益价值。

三、收益法在房地产评估中的基本模式

应用收益法评估时,应区分报酬资本化法和直接资本化法,并应优先选用报酬资本化法。其中报酬资本化法是指预测评估对象未来各年的净收益,利用报酬率将其折现到价值时点后相加得到评估对象价值或价格的方法;直接资本化法是指预测评估对象未来第一年的收益,将其除以资本化率或乘以收益乘数得到评估对象价值或价格的方法。直接资本化法中预测评估对象未来第一年的收益,将其乘以收益乘数得到评估对象价值或价格的方法也叫收益乘数法。用报酬资本化法进行评估时,应区分全剩余寿命模式和持有加转售模式。当收益期较长、难以预测该期限内各年净收益时,宜选用持有加转售模式。

（1）选用全剩余寿命模式进行评估时，收益价值应按下式计算：

$$V = \sum_{i=1}^{n} \frac{A_i}{(1 + Y_i)^i}$$

式中：V 为收益价值（元或元/平方米）；A_i 为未来第 i 年的净收益（元或元/平方米）；Y_i 为未来第 i 年的报酬率（%）；n 为收益期（年）。

（2）选用持有加转售模式进行评估时，收益价值应按下式计算：

$$V = \sum_{i=1}^{t} \frac{A_i}{(1 + Y_i)^i} + \frac{V_t}{(1 + Y_t)^t}$$

式中：V 为收益价值（元或元/平方米）；A_i 为期间收益（元或元/平方米）；V_t 为期末转售收益（元或元/平方米）；Y_i 为未来第 i 年的报酬率（%）；Y_t 为期末报酬率（%）；t 为持有期（年）。

（3）选用直接资本化法进行评估时，收益价值应按下式计算：

$$V = \frac{NOI}{R}$$

式中：V 为收益价值（元或元/平方米）；NOI 为未来第一年的净收益（元或元/平方米）；R 为资本化率（%）。

下面给出收益法对不同房地产进行评估的基本模式。

（一）评估房地合一的房地产价值

采用直接资本化法进行评估时，公式如下：

房地产评估值＝（房地产年总收入－房地产年总费用）÷房地产报酬率　　　（6-1）
　　　　　　＝房地产年纯收入÷房地产资本化率

采用报酬资本化法中全剩余寿命模式进行评估时，公式如下：

房地产评估值＝（第一年房地产年总收入－第一年房地产年总费用）÷
　　　　　　第一年房地产报酬率＋（第二年房地产年总收入－
　　　　　　第二年房地产年总费用）÷第二年房地产报酬率＋…＋
　　　　　　（第 n 年房地产年总收入－第 n 年房地产年总费用）÷
　　　　　　第 n 年房地产报酬率　　　　　　　　　　　　　　　（6-2）

采用报酬资本化法中持有加转售模式进行评估时，公式如下：

房地产评估值＝（第一年房地产年总收入－第一年房地产年总费用）÷
　　　　　　第一年房地产报酬率＋（第二年房地产年总收入－
　　　　　　第二年房地产年总费用）÷第二年房地产报酬率＋…＋
　　　　　　（第 n 年房地产年总收入－第 n 年房地产年总费用）÷
　　　　　　第 n 年房地产报酬率＋第 n 年转售收益÷
　　　　　　第 n 年房地产报酬率　　　　　　　　　　　　　　　（6-3）

式中：n 为收益期年数。

（二）单独评估土地价值

1. 单纯空地的评估

采用直接资本化法进行评估时，公式如下：

土地评估值＝（土地年总收入－土地年总费用）÷土地资本化率　　　　　（6-4）
　　　　　＝土地年纯收入÷土地资本化率　　　　　　　　　　　　　　（6-5）

采用直接资本化法进行评估时,公式与上述报酬资本化法公式类似,不再赘述。

2. 房地合一情况下,土地价值的评估

采用直接资本化法进行评估时,公式如下:

$$土地评估值 = \frac{房地产年净收益 - 建筑物年净收益}{土地资本化率} \quad (6-6)$$

式中:

$$建筑物年净收益 = 建筑物现值 \times 建筑物资本化率 \quad (6-7)$$

$$建筑物现值 = 建筑物重置成本 \times 成新率 \quad (6-8)$$

采用直接资本化法进行评估时,公式与上文报酬资本化法公式类似,不再赘述。

(三)房地合一情况下,房屋建筑物价值的评估

采用直接资本化法进行评估时,公式如下:

$$建筑物评估值 = \frac{房地产年净收益 - 土地年净收益}{建筑物资本化率} \quad (6-9)$$

式中:

$$土地年净收益 = 土地现值 \times 土地资本化率 \quad (6-10)$$

其中,土地现值即为委托对象中土地在基准日的市价总值。

采用直接资本化法进行评估时,公式与上文报酬资本化法公式类似,不再赘述。

注意以下两点:

(1)运用上述公式时,净收益口径应与报酬率或资本化率匹配。

(2)若收益为非等额、收益年期为有限年,可根据具体情况按不同收益法公式计算评估结果。

四、基本参数的计算与确定

(一)净收益

净收益是指有关收入减去费用后归因于评估对象的收益。净收益可通过租赁收入测算的,应优先通过租赁收入测算,并应符合下列规定:

(1)根据租赁合同和租赁市场资料测算净收益,且净收益应为有效毛收入减去由出租人负担的运营费用。

(2)有效毛收入应为潜在毛收入减去空置和收租损失,再加上租赁保证金或押金的利息等各种其他收入,或为租赁收入加上其他收入。

(3)运营费用包括:房地产税、房屋保险费、物业服务费、管理费用、维修费、水电费等维持房地产正常使用或营业的必要支出,并应根据租赁合同约定的租金(以下称合同租金)含义决定取舍。其中由承租人负担的部分,不应计入。

(4)评估承租人权益价值的,净收益应为市场租金减去合同租金。其中有效毛收入是指潜在毛收入减去空置和收租损失后的收入;潜在毛收入是指评估对象在充分利用、没有空置和收租损失情况下所能获得的归因于评估对象的总收入;空置和收租损失是指因空置或承租人拖欠租金等造成的收入损失;运营费用是指维持评估对象正常使用或营业的必要支出。

净收益不可直接通过租赁收入测算的,应根据评估对象的用途等情况,选择下列方式之一测算:

（1）商服经营型房地产，应根据经营资料测算净收益，且净收益应为经营收入减去经营成本、经营费用、税金及附加、管理费用、财务费用以及应归属于商服经营者的利润后的余额。

（2）生产型房地产，根据产品市场价格和原材料、人工费用等资料测算净收益，且净收益应为产品销售收入减去生产成本、销售费用、税金及附加、管理费用、财务费用以及应归属于生产者的利润后的余额。

（3）尚未使用或自用的房地产，可比照有收益的类似房地产的有关资料按上述相应方式测算净收益，或通过直接比较得出净收益。

评估中采用的收入和费用或净收益取值，应符合下列规定：

（1）除有租约限制且评估出租人权益价值外，都应采用正常客观的数据。

（2）有租约限制且评估出租人权益价值的，已出租部分在租赁期间应按合同租金确定租赁收入、未出租部分和已出租部分在租赁期间届满后应按市场租金确定租赁收入。

（3）评估出租人权益价值或承租人权益价值时，合同租金明显高于或低于市场租金的，应调查租赁合同的真实性、分析解除租赁合同的可能性及其对收益价值的影响。

测算净收益时，价值时点为现在的，应调查评估对象至少最近三年的实际收入、费用或净收益等情况。利用评估对象的资料得出的收入、费用或净收益等数据，应与类似房地产在正常情况下的收入、费用或净收益等数据进行比较。若与正常客观的数据有差异，应进行分析并予以适当修正。

期末转售收益是指预计在持有期末转售房地产时可获得的净收益。期末转售收益应是在持有期末的转售价格减去转售成本。持有期末的房地产转售价格可采用直接资本化法、比较法等方法来测算。持有期末的转售成本应为转让人负担的销售费用、销售税费等费用和税金。

测算净收益时，应根据净收益过去、现在、未来的变动情况，判断确定未来净收益流量及其类型和对应的收益法公式，并应在评估报告中说明判断确定的结果及理由。

（二）报酬率或资本化率

报酬率是指将评估对象未来各年的净收益转换为评估对象价值或价格的折现率；资本化率是指房地产未来年化净收益与其价值或价格的百分比。房地产评估中报酬率、资本化率即为收益法中所称的折现率或资本化率。因此，房地产评估中决定报酬率的基本原则是，房地产报酬率应等同于与获取房地产所产生的净收益具有同等风险的资本的收益率。

1. 报酬率或资本化率的估算方法

（1）报酬率。由于不同地区、不同时期、不同用途的房地产的投资风险不同，其报酬率也就不同，报酬率宜选用下列方法确定：

① 市场提取法：选取不少于三个可比实例，利用其价格、净收益等数据，选用相应的收益法公式，测算报酬率。

② 累加法：以安全利率加风险调整值作为报酬率。安全利率可选用国务院金融主管部门公布的同一时期一年定期存款年利率或同一时期一年期国债年利率；风险

调整值为承担额外风险所要求的补偿,应根据评估对象及其所在地区、行业、市场等存在的风险来确定。

③ 投资收益率排序插入法:找出相关投资类型及其收益率、风险程度,按风险大小排序,将评估对象与这些投资的风险程度进行比较,判断、确定报酬率。

(2)资本化率。资本化率宜采用市场提取法确定。举例如下:

表6-1中各实例资本化率的算术平均值为:

$$(7.1\% + 7.5\% + 6.9\% + 7.3\% + 7.8\%) \div 5 = 7.32\%$$

则7.32%作为待估房地产的资本化率。也可以采用加权平均法使结果更精确。

表6-1 相似房地产的净收益、价格和资本化率

比较实例	净收益(元/年·平方米)	价格(元/平方米)	资本化率(%)
1	418.9	5 900	7.1
2	450.0	6 000	7.5
3	393.3	5 700	6.9
4	459.9	6 300	7.3
5	507.0	6 500	7.8

其中的综合资本化率还可根据具体情况,选用下列方法确定:

① 根据房地产的购买资金构成,将购买房地产的抵押贷款收益率与权益资金收益率的加权平均数作为资本化率,按下式计算:

$$RO = M \cdot RM + (1-M)RE$$

式中:RO 为综合资本化率(%);M 为贷款价值比率(%),即抵押贷款额与房地产价值的百分比;RM 为抵押贷款资本化率(%),即第一年还本付息额与抵押贷款额的百分比;RE 为权益资金要求的正常收益率(%)。

② 根据房地产中土地和建筑物的价值构成,将土地资本化率与建筑资本化率的加权平均数作为综合资本化率,按下式计算:

$$RO = L \cdot RL + B \cdot RB$$

式中:RO 为综合资本化率(%),适用于土地与建筑物合一的评估;RL 为土地资本化率(%),适用于土地评估;RB 为建筑物资本化率(%),适用于建筑物评估;L 为土地价值占房地价值的比率(%);B 为建筑物价值占房地价值的比率(%),L+B=100%。

2. 报酬率的种类

房地产收益法评估中,根据不同的评估对象,折现计算中的报酬率各不相同,式(6-1)~(6-10)在评估房地产价值、土地价值、房屋建筑物价值中分别采用了房地产报酬率、土地报酬率及建筑物报酬率等。一般来说,采用以上方法估算报酬率,房地产报酬率与土地报酬率的确定容易一些,而直接估算建筑物报酬率比较困难。这时我们可以利用三种报酬率的关系,通过获取的信息间接估算有关报酬率。

设:r 为房地产报酬率;r_1 为土地报酬率;r_2 为房屋建筑物报酬率;x 为土地占房地产价格的比例;y 为房屋建筑物占房地产价格的比例;L 为土地现值;B 为房屋建筑物现值。

$$r = \frac{r_1 L + r_2 B}{L + B} \tag{6-11}$$

$$r = r_1 x + r_2 y \tag{6-12}$$

$$r_1 = \frac{r(L+B) - r_2 B}{L} \tag{6-13}$$

$$r_2 = \frac{r(L+B) - r_1 L}{B} \tag{6-14}$$

（三）收益期

收益期是指预计在正常市场和运营状况下评估对象未来可获取净收益的时间，即自价值时点起至评估对象未来不能获取净收益时止的时间。收益期应根据建设用地使用权剩余期限和建筑物剩余经济寿命进行测算，并应符合下列规定：

（1）建设用地使用权剩余期限和建筑物剩余经济寿命同时结束的，收益期为建设用地使用权剩余期限或建筑物剩余经济寿命。

（2）建设用地使用权剩余期限和建筑物剩余经济寿命不同时结束的，应选取其中较短者为收益期，并应对超出收益期的建设用地使用权或建筑物按以下规定处理：① 对土地使用权剩余期限超过建筑物剩余经济寿命的房地产，收益价值应为按收益期计算的价值，加自收益期结束时起计算的剩余土地使用权在价值时点的价值。② 对建筑物剩余经济寿命超过土地使用权剩余期限，且出让合同等约定土地使用权期间届满后无偿收回土地使用权及地上建筑物的非住宅房地产，收益价值应为按收益期计算的价值。③ 对建筑物剩余经济寿命超过土地使用权剩余期限，且出让合同等未约定土地使用权期间届满后无偿收回土地使用权及地上建筑物的房地产，收益价值应为按收益期计算的价值和建筑物在收益期结束时的价值折现到价值时点的价值。

（3）评估承租人权益价值的，收益期应为剩余租赁期限。

《中华人民共和国民法典》（简称《民法典》）物权编规定，住宅建设用地使用权期限届满的，自动续期。非住宅建设用地使用权期限届满后的续期，依照法律规定办理。该土地上的房屋及其他不动产的归属，有约定的，按照约定；没有约定或者约定不明确的，依照法律、行政法规的规定办理。《民法典》对土地使用年限的确定产生了重大的影响，特别是自动续期意味着住宅用地使用权年限会有延续期，但是否需要缴纳土地使用权出让金尚未确定，同时非住宅用地没有明确是否自动续期。因此评估中确定房地产收益期时，还须根据土地使用权种类的不同，参照相关行政法规规定，具体分析。

（四）持有期

持有期是指预计正常情况下持有评估对象的时间，即自价值时点起至评估对象未来转售时止的时间。持有期应根据市场上投资者对同类房地产的典型持有时间，以及能预测期间收益的一般期限来确定，并宜为 5 年至 10 年。

五、举例

例 6-1 某房地产公司于 2019 年 6 月 30 日以转让方式取得一块土地 50 年使用权，且出让合同约定建设用地使用权期间届满无偿收回建设用地使用权及地上建筑物，并于 2021 年 6 月 30 日在此地块上建成一座砖混结构的写字楼，当时造价为每平方米 2 000 元,经济耐用年限为 50 年,残值率为 2%,目前,该类建筑物重置价格为每平方米 2 500 元。该建筑物占地面积 500 平方米,建筑面积为 900 平方米。目前用于出租,每月平均实收租金为 3 万元。另据调查,当地同类写字楼出租租金一般为每月每建筑平方米 50 元,空置率为 10%,每年需支付的管理费为年租金的 3.5%,维修费为重置价的 1.5%,城镇土地使用税及房产税为每建筑平方米 20 元,保险费为重置价的 0.2%,土地资本化率 7%,建筑物资本化率 10%,试根据以上资料评估该宗地2023 年 6 月 30 日的土地使用权价格。

（1）选定评估方法。该宗房地产有经济收益,适宜采用收益法,考虑到评估目的的需要,适宜采用报酬资本化法中的全剩余寿命模式进行评估。

（2）估计未来收益期。在本例中,土地使用年限小于房屋耐用年限,视土地使用权年限届满为房地产使用者可使用的年期,为 50-4=46(年)。

（3）测算未来净收益。

① 计算总收益。总收益应该为客观收益而不是实际收益。

$$年总收益 = 50×12×900×(1-10\%) = 486\ 000(元)$$

② 计算总费用,具体如下:

$$年管理费 = 486\ 000×3.5\% = 17\ 010(元)$$

$$年维修费 = 2\ 500×900×1.5\% = 33\ 750(元)$$

$$年税金 = 20×900 = 18\ 000(元)$$

$$年保险费 = 2\ 500×900×0.2\% = 4\ 500(元)$$

$$年总费用 = 年管理费+年维修费+年税金+年保险费$$
$$= 17\ 010+33\ 750+18\ 000+4\ 500 = 73\ 260(元)$$

③ 计算房地产净收益。

$$房地产年净收益 = 年总收益-年总费用$$
$$= 486\ 000-73\ 260 = 412\ 740(元)$$

④ 计算房屋净收益。

$$房屋年净收益 = 房屋现值×房屋报酬率$$
$$= 2\ 156\ 250×10\% = 215\ 625(元)$$

⑤ 计算土地年净收益。

$$土地年净收益 = 房地产年净收益-房屋年净收益$$
$$= 412\ 740-215\ 625 = 197\ 115(元)$$

（4）测算报酬率。本例中报酬率已给定,无须单独测算。

（5）计算收益价值。计算土地使用权价值。土地使用权在 2023 年 6 月 30 日的剩余使用年期为 50-4=46(年)。

$$V = \frac{197\ 115}{7\%} × \left[1 - \frac{1}{(1+7\%)^{46}} \right] = 2\ 690\ 623.72(元)$$

（6）确定收益法评估结果。本宗土地使用权在 2023 年 6 月 30 日的土地使用权评估值为 2 690 623.72 元,单价为每平方米 5 381.25 元。

第三节　市场法在房地产评估中的应用

一、市场法在房地产评估中的对象及适用范围

市场法是指在评估房地产价值时,用条件相类似的已成交(包括买卖、租赁等)的房地产与待估房地产相比较,以此推出待估房地产评估价值的方法。

市场法是房地产评估方法中最常用的基本方法之一,又称比较法、市场比较法。市场法的理论依据是经济学中的替代原理。若经济主体是以追求经济效益最大化为目的的,即以一定费用获取最大利润或以最小成本获取同等利润。那么,在选择房地产时,对效用相同的房地产,必定选择价格最低的;对价格相同的房地产,必定选择效用最大的。这种经济主体的选择行为,导致了效用相同的房地产之间产生替代作用。即在一个完全竞争的市场上,两个以上具有替代关系的房地产通过相互竞争,最终会使它们的价格趋于一致。依此原理,就可以用与待估房地产类似的已成交房地产的价格为参照,求得待估房地产的价值。

市场法在房地产评估中的对象一般为土地和房地合一的房地产。

房地产评估中市场法比收益法适用范围要广,只要有类似房地产的适合交易实例即可应用,不仅适用于以收益为目的的房地产,也适用于以非收益为目的的房地产,如住宅、办公用房屋建筑物,荒地、交通用地等。

在同一地区或同一供需范围内的类似区域中,与待估房地产相类似的房地产交易越多,市场法应用越有效。因此,它适用于发育完善的房地产市场,能收集到大量的房地产市场交易资料。而在房地产市场不发达或交易规模狭小,不能收集到一定数量的交易案例和相关资料的情况下,市场法应用受到限制,甚至难以采用。

二、市场法的步骤

利用市场法评估房地产分为以下七个基本步骤进行:
(1)收集充足的市场交易资料;
(2)选取可比实例;
(3)建立比较基础;
(4)进行交易情况修正;
(5)进行市场状况调整;
(6)进行房地产状况调整;
(7)计算比较价值。
具体如下:

(一)收集充足的市场交易资料

主要是指收集交易实例,交易实例是指真实成交的房地产等财产或相关权益及有关信息,包括交易对象的基本状况、交易双方基本情况、交易方式、成交日期、成交价格、付款方式、融资条件、交易税费负担、交易目的等。这是应用市场法的基础工作,一般而言交易实例应有 10 个左右,若交易实例太少,评估结果难免失真。因此,

评估人员要经常性地收集、积累和更新尽可能多的交易实例信息,建立交易实例信息资料库。

收集交易实例信息应满足市场法运用的需要,宜包括下列内容:

(1) 交易对象基本状况;

(2) 交易双方基本情况;

(3) 交易方式。

（二）选取可比实例

可比实例是指交易实例中交易方式适合评估目的、成交日期接近价值时点、成交价格为正常价格或可修正为正常价格的评估对象的类似房地产等财产或相关权益。一般来说,选取的可比实例应符合以下条件:

(1) 可比实例应从交易实例中选取且不得少于三个;

(2) 可比实例的交易方式应适合评估目的;

(3) 可比实例房地产应与评估对象的相似;

(4) 可比实例的成交日期接近价值时点,与价值时点相关不宜超过一年,且不得超过两年;

(5) 可比实例的成交价格应为正常价格或可修正为正常价格;

(6) 在同等条件下,应将位置与评估对象较近、成交日期与价值时点较近的交易实例选为可比实例。

以下特殊交易情况下的交易实例,不宜选为可比实例:

(1) 利害关系人之间的交易;

(2) 对交易对象或市场行情缺乏了解的交易;

(3) 被迫出售或被迫购买的交易;

(4) 人为哄抬价格的交易;

(5) 对交易对象有特殊偏好的交易;

(6) 相邻房地产合并的交易;

(7) 受迷信影响的交易。

可比实例及其有关信息应真实、可靠、不得虚构。应对可比实例的外部和区位状况进行实地查勘,并应在报告中说明可比实例的名称、位置,附位置图和外观照片。

（三）建立比较基础

建立比较基础是指使可比实例成交价格与评估对象价值或价格之间、各个可比实例的成交价格之间口径一致、相互可比的处理。选取可比实例后,应建立比较基础,对可比实例的成交价格进行标准化处理,统一标准化处理应符合下列规定:

(1) 统一财产范围,应对可比实例与评估对象的财产范围进行对比,并应消除因财产范围不同而造成的价格差异。

(2) 统一付款方式,应将可比实例不是在成交日期或一次性付清方式下的价格,调整为在成交日期且一次性付清的价格。

(3) 统一融资条件,应将可比实例在非常规融资条件下的价格,调整为在常规融资条件下的价格。

（4）统一税费负担，应将可比实例在交易税费非正常负担情况下的价格，调整为在交易税费正常负担情况下的价格。

（5）统一计价单位，包括统一为总价或单价、楼面地价，统一币种和货币单位，统一面积或体积内涵及计量单位等。不同币种之间的换算宜以国务院金融管理部门发布的成交日期的市场汇率中间价计算。

（四）进行交易情况修正

交易情况修正是指使可比实例的非正常成交价格成为正常价格的处理。当满足相关要求的交易实例少于三个时，在掌握特殊交易情况且能量化其对成交价格影响的情况下，可将特殊交易情况下的交易实例选为可比实例，但应对其进行交易情况修正。修正时，应消除交易中的特殊因素所造成的可比实例成交价格偏差，将可比实例的非正常成交价格修正为正常价格。

（五）进行市场状况调整

市场状况调整是指使可比实例在其成交日期的价格成为在价值时点的价格的处理。市场状况调整应消除成交日期的市场状况与评估基准日的市场状况不同造成的价格差异，将可比实例在其成交日期的价格调整为在评估基准日价格，并应在调查及分析可比实例所在地同类房地产价格变动情况的基础上，采用可比实例所在地同类房地产的价格变动率或价格指数进行调整，且价格变动率或价格指数的来源应真实、可靠。

（六）进行房地产状况调整

房地产状况调整是指使可比实例在自身状况下的价格成为在评估对象状况下的价格处理，包括区位状况调整、实物状况调整和权益状况调整。房地产状况调整应消除可比实例状况与评估对象状况不同造成的价格差异，包括区位状况调整、实物状况调整和权益状况调整。

进行区位状况调整，应将可比实例在自身区位状况下的价格调整为在评估对象区位状况下的价格。且调整的内容应包括位置、交通、周围环境、外部配套设施等。单套住宅的区位因素还应包括所处楼幢、楼层和朝向。

进行实物状况调整，应将可比实例在自身实物状况下的价格调整为在评估对象实物状况下的价格。土地实物状况调整的内容应包括面积、形状、地形、地势、地质、土壤、开发程度。建筑物实物状况调整的内容应包括建筑规模、建筑结构、设施设备、装饰装修、空间布局、建筑功能、外观、新旧程度等。

进行权益状况调整，应将可比实例在自身权益状况下的价格调整为在评估对象权益状况下的价格。且调整的内容应包括规划条件、土地使用期限、共有情况、用益物权设立情况、担保物权设立情况、租赁或占用情况、拖欠税费情况、查封等形式限制权利情况、权属清晰情况等。

进行区位、实物和权益状况调整时，应将可比实例评估对象的区位状况、实物状况和权益状况因素逐项进行比较，找出各种因素之间的差异，量化状况差异造成的价格差异，对可比实例的价格进行相应调整。调整的具体内容和比较因素，应根据评估对象的用途等情况确定。

（七）计算比较价值

对经修正和调整后的各个可比实例价格，应根据它们之间的差异程度、可比实例与评估对象的相似程度、可比实例资料的可靠程度等情况,选用简单算术平均法、加权算术平均法等方法计算出比较价值。

由某一可比实例的交易价格通过差异修正、调整得到的修正价格,称为比准价格。计算公式为:

$$比准价格 = \frac{可比实例}{交易价格} \times \frac{交易情况}{修正系数} \times \frac{市场状况}{调整系数} \times \frac{房地产状况}{调整系数} \qquad (6-15)$$

三、差异修正的方法

用市场法评估房地产,差异修正是其技术难点。除少数差异能够直接测定偏差程度外,偏差的测度在很大程度上依赖评估人员的经验、判断能力及对市场交易信息的准确把握。下面简要介绍各种差异修正常用的方法。

交易情况修正、市场状况调整和房地产状况调整,视具体情况可基于总价或单价,采用金额、百分比或回归分析法,通过直接比较或间接比较对可比实例成交价格进行调整。其中直接比较调整是指以评估对象状况为基准,将可比实例状况与评估对象状况进行比较,根据其间的差异对可比实例成交价格进行的调整;间接比较调整是指选定或设定标准房地产,将评估对象状况和可比实例状况分别与标准房地产状况进行比较,根据其间的差异对可比实例成交价格进行的调整。

进行交易情况修正、市场状况调整、区位状况调整、实物状况调整和权益状况调整时,应符合下列规定:

(1)可比实例成交价格的单项调整幅度不应超过 20%,综合调整幅度不应超过 30%。

(2)修正和调整后的各个可比实例价格中,最高价与最低价的比值不宜大于1.2。

(3)当幅度或比值过大时,宜更换可比实例。

(4)当因评估对象或市场状况特殊,无更合适的可比实例替换时,应在报告中说明并陈述理由。

(一)交易情况修正

房地产交易中的特殊情况比较复杂,经常出现的非正常因素有:

(1)交易双方有利害关系,如有亲戚关系或经济利益关系密切,通常会以偏离市价的价格进行交易;

(2)招标、拍卖情况下,只限于一定购买者参与,价格会偏低;

(3)买者或卖者有特别动机急于购进或出手时,价格也会偏高或偏低;

(4)卖方将增值税转嫁给买方使价格升高。

上述情形除第四种可直接计算剔除外,其余三种要测定偏差程度,需要依赖评估人员的经验做出正确判断。

通常的做法是估计出一个偏差正常交易价格的百分比来进行量化计算。

$$交易情况修正系数 = \frac{正常交易情况指数}{可比实例情况指数} = \frac{100}{(\quad)} \qquad (6-16)$$

（二）市场状况调整

一般用同类地区房地产价格指数进行价格水平的修正调整。

$$市场状况调整系数 = \frac{评估基准日房地产价格指数}{可比实例交易日价格指数} = \frac{(\quad)}{100} \qquad (6-17)$$

采用定基价格指数和环比价格指数,在具体计算上略有不同。如可比实例交易日与评估基准日时间接近,评估基准日房地产价格指数可简化按"1+月平均涨幅×相差月数"估算,即式(6-17)中的$\dfrac{(\quad)}{100}$所示。

（三）房地产状况调整

根据委托评估房地产使用类型,列示若干项对价格敏感的房地产状况因素,逐项两两比较,进行调整。房地产状况的调整主要依赖评估人员的主观判断能力及对同一地区房地产评估行业规则的把握。

具体做法是:

（1）选取一系列房地产状况,并根据各自重要程度分别设定其权重,权重可相同也可不同,全部权重之和为1。

（2）根据所列因素分别对待估房地产与参照房地产的情况对比打分,或确定偏差比率(指数)。

（3）由各因素权重和得分分别求出待估房地产与比较实例的综合得分或综合偏差比率,二者之比即为房地产状况调整率。

$$房地产状况调整系数 = \frac{待估房地产状况因素综合得分}{可比实例房地产状况因素综合得分} = \frac{100}{(\quad)} \qquad (6-18)$$

$$= \frac{\prod\limits_{i=1}^{n} 待估房地产状况因素条件指数\, D_i}{\prod\limits_{i=1}^{n} 比较实例房地产状况因素条件指数\, \overline{D_i}} \qquad (6-19)$$

进行房地产状况因素调整时,主要有两种方法:一是直接比较法,即以待估房地产状况为基准,将所选取的比较实例房地产的各因素与它逐项比较打分,或求得因素调整比率;二是间接比较法,即假想一宗标准房地产,以其状况为基准,参照房地产与待估房地产均与其逐项比较打分,或求得因素调整比率。

各种因素综合时,若为评分采用加法综合,如式(6-18)所示;若为偏差比率(指数)采用乘法综合,如式(6-19)所示。式(6-18)中$\dfrac{100}{(\quad)}$是以待估房地产综合基准分为100时的特例,评估中经常采用。

以下几项是比较容易直接量化偏差程度的房地产状况因素:

（1）土地使用年期调整。

$$土地使用年期调整系数 = \left[1 - \frac{1}{(1+r)^m}\right] \div \left[1 - \frac{1}{(1+r)^n}\right] \qquad (6-20)$$

式中:r为土地报酬率;m为待估宗地的剩余使用年限;n为比较实例土地的剩余使用年限。

（2）容积率调整。

$$容积率调整系数 = \frac{待估宗地容积率调整系数}{比较实例容积率调整系数} \tag{6-21}$$

评估时,需要通过对容积率与地价水平的相关分析,根据容积率与地价的相关数据,编制容积率调整系数表,按上面的公式进行计算。

例 6-2 若选择的参照案例成交地价为每平方米 1 000 元,剩余使用年期为 30 年,容积率为 2.1。待估宗地剩余使用年限为 20 年,容积率 1.7。假定土地报酬率为 8%,所在城市土地容积率调整系数如表 6-2 所示。

表 6-2 某城市土地容积率调整系数表

容积率	0.1	0.4	0.7	1.0	1.1	1.3	1.7	2.0	2.1	2.5
修正系数	0.5	0.6	0.8	1.0	1.1	1.2	1.6	1.8	1.9	2.1

则

$$土地使用年期调整系数 = \left[1-\frac{1}{(1+8\%)^{20}}\right] \div \left[1-\frac{1}{(1+8\%)^{30}}\right] = 0.872\ 2$$

$$容积率调整系数 = \frac{1.6}{1.9} = 0.842\ 1$$

通过土地年期和容积率调整后的地价 = 1 000×0.872 2×0.842 1

= 734.48(元/平方米)

还有如房屋成新率、层高等个别因素,都可以采用直接量化偏差程度的方法,因较简单,不在此述。

四、举例

例 6-3 评估对象概况:待估地块为城市规划上属于住宅区的一块空地,面积为 600 平方米,地形为长方形。

评估要求:评估该地块 2022 年 10 月的公平市场交易价格。

评估过程:

(1)选择评估方法。该种类型的土地有较多的交易实例,故采用市场法进行评估。

(2)收集有关的评估资料。① 收集待估土地资料(略)。② 收集交易实例资料。选择 4 个交易实例作为参照物,具体情况如表 6-3 所示。

表 6-3 交易实例情况表

项目	交易实例 A	交易实例 B	交易实例 C	交易实例 D	评估对象
坐落	略	略	略	略	略
所处地区	临近小区	类似小区	类似小区	类似小区	一般小区
用途	住宅 (联排别墅)	住宅 (独栋别墅)	住宅 (独栋别墅)	住宅 (独栋别墅)	住宅 (独栋别墅)
交易日期	2022 年 4 月	2022 年 3 月	2021 年 10 月	2021 年 12 月	2022 年 10 月

价格	总价(万元)	196	312	274	378	
	单价(元/平方米)	8 700	8 200	8 550	8 400	
价格类型		买方承担税费	买方承担税费	买方承担税费	正常交易	正常交易
面积(平方米)		225	380	320	450	600
地质		石灰岩地质,有沉降	普通	普通	普通	普通
装修		精装修	毛坯	毛坯	毛坯	毛坯
基础设施		较好	完备	较好	很好	很好
交通状况		很好	较好	较好	较好	很好
正面路宽(米)		8	6	8	8	8
容积率		6	5.8	6	6	6
土地剩余使用年限(年)		35	30	35	30	30

（3）选取可比实例。经对比，交易实例 A 为联排别墅，面积偏小，精装修，地质条件有隐患，与评估对象状况差异较大，不宜选作可比实例；B、C、D 与评估对象状况类似，适宜选作可比实例。

（4）建立比较基础。可比实例与交易案例均为单套住宅房地产交易，付款方式均为一次性付清款项，融资条件均为常规融资，税费负担均为正常负担，计价单位均为以人民币计价的土地单价。

（5）进行交易情况修正。可比实例 D 与评估对象类似，均为正常交易，无须修正。可比实例 B、C 为买方承担税费，买方承担税费情况下房地产价格一般低于正常交易房地产价格，需作交易情况修正。经分析，可比实例 B 较正常交易价格偏低2%；可比实例 C 较正常交易价格偏低 3%。

则各交易实例的交易情况修正率为：

可比实例 B:2%；可比实例 C:3%；可比实例 D:0。

（6）进行市场状况调整。根据调查，2021 年 10 月以来土地价格平均每月上涨1%，则各参照物交易实例的市场状况调整系数为：

可比实例 B 市场状况调整系数=1+1%×7=1.07

可比实例 C 市场状况调整系数=1+1%×12=1.12

可比实例 D 市场状况调整系数=1+1%×10=1.10

为计算方便，本例中对调整系数取整，即:可比实例 B:7%；可比实例 C:12%；可比实例 D:10%。

（7）进行房地产状况调整。

① 区位状况调整因素。可比实例 B、C、D 的区位状况修正情况可参照表 6-4 判断。本次评估房地产的区位状况因素值为 100，则根据表 6-4 各种区位状况因素的对比分析，经综合判定打分，可比实例 B 所属地区为 88，可比实例 C 所属地区为 108，可比实例 D 所属地区为 102。

表 6-4　区位状况因素比较分析表

委托评估对象与可比实例区位状况因素	可比实例 B	可比实例 C	可比实例 D	委托评估对象
自然条件	相同 10	相同 10	相同 10	10
社会环境	略差 8	相同 10	相同 10	10
街道条件	略差 9	稍好 11	相同 10	10
交通便捷度	较差 7	较好 12	相同 10	10
离市中心距离	稍远 9	较近 12	相同 10	10
基础设施状况	稍差 8	稍好 12	稍好 12	10
公共设施完备状况	略差 9	稍差 8	相同 10	10
水、大气、噪声污染状况	相同 10	稍好 12	相同 10	10
周围环境及景观	稍差 8	略好 11	相同 10	10
规划限制	相同 10	相同 10	相同 10	10
综合打分	88 分	108 分	102 分	100 分

② 实物状况调整因素。经比较分析,待估房地产的面积较大,有利于充分利用,故判定比各交易房地产价格高 2%。

③ 权属状况调整因素。土地使用年限因素的修正:可比实例 B、D 与待估土地的剩余使用年限相同无须修正。可比实例 C 需作使用年限因素的调整,其调整系数测算如下(假定折现率为 8%):

$$年限修正系数 = \left[1 - \frac{1}{(1+8\%)^{30}} \right] \div \left[1 - \frac{1}{(1+8\%)^{35}} \right]$$

$$= (1 - 0.099\ 4) \div (1 - 0.067\ 6)$$

$$= 0.900\ 6 \div 0.932\ 4$$

$$= 0.965\ 9$$

(8)计算比较价值。

可比实例 B 修正后的单价为:

$$8\ 200 \times \frac{100}{98} \times \frac{107}{100} \times \frac{100}{88} \times \frac{100}{98} = 10\ 380(元/平方米)$$

可比实例 C 修正后的单价为:

$$8\ 550 \times \frac{100}{97} \times \frac{112}{100} \times \frac{100}{108} \times \frac{100}{98} \times 0.965\ 9 = 9\ 010(元/平方米)$$

可比实例 D 修正后的单价为:

$$8\ 400 \times \frac{100}{100} \times \frac{110}{100} \times \frac{100}{102} \times \frac{100}{98} = 9\ 240(元/平方米)$$

上述计算过程,实际操作中可采用表格形式,如表 6-5 所示。

表 6-5　可比实例单位面积修正计算表

可比实例修正项目		可比实例 B	可比实例 C	可比实例 D
房地产价格		8 200 元/平方米	8 550 元/平方米	8 400 元/平方米
交易情况修正		100/98	100/97	100/100
市场状况调整		107/100	112/100	110/100
房地产状况调整	区位状况调整	100/88	100/108	100/102
	实物状况调整	100/98	100/98	100/98
	权属状况调整	100/100	96.59/100	100/100
修正调整后单价		10 380 元/平方米	9 010 元/平方米	9 240 元/平方米

（9）采用简单算术平均法求取评估结果。

地块评估单价为：$(10\ 380+9\ 010+9\ 240) \div 3 = 9\ 430$（元/平方米）

地块评估总价为：$600 \times 9\ 430 = 5\ 658\ 000$（元）

第四节　成本法在房地产评估中的应用

一、成本法在房地产评估中的对象及适用范围

成本法又称重置成本法，也是评估房地产价值的基本方法之一。它以重新建造委托评估房地产或同类房地产的建筑物部分所需花费的成本为基础，扣除与新建筑物相比的价值损耗部分，再加上房屋建筑物占地地价来确定委托评估房地产价值的一种方法。成本法求出的价格由各项费用加总而成，因而被称为积算价格。该方法假设房地产开发的社会成本分别是需求方愿意支付价格的上限和供给方愿意接受价格的下限，从而开发成本是供需双方愿意接受的价格。对于需求方而言，如果市场上的房地产价格高于在当时的市场条件下开发同类房地产的成本，那么他将放弃从市场上直接购买的想法而自行开发建造。同样对供给方来说，如果开发出的房地产商品，其销售收入不能回收其建造成本并获得正常利润，也不会接受这一价格。

房地产评估应当根据被评估对象状况和土地市场状况，选择房地分估路径或房地合估路径。当选择房地合估路径时，应当把土地当作原材料，模拟房地产开发建设过程，测算房地产重置成本或重建成本。当选择房地分估路径时，应当把土地和建筑物分别作为独立的资产，分别测算土地重置成本、建筑物重置成本。由于房屋及其依附的土地具有不同的自然及经济特性，因此成本法在房屋建筑物价值评估和土地价值评估中有不同的计算和处理方法。

成本法一般适用于房地产市场发育不成熟，交易实例不多，无法运用市场法或收益法进行评估和特殊性较大的房地产，如政府机关大楼、学校、医院、图书馆、纪念馆等既无收益又很少进入市场交易的房屋建筑物，以及新开发土地、特殊工业用地、学校用地等。在确定抵押、拍卖的房地产"底价"和拆迁房地产补偿等特殊房地产的估价中也可采用成本法。

二、适用于房地分估模式下的土地使用权评估

房地分估模式下土地使用权的评估可以选择市场法、收益法、成本逼近法、基准地价系数修正法等。这里仅介绍成本逼近法。

成本逼近法又称成本法,运用成本法评估土地价值,基本思路是把土地取得费和土地开发费两项对土地的投资,作为基本成本,加上这一投资应得到的相应利润,并考虑利息和税费,形成土地价格的基础部分。根据土地所有权在经济上得到实现的需要,还应加上土地所有者应得到的地租收益,从而求得土地的价值。

成本法的基本公式为:

$$土地价值 = \frac{土地}{取得费} + \frac{土地}{开发费} + 税费 + 利润 + 利息 + \frac{土地增}{值收益} \qquad (6-22)$$

(一)土地取得费

土地取得费按用地单位为取得土地使用权而支付的各项客观费用计算。

征用农村集体土地时,土地取得费就是征地费用,包括土地补偿费、地上附着物和青苗补偿费及安置补偿费等。其中,土地补偿费按该地被征用前3年平均产值的6~10倍计算;安置补偿费按需要安置农业人口计算,每人不超过被征收前3年平均产值的4~6倍,最高不得超过被征收前3年平均产值的15倍。附着物和青苗补偿费、新菜田开发建设基金等项费用按各省、自治区、直辖市规定标准执行。

征地中各项费用以土地所在区域政府规定的标准,或应当支付的客观费用来确定。

城镇国有土地的土地取得费可按拆迁安置费计算。拆迁安置费主要包括拆除房屋及构筑物的补偿费及拆迁安置补助费。城镇拆迁安置费应根据当地政府规定的标准,或应当支付的客观费用来确定。

从市场购入土地时,土地取得费就是土地购买价格。

(二)土地开发费

土地开发费主要包括基础设施配套费、公用事业建设配套费和小区开发配套费以及对土地改良的投入。前三项根据当地规定确定,土地改良投资按实际投入核算确定。

(三)税费

征地过程中发生的税费一般有:占用耕地的耕地占用税,占用耕地的耕地开垦费,占用菜地的新菜地开发建设基金,征地管理费,政府规定的教育基金及其他有关税费。

房屋征收过程中发生的税费一般有:房屋征收管理费和房屋征收服务费,政府规定的其他有关税费。

(四)利润

利润以土地取得费、土地开发费和税费之和作为计算基数,利润率根据开发类似房地产的平均利润率确定,计算公式为:

$$利润 = (土地取得费 + 土地开发费 + 税费) \times 土地开发利润率 \qquad (6-23)$$

(五)利息

利息以土地取得费、土地开发费和税费之和作为计算基数,土地取得费计息期为

整个开发期,若土地开发费是均匀投入,则土地开发费和税费计息期为开发期的一半。

$$利息 = \frac{土地}{取得费} \times \frac{开发期}{(年)} \times \frac{年贷款}{利率} + \left(\frac{土地}{开发费} + 税费\right) \times \frac{年贷款}{利率} \times \frac{开发期}{(年)} \div 2$$

(6-24)

(六) 土地增值收益

土地增值收益主要是由于土地的用途改变或土地功能变化引起的,其比率一般为土地成本(即前(一)~(五)项之和)的 20% ~ 25%。目前各地土地增值收益收取情况不尽相同,评估时应根据当地政府的有关规定进行。

由式(6-22)计算的土地成本积算价格理论上是永续年期地价,还需要根据委托评估宗地的剩余使用年限、土地用途和地段差异进行调整,才能得到土地的评估价值。

三、适用于房地分估模式下的房屋建筑物评估

房屋建筑物评估中的成本法是通过估算建筑物在全新状态下的重置成本,扣减由于各种损耗因素造成的贬值,得到建筑物的评估值的方法。一般适用于不改变用途持续使用的房屋建筑物单独评估其价值的情况,如企业中生产用建筑物、住宅、办公用房等。评估公式为:

房屋建筑物评估值 = 重置成本 × 成新率   (6-25)

(一) 房屋建筑物重置成本的估算

$$\frac{房屋建筑物}{重置成本} = \frac{建筑安装}{工程费} + \frac{前期和}{配套费用} + 资金成本 + 利润 \quad (6\text{-}26)$$

1. 建筑安装工程费

建筑安装工程费也称工程造价,是房屋建筑物重置成本估算的关键,常用的估算方法有如下几种:

(1) 重编预算法。即按工程预算的编制方法,对待估建筑物成本构成项目重新估算工程造价。

建筑物工程造价 = 定额直接费 + 间接费 + 税金及利润   (6-27)

                = (实际工程量 × 现行定额单价) × (1 + 现行费率) ±

                 材料及人工价差 + 现行标准间接费 + 现行标准税金 + 现行标准

                 利润

(6-28)

(2) 预决算调整法。根据房屋建筑物建设的预、决算资料调整得到工程造价。此时只需要对式(6-28)中的定额直接费进行调整即可,间接费、税金和利润按评估基准日现行取费标准计算。

进行预决算调整,调整内容主要有以下几项:

① 工程量的调整。若建设施工中改变设计或使用中进行了改造,需将预、决算资料中的工程量调整为实际工程量。

② 价差调整。将原预、决算资料中的三材差价、地材差价、人工和机械费调整为基准日执行价格;对其他直接费依据当地建筑定额管理部门规定的费率计算。

③ 定额差异调整。若房屋建设时间与评估基准日执行的为不同时期的定额标

准,需调整定额差异。

（3）典型房屋建筑物调整法。利用各地基准日近期公布的典型房屋造价,比较委估房屋与典型房屋在主要技术指标特征上的差异,根据房屋造价差异调整方法进行调整。

（4）物价指数法。根据各地公布的房屋建筑物工程造价物价指数（定基或环比）进行调整。采用这一方法的前提是房屋原始成本比较准确,实物工程量未有改变以及房屋建成时间距评估基准日年代较近。否则差异会很大。

2. 前期和配套费用

前期和配套费用根据当地公布执行的项目、费率标准和计算方法估算,如有的费用是按建筑平方米计算收取,有的费用是按建安造价的一定费率收取。

3. 资金成本

资金成本即房屋建筑物建设期贷款利息,一般按下式估算:

$$资金成本 = \left(\begin{matrix}建安\\工程费\end{matrix} + \begin{matrix}前期和\\配套费用\end{matrix}\right) \times 建设期 \times \frac{1}{2} \times \begin{matrix}年（或月）\\贷款利率\end{matrix} \qquad (6-29)$$

4. 利润

根据开发类似房地产的平均利润率确定。

（二）房屋建筑物成新率的估算

房屋建筑物成新率或有形损耗率的估算,主要使用理论成新率和勘察成新率。

1. 理论成新率

理论成新率是指将建筑物的实际使用年限占建筑物全部使用寿命的比率作为建筑物的有形损耗率;或以估计出的建筑物尚可使用年限占建筑物总使用寿命的比率作为成新率。计算公式如下:

$$有形损耗率 = n_1 \div (n_1 + n_2) \times 100\% \qquad (6-30)$$
$$理论成新率 = n_2 \div (n_1 + n_2) \times 100\% \qquad (6-31)$$

式中:n_1 为建筑物实际已使用年限;n_2 为建筑物尚可使用年限。

运用理论成新率的关键在于,测定一个较为合理的建筑物尚可使用年限需要评估人员具有过硬的专业知识和丰富的评估经验,根据房屋建筑物的技术特征、实际状态和维修保养情况进行估算。在房屋建筑物成色较新、使用年限较短的情况下,可参考各类建筑物可使用寿命年限的参考数据（目前国家并无统一标准）,扣除实际已使用年限得到。

2. 勘察成新率

这一方法的基本做法是,依据评估对象的实际技术情况,结合房屋建筑物不同成新率（或有形损耗率）的评分标准,进行现场查勘,按房屋建筑物结构、装修、设备三个部分及各个部分的组成部位,分别评分。然后按下述公式计算勘察成新率:

$$勘察成新率 = \frac{结构部分}{合计得分} \times G + \frac{装修部分}{合计得分} \times S + \frac{设备部分}{合计得分} \times B \qquad (6-32)$$

式中:G 为结构部分的评分修正系数;S 为装修部分的评分修正系数;B 为设备部分的评分修正系数。

表6-6列出了不同结构类型房屋损耗率的评分修正系数,可供参考。

表 6-6　不同结构类型房屋建筑物成新率的评分修正系数

结构类别修正系数类别	钢筋混凝土结构			混合结构			砖木结构			其他结构		
	结构部分 G	装修部分 S	设备部分 B	结构部分 G	装修部分 S	设备部分 B	结构部分 G	装修部分 S	设备部分 B	结构部分 G	装修部分 S	设备部分 B
单层	0.85	0.05	0.10	0.7	0.2	0.1	0.8	0.15	0.05	0.87	0.1	0.03
二、三层	0.8	0.1	0.1	0.6	0.2	0.2	0.7	0.2	0.1			
四、六层	0.75	0.12	0.13	0.55	0.15	0.3						
七层以上	0.8	0.1	0.1									

以上介绍了房屋建筑物成新率估算的两种常用方法,实际应用中需要结合被估房屋建筑物的具体情况做出恰当的选择。一般情况下,同时采用两种方法进行成新率测定,根据不同方法测定出的成新率计算出综合成新率。计算公式为:

$$房屋建筑物综合成新率 = A_1 \times 勘察成新率 + A_2 \times 理论成新率 \qquad (6-33)$$

式中:A_1、A_2 是权重系数。

如果建筑物存在用途、使用强度、设计结构、装修、设备配置等不合理造成的建筑功能不足或浪费,以及外界条件变化影响了建筑物效用的发挥等,还需考虑其无形损耗造成的价值贬损。如果这些无形损耗严重,可按本教材前面介绍的方法进行单独估算,一般情况下为简化方便,可对综合成新率进行适当调整,不再单独估算。

(三) 房屋建筑物评估值的计算

房屋建筑物评估值的计算公式为:

$$房屋建筑物评估值 = 重置成本 \times 综合成新率$$

四、适用于房地合估模式下的成本法

(一) 确定重置成本

房地合估模式下成本法评估的基本公式为:

房地产价值 = 土地取得成本 + 开发成本 + 管理费用 + 销售费用 + 利息 + 利润 + 销售税费

1. 土地取得成本

土地取得的途径有征收、拆迁改造和购买等,根据取得土地的不同途径,分别测算取得土地的成本,包括有关土地取得的手续费及税金。

2. 开发成本

开发成本主要包括勘察设计和前期工程费、基础设施建设费、房屋建筑安装工程费、公共配套设施建设费和开发期间税费五个方面。

3. 管理费用

管理费用主要包括开办费、开发单位企业的人员工资、办公费及差旅费等。

4. 销售费用

销售费用指销售房地产所发生的广告宣传费、销售人员工资、委托销售代理费等。

5. 利息

计息基数为土地取得成本、建筑物开发成本、管理费用和销售费用。

6. 利润

利润根据开发类似房地产的平均投资利润率来确定。

7. 销售税费

销售税费主要包括增值税、城市维护建设税、教育费附加、印花税、交易手续费、产权转移登记费等。

（二）成新率的估算

具体方法见房地分估模式下成新率估算方法。

（三）评估值的计算

$$评估值 = 重置成本 × 成新率$$

五、举例

例 6-4 评估案例：某工业车间的评估。

（一）委托评估对象概况

某工业车间建筑面积为 7 107 平方米，建成于 2015 年 12 月，该车间为二层框架结构（局部三层），长 70.65 米，宽 50.3 米，高 13 米，局部高 9.5 米，其中二层高 3 米；混凝土圈梁独立承台基础，梁、板、柱承重，建筑正立面外墙贴瓷砖，侧面白色涂料，塑钢门窗。该建筑北部为塑瓶车间；中部为玻瓶车间；南部为半成品仓库，半成品仓库上方为电梯控制房。土地使用权面积为 11 060 平方米，土地权利性质为出让用地，土地用途为工业用地，终止日期为 2064 年 12 月 30 日，土地还原率为 6%。试根据以上资料评估该房地产于基准日 2022 年 12 月 31 日的房地产价格。

（二）评估方法选择

该车间为专用车间，市场上交易较少，无直接稳定的经济收益，加之建筑物的成本资料齐全；该待估宗地的征地成本资料易于收集，故拟选用房地分估法进行评估。计算公式为：

$$房地产价格 = 土地价格 + 建筑物价格。$$

（三）土地价格的评估

1. 土地取得费

调查待估宗地周边临近村的土地利用情况，农用土地大部分为耕地，目前获得类似评估对象的土地，需支付的费用主要有：

（1）土地补偿费及安置补偿费。当地土地补偿费按被征用前 3 年平均产值的 10 倍计算，当地前 3 年平均产值为 6 870 元/亩，故待估宗地土地补偿费为 68 700 元/亩（103.05 元/平方米）；当地安置补偿费为 69 300 元/亩（103.95 元/平方米）。

（2）地上附着物及青苗补偿费。当地青苗补偿费按单季产值补偿，当季产值为 1 000 元/亩，由于待估宗地无其他地上附着物，则待估宗地的地上附着物及青苗补偿费为：

$$1\ 000 \times 1 \div 666.67 = 1.50(元/平方米)$$

以上三项合计,则待估宗地的土地取得费为:

$$(1)+(2) = 103.05+103.95+1.50 = 208.5(元/平方米)$$

2. 税费

(1) 耕地占用税。待估宗地所处区域耕地占用税标准为每平方米 50.00 元。

(2) 耕地开垦费。使用耕地的,为土地补偿费的 1 倍。待估宗地处在耕地,则耕地开垦费为土地补偿费的 1 倍,即为 103.05 元/平方米。

(3) 不可预见费。在征地过程中,由土地管理部门采取统征包干办法征地的,征地所发生的全部费用经确定认可后,可按征地费用总额的 4% 收取不可预见费。征地费用一般由以下几种费用组成:土地补偿费,安置补偿费,青苗补偿费,地上、地下附着物补偿费,拆迁补助费和新菜地开发建设基金。取其值为 4%,则待估宗地的不可预见费为:

$$不可预见费 = (103.05+103.95+1.50+103.05) \times 4\%$$
$$= 12.46(元/平方米)$$

(4) 水利建设基金。征收标准为"耕地每亩 2 000 元,非耕地每亩 1 500 元"。根据待估宗地的实际情况,其水利建设基金应取每亩 2 000 元。

$$待估宗地水利建设基金 = 2\ 000 \div 666.67$$
$$= 3.00(元/平方米)$$

以上四项合计,则待估宗地的税费为:

$$(1)+(2)+(3)+(4) = 50.00+103.05+12.46+3.00 = 168.51(元/平方米)$$

3. 土地开发费

评估对象为工业用地,本次评估设定的开发程度为宗地红线外"五通"和红线内"场地平整"。结合待估宗地所在区域土地开发费的一般水平,确定评估对象土地开发费为 140.00 元/平方米。

4. 投资利息

根据评估对象的开发程度和开发规模,经调查分析,确定土地开发周期为一年,土地取得费和应交税费在取得土地时一次付清,土地开发费在开发期内均匀投入,年利率取评估基准日固定资产的一年期银行贷款利率 6%,则按单利计算利息为:

$$利息 = (土地取得费+应交税费) \times 利率 + 土地开发费 \times 利率 \times 1/2$$
$$= (208.5+168.51) \times 6\% \times 1 + 140.00 \times 6\% \times 1/2$$
$$= 26.82(元/平方米)$$

5. 投资利润

投资利润率取 15%。则利润为:

$$利润 = (土地取得费+土地开发费+应交税费) \times 利润率$$
$$= (208.5+140.00+168.51) \times 15\%$$
$$= 77.55(元/平方米)$$

6. 土地增值收益

土地增值收益率取 20%。则土地增值收益为:

$$土地增值收益 = \left(\begin{array}{l}土地\\取得费\end{array} + \begin{array}{l}土地\\开发费\end{array} + 应交税费 + 利息 + 利润\right) \times \begin{array}{l}土地增值\\收益率\end{array}$$

$$= (208.5 + 140.00 + 168.51 + 26.82 + 77.55) \times 20\%$$

$$= 124.28(元/平方米)$$

7. 土地成本价格

根据以上各项计算结果,得出评估对象无限年期土地价格为:

$$土地价格 = 土地取得费 + 土地开发费 + 应交税费 + 利息 + 利润 + 土地增值收益$$

$$= 208.5 + 140.00 + 168.51 + 26.82 + 77.55 + 124.28$$

$$= 745.66(元/平方米)$$

8. 年期修正确定

被评估对象土地使用权性质为出让,土地剩余使用年限为42年,所以年限需作修正,年期修正系数为:

$$年期修正系数 = 1 - 1/(1+r)^n$$

式中: r 为土地报酬率(工业用地为6%); n 为土地使用年期(此处为42年)。

$$年期修正系数 = 1 - 1/(1+6\%)^{42} = 0.9135$$

则待估宗地土地使用年限为42年的土地使用权价格为:

$$土地单价 = 745.66 \times 0.9135 = 681.16(元/平方米)$$

$$土地总价 = 681.16 \times 11\ 060 = 753.36(万元)$$

(四)建筑物价格的评估

1. 重置全价的确定

(1)建筑安装工程造价。根据评估收集到的工程资料及决算资料,参考××市类似建筑物的工程造价,结合委估建筑物实际建设情况,调整确认各单项工程造价如表6-7所示。

表6-7 单项工程造价表

序号	费用名称	取费基础	费率	金额(元)
1	定额直接费: (1)定额人工费	分部分项人工费		1 115 325.09
2	(2)定额材料费	分部分项材料费+分部分项主材费+分部分项设备费		3 160 715.24
3	(3)定额机械费	分部分项机械费		266 466.53
4	定额直接费小计	(1)定额人工费+(2)定额材料费+(3)定额机械费		4 542 506.86
5	综合工日	综合工日合计+技术措施项目综合工日合计		27 163.73
6	措施费: 安全文明措施费	现场安全文明施工措施费		164 025.45

序号	费用名称	取费基础	费率	金额(元)
7	措施费小计	(1) 技术措施费+(2) 安全文明措施费+(3) 二次搬运费+(4) 夜间施工措施费+(5) 冬雨季施工措施费+(6) 其他		164 025.45
8	调整: (1) 人工费差价	人工价差		
9	(2) 材料费差价	材料价差		90 383.40
10	(3) 机械费差价	机械价差		14 248.17
11	调整小计	(1) 人工费差价+(2) 材料费差价+(3) 机械费差价		104 631.57
12	直接费小计	定额直接费小计+措施费小计+调整小计		4 811 163.88
13	间接费: (1) 企业管理费	分部分项管理费+技术措施项目管理费		436 491.57
14	(2) 规费	① 工程排污费+② 工程定额测定费+③ 社会保障费+④ 住房公积金+⑤ 意外伤害保险		265 661.28
15	① 工程排污费			
16	② 工程定额测定费	综合工日	0	
17	③ 社会保障费	综合工日	748	203 184.70
18	④ 住房公积金	综合工日	170	46 178.34
19	⑤ 意外伤害保险	综合工日	60	16 298.24
20	间接费小计	(1) 企业管理费+(2) 规费		702 152.85
21	工程成本	直接费小计+间接费小计		5 513 316.73
22	利润	(直接费小计+间接费小计)×利润率	5.54%	305 662.20
23	税前造价合计	工程成本+利润+其他费用小计		5 818 978.93
24	税金	税前造价合计	3.477%	202 325.90
25	工程造价总计	税前造价合计+税金-甲供材料费		6 021 305

建筑安装工程造价为 6 021 305 元。

(2) 前期费用及其他费用。按照××市评估基准日执行的收费标准执行,具体如表 6-8 所示。

表 6-8 前期费用及其他费用

序号	取费项目	取费基础	单位	标准	依据
1	建设单位管理费	建安工程造价	费率	1.31%	财建〔2002〕394 号
2	勘察设计费	建安工程造价	费率	4.56%	计价格〔2002〕10 号

序号	取费项目	取费基础	单位	标准	依据
3	工程建设监理费	建安工程造价	费率	2.93%	发改价格〔2007〕670号
4	招标代理服务费	建安工程造价	费率	0.46%	计价格〔2002〕1980号
5	环境影响评价费	建安工程造价	费率	0.30%	计价格〔2002〕125号

综上:按建筑安装工程造价计算比例合计为9.56%。

前期及其他费用=6 021 305×9.56%=575 637(元)

(3)资金成本。按照《建筑安装工程工期定额》的规定,该工程建设期为1年,银行贷款利率为6%。

$$资金成本 = \left(\begin{array}{c}建安工\\程造价\end{array} + \begin{array}{c}工程建设前期费\\用及其他费用\end{array}\right) \times 贷款利率 \times 建设工期 \times 1/2$$

$$= 6\ 596\ 942 \times 6\% \times 1 \times 1/2$$

$$= 197\ 908(元)$$

(4)重置成本。

重置成本=建筑安装工程造价+前期及其他费用+资金成本

$$= 6\ 021\ 305 + 575\ 637 + 197\ 908 = 6\ 794\ 850(元)$$

2. 计算综合成新率

综合成新率按照理论成新率和勘察成新率综合确定。

综合成新率N=勘察成新率N_1×60%+理论成新率N_2×40%

第一,理论成新率。采用年限法计算理论成新率,该建筑物距评估基准日已使用7年。设计耐用年限为50年,尚可使用年限43年。

故

$$理论成新率 = \left(1 - \frac{已使用年限}{经济使用年限}\right) \times 100\% = (1 - 7/50) \times 100\% = 86\%$$

第二,现场勘察成新率。通过实地勘查将建筑物分为三部分,即结构部分、装修部分、设备部分,了解该房屋的使用现状、维修保养、使用环境、使用强度等,然后对结构部分、装饰部分和设备部分进行打分,确定其勘察成新率。如表6-9所示。

综合成新率N=理论成新率N_2×40%+勘察成新率N_1×60%

$$= 86\% \times 0.4 + 85.4\% \times 0.6 = 86\%$$

表6-9 房屋观察成新率评分表

分部名称		成新鉴定	标准分	评定分	权重	合计
结构	基础	存在不均匀沉降	20	17	$G=0.7$	58.8
	承重构件	局部存在裂纹	40	35		
	非承重墙	局部存在裂纹	10	6		
	屋面	基本完好,排水通畅	15	14		
	楼地面	轻度磨损	15	12		
	小计		100	84		

分部名称		成新鉴定	标准分	评定分	权重	合计
装修	门窗	轻度磨损	30	26	$S=0.2$	17.2
	外装修	轻度剥落	30	26		
	内装修	轻度剥落	25	22		
	顶棚	轻度剥落	15	12		
	小计		100	86		
设备	水卫	使用良好	30	28	$B=0.1$	9.4
	电照	使用良好	30	28		
	其他	使用良好	40	38		
	小计		100	94		
合计						85.4

3. 评估值

$$评估值=重置成本×综合成新率$$
$$=6\ 794\ 850×86\%=584.36(万元)$$

每平方米为 822.23 元。

4. 计算房地产的评估值

房地产价格为土地的评估值与房屋建筑物的评估值之和,即

$$753.36+584.36=1\ 337.32(万元)$$

第五节　房地产评估的其他方法

一、剩余法

剩余法又称假设开发法、倒算法。剩余法是指在评估具有开发潜力的土地价值时,先估计将其开发成房地产可以实现的预期收益,然后扣除为建造和销售该房地产所花费的必要成本费用(如建筑成本、利息、税收、销售费用等)以及合理利润,将剩余额作为被估土地价格的方法。

(一) 基本思路

剩余法的理论依据源于地租理论,根据马克思的土地价格理论,"一切地租都是剩余价值,是剩余劳动的产物"。(《马克思恩格斯全集》第 25 卷,第 715 页)在房地产生产过程中,开发商为了支付使用劳动力、资本等必要的费用和获得自己要求的报酬,必然在房地产价格中扣除所有这些费用,以确定可以为土地支付的最高价格。因此,土地价格就是房地产价格扣除所有开发项目的支出(包括利息、税收)后剩余的部分。

剩余法的基本思路是:假定开发商欲投资开发一宗土地,总是希望能通过开发获取利润。可用式(6-34)表示:

$$房地产开发利润 = 房地产开发收入 - 房地产开发成本 \qquad (6-34)$$

因此,开发商首先需要对这宗土地内、外条件进行细致研究,确定它的最佳用途及最佳开发方案,以尽可能获得更多的收益。接下来,还要预计开发完成后可能带来的房地产开发收入(通常称为楼价),以及开发所需要的全部投资,包括开发和取得经营收入需要正常发生的利息、税金和其他费用等,即房地产开发成本。房地产开发成本中包括购买土地支付的地价。如果房地产开发商期望获得正常的利润回报,那么开发商愿意为这宗土地支付的最高价格可以由式(6-35)得出:

$$土地价格 = \frac{房地产的综}{合预期收入} - \frac{除地价外的房地}{产开发建设成本} - 税费 - 正常利润 \qquad (6-35)$$

(二)剩余法的适用范围

剩余法主要适用于具有潜在开发价值的土地,具体包括以下三种情况:

(1)在生地或熟地上开发建造建筑物然后出售或出租;

(2)未开发的生地经"三通一平"或"七通一平"变为熟地;

(3)对原有旧建筑物拆迁重新进行土地开发。

剩余法还可推广用于建筑物经改造后进行销售、对被改造建筑物的评估,在建工程追加投资建成后销售以及对在建工程的评估等。

剩余法在具体的评估应用时,式(6-35)中具体的计算项目和扣除内容因情况而异。

(三)剩余法基本公式

下面以在待开发土地上建造房屋建筑物然后出售或出租为例,说明剩余法的运用基本公式。

$$土地价格 = \frac{房地产}{预期收入} - 建筑总成本 - 利息 - 利润 - 税收 - 其他费用 \qquad (6-36)$$

式中:房地产预期收入包括土地和建筑物的综合收入,可以是出售价格,也可以是出租或以其他方式经营的收入,常称楼价。

建筑总成本包括建筑费和专业费用,若专业费用率为 i,则:

$$建筑总成本 = 建筑费用 \times (1+i) \qquad (6-37)$$

利息为投资利息。若年利息率为 r,则利息可简化估计如下:

$$利息 = [地价 + 建筑费用 \times (1+i)] \times r \qquad (6-38)$$

利润是房地产投资的合理利润,以房地产开发平均利润率 P 估算,则:

$$利润 = [地价 + 建筑费用 \times (1+i)] \times P \qquad (6-39)$$

税收是依照我国税法,在房地产开发经营中由开发商支付的税收。

其他费用是房地产出售中或经营中发生的费用,如销售费用、管理费用等。

我国在应用剩余法评估土地价值中,通常将式(6-37)、式(6-38)、式(6-39)代入式(6-36)中,得到简化的应用形式:

$$\frac{地}{价} = \frac{楼}{价} - \frac{建筑}{费用} \times (1+i) - \left[\frac{地}{价} + \frac{建筑}{费用} \times (1+i)\right] \times r - \left[\frac{地}{价} + \frac{建筑}{费用} \times (1+i)\right] \times P - \frac{税}{金} - \frac{其他}{费用}$$

$$(6-40)$$

式(6-40)为一元一次方程,评估中只需估算出楼价、建筑费、专业费率、合理利润率、合理利息率、税金和其他费用,求解一元方程即可得到土地评估价值。

应用中需要注意以下三点：

（1）若房地产开发中涉及土地的开发改良、拆迁、补偿等费用，应计入开发成本中。

（2）式（6-40）中楼价、建筑总成本、利息、税金、利润等实际发生时间不尽相同，应考虑资金的时间价值因素，将各个时期发生的收入、费用等通过等值运算统一转化至评估基准日时点上。

（3）投资利息估算中，可根据情况考虑采用复利计算，亦可按简化的式（6-38）计算。

（四）剩余法的估价步骤

1. 设计土地的最佳利用方式

首先要明确待估土地的内外条件，包括土地的自然物理性状、社会环境条件、有关土地利用的法规、规划限制等。在此基础上，根据最有效利用原则，通过预测未来社会需求状况设计土地用途，以及建筑物设计布局等。

2. 预测开发完成后的楼价

在正确掌握地产市场行情及供求关系的基础上，结合市场比较法预测楼价。如果开发建设的房地产是收益性质的，开发商能够较明确地预期其收益，也可以根据收益还原法确定楼价。

3. 估算开发费用

估算开发费用主要是估算建筑费用，通常采用工程造价估算的办法近似确定建筑费用。建筑费用确定后，就可以依一定的比率确定专业费用。同时还要根据该房地产开发项目的建设期确定利息率。税费按应发生的数额计算。

4. 估算正常投资利润

通常应以房地产的行业平均利润率为基准，再考虑到该房地产项目的投资风险，在平均利润率的基础上进行适当调整。

5. 利用公式求算地价

将以上预测的各项内容如楼价、建筑费用、专业费用率、利息率、利润率、税费等代入地价公式，即可最终得出待估土地的价格。

（五）应用举例

例 6-5 现有一宗"七通一平"的待开发建筑用地，土地面积为 2 000 平方米，建筑容积率为 4.5，拟开发建设写字楼，建设期为 2 年，建筑费为 3 000 元/平方米，专业费为建筑费的 10%，建筑费与专业费分两次投入，第一年投入总费用的 60%，第二年投入 40%。该写字楼建成后即可售出，预计售价为 9 000 元/平方米，销售费用为楼价的 2.5%，销售税费为楼价的 6.5%，当地银行年贷款利率为 6%，开发商期望的投资利润率为 20%。试估算该宗土地目前的地价。

该宗土地为待开发建设用地，采用剩余法评估，计算过程如下：

（1）计算楼价现值。

$$该建筑物建筑总面积 = 土地面积 \times 容积率 = 2\,000 \times 4.5 = 9\,000（平方米）$$

$$售楼价 = 9\,000 \times 9\,000 = 8\,100（万元）$$

$$售楼价现值 = 8\,100 \times \frac{1}{(1+6\%)^2} = 7\,209（万元）$$

（2）计算建筑费、专业费现值。

$$建筑总费用 = 9\,000 \times 3\,000 = 2\,700（万元）$$

$$专业费 = 2\,700 \times 10\% = 270（万元）$$

$$建筑费、专业费现值 = （2\,700 + 270）\times 60\% \times \frac{1}{（1+6\%）^{0.5}} +$$

$$（2\,700 + 270）\times 40\% \times \frac{1}{（1+6\%）^{1.5}}$$

$$= 1\,782 \times \frac{1}{（1+6\%）^{0.5}} + 1\,188 \times \frac{1}{（1+6\%）^{1.5}}$$

$$= 2\,819.40（万元）$$

（注：根据投资估算原理，设资金投入是均匀的，故投入资金时点取年中。）

（3）计算销售费用及税费。

$$销售费用 = 楼价 \times 2.5\% = 7\,209 \times 2.5\% = 180.23（万元）$$

$$销售税费 = 楼价 \times 6.5\% = 7\,209 \times 6.5\% = 468.59（万元）$$

（4）计算利息。设地价为 V，则：

$$利息 = （地价 + 建筑费 + 专业费）\times 利息率$$

$$= （V + 2\,819.40）\times 6\%$$

$$= 0.06V + 169.16（万元）$$

（5）计算利润。

$$利润 = （V + 2\,819.40）\times 20\% = 0.2V + 563.88（万元）$$

（6）求土地总价评估值。

$$V = 楼价 - 建筑费 - 专业费 - 利息 - 销售费用 - 销售税费 - 利润$$

$$= 7\,209 - 2\,819.40 - （0.06V + 169.16）- 180.23 - 468.59 - （0.2V + 563.88）$$

$$V = 2\,387.10（万元）$$

（7）土地单价 1.19 万元/m²，合每亩 793.34 万元。楼面地价 2 644.4 元/m²。

本例题中，若利息采用复利计算，则：

$$利息 = V \times [（1+6\%）^2 - 1] + 2\,819.4 \times 60\% \times [（1+6\%）^{1.5} - 1] +$$

$$2\,819.4 \times 40\% \times [（1+6\%）^{0.5} - 1]$$

$$= 0.123\,6V + 205.42（万元）$$

$$V = 7\,209 - 2\,819.4 - （0.123\,6V + 205.42）- 180.23 - 468.59 - （0.2V + 563.88）$$

$$V = 2\,245（万元）$$

二、基准地价修正法

基准地价修正法又称基准地价系数修正法，它是指利用当地政府制定颁布的基准地价，选择宗地地价影响因素，对各种因素进行系数修正，得到待估宗地土地评估值的一种方法。

基准地价修正法的基本原理是替代原理，即在正常的市场条件下，具有相似土地条件和使用功能的土地，应当具有相近的价格。基准地价，是当地政府根据土地不同地段级别或均质域内，按土地不同用途制定的一定时期内的土地使用权平均价格。因此，通过被估宗地条件与同级别和同类用途土地平均条件比较，对基准地价进行修正,即可得到被估宗地地价。

由于基准地价的制定考虑了当地当时的地价市场水平,因此基准地价修正法是市场法的一种特殊形态。修正因素主要为时间因素、个别因素、容积率因素以及土地使用年限因素等。其评估公式为:

$$\text{待估宗地评估值} = \text{基准地价} \times \text{基准地价时间修正系数} \times \text{个别修正系数} \times \text{容积率修正系数} \times \text{年限修正系数} \times \text{其他修正系数} \quad (6-41)$$

各种修正系数的估算方法在市场法中已有详细介绍,这里不再赘述。

使用基准地价修正法时需要注意,基准地价的构成内容各地政府规定不一致,如有的含土地出让金,有的则不包含土地出让金等。评估时应注意其内涵及解释,如价值内涵与评估不一致时,要修正为一致。

基准地价修正法适用于房地产行业不太发达的城市,或城镇中地产交易活动不频繁的某些地段的土地价值评估。对短时期内进行大批量宗地地价评估时,采用这种方法可快速方便地进行大面积数量众多的土地价值评估。使用基准地价修正法的前提是该城镇完成了基准地价评估工作,即该城镇已具备了基准地价和修正体系的条件。

例 6-6 某住宅用地的评估。

(一)委估对象概况

待估宗地位于××市人民路北,解放路南,土地性质为出让,土地用途为住宅用地,土地使用权面积为 3 680 平方米,容积率为 2,终止日期为 2084 年 12 月 30 日,待估宗地处于××市住宅一级,其基准地价为 11 600 元/平方米。计算评估基准日 2022 年 12 月 31 日的宗地价值。

(二)评估方法选择

经现场查勘及调查,待估宗地位于人民路北,解放路南,土地用途为住宅用地。由于待估宗地处于××市基准地价范围内,依据××市基准地价的规定,可以按照××市住宅用地基准地价体系,采用基准地价系数修正法进行评估。

(三)土地的评估

1. 基准地价内涵

××市完成了××市区土地级别与基准地价更新工作,其更新成果已经所在省国土资源厅验收认定。

基准地价是指不同级别区域的平均地价,是由征地及有关费用、土地开发费、基础设施配套费、公共事业建设配套费、利息、利润、管理费、级差地价等部分构成,即由土地取得费、出让金、开发费等部分构成。

基准地价设定的相关条件:住宅用地使用年限 70 年;住宅用地土地还原利率 6.23%;土地开发程度:基础设施配套为"六通一平"(宗地外围通给水、排水、电力、道路、通气、电信和宗地内土地平整);容积率:住宅用地基准地价平均容积率为 2.0。

2. 确定待估宗地适用的土地级别及基准地价

待估宗地处于××市住宅一级,其基准地价为 11 600 元/平方米。

3. 区位因素修正

结合待估宗地的具体情况,确定宗地区位因素修正系数为 0.124 5。

4. 个别因素修正

（1）使用权年期修正系数。待估宗地终止日期为 2084 年 12 月 30 日，剩余使用年限为 62 年，与基准地价设定年限 70 年不一致，故需进行年期修正，计算过程如下：

$$K = \left[1-1/(1+r)^n\right]/\left[1-1/(1+r)^N\right]$$

式中：r 为土地报酬率，住宅用地取 6.23%；n 为待估宗地剩余土地使用年期；N 为基准地价设定土地年限，住宅用地 70 年。

宗地用地年期修正系数 $= \left[1-1/(1+6.23\%)^{62}\right]/\left[1-1/(1+6.23\%)^{70}\right] = 0.9908$

（2）容积率修正系数。待估宗地容积率为 2，与住宅用地基准地价设定的平均容积率 2 一致，故容积率修正系数为 1。

（3）交易日期修正系数。宗地评估基准日为 2022 年 12 月 31 日，基准地价基准日与评估基准日不一致，故需进行交易日期修正。根据调查，2019 年 12 月以来土地价格平均每月上涨 1%，故交易日期修正系数 $= 1+1\%\times36 = 1.36$。

5. 其他修正

（1）宗地形状修正。待估土地利用无不良影响，确定待估宗地的形状修正系数为 1。

（2）宗地面积修正。待估宗地面积对土地利用无不良影响，确定待估宗地建筑物朝向修正系数为 1。

6. 计算待估宗地价格

单位地价 $= 11600\times(1+0.1245)\times0.9908\times1\times1.36\times1\times1\times1\times1$

$\qquad = 17577$（元/平方米）

土地总价 $= 17577\times3680 = 6468.30$（万元）

三、路线价法

路线价法是指对面临特定街道且接近性相等的市街地设定标准深度，求取该深度上数项宗地的平均单价，即特定街道的路线价，据此路线价，再利用深度指数表和其他修正率表并用数学方法算出面临同一街道的其他宗地地价的方法。

（一）路线价法的基本原理

城区内各宗土地的价格随其离开街道的距离（即临街深度）的增大而递减；而在同一路线价区段内的各宗地，又因其深度、宽度、形状、位置和面积的差异使价格有所不同，因此要进行合理修正才能最终得到宗地价格。

路线价评估计算公式有不同表现形式，下面是常用的一种方式：

$\qquad$ 宗地地价 = 路线价×深度指数×临街宽度×其他修正系数 $\qquad$ （6-42）

或

$\qquad$ 宗地地价 = 路线价×深度指数×临街宽度±其他修正额 $\qquad$ （6-43）

其他修正是对宗地的特殊条件，如街角地、两面临街、三角形地、不规则形地、袋地等的修正。

（二）路线价法的估价步骤

1. 进行地价实例调查

这是计算路线价的基础性工作，通常又分以下两步进行：

首先，划分地价调查区段。由于接近性是具有同一路线价的充分必要条件，因此在划分路线价区段时，应将接近性显著的地段划为同一路线价区段。一般以一街廓长为一路线价区段;但在繁华街道有时需将街廓划分多段,设定不同的路线价。

其次,做地价样本调查。在划分的地价调查区段内,选择若干标准宗地(即深度、宽度、形状等反映该区段内宗地一般状况的地块)进行价格调查。在此基础上进行调查样本的地价计算。因为调查的样本类型多种多样,因此应根据实际情况,采用相应的估价方法计算出调查实例的土地价格。

2. 划分路线价区段

计算出各调查实例的地价后,依结果将地价相近、地段相连的土地划分为同一路线价区段。一般而言,市街地的位置、交通条件及个别因素相似或商业服务业繁华程度基本相同的应划为同一区段。

3. 计算路线价

以调查样本地价为基础,可采用取各样本地价的中位数、众数或算术平均数等计算出路线价。

4. 制作深度指数表

用路线价法评估宗地价格的关键在于确定深度指数。深度指数是指宗地地价随临街深度的差异而变化的程度,它以标准宗地的平均深度指数为100%时的百分率表示,并随街道繁荣状况、土地用途等情况而异。

制定深度指数表的要点为:① 确定标准深度,以标准深度为界的线称为里地线,一般以临街宗地的平均进深众数为准;② 确定级距,即每一级深度变化的大小;③ 确定各级距的深度指数(即深度百分率);④ 取各级深度百分率的平均值或累计值作为各深度指数。

世界各国有多种深度指数的确定方法,著名的有 4321 法则、苏慕斯法则、霍夫曼法则、哈柏法则、芝加哥市的马丁法则、纽约市的戴维斯法则等。

5. 计算宗地评估价格

依据路线价和深度指数及其他因素修正率,运用路线价法计算公式,计算得到宗地评估价格。

(三) 路线价法的修正体系

同一街道上的土地,路线价虽然相同,但由于宗地的宽度、深度、形状、面积、容积率、位置的不同,各宗地单位面积的价格也一定会有差异。因此,依路线价对影响地价的各种因素进行修正,才能得到合理的宗地价格。在影响地价的各类因素中,宗地临街深度对地价的影响最大。下面主要介绍路线价法中深度修正的问题。

假设有一临街宽度为 M 米,深度为 N 米的长方形宗地,每平方米单价为 A 元,则该宗地的总价格为 $M \cdot N \cdot A$ 元,如图 6-1 所示。

对图 6-1 中的宗地,沿道路的平行方向,将深度以某单位(在此设为 1 米)分成 n 个细片土地,从临街方向起依次每片土地的单位面积价格为 $a_1, a_2, \cdots, a_{N-1}, a_N$,地块越接近道路,利用价值越高。即有 $a_1 > a_2 > \cdots > a_N$。虽然深度同为 1 米之差,但利用差异差别不同,其地价不一样,a_1 与 a_2 之差最大,a_2 与 a_3 之差次之,依次缩小至 a_{N-1} 与 a_N 的差异几乎接近于零。土地价值与地块临街深度关系曲线如图 6-1 所示。a_N 这个道路对土地利用价值影响的零点,就是市街地的标准深度。如以标准深度上的地条单价为 100,换算各地条的单价,则可制成深度指数表,由标准深度向道路方向算起,则指数呈递增现象,超过标准深度则指数呈递减现象。换言之,在标准深度内

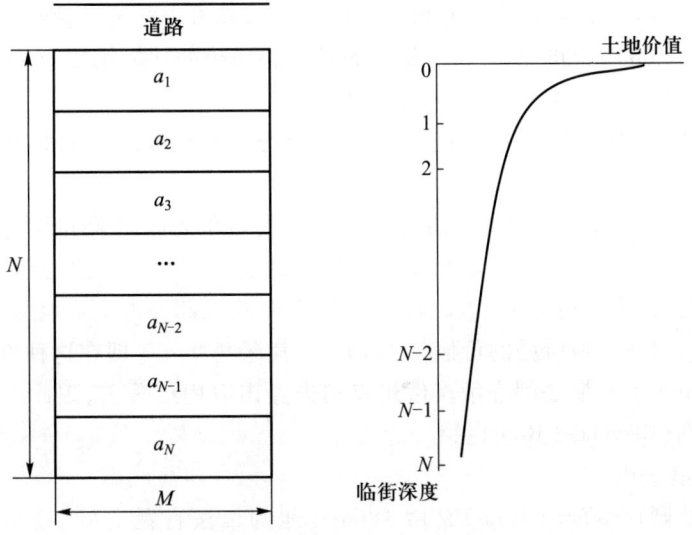

图 6-1　土地价值与地块临街深度关系

的单位地价将超过路线价,超过标准深度部分的单位地价将低于路线价,因此标准深度成为一种分界线,此线即称为里地线。

$a_1,a_2,\cdots,a_N$ 代表地块的单位面积地价,深度指数表依下列三种百分率原理制作而成:

(1)单独深度百分率:

$$a_1 > a_2 > a_3 > \cdots > a_N$$

(2)平均深度百分率:

$$a_1 > \frac{a_1+a_2}{2} > \frac{a_1+a_2+a_3}{3} > \cdots > \frac{a_1+a_2+\cdots+a_N}{N}$$

(3)累计深度百分率:

$$a_1 < (a_1+a_2) < (a_1+a_2+a_3) < \cdots < (a_1+a_2+\cdots+a_N)$$

一般来说,将标准深度的平均深度百分率设为100%,平均深度百分率与累计深度百分率之间的关系就表现为:

平均深度百分率 = 累计深度百分率×标准深度÷宗地深度　　　　(6-44)

制作深度百分率表,要考虑以下几个方面:① 确定标准深度;② 确定级距;③ 确定单独深度百分率;④ 根据需要采用累计或平均深度百分率。

根据深度百分率表制作要求,以标准宗地的平均深度百分率(平均单价)作为100%,将单独深度百分率、平均深度百分率、累计深度百分率综合制成一表,即得到深度百分率表。如果标准宗地的深度为 S 米,则:

$$(a_1+a_2+a_3+\cdots+a_S)\div S\times 100\% = 100\%$$

下面介绍欧美著名的几种路线价法则。

1. 4321 法则

4321 法则(4-3-2-1Rule)是将标准深度100英尺(1 英尺 = 0.304 8 米)的普通临街地,与街道平行区分为四等分,即由临街面算起,第一个25英尺的价值占路线价的40%,第二个25英尺的价值占路线价的30%,第三个25英尺的价值占路线价的

20%,第四个 25 英尺的价值占线路价的 10%。如果超过 100 英尺,则需 9876 法则来补充。即超过 100 英尺的第一个 25 英尺价值为路线价的 9%,第二个 25 英尺为 8%,第三个 25 英尺为 7%,第四个 25 英尺为 6%。

应用 4321 法则估价,简明易记,但因深度划分过分粗略,故会影响评估的精度。

2. 苏慕斯法则

苏慕斯法则(Somers Rule)是由苏慕斯根据其多年实践经验并经对众多的买卖实例价格调查比较后创立的。苏慕斯经过调查证明 100 英尺深的土地价值,前半临街 50 英尺部分占全宗地总价 72.5%,后半临街 50 英尺部分占全宗地总价 27.5%,若再深 50 英尺,则该宗地所增的价值仅为 15%。其深度百分率即在这种价值分配原则下所拟定。由于苏慕斯法则在俄亥俄州克利夫兰市应用最著名,因此一般将其称为克利夫兰法则(Cleveland Rule)。

3. 霍夫曼法则

霍夫曼法则(Hoffman Rule)是由 1866 年纽约市法官霍夫曼(Hoffman)所创造的,它是最先被承认对于各种深度的宗地估价的法则。霍夫曼法则认为:深度 100 英尺的宗地,在最初 50 英尺的价值应占全宗地价值的 2/3。在此基础上,则深度 100 英尺的宗地,最初 25 英尺等于 37.5%,50 英尺等于 67%,75 英尺等 87.7%,全体的 100 英尺等 100%。霍夫曼之后,有尼尔(Neil)修正的霍夫曼法则,即所谓霍夫曼——尼尔法则(Hoffman-Neil Rule)。

4. 哈柏法则

哈柏法则(Harper Rule)创设于英国,是一种算术法则。其理论是一宗土地的价值与其深度的平方根成正比,即深度百分率为 100 英尺的深度平方根的 10 倍,即深度百分率 $=10×\sqrt{深度}÷100×100\%$。例如,一宗 50 英尺深土地价值相当于 100 英尺深土地价值的 70%,因为深度百分率 $=10×\sqrt{50}÷100×100\%$,约等于 70%。但标准深度不一定为 100 英尺,所以经修订的哈柏法则为:

$$深度百分率=\sqrt{所给深度}×100\%÷\sqrt{标准深度} \tag{6-45}$$

下面以 4321 法则为例,说明深度百分率表制作方法。如图 6-2 所示,标准深度为 100 英尺的宗地,每 25 英尺其单独深度百分率为 40%,30%,20%,10%,…,6%,求出其深度百分率表。

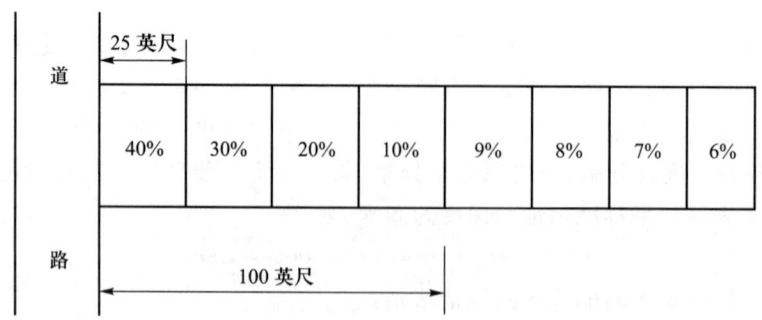

图 6-2 4321 法则深度百分率表计算示意图

累计、平均深度百分率计算示例:

50 英尺的累计深度百分率等于 25 英尺的单独深度百分率加上 50 英尺的单独深度百分率,即:40%+30%=70%。

50 英尺平均深度百分率等于 25 英尺的单独深度百分率加上 50 英尺的单独深度百分率除以 50%,即:(40%+30%)×100÷50=140%。

75 英尺平均深度百分率为:(40%+30%+20%)×100÷75=120%。

根据同样计算方法,如表 6-10 所示。

表 6-10　深度百分率表制作示例

深度(英尺)	25	50	75	100	125	150	175	200
单独深度百分率(%)	40	30	20	10	9	8	7	6
累计深度百分率(%)	40	70	90	100	109	117	124	130
平均深度百分率(%)	160	140	120	100	87.5	78	70.8	65.2

（四）路线价法的适用性

路线价对于城市土地价格评估有普遍的适用性。其他估价方法如市场比较法、收益还原法等仅适用于个别地块的估价;成本法、剩余法更是有各自的特殊性和局限性。而路线价法特别适用于较大规模的土地估价,如为课税、征地拆迁补偿等目的而进行估价,它具有简便、迅速、公平合理、效用高等优点。

（五）路线价法的应用举例

例 6-7　现有临街宗地,依形状划分为 A、B、C、D、E、F 六个地块,如图 6-3 所示。深度分别为 25 英尺、50 英尺、75 英尺、100 英尺、125 英尺和 150 英尺,宽度分别为 10 英尺、10 英尺、20 英尺、20 英尺、30 英尺和 30 英尺。路线价为 2 000 元/英尺,设标准深度为 100 英尺,试运用 4321 法则,计算宗地的价格。

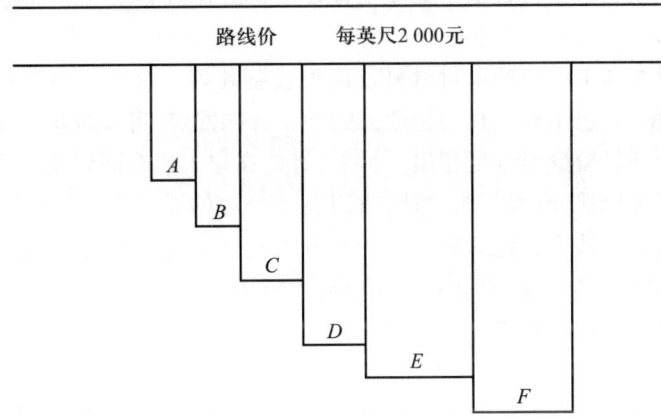

图 6-3　路线价估价法算例

$A=2\ 000×0.4×10=8\ 000(元)$

$B=2\ 000×0.7×10=14\ 000(元)$

$C=2\ 000×0.9×20=36\ 000(元)$

$D=2\ 000×1.0×20=40\ 000(元)$

$E=2\ 000×(1.0+0.09)×30=65\ 400(元)$

$$F = 2\,000 \times (1.0 + 0.09 + 0.08) \times 30 = 70\,200(元)$$

$$土地总价 = 8\,000 + 14\,000 + 36\,000 + 40\,000 + 65\,400 + 70\,200 = 233\,600(元)$$

第六节　在建工程评估

一、在建工程及评估特点

在建工程是指正在施工或虽然完工但尚未交付使用的建设项目,包括建筑工程和设备安装工程,以及维护、改建、扩建和大修理等固定资产建设或改良工程。企业在建工程账面反映的是在评估基准日各项未完工工程的实际支出,包括交付安装的设备价值,未完建筑安装工程已经耗用的材料、工资和费用支出,预付出包工程的价款,已经建筑安装完毕但尚未交付使用的工程等的可收回金额。

在建工程的评估具有自身的特点,与企业一般固定资产、流动资产的评估既有较大的区别,又有一定的联系。

(一)在建工程涉及资产的种类较多,情况复杂

在建工程涉及的范围很广,如在建建筑工程项目有各类房屋或构筑物,在建设备工程项目有独立或成套设备的制作、安装等,此外还有根据合同协议发生的预付款项、工程物资,甚至工程建设期间的待摊投资等。在建工程情况亦较复杂,如既可能是由企业自行建设的自营工程,也可能是企业向外发包的外包工程;可能是尚在建设或停工的未完工程,也可能是已完成建设未交付使用或已交付使用而未转固定资产的已完工工程;既有用于企业正常生产性在建项目,也有用于对外商业经营在建项目。

(二)在建工程的账面价值不能完全体现在建工程的形象进度和资产功能

由于在建工程的投资方式和会计核算要求,其账面价值往往包括预付材料、设备款,同时也记录在建工程中的应付材料及应付设备款等。自营工程项目中可能缺乏人工成本及费用,外包工程项目中付款方式是由合同规定,可能款项付出而工程进度未跟上,也可能预付较少而进度超出。另外,有些在建工程时间跨度上或因项目工程大,或因建设资金短缺,或因修改设计,或因会计处理的滞后等,需延续数年,但项目完工进度不一,有些甚至已经形成了生产能力或使用价值。因此,在建工程的账面价值并不能真正体现在建工程的形象进度和资产的功能。

(三)在建工程可比性差

在建工程的工程进度差异很大,在评估时点相近时间和供需圈内,很难找到设计相同、完工进度相同以及支付的各项投资费用与形象进度一致的相似在建工程项目,评估中缺少用于比较的参照对象。因此,在建工程可比性差,很难有可比案例参照,一般情况下都要根据工程项目的特点,以工程的形象进度和用工进度来确定完工程度进行评估。

二、在建工程评估的资料收集与分析

在建工程评估所需的资料比较多,通常包括基础资料、查勘资料和相关信息资料三个部分的内容。

（一）基础资料

由委托评估单位提供,其内容主要包括:各项工程名称、项目概况、项目预算、结算方式、实际用款、开工日期、工程完工程度和工程量等。采用出包方式施工的,应列示签订的施工单位和合同、工程图纸、施工方案、项目预算资料、安装设备的订货合同及付款到货情况,以及在建工程的会计账簿和原始记录等资料。重大工程项目还需提供政府相关部门的批准件,如土地使用权出让合同、用地许可证、规划许可与环保论证、开工许可证、施工许可证等。

（二）查勘资料

评估人员要到现场查勘的工程进度和工程形象,以及工程形象与总工程计划进度是否相符,工程监理记录等相关材料。了解施工单位情况、资质、财务状况,工程监管情况。检查在建工程质量和建筑材料、设备质量,明确建筑工程各组成部分是否存在缺陷及待修理、返工等贬值因素,在建工程项目设计与整体布局是否合理。

（三）相关信息资料

包括与待评估在建工程项目有关的政策、法规,如有关部门规定或制定的当地建筑工程预算定额、建筑工程间接费用标准、地方建筑材料价差指数、建筑工程预备费用及其他费用标准(如在建工程贷款利率)等。

通过收集与在建工程评估有关的资料,可以确定待估在建工程的合法性,在建工程的有关技术和经济指标,核实项目执行情况及相关财务状况的真实性,以取得详细的直观资料。结合与待估在建工程有关的宏观经济形势、市场情况和在建工程本身、区位条件、投资计划进度、施工单位、施工情况等进行综合分析,对合理选择评估方法和确定评估结果十分重要。

三、在建工程评估方法

（一）重置核算法

重置核算法是对在建工程按工程完成情况的客观投入成本进行估算,来确定在建工程评估值的方法。它以在建工程实际完成的工程量为基础,按评估时点参照执行的现行定额和取费标准、材料及人工价格,用预算编制方法直接进行的估算。简化的计算公式是:

$$\frac{\text{在建工程}}{\text{评估值}} = \left(\frac{\text{各项直接费}}{\text{项目工程量}} \times \frac{\text{定额}}{\text{单价}}\right) + \left(\frac{\text{应计间接费的}}{\text{直接费项目}} \times \frac{\text{规定的}}{\text{间接费率}}\right) + \frac{\text{材料、人工}}{\text{价差调整}} + \frac{\text{资金}}{\text{成本}}$$

$$(6-46)$$

对于有完整的用料、用工和安装工程记载的在建工程项目,用重置核算法得到的评估结果比较客观、真实,但这种方法的专业性很强。

（二）预算调整法

预算调整法是根据预算的基础资料的经验数据,将未完工工程所完成的工程量,由预算口径调整为重置成本来确定在建工程的方法。

$$\frac{\text{在建工程}}{\text{评估值}} = \left(\frac{\text{按实际工程量}}{\text{的预算造价}} - \frac{\text{不可}}{\text{预见费}}\right) \times \left(1 + \frac{\text{预算调}}{\text{整系数}}\right) + \frac{\text{实际发生的}}{\text{不可预见费}} \quad (6-47)$$

这一方法的关键在预算调整系数的估计,预算调整系数由工程量差异、材料及人工的量差与价差、定额和间接费标准差异综合确定,调整预算若能确定,评估计算就比较简单。

（三）形象进度法

形象进度法亦称部位进度法，它是根据在建工程项目完工后的价格，综合未完工程形象进度评估在建工程的方法。首先，将被评估的未完工程划分为若干构成部位，根据每个部位在预算价格中的比重确定各个部位的造价百分比。其次，根据未完工程各部位在评估时点的实际完工进度及各部位占工程预算价格的百分比，求出未完工程形象进度百分比。最后，用未完工程形象进度百分比乘工程预算总造价，即可求出未完工程的评估值。计算公式是：

$$在建工程评估值 = 工程预算造价 \times 在建工程完工进度百分比 \qquad (6\text{-}48)$$

$$在建工程完工进度百分比 = \sum \left(\begin{array}{c} 各部位完工 \\ 形象进度\% \end{array} \times \begin{array}{c} 各部位占总 \\ 工程造价\% \end{array} \right) \qquad (6\text{-}49)$$

形象进度法实际是以工程预算为依据，如果预算编制比较科学，预算造价合理的条件下，可采用该方法评估。但实践中，工程预算与工程决算一般都存在一定差距，如果不能对预算工程造价进行合理的调整，该方法的使用会受到限制。评估时，为了解决这一问题，当在评估时点有足够的与被评估项目类似的已完工工程项目时，可参考这些可比案例的决算价格或市场价格，调整得到委估在建工程完工后的工程造价（或市场价格），以此代替式(6-48)中的工程预算造价，会使评估结果更趋合理，并可扩大应用范围。

例6-8 评估某公司一在建工程，该项目为建造一栋混合结构厂房，建筑面积1 000平方米，总预算造价120万元。评估基准日该厂房尚在建设中，评估人员进行了实地查勘并查阅了施工单位提供的资料，确定该厂房基础工程已完工，结构工程完成了15%，装饰工程尚未进行。评估人员依据工业厂房建筑工程各部位占单位预算工程造价的比重资料（如表6-11所示），对该项未完在建工程评估如下：

表6-11　工程造价构成比重表

部位名称	建筑结构类型及比重（%）				备注
	混合结构	现浇框架结构	预制装配构架结构	预制品装结构	
基础工程	13	15	25	15	
结构工程	60	60	55	60	
装饰工程	27	25	20	25	

$$在建工程完工进度百分比 = 13\% \times 100\% + 60\% \times 15\% + 27\% \times 0 = 22\%$$
$$在建工程评估值 = 1\ 200\ 000 \times 22\% = 364\ 000（元）$$

（四）假设开发法

用假设开发法评估在建工程，是将待估在建工程预期开发完成后的价值，扣除后续完工需要追加的投资，以及销售费用、应付税金及合理的利润，来确定在建工程价值的一种评估方法。这种方法主要适用于具有商用价值的在建工程项目的评估。基本计算公式如下：

$$\begin{array}{c} 在建工程 \\ 评估值 \end{array} = \begin{array}{c} 房地产预期 \\ 收入现值 \end{array} - \left(\begin{array}{c} 后续追加 \\ 投资现值 \end{array} + \begin{array}{c} 销售预计或 \\ 其他费用现值 \end{array} + \begin{array}{c} 税金和 \\ 利润现值 \end{array} \right) \qquad (6\text{-}50)$$

四、在建工程评估中应注意的问题

（一）评估范围的确定

对评估时点列于"在建工程"会计科目的资产,经审核无误后,区别情况划入在建工程评估范围或者调整至固定资产或其他资产。已经完工的在建工程或已付使用的尚未转固定资产的在建工程一般应视具体内容调整至建筑物、机器设备等资产中评估。对于施工建设完成后才能发挥其预定功效、正在建设中的固定资产项目,无论是否列于在建工程会计科目,都应纳入在建工程评估范围。

（二）合理选择评估方法

（1）对未完在建工程,可视具体项目性质和收集资料的情况选择上面介绍的方法进行评估。

（2）对工程物资,采用流动资产评估方法评估。

（3）对已完工程,如果企业仍需按照在建工程管理的,应采用合适的固定资产评估方法评估,再汇入在建工程评估结果中。

（4）属于停建的在建工程,要查明停建原因,确因工程的产、供、销及工程技术等原因而停建的,要考虑在建工程的功能性及经济性贬值,进行风险调整。

（三）特殊处理问题

对于评估基准日存在的工程欠款和评估基准日完成的工程及相应费用,如果资产占有方已与相关方面达成明确的解决意见,评估人员须相应进行评估,否则应将工程实际欠款计入负债。同样,若存在工程完毕的可收回金额(或存在多付款项),确定金额及对象后,应计入相应债权。出现上述情况,须在评估报告中予以特别说明和披露。

181

■ 本章小结

● 房地产通常是指房屋建筑物和承载房屋建筑物的土地的合称,房地产从组成上看有二元性,即土地和地上建筑物。资产评估中,因评估业务项目和评估处理的需要,可将房地产区分为三种对象评估:土地价值评估、房屋建筑物价值评估和房地合一(或房地产、物业)价值评估。

● 土地可以按土地利用现状分类,可分为耕地、园地、林地、草地、商服用地、工矿仓储用地、住宅用地、公共管理与公共服务用地、特殊用地、交通运输用地、水域及水利设施用地、其他土地。土地的特性决定了土地价值评估具有非完全竞争性、影响因素多样性及房地不可分割性等特点。

● 房屋建筑物是指房屋和构筑物的总称,不作特别说明时,通常指房屋。房屋建筑物通常由基础、结构、设备和装饰四个部分组成,评估中将房屋建筑物按使用性质划分为生产性建筑和非生产性建筑。对这些房屋的进一步说明是按房屋结构特点划分的,如砖混结构、框架结构、剪力墙结构等,不同结构的房屋对评估价值的高低有直接影响。

● 影响房地产价格除成本之外,还有许多其他因素,而且对房地价格的影响非常显著,评估中应十分重视。这些因素从大的类别上看主要有房地产外部因素和房地产自身因素两大类。房地产外部因素可再分为经济因素、社会因素、行政因素等,房地产自身因素可再分为房地产实物因素、房地产权益因素和房地产区位因素。这些因素还可以进一步细分。评估时需要根据不同用途的房屋将这些因素具体化并量化到评估价值中去。

● 房地产评估在单项资产评估中比较成熟,评估方法也较多,除常用的市场法、收益法、成本法之外,还有基准地价法、剩余法、路线价法等若干其他方法。掌握这些评估方法的基本思路、操作

本
章
小
结

方式以及适用条件,根据不同情况正确地选择适合的方法在房地产评估中尤为重要,不致因方法选择的不当而产生房地产评估价值的错误信息。

● 采用收益法评估房地产,应注意分析确定房地产的客观收益、相匹配的折现率及剩余年限三个主要参数,并设计出科学的评估计算模型。更重要的是要区别评估对象(即土地、房屋、还是房地合一)的不同,从房地合一的净收益中分离出评估对象的收益,任何误算评估对象收益的结果都会导致评估价值的失真。评估对象的收益口径到底是用税前收益,还是税后收益不能一概而论,需要根据评估目的和评估价值类型决定。

● 房地产评估中市场法是应用较普遍的方法,运用这一方法通常需要收集房地产成功的交易案例资料,通过与被估房地产进行比较分析找出差异,并将差异量化对参照交易案例的价格进行修正,得到合理的评估结果。应用这一方法的关键是选择合适的参照交易实例,难点是差异的量化。

● 成本法在房屋建筑物评估中与一般有形资产成本法评估没有多大差异,先估算重置成本和成新率,然后两者的乘积即为评估价值。房屋重置成本估算要有专门的专业知识,成新率的估算要有专业鉴定能力。采用成本法评估土地价值时需要根据国家和地方相关征地及拆迁补偿安置的规定进行,评估不受评估人员主观判断的影响,因此重要的是透彻理解相关规定,取得准确的信息资料和熟悉计算方法。

● 剩余法又称假设开发法,是指在评估具有开发潜力的土地价值时,先估算将其开发成房地产可以实现的预期收益,然后扣除为建造和销售该房地产所花费的必要全部成本费用(如建筑成本、利息、税收、销售费用等)以及合理利润,将剩余额作为被估土地价格的方法。剩余法是多种方法的综合,科学性强,技术上有一定难度。

● 在建工程由于涉及资产的种类较多、情况复杂,账面价值不能完全体现工程项目的形象进度和资产功能以及可比性差等影响评估的特点,因此评估比较困难。对未完工在建工程的评估一般有重置核算法、预算调整法、形象进度法和假设开发法等,因根据在建项目的性质和可收集到的资料,选用合适的方法进行评估。同时,对评估时点在建工程科目列示的资产,应根据情况进行适当的调整,分别评估并作出适当处置,并将调整处理情况在评估报告中予以特别说明和披露。

■ 关键词
土地　房屋建筑物

■ 思考题

1. 房地产有哪些特性?
2. 影响工业用地的区域因素有哪些?
3. 简述土地价格体系和评估价格种类。
4. 用收益法进行土地使用权评估时,如何求土地收益?
5. 房地产的还原率有哪几种? 它们之间有怎样的关系?
6. 用市场法评估房地产时,所选择的参照交易实例应满足什么要求?
7. 用市场法评估房地产时,主要应进行哪些差异修正?
8. 用成本法评估房屋建筑物和土地,适用于哪些情形?
9. 如何用剩余法评估土地价值?
10. 在建工程评估需要收集哪些资料?
11. 简述基准地价法和路线价法的基本思路。
12. 在建工程评估有哪些特点? 有哪些需要注意的问题?

计算题

1. 甲、乙双方联建一栋建筑物开发经营,甲方出地 5 000 平方米,并出资 300 万元;乙方出资 5 000 万元参与建设。投资比例为 4:6。已知规划开发项目的建筑容积率为 4,覆盖率为 50%,单位建筑面积造价为 1 800 元/平方米,单位建筑面积各项税费为 300 元/平方米。

要求:

(1) 计算该地块的单位面积地价,楼面地价。

(2) 计算该建筑物每层平均分摊地价(设每层建筑面积相等)。

2. 某宗地为一待开发建设的"七通一平"空地,土地面积 1 000 平方米,允许用途为商住混合,允许建筑容积率为 7,覆盖率为≤50%,土地使用年限为 50 年,2022 年 3 月出售。经调查和开发设计,取得如下资料:

(1) 开发方式:设计建筑物 14 层,每层面积 500 平方米,共 7 000 平方米。1~2 层为商用房,1 000 平方米;3~4 层为住宅,6 000 平方米。

(2) 开发费用估计。建筑费用 2 000 万元,专业费用为建筑费用的 6%,利息率为 10%,利润率为 20%,由卖方承担的售房税金为房地产售价的 5%。

(3) 预计建期。共需三年完成全部建筑,资金分三年投入,第一年投入总建筑费的 50%,第二年投入总建筑费的 30%,第三年投入总建筑费的 20%。

(4) 预计房地产售价。假定建成后,商业楼可全部售出,住宅可售出 30%;住宅的 50% 半年后可售出,其余的 20% 一年后才能售出。商业楼平均售价 15 000 元/平方米,住宅平均售价 7 000 元/平方米(均含楼面地价)。

要求:用假设开发法评估该宗地 2022 年 3 月的总地价、单位地价及楼面地价。

3. 预计某房地产未来五年的年净收益将保持在 400 万元的水平,第 5 年年末计划将该房地出售,出售价格预计比现在增值 5%,出售时需要对增值部分缴纳 30% 的税费。折现率为 10%。试估算房地产当前的价值。

4. 某公司于 2018 年 11 月以有偿出让方式取得 A 地块 50 年使用权,并于 2019 年 11 月在该地块上建成建筑物 B,当时,造价为 1 200 元/平方米,其经济耐用年限为 55 年;目前该类建筑重置价格为 1 500 元/平方米,残值率为 10%,A 地块面积 450 平方米,建筑面积 400 平方米,目前该建筑全部出租,每月实收租金为 10 000 元。据调查,当地同类建筑出租租金,一般为每月 30 元/平方米,土地及房屋还原利率分别为 5% 和 6%,每年需要支付的城镇土地使用税及房产税为 20 元/建筑平方米,需支付的年管理费为同类建筑年租金的 4%,年维修费为重置价的 2%,年保险费为重置价的 0.2%,A 地块在 2022 年 11 月的土地市场价为 2 400 元/平方米。试根据以上资料用收益法计算 B 建筑物价格。

5. 某城市内,有一宗住宅用地 500 平方米需要评估,评估基准日为 2022 年 10 月 31 日,现根据该地条件,选择了与之类似的四宗已成交案例,几宗地块的比较条件见下表。

项目	待估土地	比较案例 A	比较案例 B	比较案例 C	比较案例 D
用途	住宅	住宅	住宅	住宅	住宅
成交日期	(评估日期 2022.10)	2021.10	2021.12	2021.4	2022.8
成交价格		12 000 元/平方米	13 000 元/平方米	14 000 元/平方米	11 000 元/平方米
容积率	2	3	3	4	2

区域条件	位置	0	−2%	+3%	0	−3%
	基础设施	0	−1%	−2%	+2%	0
	交通	0	−2%	0	+3%	0
个别条件	地势	0	−2%	+1%	0	−2%
	形状	0	+3%	0	0	+1%
	其他	0	−3%	−3%	0	−2%

对位置、基础设施、交通、地势、形状及其他因素对地价的影响,均是待估地块与案例地块相比,表中数字正值表示待估地块优于比较地块百分比,负值表示待估地块劣于比较地块百分比,数字大小表示需修正的幅度。

又知该城市地价指数在 2021 年 1 月为 100,以后每月上涨数与 2021 年 1 月比均为 1%。

容积率修正系数见下表:

容积率	1	2	3	4	5
修正系数	1	1.8	2.1	2.3	2.4

几宗交易地块剩余使用年限均为 40 年,委估宗地剩余使用年限为 50 年,土地还原率取 8%。

按以上条件,估算该住宅用地的单位地价和楼面地价。

6. 对某厂现使用的 476 772.9 平方米的土地使用权价格进行评估,其用途为工业用地。

现用成本逼近法评估该宗地价格。收集到如下资料:

(1) 土地取得费。评估基准日年份近郊征用土地以平均年产值 1 200 元/亩计算,土地补偿费、安置补偿费、青苗补偿费分别按年产值的 6 倍、10 倍及 80% 计算,地面附着物补偿以 10 000 元/亩计算。

(2) 土地开发费。厂区已达到"七通一平",调查该市工业小区土地开发费为每平方千米 5 000 万元。

(3) 税费。根据该市有关文件规定:① 耕地占用税 6.6 元/平方米;② 土地管理费 0.9 元/平方米;③ 新菜地开发费 1.1 元/平方米;④ 教育附加费 3 元/平方米;⑤ 公用事业配套费 37.5 元/平方米。

(4) 投资利息。建设银行年贷款利率 6%,正常开发期为 2 年。

(5) 开发利润。工业生产用地开发利润率 10%。

(6) 土地增值收益率 20%,土地报酬率 8%。

7. 待估在建工程总预算造价为 400 万元,其中设备安装工程预算为 150 万元,评估时设备安装工程尚未进行,而建筑工程的基础工程已经完工,结构工程完成了 60%,装饰工程尚未进行。评估人员根据相关资料和经验认定建筑工程中的基础工程、结构工程和装饰工程各占造价比例分别为 15%、60% 和 25%。根据上述资料,估算待估在建工程的评估值。

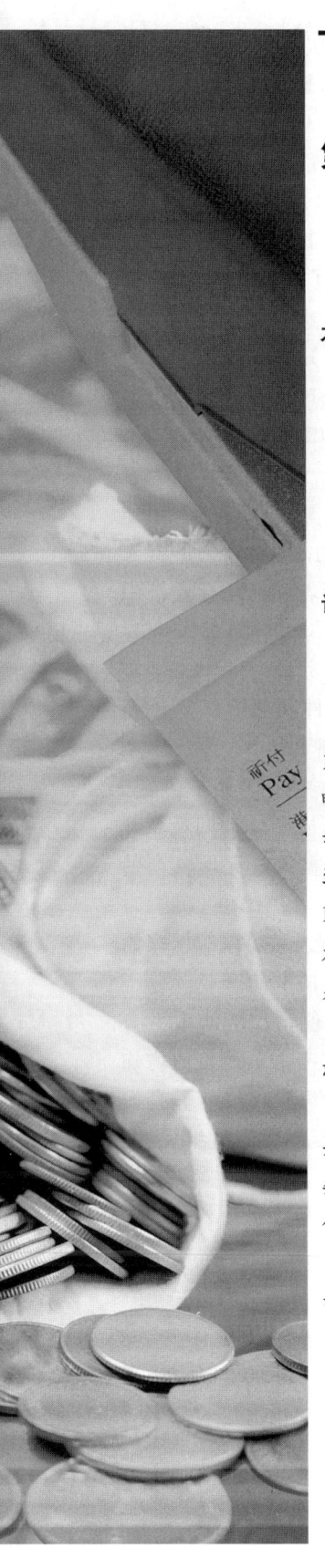

第七章　无形资产评估

本章要点

- 无形资产的确认及分类
- 影响无形资产价值的因素
- 无形资产评估的基本途径
- 各类无形资产评估的特点及具体方法
- 各类无形资产评估中应注意的问题

评估聚焦

无形资产评估的时代意义

党的二十大报告提出,"必须坚持科技是第一生产力、人才是第一资源、创新是第一动力,深入实施科教兴国战略、人才强国战略、创新驱动发展战略,开辟发展新领域新赛道,不断塑造发展新动能新优势。"2023 年 9 月,习近平在黑龙江考察调研期间首次提到"新质生产力"。新质生产力的核心特征是科技创新。2024 年 1 月 31 日,习近平在中共中央政治局第十一次集体学习时强调,加快发展新质生产力,扎实推进高质量发展。知识产权是创新成果的重要体现,也是企业无形资产的核心构成。2020 年 11 月 30 日,习近平在主持十九届中共中央政治局第二十五次集体学习时就强调要"全面加强知识产权保护工作,促进建设现代化经济体系,激发全社会创新活力,推动构建新发展格局",并提出"要健全知识产权评估体系"。随着我国社会经济高质量发展转型升级,数据要素成为新的生产要素,以知识产权为核心的无形资产在价值创造中的作用日益增强,无形资产价值在企业价值中的比重也日益上升。准确认识、界定和评估无形资产价值,对促进创新活动繁荣和社会经济高质量发展具有重要意义。

第一节　无形资产评估概述

一、无形资产的概念

美国可口可乐公司前任董事长罗伯特·士普·伍德鲁夫曾

说:只要"可口可乐"这个品牌在,即使有一天,公司在大火中化为灰烬,那么第二天早上,新闻媒体的头条消息就是各大银行争着向"可口可乐"公司贷款。罗伯特·士普·伍德鲁夫的豪言壮语绝不是妄自尊大,因为银行的贷款对象不是大火中的一堆废墟,而是"可口可乐"这一品牌为代表的无形资产价值已经在全部资产价值中占据绝对重要的地位。英国品牌评估机构"品牌金融"(Brand Finance)发布了《2021 年全球无形资产报告》,报告中披露可口可乐公司价值 2 660 亿美元,其中无形资产价值 2 400 亿美元。该报告披露,在过去的 25 年里,无形资产出现了天文数字般的增长——在 1996 年的约 6 万亿美元的基础上增长了 1145%。按照这种历史性的变化速度,到 2050 年,全球无形资产的价值可能达 1 万亿美元。全球知名品牌咨询公司 Interbrand 发布的《2023 全球最佳品牌排行榜》显示,2023 年度全球百强品牌总价值达到 3.3 万亿美元,比 2022 年增长了 5.7%。该排行榜披露的可口可乐(Coca-Cola)品牌价值为 580.46 亿美元,排行第 8 位[1]。

早在 1776 年,亚当·斯密就在其名著《国富论》中阐述了把国民所有的有用能力当作资本的思想,马歇尔和费沙进一步把知识一般性地归纳为资产,即无形资产(intangible assets)[2]。但无形资产真正作为一种生产要素,则是随着其在社会经济中的作用日益显现而被明确的。无形资产有时又被称为智力资本(intellectual capital)或知识资本(knowledge-based capital),被定义为"没有物理或财务形态的未来经济收益的权利"。科拉多等把无形资产分为计算机化的信息(如软件和数据库)、创新财产(如研发投资、著作权、设计和商标等)和经济竞争力(如品牌权益、人力资本和其他组织专有知识等)。[3]

葛家澍、杜兴强认为:当今社会财富和经济的增长主要受无形资产驱动的观点开始成为社会的共识。[4] 一些经济发达的经合组织(OECD)国家日益重视无形资产的投资与累积,对无形资产投资的增长超过有形资产投资的增长。2010 年,美国对无形资产的投资已达到 GDP 的 15%;丹麦、芬兰、法国、新西兰、英国和美国等国家的无形资产投资超过了对机器设备的投资。[5] OECD 发布的《科学、技术和产业计分板(2013)》统计了 2010 年 OECD 国家企业层面不同类型资产的价值增加值所占百分比,其中美国、瑞典、芬兰、挪威等国的无形资产价值增加值超过了有形资产价值增加值。[6] 全球著名的智慧资本商业银行公司 Ocean Tomo 公司 2015 年和 2020 年分别发布了年度无形资产市值研究(IAMV)更新报告,研究探讨了无形资产的市值组成,尤

① 资料来源:Interbrand 品牌咨询网。

② 于长春. 无形资产会计的回顾与展望//无形资产研究——全国第二届无形资产理论与实务研讨会论文集. 北京:中国财政经济出版社,2001。

③ Corrado,C. , C. Hulten, D. Sichel. Intangible Capital and U. S Economic Growth. Review of Income and Wealth,2009,55(3):661-685.

④ 葛家澍,杜兴强. 无形资产会计的相关问题:综述与探讨(上). 财会通讯,2004(9):10-12。

⑤ OECD (2013),OECD Science,Technology and Industry Scoreboard 2013,OECD Publishing.

⑥ Investment in physical and knowledge-based capital, As a percentage of value added of the business sector, 2010. Statistics on knowledge-based investment based on INTAN-Invest Database,www. intan-invest. net, and national estimates by researchers. Estimates of physical investment are based on OECD Annual Accounts (SNA) and INTAN-Invest Database,May 2013.

其是无形资产在全球主要指数中扮演的角色。① 根据该报告的研究,标准普尔 500 市值组成中,1975 年和 1985 年无形资产价值占比分别为 17% 和 32%,1985 年开始大幅上升至 68%,到 2015 年无形资产价值占比达到 84%,2020 年无形资产价值占比高达 90%。

虽然无形资产对经济发展的贡献日益增强并受到关注,但是由于无形资产的投资回报和价值通常难以确定,因此管理该类资产比管理有形资产要更加复杂。对企业无形资产的辨识和理解越深入,就越能贴近对企业价值的认识。无形资产在微观经济领域中的管理和运用,受到会计和资产评估活动的推动。作为反映和计量微观经济主体经济活动过程及成果的工具,会计和资产评估不仅关注无形资产对微观经济主体的作用,而且关注无形资产的具体对象和范围。

国际会计准则委员会将无形资产定义为:用于商品或劳务的生产或供应、出租给其他单位或管理目的而持有的、没有实物形态的可辨认非货币资产。无形资产应满足可辨认性、对资源的控制性和未来经济利益性,其中,强调可辨认性旨在区别于企业商誉。② 美国会计准则委员会将无形资产归类为一项特定资产,并将无形资产划分为可确指的(identifiable)无形资产和不可确指的(unidentifiable)无形资产两类,凡是那些具有专门名称、可单独取得、转让或出售的无形资产,称为可确指的无形资产,如专利权、商标权等;那些不可辨认、不可单独取得,离开企业整体就不复存在的无形资产,称为不可确指的无形资产,如商誉。我国颁布实施的《企业会计准则第 6 号——无形资产》把无形资产定义为:企业拥有或者控制的没有实物形态的可辨认非货币性资产。无形资产定义中的可辨认性标准有两个,一是能够从企业中分离或者划分出来,并能单独或者与相关合同、资产或负债一起,用于出售、转移、授予许可、租赁或者交换;二是源自合同性权利或其他法定权利,无论这些权利是否可以从企业或其他权利和义务中转移或者分离。《国际评估准则》(IVS,2021)对商誉和无形资产分别进行了界定:商誉是一家企业或企业使用的一组资产所产生的未来经济利益,它不能被单独确认或识别。无形资产是一种非货币性资产,以其经济特性而显示其存在,没有具体的物质形态,但为其拥有者带来了某种权利和经济利益。③ 中国资产评估协会新修订的《资产评估执业准则——无形资产》(2017 年 10 月 1 日起施行)把无形资产定义为特定主体拥有或者控制的,不具有实物形态,能持续发挥作用并且能带来经济利益的资源。

二、资产评估中确认无形资产的标准

美国著名资产评估专家赖利和施韦斯在《无形资产评估》一书中指出,从资产评估的角度,如果将某项经济资源界定为无形资产,除应满足上述一般定义外,还需要满足以下标准:④

(1)需经专门方法确认并有足够的证据表明无形资产的存在。

(2)应具备合法的存在条件并受法律保护。

---

① 资料来源:Ocean Tomo 公司官网。

② 国际会计准则委员会. 国际会计准则第 38 号——无形资产. 1998 年 10 月 1 日发布。

③ International Valuation Standards Council, "International Valuation Standards 2013——Framework and Requirements".

④ (美)罗伯特·F. 赖利,罗伯特·P. 施韦斯. 无形资产评估. 北京:中国大百科全书出版社,2001.

（3）产权明晰，并且此项产权必须能够合法转让。

（4）必须具有有形证据或证明，例如合同、许可证、注册文件、计算机软盘、客户名单、财务报表等。

（5）必须是在可确认的时间内或作为可确认事件的结果而产生或存在。

（6）必须是在可确认的时间内或作为可确认事件的结果而被破坏或终止的。

上述标准可归纳为以下两个方面：

一是无形资产应是财产，并且能被准确描述。资产无论有形还是无形都应具有财产权利，任何有财产权利的资产都应该是可以被明确描述的，因而一项无形资产如果不能被明确描述，其就不能被确认为一项无形资产。同时，无形资产权利应涉及财产所拥有的各种合法权利，并承担与其对应的责任，包括对该项无形资产给他人所造成的损失应承担的法律上的责任。由于市场经济的深化，财产所有权基本权能形成不同的排列与组合不仅成为必要，而且成为可能。如果将这些排列与组合称之为产权，那么，在无形资产评估中应了解被估无形资产的产权构成。

二是无形资产虽然不具有实物形态，但其存在应该有有形的证明。无形资产的经济价值并不来源于或者归因于其有形要素，但无形资产仍然需要具备一些有形要素，不仅为了使其具有经济存在形式，也是为了使其满足一些其他特征的需要，如法律保护性、可转让性。从本质上讲，所有的财产权利都是无形的（但这并不是说所有的财产都是无形资产），然而，财产权利必须具有强制性，还应具备一些有形证明，同样的概念也适用于无形资产。无形资产的经济价值不是来源于这些实物，但无形资产的经济或法律存在形式却来源于它们，例如，客户名单、以往的购货订单资料、往来函件等。无形资产与有形资产的根本区别在于有形资产的价值取决于有形要素的贡献，无形资产的价值则取决于无形要素的贡献。

三、无形资产的类型

随着无形资产理论研究与实践的发展，人们对无形资产的认识也在不断深入。一方面，随着社会经济技术发展，新兴无形资产不断出现；另一方面，过去被笼统地归入商誉的无形资产不断被从商誉中分离出来单独确认。但由于无形资产的复杂性、国家政治经济制度的差异，以及不同学者对无形资产的认识差异，使得无形资产的具体存在形态迄今尚未统一认识。

补充阅读：数据资产的兴起

（请扫描右侧二维码获取）

我国《资产评估执业准则——无形资产》规定，执行无形资产评估业务，应当根据具体经济行为，谨慎区分可辨认无形资产和不可辨认无形资产。可辨认无形资产包括专利权、商标权、著作权、专有技术、销售网络、客户关系、特许经营权、合同权益、域名等。不可辨认无形资产是指商誉。该准则规定涉及土地使用权、矿业权、水域使用权等的评估另行规范。在评估实务中，商誉的价值很少独立评估，通常涉及以财务报告为目的对商誉价值进行减值分析时进行评估。近年来，随着中国资本市场并购重组活动活跃,出现大量企业并购后的商誉减值风险,商誉减值评估日益受到重视。本教材中以财务报告为目的的评估将专门讨论。

国际评估准则委员会在其颁布的《国际评估准则:评估指南4——无形资产(2005修订版)》中,将无形资产分为以下几种类型,权利型无形资产,这些权利由合同条款规定,反映合同各方的经济利益,例如代理合同、分销合同、供应合同、许可证等;关系型无形资产,这里所指的关系通常都是非契约的,能够在短期内维持,并能为关系各方带来巨大价值,如集合劳动力、客户关系、供应者关系等;组合型无形资产,这是指从全部无形资产价值中扣除可确指的无形资产价值之后的剩余无形资产价值,通常也被称为商誉;知识产权,这是一个特别的无形资产类型,因为它通常受法律保护,以阻止被他人未授权的使用,知识产权包括品牌名称、商号、商标、专利权、商标权、版权和专有技术等。

2013年,国际评估准则委员会再次对《国际评估准则:评估指南4——无形资产》进行了修订,参照国际会计准则的分类方法,将可辨认无形资产分为营销型无形资产(marketing-related,如商标、网络域名和非竞争性条款等)、关系型无形资产(customer or supplier-related,如顾客关系、客户名单等)、技术型无形资产(technology-related,包括技术专利、数据库、公式、设计、软件、流程和制作方法等)和艺术型无形资产(artistic-related,从艺术作品中获得特许权使用费,以及从非合同性质的版权保护中获得收益)。

补充阅读:无形资产的会计确认
(请扫描右侧二维码获取)

四、影响无形资产评估价值的因素

进行无形资产评估,首先要明确影响无形资产评估价值的因素。一般说来,影响无形资产评估价值的因素主要有:

(一)产权与法律保护因素

无形资产的无形特征,使得其权属的界定与确认更加依赖相关的产权制度。例如,知识产权是无形资产的主要组成部分,作为一种法律赋予的权利,知识产权的获得及在经济活动中的运用,必然受到相关法律条款的影响,从而影响知识产权的价值。知识产权的权属属性直接影响知识产权的价值。如评估的是知识产权的所有权还是知识产权的使用权,知识产权的使用权是独占使用还是普通许可,不同的权属范围,知识产权的价值不同。

无形资产能否得到法律的有效保护,是影响无形资产价值的重要因素。例如,在评估专利无形资产时,专利权的稳定性、可规避性、依赖性、侵权可判定性、多国申请状态等因素会影响专利能否有效得到法律保护,并影响其价值高低。

(二)成本因素

影响无形资产评估价值的成本因素包括无形资产的取得成本和机会成本。

无形资产与有形资产一样,其取得也有成本。只是相对有形资产而言,其成本的确定不是十分明晰和易于计量。对企业无形资产来说,外购无形资产较易确定成本,自创无形资产的成本计量较为困难。同时,无形资产的创造与其投入、失败等密切相关,但这部分成本确定是很困难的。一般来说,这些成本项目包括创造发明成本、法律保护成本、发行推广成本等。

无形资产的机会成本是指因将无形资产用于某一确定用途后所导致的将无形资产用于其他用途所获收益的最大损失。例如,无形资产的转让可能会导致由该无形资产支撑的收益减少,也可能因为自己制造了竞争对手而减少利润或是增加开发支出。这些均构成无形资产转让的机会成本,应由无形资产购买者来补偿。通常无形资产的机会成本由两部分构成,即无形资产转让的净减收益和无形资产再开发净增费用。前者一般指在无形资产尚能发挥作用期间减少的净现金流量,后者包括保护和维持该无形资产追加的研发费用和其他费用、员工再培训费用等。

(三)获利能力

成本是从对无形资产补偿角度考虑的,但影响无形资产价值大小的最重要的因素是其预期收益能力,也就是一项无形资产预期所能带来超额收益的能力。

由于无形资产通常需要与其他资产配合以在生产经营中发挥作用,因此,无形资产的获利能力一般表现为能够给其使用者带来新增收益,并获得超出社会一般平均水平的收益。但现实中,无形资产可能因企业盈利能力低下甚至亏损而难以体现。对于处于经营困境或亏损的企业,不能因为其当前的困境或亏损就忽视其无形资产的价值,而应具体分析其无形资产存在的形态和价值被侵蚀的原因,确定该无形资产的预期获利能力。无形资产价值被侵蚀的原因通常有以下几种:一是存在无效或低效有形资产对有效无形资产的侵蚀,如生产能力过剩和固定资产闲置的问题,抵消了因历史积淀,并长期有效的无形资产。二是企业超常负担对无形资产贡献的侵蚀。如传统体制导致的国有企业以债务、冗员和企业办社会为代表的负担在相当长的时间中仍然存在,它们在影响企业竞争能力的同时,也侵蚀了企业各类无形资产的作用,使得其价值难以通过企业收益得到揭示。三是转型期各级政府不当收费转移了无形资产的贡献。各级政府曾经或仍在实行的各种针对国有企业的预算外和体制外收费制度,转移了包括了无形资产贡献在内的企业相当部分的收益。因此,在无形资产评估中,不是根据无形资产历史和当前的盈利状况进行判断,而应对其未来获利能力进行评估并给予量化。

(四)有效期限

无形资产的有效期限,除了应考虑法律保护期限外,更主要的是考虑其具有实际超额收益的期限。比如某项发明专利保护期 20 年,但由于无形损耗较大,拥有该项专利实际能获超额收益期限为 10 年,则这 10 年即为评估该项专利时所应考虑的期限。商标权法律保护为 10 年,但可以续展。对于某种产品的商标,其商标的使用期限受产品寿命影响;企业的商标受企业寿命的影响。而对商誉的评估,商誉使用期限受企业的寿命影响。

(五)技术因素

技术因素主要影响技术类无形资产的评估价值。技术类无形资产包括专利权及专有技术等。对于商标等知识产权的价值,技术因素的影响程度较小。在技术因素方面,技术成熟程度是影响技术类无形资产价值的重要因素之一,其他因素包括国内外技术发展趋势、更新换代速度等。一般技术发展都有一个发展、成熟、衰退的过程,这是竞争规律作用的结果。技术成熟程度如何,直接影响到技术类无形资产评估值高低。技术的开发程度越高,技术越成熟,运用该技术成果的风险性越小,评估值就会越高。

（六）市场因素

1. 市场供需状况

无形资产的评估价值也会受到市场因素的制约和影响。例如市场供需状况,它一般反映在两个方面:一是无形资产市场需求情况及无形资产的适用程度。对于可出售、转让的无形资产,其价值随市场需求的变动而变动。市场需求大,则评估价值就高;市场需求小,评估价值就低。二是无形资产的供给,即是否有同类无形资产替代,供给越大,替代无形资产越多,无形资产的评估价值就越低。

2. 同类无形资产的价格水平

同类无形资产的市场价格与无形资产相关产品或行业的市场状况也会影响无形资产的价值。与待估无形资产相关的无形资产的市场价格,直接制约着待估无形资产的价值。由于评估一般是以市场价值为基础的,也就是在公开市场上进行的交易,因此,买方对相关无形资产的市场价格是有充分了解的。根据经济人的有限理性假设,他是不可能在偏离该市场价很多的情况下购买待估无形资产,这样,相关无形资产的市场价将极大地制约待估无形资产的市场交易价,也就影响了其评估价值。无形资产产品及相关行业的市场状况,指市场容量的大小、市场前景、市场竞争状况及产品供需状况等因素,这些因素将影响待估无形资产的获利额,从而对无形资产评估价值构成影响。

（七）风险因素

无形资产从开发到受益会遇到多种类型的风险,包括:开发风险、转化风险、实施风险、市场风险等,这些风险因素使无形资产价值的实现存在一定的不确定性,从而对无形资产价值产生影响。

（八）其他因素

除了上述的因素将对无形资产的价值产生影响,其他因素如宏观经济政策、转让内容等也会影响待估无形资产的价值。从转让内容看,无形资产转让有完全产权转让和许可使用。在转让过程中有关条款的规定,会直接影响其评估值。同一无形资产的完全产权转让的评估值高于许可使用的评估值。在技术贸易中,同是使用权转让,由于许可程度和范围不同,评估值也应不同。

第二节　无形资产的评估方法

一、无形资产评估的收益法

（一）收益法评估无形资产价值的两种基本形式

利用收益法评估无形资产价值,是基于预期原则,通过估计无形资产的未来预期收益,并用反映该预期收益风险水平的折现率进行折现,以确定目标无形资产评估价值。由于无形资产在生产经营中发挥作用通常需要与其他资产的配合,其预期经济收益需要从全部组合资产预期经济收益中按一定比例间接得到。在评估实践中,根据评估无形资产转让或许可使用选取参数的渠道不同,收益法在应用上可以表示为以下两种形式。

1. 直接预测无形资产的超额收益并进行折现

在无形资产的预期收益比较明确,或者无形资产在企业生产经营中生产的经济收益可直接估算的情形下,通过直接估算目标无形资产能够创造的预期经济收益,并折现得到无形资产价值。其基本公式如下:

$$无形资产评估值 = \sum_{t=1}^{n} \frac{R_t(1-T)}{(1+r)^t} \qquad (7-1)$$

式中:R_t 为被评估无形资产的第 t 年的超额收益;t 为收益期限;r 为折现率;T 为所得税税率。

2. 间接预测无形资产的预期收益并进行折现

间接预测无形资产的预期收益,是指先估算出组合资产的预期收益,再以一定的分成比率间接计算目标无形资产预期收益进行折现得到其价值。根据无形资产交易计价的方式不同,衍生出以下计算方式:

$$无形资产评估值 = \sum_{t=1}^{n} \frac{K \cdot R_t(1-T)}{(1+r)^t} \qquad (7-2)$$

式中:K 为无形资产分成率;R_t 为第 t 年使用无形资产带来的净收益;t 为收益期限;r 为折现率;T 为所得税税率。

收益法中常用的具体方法包括:许可费节约法(也称节省许可费折现法,Relief from Royalty Method)、增量收益折现法(Incremental Income Method)以及超额收益折现法(Excess Earnings Method)。

(二)许可费节约法

许可费节约法是指将因拥有被评估对象所能节约的许可费折现加总,或将授权他人使用被评估对象可获得的许可费收入折现加总从而确定评估对象价值的方法。许可费的计算通常通过市场许可费率来计算。许可费率是指公平交易情况下,被许可方自愿地使用评估对象愿意支付的费用比率。在确定许可费率时,可参考知识产权现行的或以往的许可协议,也可参考市场上相同或相似资产的许可协议。

运用许可费节约法评估无形资产价值,应对获得的相关许可费信息予以分析调整,以反映无形资产和参照物之间的差异,主要考虑以下因素:

(1)可能影响许可费的许可双方关系,如关联方之间的许可;

(2)独家经营权条款;

(3)被许可方或许可方是否承担某些费用,如营销和广告费;

(4)许可日期以及其有效期;

(5)许可期限;

(6)不同的特点,如市场地位、地域覆盖、功能等。

在计算许可费收益时,应当注意维护费和其他支持性费用的处理方式是一致的。如果知识产权出租方承担广告或研发等维护性费用,则许可费率中则包括该部分内容;如果不包括,则应当在确定许可费收益时扣除该部分费用。

国际和国内技术交易中常用分成率来计算无形资产许可费。对于销售收入(利润)的测算已不是较难解决的问题,重要的是确定无形资产分成率。既然分成对象是销售收入或销售利润,因而,就有两个不同的分成率。而实际上,由于销售收入与销售利润有内在的联系,可以根据销售利润分成率推算出销售收入分成率,反之亦然。因为：

$$销售利润 = 销售收入 \times 销售利润率$$

所以：

$$销售收入分成率 = 销售利润分成率 \times 销售利润率 \qquad (7-3)$$

在无形资产转让实务上，一般是确定一定的销售收入分成率，俗称"抽头"。例如，在国际市场上一般技术转让费不超过销售收入的 10%，如果按社会平均销售利润率 10% 推算，当技术转让费为销售收入的 3% 时，则利润分成率为 30%。从销售收入分成率本身很难看出转让价格是否合理，但是，换算成利润分成率，则可以加以判断。

（三）增量收益折现法

增量收益折现法是将企业拥有评估对象所产生的收益与不拥有评估对象所产生的收益的差异作为无形资产所创造的增量收益，采用恰当的折现率将增量收益折现，以评估无形资产价值的一种方法。这里的"增量"包括增加收入和节约成本。

1. 收入增长型无形资产的评估

收入增长型无形资产是指无形资产应用于生产经营过程，能够使得产品的销售收入大幅度增加，其原因在于：

（1）生产的产品能够以高出同类产品的价格销售；

（2）生产的产品采用与同类产品相同价格的情况下，销售数量大幅度增加，市场占有率扩大，从而获得超额收益。

补充阅读：无形资产分成率的确定
（请扫描右侧二维码获取）

第一种原因形成的超额收益可以用下式计算：

$$R = (P_2 - P_1) \times Q \qquad (7-4)$$

式中：R 为无形资产带来的超额收益；P_2 为使用无形资产后产品的价格；P_1 为未使用无形资产前产品的价格；Q 为产品销售量（此处假定销售量不变）。

第二种原因形成的超额收益可以用下式计算：

$$R = (Q_2 - Q_1) \times (P - C) \qquad (7-5)$$

式中：R 为无形资产带来的超额收益；Q_2 为使用无形资产后产品的销售量；Q_1 为未使用无形资产前产品的销售量；P 为产品价格（此处假定价格不变）；C 为产品的单位成本。

因为销售量增加不仅可以增加销售收入，而且还会引起成本的增加。因此，估算销售量增加形成收入增加，从而形成超额收益时，必须扣减由于销售量增加而增加的成本。同时应该注意的是，销售收入增加可以引起收益的增加，它们是同方向的，由于存在着税收因素，销售收入和收益一般不是同比例变动，这在计算中应予以考虑。

2. 成本节约型无形资产的评估

成本节约型无形资产是指无形资产的应用，使得生产产品中的成本费用降低，从而形成超额收益。当假定销售量不变，价格不变时，可以参考下列公式计算为投资者带来的超额收益。

$$R = (C_1 - C_2) \times Q \qquad (7-6)$$

式中:R 为超额收益;C_1 为未使用无形资产前的产品单位成本;C_2 为使用无形资产后产品的单位成本;Q 为产品销售量(此处假定销售量不变)。

实际上,收入增长型和成本节约型无形资产的划分,是假定其他资产因素不变的情况下,为了明晰无形资产形成超额收益来源情况的人为划分方法。通常,在实际中,无形资产应用后,其他资产因素也会发生变化,增量收益是各资产因素共同作用的结果。评估者应根据情况,加以综合性的运用和测算,以科学地测算增量收益。不能简单地把增量收益归为仅由无形资产形成的超额收益。

(四)超额收益折现法

当无法将使用无形资产和没有使用无形资产的收益情况进行对比时,采用无形资产和其他类型资产在经济活动中的综合收益与行业平均水平进行比较,可得到无形资产获利能力,即"超额收益"。超额收益折现法是指在考虑其他相关资产对收益的贡献后,仅对被评估对象所产生的税后收益进行折现,从而确定被评估对象价值的方法。超额收益折现法包括单期超额收益折现法和多期超额收益折现法。鉴于实践中被评估对象会在一定时期内带来收益,因此,一般常用多期超额收益折现法。超额收益折现法常用来评估对预期收益产生重大贡献的知识产权,相对来说,其他相关资产在整个收益模式中显得较为次要。

在使用超额收益折现法评估知识产权时,需要扣减其他相关资产对预期收益的贡献,即其他相关资产贡献回报率。其他相关资产贡献回报率应该与预期收益口径相一致。若预期收益为税后收益,则其他相关资产贡献回报率为税后的;若预期收益为税前收益,则其他资产贡献回报率为税前的。

通常,通过以下步骤来确定其他相关资产贡献回报率。

(1)确定对预期收益产生贡献的其他相关资产。

(2)估算产生贡献的其他相关资产市场价值。

(3)确定合理的相关资产贡献回报率。

(4)对知识产权收益产生贡献的相关资产(以下简称相关资产)通常包括营运资金、固定资产、人力资源和除知识产权以外的其他无形资产等。需要注意利润表中的费用和相关资产贡献不可重复计算和遗漏。

使用这种方法,应注意这样计算出来的超额收益,有时不完全由被评估无形资产带来(除非能够认定只有这种无形资产存在),往往是一种组合无形资产超额收益,还须进行分解处理。

(五)收益法评估无形资产的折现率和收益期限

1. 无形资产折现率的确定

由于收益法是通过估算被评估资产未来预期收益并折算成现值,借以确定被评估资产价值,所以在对未来预期收益确定以后,还需要确定适当的折现率。无形资产的折现率是指与投资于该无形资产相适应的投资报酬率。一般来说,无形资产投资收益高,风险大,因此,无形资产评估中折现率往往要高于有形资产评估的折现率。

在确定无形资产折现率时,应根据无形资产评估的具体情况,选择合理的折现率确定方法。2017 年 10 月 1 日起施行的《资产评估执业准则——无形资产》,对无形资产评估的折现率作了"保持预期收益口径与折现率口径一致"的规定。运用收益法评估无形资产时,无形资产的收益是无形资产在企业生产经营中所创造的应该归属于它的一部分收益,而收益的折现率则应体现无形资产获得这部分收益时的风险报酬率。所以,在判断和选择无形资产折现率时,要与预测无形资产收益时所依据的载体的规模、作用空间、发展趋势相对应[①]。无形资产评估的折现率,应该是与所采用的无形资产分成收益基础及分成收益计算口径一致的,同时也与无形资产评估的目的、具体情况以及未来的使用状态相关。

无形资产评估通常可分为两种情况:一是无形资产现有用途的继续使用,即将无形资产作为企业整体资产中一项要素进行评估;二是评估目的为非目前在用条件下的继续使用或最佳使用,即企业转让无形资产或者作价入股。在前一种情况下,通常认为使用与整个企业有关的折现率是合适的,这个折现率应该能反映出目标企业的加权平均资本成本。这种情况下得出的是无形资产作为一个有贡献的部分时对企业的价值,它应建立在持续使用的价值前提基础上。在后一种情况下,无形资产的收益一般取此无形资产的最佳使用的收益或正常使用情况下的平均收益,此时折现率的选取可根据该类无形资产的行业统计平均收益率为基础,分析无形资产的具体状态来确定,从而反映与单项无形资产相联系的特定风险。由于单项无形资产的风险通常大于持续经营企业,因此可以认为特定无形资产的折现率应该高于整体企业的折现率。

2. 无形资产收益期限的确定

无形资产收益期限或称有效期限,是指无形资产发挥作用,并具有超额获利能力的时间。有些无形资产在发挥作用的过程中,其损耗是客观存在的。无形资产损耗的价值量,是确定无形资产有效期限的前提。无形资产因为没有物质实体,所以,它的价值不会由于它的使用期的延长发生实体上的变化,即它不像有形资产那样存在由于使用或自然力作用形成的有形损耗。然而,无形资产价值降低是由于无形损耗形成的,具体来说,主要由下列三种情况决定产生:

(1)新的、更为先进的、更经济的无形资产出现,这种新的无形资产可以替代旧的无形资产,使采用原无形资产无利可图时,原有无形资产价值就会丧失;

(2)因为无形资产传播面扩大,其他企业普遍掌握这种无形资产,使拥有这种无形资产的企业获取超额收益的能力降低,它的价值也就减少;

(3)企业拥有的某项无形资产所决定的产品需求大幅度下降,这种无形资产价值就会减少,以至完全丧失。

以上说明的是确定无形资产的有效期限的理论依据,需要强调的是:无形资产具有获得超额收益的时间才是真正的无形资产有效期限。

资产评估实践中,预计和确定无形资产的有效期限,可依照下列方法确定:

(1)法律或合同、企业申请书分别规定有法定有效期限和受益年限的,可按照法定有效期限与受益年限孰短的原则确定;

(2)法律未规定有效期,企业合同或企业申请书中规定有受益年限的,可按照规定的受益年限确定;

(3)法律和企业合同,或企业申请书均未规定有效期限和受益年限的,按预计受

① 姜楠.无形资产评估理论和管理体制研究.大连:东北财经大学出版社,2003.

益期限确定。预计受益期限可以采用统计分析或与同类资产比较得出。

同时应该注意的是,无形资产的有效期限可能比其法定保护期限短,因为它们要受许多因素的影响,如废弃不用、消费者偏好的转变以及经济形势变化等,特别是在科学技术发达的今天,无形资产更新周期加快,使得其经济寿命缩短。评估时,对这些情况都应给予足够的重视。

补充阅读:无形资产评估收益法应用中的几个问题讨论
(请扫描右侧二维码获取)

二、无形资产评估的成本法

(一)成本法评估无形资产价值的基本思路

无形资产评估中的成本法,常被称为"重置成本法",通过计算重置具有类似或相同服务功能的无形资产所要付出的成本来确定被评估对象价值的思路。在确定重置成本时,可适当考虑机会成本。通过无形资产贬值等调整项来反映与重置资产之间的差异。采用成本法对资产进行评估的理论依据主要有两点:

一是资产的价值不会超过其重置的成本;

二是资产的价值是一个变量,即资产的价值随资产本身的运动和其他因素的变化而相应变化。

采用成本法评估无形资产,其基本公式为:

$$无形资产评估值 = 重置成本 - 功能性贬值 - 经济性贬值 \qquad (7-7)$$

或:

$$无形资产评估值 = 重置成本 \times 成新率 \qquad (7-8)$$

由于无形资产的无形特征,在评估中不用考虑实体性贬值,而仅从重置成本中扣减功能性贬值和经济性贬值。从公式可以看出,估算无形资产重置成本和成新率,从而科学确定无形资产评估值,是评估者所面临的重要工作。无形资产重置成本是指现时市场条件下重新创造或购置一项全新无形资产所耗费的全部货币总额。根据企业取得无形资产的来源情况,无形资产可以划分为自创无形资产和外购无形资产。不同类型的无形资产,其重置成本构成和评估方式不同,需要分别进行估算。

(二)无形资产重置成本的估算

无形资产的重置成本可由两种途径取得:

1. 以无形资产的历史成本为基础调整估算重置成本

这种途径一般用于自创无形资产重置成本的估算。自创无形资产的成本是由创制该资产所消耗的物化劳动和活劳动费用构成的,自创无形资产如果已有账面价格,由于它在全部资产中的比重一般不大,可以按照定基物价指数做相应调整,即得到重置成本。在实务上,自创无形资产往往无账面价格,需要进行评估。其方法主要有两种:

(1)核算法。核算法的基本计算公式为:

$$无形资产重置成本 = 直接成本 + 间接成本 + 资金成本 + 合理利润 \qquad (7-9)$$

直接成本按无形资产创制过程中实际发生的材料、工时消耗量,按现行价格和费用标准进行估算。即：

$$无形资产直接成本 = \left(\begin{matrix}物质资料\\实际耗费量\end{matrix} \times \begin{matrix}现行\\价格\end{matrix}\right) + \left(\begin{matrix}实耗\\工时\end{matrix} \times \begin{matrix}现行费\\用标准\end{matrix}\right) \quad (7-10)$$

这里，评估无形资产直接成本不是按现行消耗量而是按实际消耗量来计算。究其原因，一是因为无形资产是创造性的成果，一般不能原样复制，从而不能模拟在现有生产条件下再生产的消耗量；二是无形资产生产过程是创造性智力劳动过程，技术进步的作用最为明显，如果按模拟现有条件下的复制消耗量来估价重置成本，必然影响到无形资产的价值形态的补偿，从而影响到知识资产的创造。在评估实践中，由于无形资产开发的各项支出均有原始会计记录，只要按国家规定的范围计算消耗量，并按现行价格和费用标准计价就可以了。

（2）倍加系数法。对于投入智力比较多的技术型无形资产，考虑到科研劳动的复杂性和风险，可用以下公式估算无形资产重置成本：

$$P = \frac{C+\beta_1 V}{1-\beta_2} \times (1+L) \quad (7-11)$$

式中：P 为无形资产重置成本；C 为无形资产研制开发中的物化劳动消耗；V 为无形资产研制开发中的活劳动消耗；β_1 为科研人员创造性劳动倍加系数；β_2 为科研的平均风险系数；L 为无形资产投资报酬率。

例 7-1 甲企业研制出一种含锌矿泉粉材料，研制过程中共消耗物料及其他费用 50 万元，人员开支 20 万元。评估人员通过分析测算，确定科技人员创造性劳动倍加系数为 1.5，科研平均风险系数为 0.2，该无形资产投资报酬率为 30%，采用倍加系数法估算该材料技术的重置成本。

该材料技术无形资产重置成本 = (50+1.5×20)/(1-0.2)×(1+30%) = 130（万元）

2. 以现行价格为基础调整得到无形资产的重置成本

此方法一般用于外购无形资产重置成本的估算。外购无形资产一般有购置费用的原始记录，也可能有可以参照的现行交易价格，评估相对比较容易。外购无形资产的重置成本包括购买价和购置费用两部分，一般可以采用以下两种方法：

（1）市价类比法。在无形资产交易市场中选择类似的参照物，再根据功能和技术先进性、适用性对其进行调整，从而确定其现行购买价格，购置费用可根据现行标准和实际情况核定。

（2）物价指数法。它是以无形资产的账面历史成本为依据，用物价指数进行调整，进而估算其重置成本。其计算公式为：

$$无形资产重置成本 = 无形资产账面成本 \times \frac{评估时物价指数}{购置时物价指数} \quad (7-12)$$

从无形资产价值构成来看，主要有两类费用，一类是物质消耗费用，另一类是人工消耗费用，前者与生产资料物价指数相关度较高，后者与生活资料物价指数相关度较高，并且最终通过工资、福利标准的调整体现出来。不同的无形资产两类费用的比重可能有较大差别，一些需利用现代科研和实验手段的无形资产，物质消耗的比重就比较大。在生产资料物价指数与生活资料物价指数差别较大的情况下，可按两类费用的大致比例按结构分别适用生产资料物价指数与生活资料物价指数估算。两种价格指数比较接近,且两类费用的比重差别较大时,可按比重较大费用类适用的物价指数来估算。

(三)无形资产成新率的估算

成新率是运用成本法评估有形资产时使用的一个重要概念,无形资产不存在有形损耗,采用成本法评估无形资产时只是为了操作上的方便借用这一概念,因此它的运用也受到较大程度的限制。在评估实践中,一般选择综合考虑了被评无形资产的各种无形损耗(功能和经济方面的)后的折算比率。在确定适用的成新率时应注意无形资产使用效用与时间的关系,这种关系通常是非线性的。有的无形资产其效用是非线性递减(如技术型无形资产),有的无形资产其效用在一定时间内呈非线性递增(如商标、商誉等)。评估人员应对这种变化趋势进行分析并予以说明。

通常,无形资产成新率的确定,可以采用专家鉴定法和剩余经济寿命预测法进行。

(1)专家鉴定法。专家鉴定法是指邀请有关技术领域的专家,对被评估无形资产的先进性、适用性做出判断,从而确定其成新率的方法。

(2)剩余经济寿命预测法。无形资产的剩余经济寿命是指从评估基准日到由于出现替代无形资产而使该无形资产继续使用在经济上不合理所经历的时间。剩余经济寿命预期法就是由评估人员通过对无形资产尚可使用的经济年限进行预测和判断,从而确定其成新率的方法。这种方法是需要有关技术专家、行业财务分析专家和经验丰富的市场营销专家根据产品的市场竞争状况、可替代性、技术进步和更新趋势做出综合性预测。计算公式表示为:

$$成新率 = \frac{剩余使用年限}{已使用年限+剩余使用年限} \times 100\% \qquad (7-13)$$

公式中,已使用年限比较容易确定,剩余使用年限应由评估人员根据无形资产的特征,分析判断获得。

例 7-2 某企业两年前自行研制开发完成一项无形资产,成本法入账 80 万元。现在,该企业被其他公司并购需对这项无形资产进行评估,前年和去年,相关生产成本价格分别上涨了 5% 和 8%,试按物价指数法估算其重置成本。该项无形资产还有 3 年的经济寿命,计算其评估值。

经鉴定,该无形资产系运用现代先进的实验仪器经反复试验研制而成,物化劳动耗费的比重较大,可适用生产资料物价指数。

$$无形资产重置成本 = 80 \times (1+5\%) \times (1+8\%) = 90.72(万元)$$
$$无形资产价值 = 90.72 \times 3/(2+3) = 54.432(万元)$$

三、无形资产评估的市场法

虽然无形资产具有的非标准性和唯一性特征限制了市场法在无形资产评估中的使用,但这不排除在评估实践中仍有采用市场法的必要性和可能性。无形资产评估中的市场法是指参照市场上相同或相似资产的交易价格,来确定被评估对象价值的评估技术途径。国外学者认为,市场法强调的是具有合理竞争能力的财产的可比性特征。如果有充分的源于市场的交易案例,可以从中取得作为比较分析的参照物,并能对评估对象与可比参照物之间的差异做出合适的调整,就可应用市场法。国际评估准则委员会颁布的《无形资产评估指南》指出："使用市场法必须具备合理的比较依据和可进行比较的类似的无形资产。参照物与被评估无形资产必须处于同一行业，或处于对相同经济变量有类似反应的行业。这种比较必须具有意义，并且不能引起误解。"

市场法中常用的方法是交易案例比较法，即通过参照市场上相同或相似资产的交易价格，或者价值乘数来确定被评估对象价值。价值乘数（valuation multiples）通常表现为交易价格除以一个收益性财务数据，这个收益性财务数据可以是销售收入、利润或现金流等口径的指标。价值乘数不仅仅局限于财务数据，在某些情况下，也会参考非财务数据。

在使用市场法评估无形资产时，选择具有合理比较基础的可比知识产权交易案例，应当考虑以下因素：

（1）被评估知识产权与可比交易案例在资产特性、获利能力、竞争能力、技术水平、成熟程度、风险状况、转让和许可使用情况等方面是否具有可比性；

（2）特定买卖双方可能会影响价格的因素，如强制销售或关联方交易；

（3）可比交易日期和评估日期之间市场的变化；

（4）根据宏观经济发展、交易条件、交易时间、行业和市场因素、知识产权实施情况的变化、对可比交易案例和被评估知识产权以往交易信息进行必要的调整。

在使用市场法时，选择、计算和使用价值乘数应当考虑：

（1）使用的价值乘数必须能够提供有关知识产权价值的有用信息；

（2）用于计算价值乘数的参照物数据必须准确；

（3）价值乘数的计算，如果使用若干年的平均数，所考虑的时间段和平均的方法必须合理；

（4）对于参照物和被评估对象的评估价值乘数计算方法必须一致；

（5）评估价值乘数中所使用的价格数据在评估基准日的时点必须有效，并且是当时市场上具有代表性的价格；

（6）为了使参照物和被评估对象之间更具有可比性，在恰当的情况下可以进行调整；

（7）对于特殊项目、非经常性项目、非营运性的项目应进行调整；

（8）鉴于相似知识产权与被评估对象在风险和期望方面的差异，所选择的价值乘数必须是恰当的；

（9）如果从交易案例中获得了不止一种的价值乘数，例如，历史和未来的营业额乘数，必须通过比较参照物和被评估对象来判断运用哪个乘数得出的评估结果更可靠。

运用市场法评估无形资产价值时，参照物与被评估无形资产会因时间、空间和条件的变化而产生差异，评估人员应对此做出言之有理、持之有据的调整。国际评估准则委员会颁布的《无形资产评估指南》强调指出："当以被评估无形资产以往的交易记录作为评估的参照依据时，则可能需要根据时间的推移、经济、行业和无形资产的环境变化进行调整。"

四、无形资产评估的期权法

由于无形资产的成本特性、难交易性和独特性等影响,成本法和市场法在评估无形资产价值时通常受到诸多限制。收益法通常被认为最适合无形资产价值评估,但同样不适用于当前不产生现金流,近期也不产生现金流,但却具有创造价值潜力的那些无形资产类型,例如,公司拥有的有价值的产品专利,目前虽未使用,但具有潜在的盈利能力。

20 世纪 70 年代以来,随着布莱克和斯科尔斯提出基本的期权定价模型以后,期权定价方法有了迅速的发展。近年期权定价模型的应用扩展到企业价值评估、自然资源资产及专利等预期盈利具有期权特征的资产价值评估实践中。例如,根据期权的定义,产品专利可被视为看涨期权,产品本身为标的资产。专利权研究开发成本类似于期权的期权费,专利成果投入使用所发生的投资相当于买入期权的执行价格,使用专利所获得的收益相当于期权标的资产的价格。本书第四章对实物期权法的基本模型进行了介绍,在评估无形资产时,需要根据评估对象的特点,确定以下各种参数。

(一)确定标的资产的价格

期权定价理论运用的一个重要前提是运用标的资产和无风险借贷资产构造等价资产,并消除其中的随机成分,而无形资产并无交易的实物,且大多没有一个完整的交易市场,无法利用它们和无风险借贷资产构造出等价资产。因此,在运用期权定价模型对无形资产进行评估时,通常将无形资产的超额收益的现值作为期权标的资产的价格。由于无形资产的预期收益波动很大,现金流的估计及现值可能存在较大误差,这种不确定性恰恰反映无形资产具有期权价值的原因。

(二)标的资产价值波动的方差

估计作为标的资产的无形资产价值的现金流有较大不确定性,例如,产品潜在市场规模难以估计、技术改进可能改变成本结构和产品利润等。这种不确定性用标的资产价值波动的方差来描述。通常标的资产价值波动的方差可用以下方法确定,一是考虑运用以前类似产品的现金流的方差作为估计值;二是确定各种市场状况可能出现的概率,估计各种情况下的现金流,并估计现金流现值的方差。期权的价值很大程度上派生于现金流的方差。方差越大,作为标的的无形资产价值就越大。

(三)期权的执行价格

当企业对其因拥有某项无形资产所获得权利做出投资决策时,该无形资产形成的期权就得到了实施。投资的成本相当于期权的执行价格。这里假定投资成本的现值保持不变,而与投资相关的不确定性均已反映在预期现金流中。

(四)期权的期限

以无形资产作为标的的期权,其寿命与无形资产的剩余使用寿命一致。此后投资的净现值为零,这里假定竞争将驱使投资回报低于期望的水平。对有些无形资产(如商标权)的收益期限可能出现"无限"的情况,如何处理应视具体情况而定,如对商标权无限期内的收益可按永续年金的概念进行处理。

(五)推迟使用无形资产的机会成本

由于无形资产的使用有一个有效期限的问题,因此,晚投入使用一年,就意味着创造现金流的年份将减少一年,从而体现为一定数额的机会成本。假定无形资产的

预期现金流在时间上均匀地分布而其有效期为 N 年,则推迟的成本可以表示为:

$$年延迟成本 = 1/N \tag{7-14}$$

由于推迟成本在每一年都会上升,例如,一个有效期为 20 年的专利期权,推迟实施的年度成本就为 1/20,但推迟成本每一年都会上升,在第 2 年为 1/19,第 3 年为 1/18 等,即推迟实施的成本随着时间的推移而增加。

第三节　知识产权类无形资产的评估

知识产权类无形资产包括技术类无形资产(专利权及非专利技术)、商标权、著作权等。这些无形资产有专门的法律规范进行界定,存在形态和权益边界相对清晰,通常能够独立交易,是评估实践中常见的无形资产类型。

一、技术类无形资产评估

技术类无形资产通常包括专利权和非专利技术。

(一)技术类无形资产的评估方法选择

1. 运用收益法评估技术类无形资产的适用前提和评估思路

运用收益法评估技术类无形资产价值,前提是可以合理预测并量化技术类无形资产的使用产生的未来收益。根据技术的预期收益估算不同途径,可以选用具体的评估方法。

(1)通过分析比较已许可使用的技术或类似技术的许可使用费率或金额,可以合理估计并预测专利使用后节省的许可使用费率或金额时,一般可以选用节省许可费折现法。

(2)通过预测专利实施后相关产品或企业收益,并与专利实施前相关产品或企业收益相比,可以清晰地区别其差异比率或金额时,一般可以选用增量收益折现法。

(3)可以合理估计并预测专利使用对相关产品或企业带来的超额收益时,一般可以选用超额收益折现法。

2. 运用市场法评估技术类无形资产的适用前提和评估思路

运用市场法对技术类无形资产进行评估时,应当收集足够的可比交易案例。在分析交易案例的可比性时,应当考虑交易技术类无形资产的特点、交易时间、限制条件、交易双方的关系、购买方现有条件,技术类无形资产的获利能力、竞争能力、技术水平、成熟程度、剩余法定保护年限及剩余经济年限、风险程度、转让或者使用情况,实施该项技术是否涉及其他技术等因素。运用市场法对技术类无形资产进行评估时,应当对被评估技术类无形资产与可比交易案例之间的各种差异因素进行分析、比较和调整。在可比的交易案例较难获得时,应谨慎使用市场法。

3. 运用成本法评估技术类无形资产的适用前提和评估思路

评估技术类无形资产重置成本时,可以选用成本法对其进行评估。成本法评估专利的思路是通过估算技术类无形资产的研发成本,并适当地考虑其投入成本的机会成本,再合理分析和扣除其功能性和经济性贬值,得到该技术类无形资产价值。重置成本包括合理的研究开发成本、利润和相关税费等。由于技术类无形资产的投入成本与其经济价值的弱对应性,对技术类无形资产进行评估时,应谨慎选用成本法。

根据上述分析,技术类无形资产评估的方法和适用情况如表 7-1 所示。

表 7-1　技术类无形资产评估方法选择

方法选择	适用情况
收益法-节省许可费折现法	可以合理估计并预测专利使用后节省的许可使用费率或金额
收益法-增量收益折现法	可以清晰区别专利实施前后企业收益差异比率或金额
收益法-超额收益折现法	可以合理估计并预测专利使用对相关产品或企业带来的超额收益
市场法	需收集足够的可比交易案例,在可比的专利权交易案例较难获得时,应谨慎使用市场法
成本法	由于投入成本与专利自身经济价值的弱对应性,对专利权进行评估时,应谨慎选用成本法

（二）成本法在技术类无形资产评估中的应用

运用成本法评估技术类无形资产,关键在于分析计算其重置成本构成、数额以及相应的成新率。技术类无形资产通常分为外购和自创两种,外购技术无形资产的重置成本确定比较容易。自创技术无形资产的成本一般由下列因素组成:

1. 研制成本

研制成本包括直接成本和间接成本两大类。直接成本是指研制过程中直接投入发生的费用,间接成本是指与研制开发有关的费用。

（1）直接成本。直接成本一般包括:① 材料费用,即为完成技术研制所耗费的各种材料费用;② 工资费用,即参与研制技术的科研人员和相关人员的工资;③ 专用设备费,即为研制开发技术所购置专用设备的摊销;④ 资料费,即研制开发技术所需的图书、资料、文献、印刷等费用;⑤ 咨询鉴定费,即为完成该项目发生的技术咨询、技术鉴定费用;⑥ 协作费,即项目研制开发过程中某些零部件的外加工费以及使用外单位资源的费用;⑦ 培训费,即为完成本项目,委派有关人员接受技术培训的各种费用;⑧ 差旅费,即为完成本项目发生的差旅费用;⑨ 其他费用。

（2）间接成本。间接成本主要包括:① 管理费,即为管理、组织本项目开发所负担的管理费用;② 非专用设备折旧费,即采用通用设备,其他设备所负担的折旧费;③ 应分摊的公共费用及能源费用。

2. 交易成本

交易成本指发生在交易过程中的费用支出,主要包括:① 技术服务费,即卖方为买方提供专家指导、技术培训、设备仪器安装调试及市场开拓费用;② 交易过程中的差旅费及管理费,即谈判人员和管理人员参加技术洽谈会及在交易过程中发生的食宿及交通费等;③ 手续费,即指有关的公证费、审查注册费、法律咨询费等;④ 税金,即无形资产交易过程中应交纳的增值税等。

由于评估目的不同,其成本构成内涵也不一样,在评估无形资产时应视不同情形考虑以上成本的全部或一部分。

（三）收益法在技术类无形资产评估中的应用

采用收益法方法评估技术类无形资产,根本的问题还是如何寻找、判断、选择和测算评估中的各项技术指标和参数，即技术无形资产的收益额、折现率和获利期限。技术类无形资产的收益额是指直接由其带来的预期收益。对于收益额的测算，可以通过分析将技术无形资产划分为收入增长型和成本节约型进行直接测算，或者运用分成率方法进行测算。

尽管本章第二节已对分成率的确定方法做了详细介绍，但评估人员应该注意，利润分成率通常依据经验的数据，而且会随着行业、时间等因素发生变化。在评估实践中，应在参考这些经验数据基础上，对被评估技术无形资产进行切合实际的分析，确定合理的、准确的利润分成率。利润分成率是对技术无形资产同与之结合的资产共同形成的利润的分成，实际操作过程中通常采用一种变通的方法，即以销售收入分成率替代利润分成率，相应的分成基础也就由利润变成销售收入了。尽管销售收入分成率和利润分成率之间存在一定关系，并可以通过数学关系进行互换，但销售收入分成率合理性的基础仍然是利润分成率，这是必须明确的。下面通过案例说明专利技术无形资产的评估过程。

例 7-3 北京 AF 科技发展公司于 2016 年自行开发了一项新型的大功率电热转换体及其处理技术，并获得发明专利证书，专利保护期 20 年。2019 年该公司准备将该专利技术出售，现需要对该项专利技术进行评估。

评估分析和计算过程如下：

（1）评估对象和评估目的。由于北京 AF 科技发展公司系出售该项专利，因此，转让的是专利技术的所有权。

（2）专利技术鉴定。该项技术已申请专利，该技术所具备的基本功能可以从专利说明书以及有关专家鉴定书中得到。此外，该项技术已在北京 AF 科技发展公司使用了 3 年，产品已进入市场，并深受消费者欢迎，市场潜力较大。因此，该项专利技术的有效功能较好。

（3）评估方法选择。该项专利技术具有较强的获利能力，而且，同类型技术在市场上被授权使用情况较多，分成率容易获得，从而为测算收益额提供了保证。因此，决定采用收益法进行评估。

（4）判断确定评估参数。根据对该类专利技术的更新周期以及市场上产品更新周期的分析，确定该专利技术的剩余使用期限为 4 年。根据对该类技术的交易实例的分析，以及该技术对产品生产的贡献性分析，采用对销售收入的分成率为 3%。

根据该公司过去经营绩效以及对未来市场需求的分析，评估人员对该专利技术 4 年的剩余寿命期限内的销售收入进行预测，结果如表 7-2 所示。

表 7-2　预期销售收入测算结果

单位：万元

年　　份	销 售 收 入
2020	6 000
2021	7 500
2022	9 000
2023	9 000

综合考虑该技术应用行业的投资风险及技术本身特性，确定该专利技术评估中

采用的折现率为 15%。

（5）计算评估值。得出结论如表 7-3 所示。

表 7-3　评估值计算表　　　　　单位：万元

年份	销售收入①	分成额 ②=①×3%	税后净额 ③=②×（1-25%）	收益折现值 （r=15%）
2020	6 000	180	135	117.39
2021	7 500	225	168.75	146.14
2022	9 000	270	202.5	176.09
2023	9 000	270	202.5	176.09
合计				616.31

因此，该专利技术的评估值为 616.31 万元。

二、商标权价值评估

（一）商标与商标权

商标（trademark）是自然人、法人或者其他组织对其生产、制造、加工、拣选或者经销的商品或提供的服务项目上使用的，能与他人的商品或服务区别开的可视性标志，包括文字、图形、字母、数字、三维标志和颜色组合，以及上述要素的组合。

商标的作用表现在：商标表明商品或劳务的来源，能把一家企业提供的商品或劳务与其他企业的同一类商品或劳务相区别；商标标志一定的商品或劳务的质量；商标反映向市场提供某种商品或劳务的特定企业的声誉。消费者通过商标可以了解这个企业形象，企业也可以通过商标宣传自己的商品，提高企业的知名度。从经济学角度，商标的创建者期望这些作用最终能为企业带来超额收益。从法律角度来说，保护商标也就是保护企业获取超额收益的权利。

商标权一般包括有排他专用权（或独占权）、转让权、许可使用权、继承权等。排他专用权是指注册商标的所有者享有禁止他人未经其许可而在同一种商品劳务或类似商品劳务上使用其商标的权利。转让权是商标所有者作为商标权人，享有将其拥有的商标转让给他人的权利。《中华人民共和国商标法》规定，"转让注册商标的，转让人和受让人应当签订转让协议，并共同向商标局提出申请。受让人应当保证使用该注册商标的商品质量"，"转让注册商标经核准后，予以公告"。许可使用权是指商标权人依法通过商标使用许可合同允许他人使用其注册商标。商标权人通过使用许可合同，转让的是注册商标的使用权。继承权是指商标权人将自己的注册商标交给指定的继承人继承的权利，但这种继承必须依法办理有关手续。

商标权的价值是由商标所带来的效益决定的，带来的效益越大，商标权价值就越高；反之则低。而商标带来效益的原因，在于它代表的企业的产品质量、信誉、经营状况的提高。表面上看，商标价值来自设计和广告宣传，但实际并非如此。尽管在商标设计、制作、注册和保护等方面都需要耗费一定的费用，广告宣传有利于扩大商标知名度，为此需支付很高的费用，但这些花费只对商标价值起影响作用，而不是决定作用，起决定作用的是商标所能带来的超额收益。

（二）商标权价值评估方法

商标权价值评估通常有三种途径可以参考使用，即成本法、市场法和收益法。

理论上讲，成本法对商标权价值进行评估，是利用重建被评估商标所需的现时成本估算相应的商标权价值。但是，商标权的投入与产出具有弱对应性，因为商标的重置成本不仅包括商标设计、注册手续费等，还包括相当一部分商标的推广、管理和维护等消耗的难以货币化衡量的资源，如广告宣传、市场推广、产品质量控制、人力资源投入等。而且，有时设计创造商标的成本费用较低，其带来收益却很大，相反，有时为设计、创造某种商标成本费用较高，比如为宣传商标投入了巨额的广告费，但带来的收益却不高，因此，采用成本法评估商标权时必须慎重。只有在被评估商标有关的收益无法计量或可比的市场参考交易价格难以确定，而其重置成本可以被合理、可信地衡量，或该商标刚刚建立不久的情况下才能适用成本法进行评估。

采用市场法对商标权的价值进行评估，是通过与被评估商标权类似的其他资产的交易来估测其价值，关键是选择可比的市场参照物。从交易的可比性来看，采用的参照物商标应具备以下条件：

（1）同行业的商标；

（2）使用商标的产品或服务的范围应基本相同；

（3）商标许可的限制条件明确，无本质上差异，可以比较，如许可形式一致、同为独占、排他的普通许可等；

（4）商标许可发生的时间相近，有可比性；

（5）商标许可双方的情况有可比性；

（6）商标的发展潜力有相似之处。

如果能找到足够的合适参照物商标，通常可采用许可使用费收益资本化法评估待评估商标权价值。在许可使用费收益资本化中，对商标权的评估要参考假设目标商标在公平交易中被许可给第三方使用所能产生的使用费收益金额。在使用该方法时，应分析公平的许可证协议，作为指导性案例样本。选择的许可证协议应该具有与目标商标类似的风险和投资报酬因素。在充分了解目标商标和用于比较的参考性交易的风险和投资报酬因素后，可以预测出目标商标的公平许可使用费率。目标商标的公平许可使用费率乘以其预期产生的净收入，即为目标商标而产生的使用费收益的估计值。然后，将估计的许可使用费收益视为在预期使用年限内的年金，按照适当的资本化率予以资本化，就得出目标商标的公平市场价值。该资本化率等于适当的折现率减去许可使用费收益的预期长期增长率。然而，由于商标的唯一性和独特性，商标所有权的转让市场一般是不活跃的，可比的交易案例难以寻找，而且有关交易的具体条件往往得非公开的，通过市场法评估商标权价值受到限制。

尽管成本法和市场法是商标权价值评估可参考的评估途径，但相对而言，通过收益法评估商标权价值，无论是理论上还是实践上都是比较合理的。因此，我们主要对收益法评估商标权价值的方法进行介绍。运用收益法评估商标权价值，可以采用的主要方法有超额收益法和许可费节约法。

1. 超额收益法

超额收益法通过计算待评估的商标权预期产生的超额收益，然后资本化得到其价值。超额收益额可通过两种途径取得：一种是通过估算拥有被评估商标的企业获得的高于同行业中没有著名商标的企业的利润的差额取得;另一种是估算拥有商标权的企业正常的总收益与其货币性资产、有形资产和其他可确指的无形资产的期望的正常收益的差额取得。运用该方法,通常要求使用该商标的产品价格中因商标因素所能获得的比同行业类似产品更高的溢价比较容易识别和计量,或者企业单项资产及其期望收益率比较容易辨别。以下是运用超额收益法对待转让商标权进行评估的例子。

例 7-4　某企业将一种已经使用 50 年的注册商标转让。根据历史资料,该企业近 5 年使用这一商标的产品比同类产品的价格,每件高 0.7 元,该企业每年生产 100 万件。使用该商标的产品目前在市场上有良好趋势,基本上供不应求。根据预测估计,如果在生产能力足够的情况下,这种商标产品每年生产 150 万件,每件可获超额利润 0.5 元,预计该商标能够继续获取超额利润的时间是 10 年。前 5 年保持目前超额利润水平,后 5 年每年可获取的超额利润为 50 万元,评估这项商标权的价值。

（1）首先计算其预测期内前 5 年中每年的超额利润:

$$150 \times 0.5 = 75（万元）$$

（2）根据企业的资本成本率及相应的风险率,确定其折现率为 10%。

（3）确定该项商标权价值为:

$$75 \times \frac{(1+10\%)^5 - 1}{10\% \times (1+10\%)^5} + 50 \times \frac{(1+10\%)^5 - 1}{10\% \times (1+10\%)^5} \times 1 \div (1+10\%)^5$$

$$= 75 \times 3.790\ 7 + 50 \times 3.790\ 7 \times 0.620\ 9$$

$$= 284.3 + 117.682\ 3$$

$$= 401.982\ 3（万元）$$

由此确定该企业商标权转让评估值为 402 万元。

2. 许可费节约法

运用许可费节约法评估商标权价值,如果难以直接获得商标权的许可费率,可以通过分析合理的利润分成率来替代假设的许可费率。利润分成率是依据要素贡献原则,从商标产品的未来预期总收益中分离出的商标权贡献的收益占总收益的比率。

例 7-5　ZJ 牌商标权评估。

背景:××××机床集团是一家大型国有重型机床集团,拟进行企业改制,需对涉及的自创商标进行评估,对所涉及商标在评估基准日的市场价值做出公允反映,从而为上述经济行为提供定价参考依据。

（1）"ZJ"商标及其含义:××××机床集团制造的所有产品,均使用"ZJ"商标,使用共同的文字与图形徽记,已在国家知识产权局商标局注册,如表 7-4 所示。

表 7-4　"ZJ"商标基本情况

商标注册证号	注册人	使用商标	注册有效期
××××××	××××机床集团	滚齿机、立车、落地镗铣床、重型车床、龙门铣床、龙门刨床	1981 年注册,续展有效期 2023 年 3 月 1 日至 2033 年 2 月 28 日

自从"ZJ"商标作为××××机床集团公司产品标志进入机床市场,该公司极为重视

其商标在市场中的形象,并以其产品的优良品质及良好的售后服务确立了国内外用户对"ZJ"商标的信赖。40 多年来,产品获得国家、省、市级各项技术创新成果奖达 100 多项。该商标为工业产品商标,它与日用消费品商标有所不同,往往与生产厂家的声誉共存共荣。现在,该集团产品徽记"ZJ",不但代表××××机床集团公司各种名优产品声誉,同时也蕴含着××××机床集团的形象。

本案例中所指的"ZJ"商标不仅包含注册的产品文字与图形标志,而且综合了××××机床集团的形象、市场准入资质、××××机床集团产品品质及在用户中的声誉及其营销活动中的作用等。因此,评估价值亦是上述诸因素的组合价值。

(2)××××机床集团产品销售利润及主要财务指标比较分析。评估人员收集了 2023 年国内同行业生产厂家产品销售利润与主要经济指标资料,如表 7-5 所示。

表 7-5　全国×××行业 2023 年产品销售利润率及主要经济指标比较表　单位:万元

厂名	产品销售收入	产品销售成本	利润总额	资产总计	负债总计	销售收入利润率(%)
××第一机床厂	37 486	29 755	3 066	78 127	71 449	8.18
××××机床集团公司	21 202	15 384	-405	131 384	43 792	-1.91
×××机床厂	8 307	4 956	722	24 554	15 719	8.69
××机床公司	7 981	6 021	261	27 496	12 871	3.27
××重型机床厂	7 002	4 901	12	10 703	9 938	0.17
××机床公司(重型类)	6 573	5 210	30	25 337	21 629	0.45
××机床厂	1 538	1 300	-1 660	16 018	30 914	-107.92
行业平均水平	12 870	9 647	289	44 803	29 473	2.25

表 7-5 列示的统计数据表明,××××机床集团在全国同类厂家中,同期产品销售收入位居第二,但是利润总额却是负数,主要原因是因为成本过高。评估人员认为,如果能在生产中适当地降低成本,××××机床集团的发展还是有很大的空间的。在该集团的产品经营活动中,"ZJ"商标起到了一定作用,"ZJ"商标有一定价值。

(3)评估方法。

① 基本方法:采用收益现值法。

$$商标评估值 = \sum_{t=1}^{5} R_t(1+r)^{-t} + \frac{R_{t+1}}{r}(1+r)^{-5}$$

式中:R_t 为商标带来的净收益;r 为折现率。

采用该方法的前提条件是"ZJ"商标能通过续展持续使用并发挥作用,经济受益年期为永续。

② 评估技术思路。

(Ⅰ)采用两阶段法。对基准日前 5 年商标产品盈利进行分析,5 年后的盈利作出相关假设。

(Ⅱ)商标收益:根据要素贡献原则,利用商标利润分成率从商标产品的盈余利润中分离出商标贡献的收益。

(Ⅲ)商标利润分成率的确定:采用 AHP 法。

（Ⅳ）利润贡献要素确定：根据经济学分析，利润的贡献要素主要有资金、管理、技术，不同类型企业其贡献要素构成及其作用大小有所不同。根据委估企业实际情况及"ZJ"商标在经营中的作用，评估时对"ZJ"商标产品的利润贡献分为：资金、管理、技术、商标四要素。

（4）评定估算。×××××号 ZJ 牌注册商标适用滚齿机、立车、落地镗铣床、重型车床、龙门铣床、龙门刨床。目前由××××集团各子公司使用，因此以××××集团产品的盈利为评估对象。

① ZJ 集团"ZJ"商标产品评估基准日前 5 年盈利分析。评估人员根据企业申报，复核后对××××集团商标产品基准日前 5 年的盈利情况进行了整理分析，各项指标变化趋势为：

（Ⅰ）"ZJ"商标产品从 2019—2023 年销售收入为持续增长，且增长幅度较大。

（Ⅱ）"ZJ"商标产品从 2019—2023 年销售成本占销售收入比例相对较稳定。

（Ⅲ）"ZJ"商标产品从 2019—2023 年税后利润除个别年份外，呈增长趋势。

② 商标利润分成率的估计。根据与××××机床集团管理层的讨论，我们把资金、管理、技术和商标四项要素对产品利润的贡献是通过销售增长、成本与费用节约、综合竞争力提升实现的，进而构建了 AHP 分析模型，如图 7-1 所示。

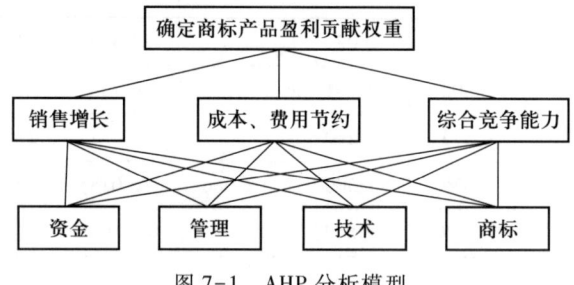

图 7-1　AHP 分析模型

确定 AHP 分析模型后，评估人员召集企业各职能部门高层管理人员讲解 AHP 法原理，组织相关人员依据 AHP 法比例标度，由五位企业高层管理人员填写层次单排序表，通过综合分析后形成评估用层次单排序矩阵，最后得到各要素的总排序。通过总排序权重，得到"ZJ"商标在××××机床集团商标产品利润中的权重为 18.4%，即商标利润分成率为 18.4%。这一利润分成率也可看作是假设××××机床集团不拥有该商标而向其他类似商标持有人许可使用商标应支付的许可费率。

③ "ZJ"商标产品未来 5 年盈利预测及永续收益假设。评估基准日后 5 年"ZJ"商标产品盈利预测如表 7-6 所示。预测依据如下：

（Ⅰ）基准日前 5 年商标产品销售收入变化趋势；

（Ⅱ）××××机床集团所处行业前景分析；

（Ⅲ）××××机床集团至 2028 年的销售订单。

永续收益假设：从基准日后第 6 年开始，"ZJ"商标产品利润按第 5 年保持不变。

表 7-6　"ZJ"商标产品基准日后 5 年盈利预测及商标收益　　单位:万元

项目	2024 年	2025 年	2026 年	2027 年	2028 年
产品销售收入	30 000.00	36 000.00	43 000.00	51 500.00	61 800.00
销售成本	22 200.00	27 000.00	32 250.00	38 800.00	46 400.00
销售费用	1 800.00	2 200.00	2 450.00	2 550.00	2 950.00
销售税金及附加	281.97	327.60	451.30	537.75	656.25
产品销售利润	5 718.03	6 472.40	7 848.70	9 612.25	11 793.75
管理费用	5 120.00	5 500.00	6 250.00	6 850.00	7 000.00
息前利润总额	598.03	972.40	1 598.70	2 762.25	4 793.75
所得税(25%)	149.51	243.1	399.68	690.56	1 198.44
息前税后利润	448.52	729.3	1 199.02	2 071.69	3 595.31
商标收益(利润分成率 18.4%)	82.53	134.19	220.62	381.19	661.54

④ 折现率的确定。由于本次评估中,商标无形资产作为企业改制资产的一部分进行评估,因此用××××机床集团折现率作为商标无形资产的折现率,并用累加法进行估计。

$$折现率 = 无风险报酬率 + 行业风险报酬率 + 企业特有风险报酬率$$

无风险报酬率:无风险报酬率取 2023 年 9 月发行上市 03 国债第 8 期,年利率 3.02%,即无风险报酬率为 3.02%。

行业风险报酬率:因为商标无形资产为单项资产评估,未做行业风险的系统估算,考虑无形资产风险报酬率相对要大一些及行业特点和资产评估规范意见实施细则有关风险报酬率的取值原则及范围,取 4%。

企业特有风险报酬率:考虑 ZJ 集团经营、财务、管理等因素,综合取 3%。

故评估用折现率 = 3.02% + 4% + 3% = 10.02%,取整 10%。

本项目中收益口径为息前收益,10% 的折现率虽高于一般制造业的资产收益率,但与评估采用的收益口径有较好的匹配性,比较合理。

⑤ ××××××号商标价值评估。

$$商标权评估值 = 82.53 \times (1+10\%)^{-1} + 134.19 \times (1+10\%)^{-2} + 220.62 \times (1+10\%)^{-3} +$$
$$381.19 \times (1+10\%)^{-4} + 661.54 \times (1+10\%)^{-5} + \frac{661.54}{10\%} \times (1+10\%)^{-5}$$
$$= 5\ 130.45(万元)$$

经评估计算并取整,ZJ 牌商标权价值评估为 5 130.45 万元。

第四节　其他常见无形资产类型的价值评估

除知识产权类无形资产外,商业实践中还存在大量其他与经营活动有关的无形资产类型,例如人力资本类无形资产、客户关系类无形资产、合同类无形资产等。这些类型的无形资产在企业中通常难以辨识或独立确认,或者存在形态更加隐性,需要进行仔细地辨识和分析其价值来源,才能恰当评估其价值。

一、人力资本类无形资产价值评估

打开商业杂志的报道,或者上市公司的年度报告,我们会经常看到公司的董事会或者 CEO 宣称,员工是企业最有价值的资产。微软(中国)区人力资源总监张铭称,"在微软只有两种财富是最宝贵的:一是微软的知识产权,另外则是微软的人力资本"[①]。在大量的企业并购中,收购方通常也会宣称人力资本是被收购企业的一项重要无形资产。虽然大量的管理研究把人力资本作为最重要的一类无形资产加以区分,但是国际财务会计准则仍然认为人力资本不属于可确认的无形资产。然而,随着知识经济的发展,人力资本在企业经营中发挥着越来越重要的作用,尤其是高新技术企业,人力资本类无形资产在企业资产中占很大比重,要准确评估企业的价值,必须正确揭示这些企业所拥有的人力资本类无形资产的价值。

罗伯特·F.赖利和罗伯特·P.施韦斯认为,由于估计企业每个员工创造的经济收益很困难,收益途径一般比成本途径更少用于评估集合劳动力人力资本。运用成本法(途径)评估人力资本类无形资产,通常是采用重置成本法评估训练有素的生产型集合劳动力的价值,因为这类人力资本类无形资产通常具有可替代性,其价值与取得成本相关性较强。因此,需重置一个集合劳动力的成本包括招聘、雇用和培训替代劳动力的费用。

招聘和雇用的费用一般包括下列几项:

(1)在招聘替代员工过程中所支付的公司员工工资和福利。

(2)在面试替代员工过程中所支付的公司员工工资和福利。

(3)在招聘和雇用替代员工过程中所发生的与这些员工有关的管理成本。

(4)直接招聘和雇用支出(广告费用和应聘人员的差旅费、住宿费、安家费等)。

培训费用一般包括下列几项:

(1)在培训替代员工过程中所支付的公司员工工资和福利。

(2)在培训替代员工过程中所发生的与这些员工有关的管理成本。

(3)替代员工接受培训直至上岗期间的工资和福利。

(4)直接培训支出。

在实际评估中,招聘、雇用和培训通常按照员工全部报酬的一定比例来估算。可以对企业员工按级别进行划分,然后按照员工的级别分别估计招聘、雇用和培训费用。最后,用不同级别员工的全部历史报酬分别乘以招聘、雇用和培训的估计成本比例,就可得出企业训练有素的集合劳动力的价值。这里需要注意的是,对员工全部历史报酬要按照劳动力市场现行市价进行适当的调整。

由于目前国内对人力资本类无形资产的确认还存在较大争议,也缺少相关的成熟案例,因此本书参考美国学者罗伯特·F.赖利、罗伯特·P.施韦斯合著的《无形资产评估》一书中的案例进行改编,对人力资本类无形资产评估方法进行具体的介绍。本案例是评估××企业训练有素的集合劳动力价值,评估基准日为 2023 年 12 月 31 日,采用成本法评估。

---

① 张东生.人力资本为微软铺路.21 世纪经济报道,2001-10-01。

在运用成本法评估训练有素的集合劳动力的价值时,公司集合劳动力的价值基础是招聘、雇用和培训与目标员工具有相似经验和专长的新员工所有的成本。根据为不同级别和不同工作年限的员工支付的全部报酬的一定比例来评估该项成本。在案例中,随着员工级别升高,公司为其支付的报酬总额和该员工在公司内部的责任层次也随之增加。

在进行成本估算之前,评估人员需要做以下基础工作:与相应的公司管理人员进行深入探讨,对公司历史上招聘、雇用和培训成本进行调查分析。然后收集公司员工的级别、工作年限及工资总额信息,并计算出每个员工的平均报酬额。最后,根据以上收集的信息计算集合劳动力的价值。上述分析结果如表7-7所示。

表7-7 集合劳动力的重置成本法评估汇总表

员工级别	员工在公司工作年限	目前的员工数量(个)	报酬总额(元)	招聘、雇用和培训的估计历史成本比率	集合劳动力的价值(元)
1	小于1年	30	511 350	15%	76 703
1	1~3年	44	806 960	25%	201 740
1	4~6年	68	1 400 528	35%	490 185
1	7~9年	50	1 127 650	45%	507 443
1	大于或等于10年	30	740 730	45%	333 329
合计		222	4 587 218		1 609 400
2	小于1年	70	1 543 920	35%	540 372
2	1~3年	94	2 230 808	45%	1 003 864
2	4~6年	104	2 771 704	55%	1 524 437
2	7~9年	24	700 392	65%	455 255
2	大于或等于10年	50	1 597 500	65%	1 038 375
合计		342	8 844 324		4 562 303
3	小于1年	44	1 663 420	45%	748 539
3	1~3年	68	2 766 104	55%	1 521 357
3	4~6年	50	2 284 050	65%	1 484 633
3	7~9年	24	1 200 504	75%	900 378
3	大于或等于10年	28	1 533 364	75%	1 150 023
合计		214	9 447 442		5 804 930
4	小于1年	22	1 145 232	65%	744 401
4	1~3年	30	1 680 360	75%	1 260 270
4	4~6年	42	2 767 884	85%	2 352 701
4	7~9年	18	1 239 786	95%	1 177 797
4	大于或等于10年	20	1 508 140	95%	1 432 733
合计		132	8 341 402		6 967 902
总计		910	31 220 386		18 944 535

注:评估基准日为2023年12月31日。

根据上述成本估算数据，招聘、雇用和培训公司劳动力的总成本，或者说是按照成本途径重置成本法评估出的××公司的集合劳动力在 2023 年 12 月 31 日的市场价值为 18 944 535 元，取整为 18 900 000 元。

二、合同类无形资产价值评估

（一）合同类无形资产的定义

根据《中华人民共和国民法典》，合同是平等主体的自然人、法人、其他组织之间设立、变更、终止民事权利义务关系的协议。合同的要素主要包括：有法定资格的合同各方、标的物、合法的对价、双方的约定事项和各方应承担的义务。在市场经济条件下，企业或个人从事商业交易活动，离不开签订各类的合同。虽然从逻辑上讲，签署合同的双方都能认识到合同为各自带来的经济利益，并在双方利益均衡的基础上达成公平的协议，但合同签订后，履行合同的外部市场环境的变化可能会发生变化，从而使得原先商定的合同条件基础上对现有合同未来产生的经济利益形成正面或负面的影响，从而使得现有的合同对某一方产生了特别的经济收益或损失。因此，基于这些合同，就会形成签署合同的当事人的一项特别的资产或负债。

合同类无形资产（contract intangibles）就是归属于个人或企业通过具有法律效力的书面合同商定事项的结果所实现的权益。① 合同类无形资产的价值取决于在特定时间内对合同条款进行的认定和分析基础上估计目标合同所表现的受益权益的价值。

（二）影响合同类无形资产价值的因素分析

影响合同类无形资产价值的主要因素有以下几个方面：

1. 合同的订立成本

对合同的订立成本进行分析是分析合同类无形资产的重要影响因素之一。对合同的订立成本进行分析需要对认定和评估合同签订方的可靠性以及协商、起草并签订目标合同所耗费的总成本进行内部分析。这些成本包括直接成本如有关员工的工作时间耗费和外部律师费用等实付费用和间接成本如分摊的管理费用，包括辅助员工和其他费用。

量化和证实订立一份合同所发生的成本存在一定难度，关键在于合同往往是在某一特定的时间点上一组特定的市场条件、经济条件和特定企业因素的产物，因此对合同成本的分析要能找到一个可提供可比收益的合同成本来替代特定合同的成本，这是有难度的。

2. 合同的相关收益实现和确定

合同类无形资产的价值主要在于其能为企业提供的收益，对于买方型合同来说，合同收益来自成本或费用的节约，对于卖方型合同来说，合同收益来自收入的增加或利润的增加。实际上，如果能对合同的收益进行清晰的分析和判断，则合同类无形资产的价值也就基本上能予以确定。

3. 合同收益实现的风险问题

合同的订立一般来说都会有定金等对合同风险损失进行弥补的条款或措施。但

---

① 罗伯特·F. 赖利，罗伯特·P. 施韦斯. 无形资产评估. 俞兴保，译. 北京：中国大百科全书出版社，2001.

合同类无形资产收益实现的风险问题不能等同于定金问题。大多数情况下,定金只能弥补企业因合同风险所造成损失的一部分。对于一些重要的合同如销售合同或采购合同来说,这些合同收益的实现与企业经营的风险存在很大的一致性和相关性。

4. 合同的条款变更和展期问题

由于每一个特定合同所面对的具体经济环境、市场条件和企业因素都是不同的,因此在不同时期订立的同一类型的合同其条款会发生变更,条款的变更会对合同的收益确定、风险估计等价值因素产生影响,从而对合同类无形资产的价值产生影响。同时,合同还存在一个能否持续签订的问题,这就涉及对合同的展期的预测。

(三)合同类无形资产评估的准备工作

在对合同类无形资产进行评估前,评估人员首先需要确认基于企业的哪些合同能够确认为合同类无形资产。一般来说,合同类无形资产可以按照产生无形资产价值的收益来源予以分类。通常,按经济上优惠的费率收到商品或劳务,或与被授予企业专有权相关,可分为买方型的合同类无形资产;按经济上获益的费率提供商品或劳务,或与确保企业的未来经济收益流量或与授予别人专有权利相关的合同,归入卖方型的合同类无形资产。表7-8是以此分类为基础的合同类无形资产列示。

表7-8　合同类无形资产列示表

合同名称	合同类别	受益特征
1. 租赁合同	买方	低于市场租赁费率
2. 分销协议	买方	存在优惠的分售权利
3. 劳动合同	买方	能确保劳动服务
4. 非竞争协议	买方	能保护市场或客户基础
5. 融资协议	买方	能获得优惠的融资
6. 保险合同	买方	能获得优惠的保险费率
7. 采购合同	买方	能获得低于市场成本或优惠条件
8. 采购(货物和服务)合同	买方	能获得低于市场成本或优惠条件
9. 经营和其他市场资质合同	买方	能有效控制市场份额
10. 技术类许可权合同	买方	能保护知识产权的使用
11. 特许经营权合同	卖方	能保护市场和产品
12. 技术类许可权合同	卖方	能保护知识产权的使用
13. 销售合同	卖方	能确保未来经济收益
14. 债权协议	卖方	能保证未来债权收益
15. 抵押协议	卖方	能维护抵押资产安全
16. 服务合同	卖方	能确保未来收益的稳定实现和客户关系

注:现实中的合同类型无法一一列举,本表仅列举了典型的能够产生特别经济利益的合同类别及其受益特征。

在企业中存在各种合同,但并非所有的合同都能够作为确认为合同类无形资产的基础。在实际中能否将某类合同权益单独确定为无形资产的关键取决于以下几点：

（1）该类合同能否为企业带来稳定的未来经济收益流量或存在相应权利；

（2）该类合同能否使企业以较优惠的条件采购商品或劳务，且能确定该类优惠与合同的签订条款具有直接的相关性；

（3）由该类合同导致的相关收益是可预期和可计量的；

（4）该类合同所导致的收益在企业整体的价值创造中不是可忽略的；

（5）该类合同所导致的收益并未被其他无形资产所涵盖。

（四）合同类无形资产的评估方法

资产评估方法通常可以分为三大类：成本途径、收益途径和市场途径。

从成本途径评估合同类无形资产的价值，需要评估重新签署类似合同的可能性，并对重置当前合同所耗费的总成本进行分析，包括合同协商、起草并签订目标合同的各项成本。然而，实践中由于一份合同通常是在某一时点上一组独特的、相互关联的市场条件和经济条件与特定公司因素的产物，因此，重置目标合同的条件可能已不具备。正是由于合同类无形资产的上述特性，使得难以通过成本途径评估合同类无形资产价值。

由于合同通常具有保密性，因此常常缺乏足够的市场交易数据的支持，使得通过市场途径估计合同类无形资产的价值存在困难。

合同类无形资产的价值反映了由于合同实施环境的变化所产生的特别收益的现值，因此，运用收益途径分析评估该类无形资产的价值通常具有可行性。运用收益途径评估合同类无形资产价值，可以对目标合同的剩余期间及合理展期内所获得的经济收益（成本节约或收益增加额）进行折现，来估算合同类无形资产价值。

运用收益途径评估合同类无形资产，需要分析确定以下主要参数：

（1）享有特别经济收益的预期时限。这一时限不仅包含合同的剩余期间，还应当考虑合同能否展期的可能性，合理确定合同类无形资产的收益期限。

（2）合同类无形资产的预期经济收益。合同类无形资产预期经济收益的确定，是建立在对合同的受益特征的分析基础上的。通过对合同类型和合同受益特征的分析，确定在合同实施条件变化的情况下，合同能够给其权益主体带来的成本节约或收益的增加额。

（3）合理的折现率。由于多数合同类无形资产产生于企业经营的正常运转过程中，因此可以合理地假设，为签订合同所要求的投资的风险因素，可以与实施合同的企业的加权平均资本成本对应的风险相比较，因此，可用享有合同特别权益的企业的加权平均资本成本作为合同类无形资产的折现率。

三、客户类无形资产价值评估

（一）客户类无形资产日益受到重视

目前，我国对客户类无形资产的评估还比较少，往往是作为形成商誉的一个因素考虑，其价值被模糊化到商誉的价值中。然而，在国外评估界，对客户类无形资产进行确认并评估其价值，已经引起人们的重视，原因在于客户类无形资产对企业日益重要，企业加强了对客户关系的管理，对企业的客户信息进行记录、分类整理并固化下来，不仅使企业在市场竞争中拥有比对手更大的客户优势，从而增强了企业获利能力,而且使得客户类无形资产从商誉中分离出来成为可能。随着我国市场经济的发展及对外开放程度加深,我国企业借鉴国外经验,客户管理水平也不断提高,客户资源渐渐成为企业的一项重要的可辨识和计量的资产,这必将引发对客户类无形资产进行评估的需求。

客户资源被确认为企业的一项无形资产必须具备以下三个条件:

(1)客户和卖方之间必须存在事实关系;

(2)必须存在与上述关系有关的、对无形资产的买方(或使用者)有用的数据和文件;

(3)这些客户关系能给拥有者带来一个可认定的收益流量。

上述三个条件把客户类无形资产同一般意义上的客户区别开。

(二)客户类无形资产的分类

任何一家企业都必须有客户才可能生存,然而如前所述,只有对客户信息进行良好记录和管理的企业才可能形成有价值的客户类无形资产。根据企业与客户之间的关系,常见的客户类无形资产有以下几类。

1. 专业服务机构的客户类无形资产

通常这些专业服务机构需要通过某种专业资格认证,才能向客户提供专业的服务。专业服务机构在提供服务过程中,往往能够了解和掌握客户的一些特别的个性信息,从而使得客户对专业服务机构具有一定的依赖性,形成较为稳定的客户关系。这种类型的客户关系包括医生和病人的关系、会计师事务所和委托人的关系、律师和委托人的关系,等等。在评估这些专业服务机构的价值时,其客户往往是其最重要的资产之一。

2. 非专业服务机构的客户类无形资产

这一类服务机构也向客户提供服务,但服务机构及其职员通常不需要专业的职业资格认证,客户主要是向其购买无形的服务。常见的这类服务机构如理发店和美容院等,这些服务机构提供的服务与客户的消费过程是同时发生的。由于服务机构提供的服务质量以及客户对服务的偏好,通常也会形成稳定的客户关系。

3. 金融服务机构的客户类无形资产

金融服务机构包括储存贷款业务的银行、金融公司、租赁公司、证券经纪公司和保险公司等,它们与客户的服务关系是建立在与客户的资金或资本的关联之上,通常会形成大量交易信息。

4. 产品提供商的客户类无形资产

对于这类企业,客户主要是购买并使用企业提供的产品,虽然也会购买服务,但这种服务是与产品相关的服务。

5. 以产品为基础提供延迟服务的机构的客户类无形资产

这类机构提供产品,但客户购买产品的主要目的是消费基于产品的延迟服务。客户以收到产品作为他们商业交易的一部分,但是交易中所包含的服务项目通常才是客户购买的真正原因,这些服务项目往往可以赢得客户的忠诚,例如,有线电视台的客户等。

以上类型的客户类无形资产只是几种常见的类型。随着信息技术应用日益广泛,对客户信息进行信息化管理,尤其是越来越多的企业发展了电子商务,使企业与客户的信息通过网络交易从单向变为双向,从而使得过去作为商誉构成的客户转换成为企业的客户类无形资产。

(三)客户类无形资产评估的准备工作

1. 客户类无形资产的确认

在实施客户类无形资产评估前,首先需要确认客户类无形资产存在的条件及评估对象范围。这些条件通常包括:

(1)客户清单。包括客户名称、联系方式(如姓名、地址、电话号码)。

(2)客户历史交易信息。清查能够证明存在客户关系的文件记录,包括:① 与客户签署的交易协议;② 客户首次购买的日期;③ 历史上与客户交易的方式及支付和信用的方式;④ 最近一次交易的日期和金额;⑤ 与客户之间的应收与应付款项。

(3)客户存续年限。历史上客户可能会不断流失或消亡,因此应当有这些已流失和消亡的客户的寿命记录。客户关系能为拥有者带来预期的收益,对这种收益的持续预测或更新应有合理的依据(可以根据其历史上的表现)。同样对这种收益的预期年限和持续时间也应有合理的依据。

(4)客户类无形资产的交易方式。与其他可确认的无形资产一样,客户类无形资产应当能给拥有者带来可预期的经济收益,从而能够在市场上交易。评估前应当识别客户类无形资产交易的方式:① 与其他资产分开出售;② 与某些资产一起出售,例如,客户关系与卖方同意的非竞争性协议一起出售;③ 作为持续经营企业或专业机构的一部分出售,即作为一揽子有形资产和无形资产的一部分出售。

2. 客户类无形资产评估的信息收集

在进行客户类无形资产评估之前,评估人员首先需要收集以下相关资料:

(1)与客户签订的交易协议。

(2)每个现有客户关系的已存在年限。

(3)每个已终止的客户关系的寿命。

(4)获取客户的相关活动及其成本信息,以及维护客户关系的成本信息。

(5)为每一位客户提供服务(货物或产品)的成本。

(6)每个客户关系所产生的收益。

(7)从客户获得收入的过程中使用或消耗的其他资产的性质和价值,包括资本性支出、净营运资本与客户收入的关系信息。

(8)与客户类无形资产相联系的资本成本。

(四)客户类无形资产评估方法

同其他类型的无形资产的评估一样,客户类无形资产的评估通常也可以通过成本途径、市场途径和收益途径来分析,但是市场途径很少用于评估客户相关的资产,因为这些资产通常在公开市场上没有活跃的交易。相反,它们与其他资产进行交易,只是作为业务合并或收购资产的一部分。这使得市场途径在实践中很难应用。不过,也有某些类型的客户相关的资产,可能会采用市场法。例如,客户或订阅名单经常大量出售,能以每名称价格或每字段价格为基础进行评估。另外,药店处方数据和清单经常用来交易而且能作为市场公允价值评估的可靠依据。因为客户相关资产的交易通常是不明显的,也不发生在活跃的市场中,所以我们认为这种方法将会很少用到。当以市场为基础的价值指标不存在或者不可靠时,评估专家应该使用成本途径或者收益途径。

1. 成本途径

从成本途径对客户类无形资产进行评估,基本方法同前面介绍的一样,这里主要分析运用成本法评估客户类无形资产时应考虑的相关成本。

(1)取得目标客户的成本。这种成本包括通过走访、广告、招揽、邮寄或以其他方式与潜在的客户沟通所需要的历史成本。

(2)维持现有客户至现阶段的成本。这种成本包括现有客户在第一次成为客户之后发生的走访、广告、应酬等全部成本支出,还包括为留住现有客户而支付的促销、折扣、交易或其他让利开支。

(3)建立客户档案和记录的成本。这种成本包括在与每一位客户保持关系的整个期间内,与建立客户销售记录、信用记录、应收账款和付款记录等有关的记账和管理成本。

(4)机会成本。这里的机会成本是指自行建立当前客户关系期间损失的收益,与从竞争对手处购买的现成的客户类无形资产所获取的收益之间的差额。

在客户相关资产能在短期内被替换且发生相对较小的机会成本,或者整个重置成本容易评估的情况下,成本法是最好的评估方法。在更新客户相关资产需要很长时间且发生很大机会成本,或者重置成本很难评估的情况下,应该采用其他的评估方法。

2. 收益途径

客户类无形资产最常用的评估方法就是从收益途径进行分析,即估计客户关系在剩余年限内产生的预期收益的现值。在评估时,常用的是对客户类无形资产能带来的未来预期收益进行估计,然后以适当的折现率折现成现值,就得到该客户类无形资产的价值。具体计算公式如下:

$$P = \sum_{t=1}^{n} \frac{R_t}{(1+r)^t} \tag{7-15}$$

式中:P 为客户类无形资产的评估价值;r 为所选取的折现率;n 为收益年限,通常要根据历史数据估计客户关系的寿命期限;R_t 为客户类无形资产在第 t 年带来的预期收益。

根据收集的客户相关的 3~5 年的历史交易数据,可以估计客户类无形资产的年平均收益及增长率,在此基础上估计其未来能带来的预期收益。从企业已终止的客户关系资料中还可分析企业的客户寿命周期规律,从而预测现存的客户的收益年限。

对于折现率的选取,通常可根据不同行业的具体情况,采用行业加权平均资本成本作为适用的折现率。

补充阅读:客户类无形资产评估中应注意的问题
(请扫描右侧二维码获取)

■ 本章小结

● 无形资产在现代经济中的地位和作用日益重要,无形资产不仅成为企业资产价值的重要构成,也是驱动价值创造的核心要素。无形资产的类型随着社会经济的发展也在动态演进,确认无形资产的存在形态是评估其价值的前提。分析无形资产的价值,应当考虑产权关系、成本特性、效益结构、使用期限、技术趋势、市场需求和风险状态等因素对无形资产价值的影响。

● 无形资产的评估方法除了传统的市场法、成本法和收益法外,期权评估模型已成为评估具有期权特征的无形资产价值的重要工具。无形资产的有效开发投入、收益流的确认、剩余寿命估计、风险与折现率的匹配等是评估无形资产价值的关键难点。

● 用收益法评估无形资产的常见具体方法包括许可费节约法、增量收益折现法和超额收益折现法。用成本法评估无形资产时,应注意无形资产投资的机会成本和劳动投入的复杂性。用市场法评估无形资产时的难点在于选择具有合理比较基础的可比知识产权交易案例,并确定合理的价值乘数。对于近期不产生正的现金流,但却具有创造价值潜力,具有期权特性的无形资产,可运用期权定价模型进行评估。

● 在评估实务中,最常见的无形资产类型是知识产权,它们的存在形态和权益边界相对清晰,通常能够独立交易。随着社会经济发展,人力资本类无形资产、客户类无形资产、合同类无形资产的评估需求日益增长,尤其是企业并购中的财务报告,需要对这些资产进行辨识和并购价值分摊。这些类型的无形资产在企业中通常难以辨识或独立确认,或者存在形态更加隐蔽,需要进行仔细地辨识和分析其价值来源,才能恰当评估其价值。

■ 关键词

无形资产　知识产权　人力资本　客户类无形资产　合同类无形资产　分成率

■ 思考题

1. 简述无形资产的特性及分类。

2. 简述影响无形资产价值的因素。

3. 简述无形资产的基本评估途径。

4. 简述无形资产收益分成率的确定方法。

5. 运用市场法评估无形资产价值中应注意哪些问题?

6. 简述技术类无形资产的基本评估途径。

7. 什么是商标及商标权? 它们有哪些特点?

8. 商标权评估中应注意的问题有哪些?

9. 人力资本类无形资产的类型有哪些,各自有什么特点?

10. 简述人力资本类无形资产评估中应注意的问题。

11. 企业客户被确认为一项无形资产需要具备什么样的条件?

■ 计算题

1. 甲企业许可乙企业使用其生产可视对讲电话的专利技术,已知条件如下:甲企业与乙企业共同享用可视对讲电话专利,甲乙企业设计能力分别为 150 万部和 50 万部,该专利为甲企业外购,账面价值150 万元,已使用 4 年,尚可使用 6 年,假设前 4 年技术类资产累计价格上涨率为 10%;该专利对外许可使用对甲企业生产经营有较大影响,由于失去垄断地位,市场竞争会加剧,预计在以后 6 年,甲企业减少收益按折现值计算为 50 万元,增加研发费用以提高技术含量、保住市场份额的追加成本按现值计算为 10 万元。请评估该项专利许可使用的最低收费额(以万元为单位,小数点后保留两位)。

2. 甲企业将其注册商标通过许可使用合同许可给乙企业使用,使用时间为 5 年。双方约定乙企业按照使用商标新增加净利润的 20% 支付给甲企业。根据估测,乙企业使用该商标后,每件产品可新增加税前利润 10 元,预计 5 年内的生产销售量分别为 50 万件、55 万件、60 万件、70 万件、70 万件。假定折现率为 15%,所得税税率为 25%,试估算该商标许可使用权的价值。

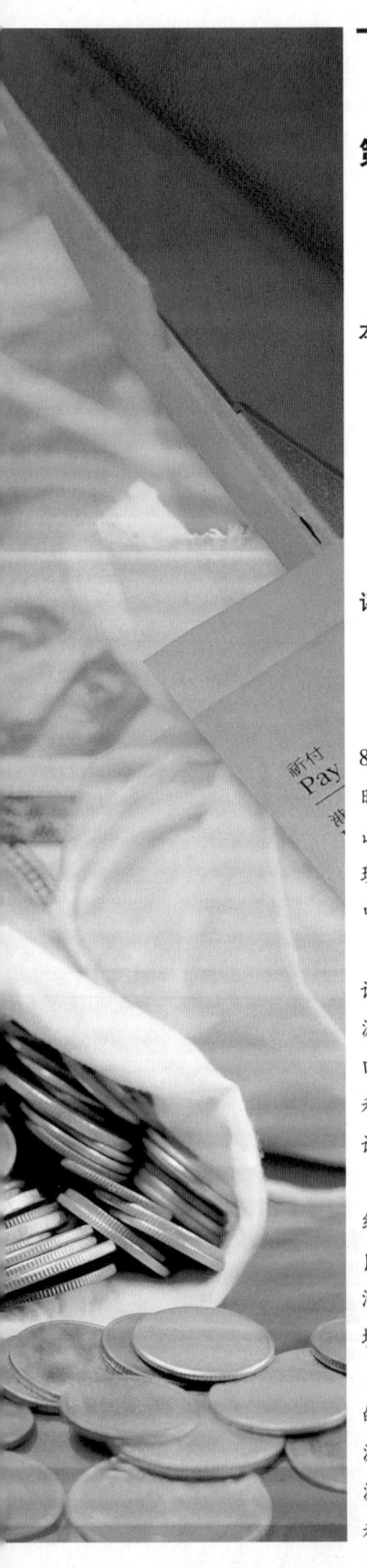

第八章　资源性资产评估

本章要点

- 重新认识资源性资产
- 资源性资产评估的特点
- 森林资源资产价格的构成及评估方法
- 矿产资源资产价值的构成及评估方法
- 其他资源性资产的价值评估方法

评估聚焦

绿水青山就是金山银山

　　绿水青山就是金山银山（以下简称"两山"理念），是 2005 年 8 月习近平担任浙江省委书记期间，在浙江省湖州市安吉县考察时提出的科学论断。后来，习近平又进一步阐述了绿水青山与金山银山之间三个发展阶段的问题。习近平的"两山"理念，充分体现了马克思主义的辩证观点，系统剖析了经济与生态在演进过程中的相互关系，深刻揭示了经济社会发展的基本规律。

　　2017 年 10 月，习近平在党的十九大报告中指出，坚持人与自然和谐共生。必须树立和践行绿水青山就是金山银山的理念，坚持节约资源和保护环境的基本国策，像对待生命一样对待生态环境，统筹山水林田湖草系统治理，实行最严格的生态环境保护制度，形成绿色发展方式和生活方式，坚定走生产发展、生活富裕、生态良好的文明发展道路，建设美丽中国，为人民创造良好生产生活环境，为全球生态安全作出贡献。

　　2021 年 10 月 12 日，习近平在《生物多样性公约》第十五次缔约方大会领导人峰会上的讲话中提出："绿水青山就是金山银山。良好生态环境既是自然财富，也是经济财富，关系经济社会发展潜力和后劲。我们要加快形成绿色发展方式，促进经济发展和环境保护双赢，构建经济与环境协同共进的地球家园。"

　　当前，"两山"理念已成为指导我国保护自然资源、建设美丽中国的最高纲领，指导全国各地积极探索开发自然资源价值、保护自然资源、实现可持续发展方面的实践。对于土地资源、森林资源、矿产资源、海洋资源、水资源、气候资源、湿地资源等各种资源性资产的评估和管理，成为新时期促进我国经济社会高质量发展的重要命题。

资源性资产是指自然界中可供开发利用,能产生使用价值或能影响劳动生产率的自然资源,如土地资源、矿产资源、森林资源、海洋资源、气候资源、水资源、自然旅游资源等,它是国家经济发展的物质条件和基础,也是国家财富的重要组成部分。

广义的资源包括自然资源、经济资源和人文社会资源。狭义的资源主要是指自然资源。本章所讨论的资源性资产是指由狭义的自然资源转化而成的资产。

第一节 资源性资产概述

一、自然资源及其分类

自然资源是指自然界中人类可以直接获得的用于生产和生活的物质要素。未被发现或发现了但不知其用途的物质不是资源,因而也没有价值。自然资源是一个动态的概念,信息、技术和相对稀缺性的变化都能把以前没有价值的物质变成宝贵的资源。按照研究的角度和目的不同,根据自然资源的自然属性、经济属性和生态属性,可以对自然资源进行多种分类。

(一) 根据自然资源在开发过程中能否再生划分

自然资源根据在开发过程中能否再生,可划分为耗竭性资源和非耗竭性资源。具体分类如图 8-1 所示。

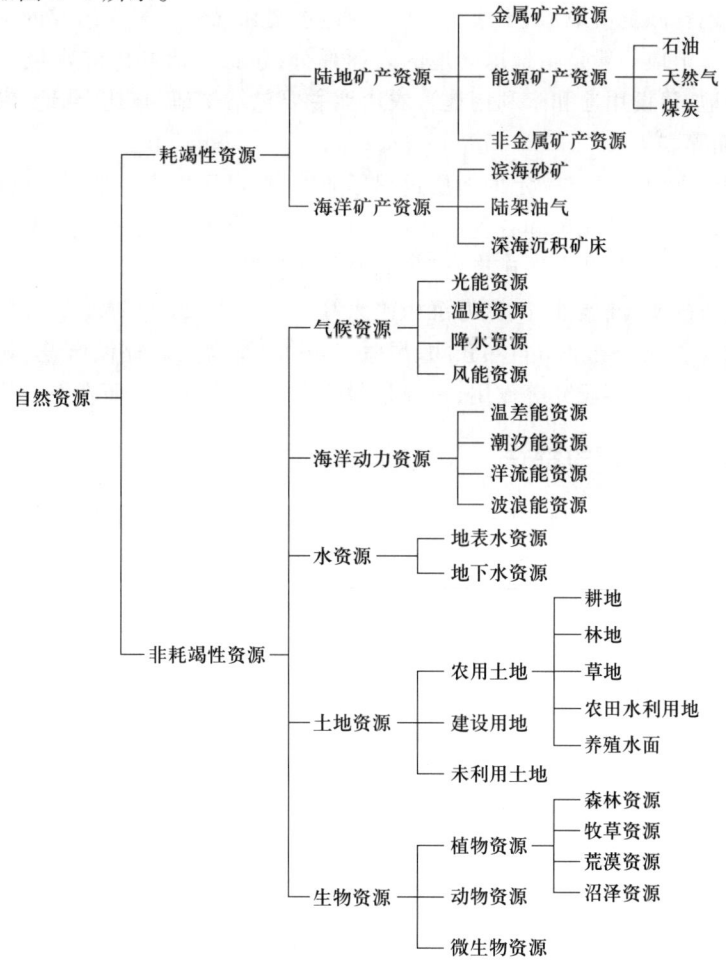

图 8-1 自然资源分类

耗竭性资源的主体是矿产资源,是经过漫长的地质过程形成的,随着人类的开发利用,其绝对数量和质量明显减少和下降,是不可再生资源。

非耗竭性资源基本上是由环境要素构成的,在合理开发利用的限度内,人类可以永续利用。非耗竭性资源又分为三种:

(1)恒定的非耗竭性资源。不受或基本不受人为因素的影响,具有恒定特性,如气候资源和海洋动力资源。

(2)可再生非耗竭性资源。在人为因素的干预下发生增减变化,虽然数量减少,但可以恢复,如生物资源。森林资源只要适度采伐,就可不断更新,不会导致资源枯竭。

(3)不可再生的非耗竭性资源。土地资源只要合理利用,就可永续使用,如果不合理开发,就会造成沙化、盐碱化、荒漠化。

(二)按照资源的性质,从自然资源与人类的经济关系角度划分

自然资源按照性质不同,从其与人类的经济关系角度,可划分为环境资源、生物资源、土地资源、矿产资源和景观资源等。

(1)环境资源包括太阳光、地热、空气和天然水等,这类资源比较稳定,一般不会因人类的开发利用而明显减少,为非耗竭性资源。

(2)生物资源包括森林资源、牧草资源、动物资源和海洋生物资源等。生物资源吸收了流动的太阳能和水资源,消耗土壤的养分。在太阳能量一定,生物繁殖能力一定,以及人类合理利用和保护的条件下,生物资源是可以再生的。

(3)土地资源是由地形、土壤、植被、岩石、水文和气候等因素组成的一个独立的自然综合体。土地一般是指地球陆地的表面部分,包括滩涂和内陆水域。土地可以划分为农用地、建设用地和未利用地。农用地主要包括耕地、林地、草地、农田水利用地、养殖水面等。

(4)矿产资源是经过一定的地质过程形成的,赋存于地壳或地壳上的固态、液态或气态物质,包括各种能源和各种矿物等。矿产资源包括陆地矿产资源和海洋矿产资源,陆地矿产资源包括金属矿产资源、能源矿产资源和非金属矿产资源。海洋矿产资源包括滨海砂矿、陆架油气、深海沉积矿床等。

(5)景观资源主要是指自然景物、风景名胜等,能为人们提供游览、观光、知识、乐趣、度假、探险、考察研究等作用,一般是附着在其他资源之上而存在。

二、资源性资产的特性

资源性资产是一部分自然资源资产化的表现形式。资源性资产与自然资源相比,其物质内涵是一致的,除了具有自然资源的基本特性外,根据资产的含义,还具有经济属性和法律属性。

(一)自然属性

1. 天然性

自然资源是天然形成的,由自然物质组成,最初完全是由自然因素形成的,处于自然状态。随着人类对自然干预能力的加强,部分资源性资产表现出人工投入与天然生长的共生性。

2. 有限性和稀缺性

资源性资产的有限性和稀缺性主要表现在三个方面:一是资源性资产的数量是

有限的,人类活动使某些自然资源数量减少、枯竭或耗尽;二是自然资源和自然条件的贫化、退化和质变;三是自然资源的生态结构、生态平衡被破坏。如矿产资源随着开发利用,消耗一点少一点。再如土地资源,其自然总量是一定的,不会有所增加。

3. 生态性

各种资源如太阳、大气、地质、水文、生物等构成了一个复杂的体系,形成特定的生态结构,构成不同的生态系统。不同的资源间互相依存,具有一定的生态平衡规律。如果毫无顾忌地开采和获取资源,使消耗超过补偿的速度,会导致这些资源毁灭;向陆地圈、水圈、大气圈以超过自然净化能力的速度排放废物,就会破坏生态系统的平衡,从而导致某些自然资源难以持续利用。

4. 区域性

资源性资产在地域上分布不均衡,存在显著的数量或质量上的地域差异。在我国,金属矿产资源基本上分布在由西部高原到东部山地丘陵的过渡地带,森林资源也呈集中分布的状态。例如,长白山林地面积和木材蓄积就分别占全国的 11% 和 13.8%。

(二)经济属性

1. 自然资源具有使用价值,是经济发展的基础

由于自然资源具有使用价值与物质效用,自然资源能够转化为经济资源,成为人类的生活资料和生产资料。经济增长与经济发展必然要耗费一定的资源,所以自然资源是人类发展的物质基础,全部物质财富必须以自然资源为物质基础,其相对丰度影响着经济发展速度。

2. 资源性资产能够以货币计量

资源性资产除了能够用实物单位计量以外,还可以用价值量表示,这是资源性资产评估的基础。对于无法用货币计量的自然资源,如空气、太阳光等就不能成为资产。

3. 资源性资产具有获益性

只有具有经济价值的自然资源才能成为资产。没有经济价值或在当今知识与技术条件下尚不能确定其有经济利用价值的因素不能成为资产。

(三)法律属性

1. 资源性资产必须能够为特定的产权主体所拥有和控制

资源性资产产权在法律上具有独立性。

2. 资源性资产的使用权可以依法交易

我国实行资源性资产的所有权和使用权相分离的制度,法律不允许资源性资产的所有权转让,但是使用权可以依法交易。

三、资源性资产评估及其特点

资源性资产评估是对资源性资产价值的估算。资源性资产评估,不仅为国民经济资源价值核算服务,还可以在资源性资产产权的出让、转让、资产经营、抵押、环保等经济活动中,为有关权益各方包括国家和企业等提供专业服务。资源性资产评估的基本方法也是三种方法,即收益法、成本法、市场法,但在具体方法运用以及参数确定上,不同类型的资源性资产具有派生的适合各类资源性资产评估的特定方法。目前,在资源性资产评估的理论研究中,对土地资源资产、矿产资源资产、森林资源资产

和水资源资产评估较为深入。

与其他资产相比,资源性资产由于具有独特的自然、经济和法律属性,其评估具有一定的特点。

(一)资源性资产价格是自然资源的使用权价格

我国自然资源大部分属于国家所有,只有一部分属于集体所有,如矿产资源属于国家所有,大部分森林资源属于国家所有,并实行所有权和使用权相分离的制度。由于法律不允许资源性资产的所有权转让,因此资源性资产评估的对象,不是物质实体本身,而是资源性资产的使用权,是对资源性资产权益的价值评估。

(二)资源性资产价格一般受资源的区位影响较大

由于资源性资产的有限性、稀缺性和区域性,资源性资产价格受自然资源所在区位影响很大。例如,我国山西省盛产煤炭资源,煤炭在山西本地的价格与其在北京、上海等大城市的价格之间,可能存在较大的区位价格差。

(三)资源性资产评估须遵循自然资源形成和变化的客观规律

资源条件包括资源的质量品位、资源的储存及开采条件、产地至销地的运输距离和运输条件(运输工具和地貌等)。资源性资产类别多种多样,不同资产其资源条件、经营方式、市场供求等都不相同。如矿产资源是经过一定的地质过程形成的;森林资源是一种生物资源;矿山企业对矿产资源的开发利用、对矿业权的经营,森工企业的营林生产过程等都有自身的客观规律。因此,在资产评估中要充分了解资源性资产实体和资产使用权的专业特点,以合理评估资源性资产的价值。

第二节 森林资源资产评估

一、森林资源资产概述

森林资源是一种可再生的自然资源,包括森林、林木、林地以及依托森林、林木、林地生存的野生动物、植物和微生物。森林资源资产是以森林资源为物质财富内涵的资产,是在现有认识和科学技术水平条件下,进行经营利用,能够为产权主体带来一定经济利益的森林资源。根据中国资产评估协会颁布的、2017 年 10 月 1 日开始生效的《资产评估执业准则——森林资源资产》,森林资源资产是指由特定主体拥有或者控制并能带来经济利益的,用于生产、提供商品和生态服务的森林资源,包括森林、林木、林地、森林景观、森林生态等。森林资源资产评估是指资产评估机构及其专业人员依据相关法律、法规和资产评估准则,对评估基准日特定目的下的森林资源资产价值进行评定和估算,并出具资产评估报告的专业服务行为。

森林资源资产是一种特殊资产,除具有一般资产的属性外,还具有可再生、生长周期长、受自然因素影响大、兼具生态、社会和经济效益于一体的特性,因此,森林资源资产培育过程风险大、管护难度大、投资回收期长。现阶段,由于野生动植物及微生物资源、森林生态资源等的价值暂时难以计量并带来实际收益,当前的森林资源资产评估主要是林木资产、林地资产和部分森林景观资产的价值评估。

(1)林木资产是指林地内所有的林木。按林木的用途可分为用材林、经济林、薪炭林、防护林、竹林、特种用途林和未成林造林地上的幼树。用材林可分为幼龄林、中龄林、近、成、过熟林。

（2）林地资产是森林生长的承载体，林地资产是指依法确认的用于林业用地中具有货币表现属性的资产。林地，包括乔木林地、疏林地、未成林造林地、灌木林地、采伐迹地、火烧迹地、苗圃地和国家规划的宜林地。

（3）森林景观资产包括风景林、部分名胜古迹和纪念林等。

补充阅读：哥本哈根世界气候大会与碳减排
（请扫描右侧二维码获取）

二、森林资源资产价格的主要构成要素

森林资源作为可再生的自然资源，主要包括天然林和人工林。天然林与人工林相比，除更新方式不同外，都要进行管理，国家每年都要投入巨额资金进行森林资源的保护。森林资源资产的价格，除市场供求因素外，主要是由恢复它的劳动量决定。因此，人工林和天然林统一纳入林木资产进行评估。森林资产价格，主要由下列因素构成：

（一）营林生产成本

营林生产成本是确定森林价格的基础。营林生产成本应以能够提供商品材的劣等宜林地的营林生产成本作为依据。

（二）资金的时间价值

由于培育森林资源的长期性，森林资源的生产周期长，从栽植到采伐往往需要几年、十几年或几十年的时间。在营林生产过程中，需不断投入资金，森林资源资产价格的评估应充分考虑资金时间价值对林木价值的影响，充分考虑资金占用的利息，营林的生产成本应以复利计算。同时，林木在不同的时间有不同的价值，同一树种在不同年龄林木价值不同，形成森林的时序成本和时序价格。

（三）利润

森林资源资产的价格中应当包括营林利润和税金。在森林资源资产评估中，营林利润的确定，应当以社会平均资本利润率为基准，同时考虑到营林生产周期长、风险大，应加上风险收益。

（四）税金

税金指森林资源资产经营过程中应缴纳的各种税费。

（五）林木生产中的损失

在漫长的森林培育过程中，森林可能会遭受各种各样的自然灾害，如火、风、雷、水、病虫害等，会带来一定的经济损失。在评估中，必须以森林保险形式考虑这种可能的意外损失。

（六）地租

在我国，森林资源属于国家和农村集体经济组织所有，林地所有权和使用权相分离，森林资源资产的价格中还应包括绝对地租和级差地租，如气候条件、土地肥沃程度、交通条件、宜林性质等因素。地租量应根据不同林地、不同树种、不同经营水平等因素确定。

（七）地区差价和树种差价

林木是在一定的自然地理条件下,经过人类劳动而生产出来的,因此,林木的成本与价格,既受自然条件的制约,又受林木本身生态特性的影响,形成了林木的地区差价和树种差价,因此差价是森林资源资产价格的重要特征。

（八）生态补偿价值

森林资源具有生态功能,无论是林木的砍伐还是林地的流失都会在一定程度上影响自然环境和生态功能,因此生态补偿价值的计入有利于森林资源的保护,避免价值低估。

三、森林资源资产评估的资料收集与资产核查

（一）森林资源资产评估的资料收集

森林资源资产评估之前,必须收集和掌握当地有关技术经济指标的资料,主要包括:

（1）营林生产技术标准、定额及有关费用资料;

（2）木材生产、销售等定额及有关成本费用资料;

（3）评估基准日各种规格的木材、林副产品市场价格,及其销售过程中税、费征收标准;

（4）当地及附近地区的林地使用权出让、转让和出租的价格资料;

（5）当地及附近地区的林业生产投资收益率;

（6）各种树种的生长过程表、生长模型、收获预测等资料;

（7）使用的立木材积表、原木材积表、材种出材率表、立地指数表等资料;

（8）其他与评估有关的资料。

除此以外,在运用市场法、收益法和成本法等不同的评估方法来评估森林资源的价值的时候,还需要分别注意不同的影响因素。具体要求参考《资产评估执业准则——森林资源资产》。

（二）森林资源资产的核查

森林资源资产的实物量是价值量评估的基础,评估机构在森林资源资产价值量评定估算前,应由林业专业技术人员对被评估的森林资源资产进行实地核查。根据不同的评估目的、评估对象特点和委托方要求,可选择使用抽样控制法、小班抽查法和全面核查法进行核查。

森林资源资产核查项目,主要包括权属、林地或森林类型的数量、质量和空间位置等内容,具体项目如下:

（1）林地,包括所有权、使用权、地类、面积、立地质量等级、地利等级等。

（2）林木,包括树种权属,树种组成,林龄,平均胸径,平均树高,幼龄林的单位面积株数,中龄林单位面积活立木蓄积,近、成、过熟林的立木蓄积,材种出材率等级,经济林的单位面积产量,薪炭林的单位面积立木蓄积量,未成林造林地上的幼树的造林成活率,造林保存率,竹林的立竹度、均匀度、整齐度、产笋量等。

（3）其他与森林资源评估有关的内容。

四、森林资源资产评估的主要方法

国家林业局(现国家林业和草原局)2015年1月发布了《森林资源资产评估技术规范》国家标准,该标准涵盖了森林资源资产评估、林业、碳汇、苗木生产与质量核查、防护林工程、花卉栽培、经济林种植、中药材生产、野生动植物保护、有害生物防治、木竹加工、重大自然灾害、林业物联网、林业数表等领域。森林资源资产评估的对象主要是林木资产、林地资产评估和森林景观资产评估。森林资产评估的基本方法主要是市场法、收益法和成本法。由于森林资源资产的特殊性,根据具体的评估对象和资料情况,针对林木资产、林地资产和森林景观资产,又有相对应的具体的评估方法。其中林地资产评估主要是林地使用权评估,其评估方法与土地使用权的评估方法原理相同,本章重点阐述林木资产评估的主要方法。

林木资产评估方法要根据不同的林种,选择适用的评估方法和林分质量调整系数进行评定估算。目前,主要的评估方法有市场法、剩余法、收益法和成本法等。林木资产评估中林分质量调整系数须综合考虑林分的生长状况、立地质量和经济质量等来确定。

（一）市场法

该方法是以相同或类似林木资产的现行市价作为比较基础,评估待估林木资产价值的方法。评估公式为:

$$P = K \times K_b \times G \tag{8-1}$$

式中:P 为林木资产评估值;K 为林分质量调整系数;K_b 为物价指数调整系数;G 为参照物单位蓄积的交易价格。

所谓林分,是指内部特征大体一致而与邻近地段又有明显区别的一片林子。一个林区的森林,可以根据树种组成、森林起源、林相、林龄、疏密度、地位级、林型及其他因素的不同,划分成不同的林分。不同的林分,常要求采取不同的森林经营措施。

（二）剩余法

剩余法又称市场价倒算法,是用被评估林木采伐后所得的木材市场销售总收入,扣除木材经营所消耗的成本(含有关税费)及合理利润后,将剩余部分作为林木资产评估价值。其计算公式为:

$$P = W - C - F + S \tag{8-2}$$

式中:P 为林木资产评估值;W 为销售总收入;C 为木材经营成本(包括采运成本、销售费用、管理费用、财务费用及有关税费);F 为木材经营合理利润;S 为林木资源的再生价值。

（三）收益法

收益法又称收益净现值法,是将被评估林木资产在未来经营期内各年的净收益按一定的折现率折现为现值,然后累计求和得出林木资产评估价值的方法。计算公式为:

$$P = \sum_{t=1}^{N} \frac{(A_t - C_t)}{(1 + r)^t} \tag{8-3}$$

式中:P 为林木资产评估值;A_t 为第 t 年的年收入;C_t 为第 t 年的营林生产成本;N 为经营期;r 为资本化率。

（四）成本法

该种方法是按现时工价及生产水平,重新营造一块与被评估林木资产相类似的林分所需的成本费用,作为被评估林木资产评估价值的方法。其计算公式为:

$$P = K \cdot \sum_{t=1}^{n} C_t \times (1 + r)^{n-t} \tag{8-4}$$

式中:P 为林木资产评估值;K 为林分质量调整系数;C_t 为过去第 t 年以现时工价及生产水平为标准计算的生产成本,主要包括各年投入的工资、物质消耗、地租等;r 为资本化率;n 为林分年龄。

补充阅读:我国林权制度的改革历程
（请扫描右侧二维码获取）

五、森林资源资产评估方法的适用范围

与其他类别的资产评估类似,森林资源在运用传统的评估方法估值时也会面临方法的适用性问题。市场法从理论上讲适合各种有交易的森林资源资产的评估,采用该方法时,至少应选取三个参照物进行测算。但是,由于市场条件限制,有些情况下,如防护林的评估,市场法就并不适用。剩余法特别适合用于成熟龄林木资产评估。收益法适合用于有经常性收益的林木资产,如经济林资产、竹林资产、实验林资产、母树林资产等。而幼龄林一般用成本法评估。

由于森林资源资产兼具生态、社会、经济效益于一体,所以森林资源资产与一般资产评估相比,面对的问题要更加复杂,在评估实务中往往首先建立评估体系,然后综合运用多种方法来评估价值。从目前的评估实务来看,森林资源资产评估面临的其他问题还有:

（一）生态效益的评估问题

作为森林生态体系的要素,林木、林地等都具有生态功能,但是由于技术、经济等原因,我们在评估森林资源资产时往往只考虑其经济价值,而无法考虑生态功能的价值,从而在一定程度上低估了森林资源的总体价值。适当考虑生态效益,并在估值结果中予以体现,有助于对森林资源和生态环境的保护。通过生态效益评估和价值预警的方式,引起利益相关方的高度重视,引入生态补偿机制,可以有效降低自然灾害所造成的损失。

（二）评估对象的复杂性

森林资源本身是一个内涵丰富的概念,它不仅包括森林、林木、林地,还包括依托森林、林木、林地生存的野生动物、植物和微生物。但是由于目前我们的认知有限,尚不能完整地评估森林资源的总体价值,导致其价值的低估。随着人们认知水平和技术能力的不断提升,对森林资源的价值评估过程会越来越全面,估值结果也会更加合理。

第三节　矿产资源资产评估

补充阅读："羊煤土气"
（请扫描右侧二维码获取）

一、矿产资源资产评估概述

（一）矿产资源资产评估的产生与发展

矿产资源是经过地质成矿作用形成的、埋藏于地下或出露于地表,具有开发利用价值的矿物或有用元素的集合体。我国的矿产资源归国家所有。

我国矿产资源资产评估,是伴随着国家对矿产资源管理制度的建立、完善而逐步发展演变的,大致经历了两个发展阶段。第一个阶段是 1986—1997 年,基于新中国第一部《中华人民共和国矿产资源法》(以下简称《矿产资源法》)的"地质勘查成果资产评估";第二个阶段是基于 1996 年修订的《矿产资源法》的"探矿权采矿权评估"(或称为矿业权评估)。

我国的矿产资源资产评估,始于 20 世纪 80 年代末的改革初期,当时的法律规定"采矿权不得买卖、出租,不得用作抵押"。但是地矿部提出了地质工作"三化"的改革目标,其中之一"部分地勘成果商品化",直接催生了对地质勘查成果进行评估的法定需求。1995 年 5 月,原国家资产管理局和原地质矿产部联合发布的《地质勘查成果资产评估管理若干规定(试行)》提出,地勘成果应作为无形资产进行资产评估作价,且规定:拍卖转让、企业兼并、出售、联营、股份经营、中外合营、中外合作经营的地勘成果必须进行资产评估。根据这些规定,当时的评估对象是"矿产地勘报告"和"有价值的勘查资料"。

1996 年修订后的《矿产资源法》奠定了我国探矿权和采矿权评估的法律基础。1998 年 2 月,国务院发布了《矿产资源勘查区块登记管理办法》《矿产资源开采登记管理办法》和《探矿权采矿权转让管理办法》三个行政法规,建立了我国矿业权流转制度以及相应的矿业权评估制度。至此,我国矿产资源资产评估正式确立为对探矿权、采矿权进行价值评估,或称之为矿业权评估。

2011 年,由中国矿业权评估师协会发布的《中国矿业权评估准则(2011 年)》开始生效,该准则所指的矿业权评估准则,包括了矿业权评估基本准则、矿业权评估技术规范、矿业权评估应用指南和矿业权评估指导意见。该准则首次提出:我国矿业权评估业务分为矿业权价值评估业务和矿业权价值咨询业务。

（二）矿业权评估的基本要素及特点

矿业权是一种特殊的资产,也是社会经济发展的基础性资产。随着世界经济的快速发展,资源的稀缺正在成为全球性的紧迫问题。近年来,随着我国市场经济和资源管理的逐步深化,矿业权的价值评估变得越来越重要。

我国的矿产资源归国家所有,由国务院行使国家对矿产资源的所有权,矿产资源物质实体及其所有权归国家所有。国家实行探矿权、采矿权有偿取得制度,矿产资源的探矿权和采矿权可以依法出让和转让。勘查、开采矿产资源,必须依法分别申请经批准取得探矿权、采矿权,并办理登记。探矿权和采矿权通常合称矿业权,简称矿权。在我国,探矿权和采矿权是分别设置的,必须依法分别申请,但是,已经依法申请取得采矿权的矿山企业在划定的矿区范围内为本企业的生产而进行的勘查除外。

所谓矿业权,是指在依法取得勘查许可证规定的范围内,勘查矿产资源的权利。采矿权,是指在依法取得的采矿许可证规定的范围内,开采矿产资源获得所开采矿产品的权利。因此,矿业再生产是一个包括矿产资源勘查、开发、采选的连续过程,涉及资源所有者、地质勘查部门、矿山经营开发者和矿山周边居民等多方面主体的利益。

探矿权人有权在划定的勘查作业区内进行规定的勘查作业,有权优先取得勘查作业区内矿产资源的采矿权。探矿权人在完成规定的最低勘查投入后,经依法批准,可以将探矿权转让他人。矿产资源由取得采矿权的国有矿山企业和其他经济成分的矿山企业开采使用,已取得采矿权的矿山企业,因企业合并、分立,与他人合资、合作经营,或者因企业资产出售以及有其他变更企业资产产权的情形而需要变更采矿权主体的,经依法批准可以将采矿权转让他人采矿。开采矿产资源,必须按照国家有关规定缴纳资源税和资源补偿费。矿床勘探报告及其他有价值的勘查资料,按照国务院规定实行有偿使用。

矿业权评估的基本要素主要包括:矿业权评估对象是探矿权和采矿权;矿业权权利客体为已查明或潜在的矿产资源储量;矿业权权利主体为矿业权人;矿业权权利价值内涵为用益物权价值,一般情况下是已查明或潜在矿产资源储量开发价值的一部分。

与矿业权价值估算相关的其他业务,是指除矿业权评估业务外,围绕价值评估和咨询、或为价值评估和咨询提供基础或依据的业务。通常包括(预)可行性研究报告、矿床工业指标论证报告、生产能力论证报告、综合开发利用方案、矿产资源开发利用方案的编制业务等。

矿业市场流通的是探矿权和采矿权,本节讨论的矿产资源资产评估是指探矿权价值和采矿权价值的评估。

二、矿产资源资产价格的影响因素

影响矿产资源资产价格的因素非常多,并且在不同的时间、不同的地方、不同的经济社会发展阶段各有差异,但主要因素一般包括:矿产资源本身的稀缺程度和可替代程度、矿产品的市场供需状况、矿床自然丰度和地理区位、技术进步、资本化率和社会平均利润率等。

(一)矿产资源本身的稀缺程度和可替代程度

在我国,不同的矿种,资源的稀缺程度差别很大。在市场需求一定的情况下,占有和经营质量好、使用价值高的矿产资源,往往能获得更多的超额利润。同时,由于国家一般对稀缺资源实行保护性开采政策,稀缺的矿产资源就会有更高的价格水平。

一般而言,资源的稀缺程度越高,其可替代程度往往越低,凡是可替代程度低的矿产资源,其资产价格也较高。

（二）矿产品的市场供需状况

矿产品的市场供需状况决定了矿产品价值的实现程度,决定了何种等级的矿产资源将被投入生产过程,从而决定了矿产资源资产价格水平。

（三）矿床自然丰度和地理区位

矿床的自然丰度是通过矿体规模、形态、产状、厚薄、品位、埋深等一系列指标综合反映的。在一定的技术经济条件下,矿床的自然丰度越高,开采所需投入的成本越低,企业的超额利润会越大,从而影响矿产资源资产价格。金属矿石的选冶性能、矿床含有的有益伴生组分以及矿床地质构造的复杂程度等,都会直接影响矿产品的产出率,从而影响企业的利润率。而矿床的地理区位决定了矿产品的交通运输成本。

矿床的地理区位对矿产资源资产价格的影响有时甚至超过矿床本身的丰度。矿床距离加工消费地的远近和运输条件的优劣,会影响企业的生产成本。因此,矿床丰度与地理区位综合作用,影响矿产资源资产价格。

（四）技术进步

技术进步对矿产资源资产价格的影响主要有下列四个方面:

（1）会使一些没有被利用的或者原先认为无法利用的伴生元素或矿物被开发和利用,从而使矿产资源总规模扩大,市场供给增加。

（2）可以发现已被使用的矿产资源新的或更有效的利用价值,从而改变、增加和提高矿产资源资产的价格。

（3）可以发现和创造对矿产资源开发、利用更有效的方法,使采掘企业的技术经济指标发生显著变化,如采矿损失率、矿石贫化率等降低。采矿回采率、选矿回收率、有益组分综合利用率、尾矿处理水平等上升,降低了矿产资源的耗减速度,使采矿企业增加收益,也使矿产资源资产价格上升。

（4）可以发现和创造更加有效的或现代化的找矿方法,使矿产资源普查和详查的成本和风险降低,环境治理的费用水平下降,从而改变矿产资源资产的价格构成和价格水平。

（五）资本化率和社会平均利润率

资本化率和社会平均利润率影响资金流向和矿山企业的经营利润,从而影响矿产资源资产的价格。在经济社会的不同发展阶段,不同的地区,矿产资源资产的资本化率可能差别很大,因此不能生搬硬套,而必须具体问题具体分析。

三、矿产资源资产主要的评估方法

矿产资源资产评估,根据不同的评估对象和评估目的,具有多种评估方法。根据采矿权和探矿权的不同评估方法亦有所区别:对采矿权的评估主要有贴现现金流法、收益法、可比销售法和收益权益法。而对探矿权的评估分为收益途径、市场途径和成本途径三种方法:收益途径主要有贴现现金流法、约当投资-折现现金流法、折现现金流风险系数调整法。成本途径主要有勘查成本效用法、地质要素评序法。市场途径主要有可比销售法、粗估法、单位面积探矿权价值评判法和资源品级探矿权价值估算法。下面择其主要的评估方法进行介绍:

（一）贴现现金流法

根据矿山企业现有的或设计的矿山设备、生产条件和方案等,预测矿山企业在预

测收益期内各年开发利用矿产资源所取得的预期收益额,扣除生产经营成本和税费等后折算成现值,即为采矿权的价值。计算公式为:

$$W_P = \sum_{i=1}^{n} (CI - CO) \cdot \frac{1}{(1+r)^{i-1}} \tag{8-5}$$

式中:W_P 为采矿权价值;CI 为年现金流入量;CO 为年现金流出量;r 为折现率;i 为年序号($i=1,2,3,\cdots,n$);n 为计算年限。

(二)可比销售法

可比销售法是利用已知采矿权转让中的市场价,经过差异因素调整,来估算待估的采矿权价格的方法。可比销售法评估采用下列公式:

$$P = P_t \times \mu \times \xi \times \phi \times \theta \tag{8-6}$$

式中:P 为采矿权价值;P_t 为参照的采矿权成交价格;μ 为规模调整系数;ξ 为品位调整系数;ϕ 为价格调整系数;θ 为差异调整系数。

应用可比销售法时,要对参照的采矿权价格进行矿床规模差异调整、品位调整、矿产品价格调整、采矿权差异要素调整。其中:

$$\text{规模调整系数 } \mu = \frac{\text{被评估采矿权探明储量}}{\text{参照的采矿权探明储量}}$$

$$\text{品位调整系数 } \xi = \frac{\text{被评估的采矿权精矿平均品位}}{\text{参照的采矿权精矿平均品位}}$$

$$\text{矿产品价格调整系数 } \phi = \frac{\text{被评估的采矿权采用的矿产品价格}}{\text{参照的采矿权当时采用的矿产品价格}}$$

$$\text{采矿权差异要素调整 } \theta = \frac{\text{被评估的采矿权差异要素评判总值}}{\text{参照的采矿权差异要素评判总值}}$$

采矿权差异要素包括矿产资源的交通条件、自然条件、经济环境和地质采选条件等。具体的差异要素如表 8-1 所示。

表 8-1 采矿权差异要素参考表

交通条件	公路类型
	与国道距离
	距火车站距离
	距市中心距离
	距公共设施距离
自然条件	地形环境
	水源状况
	气候环境
	土地状况
经济环境	劳动力状况
	供电供气状况
	农业状况
	所在地国民收入
	地方经济政策

地质采选条件	埋藏深度
	矿床工业类型
	矿石选冶性能
	水文、工程地质条件
	开采方式
	采选规模

可比销售法要求参照的采矿权具有可比性,即矿种相同、自然成因类型相同、工业类型大致相似,同时要取得足够的地质参数。该方法在矿业权市场发达国家,应用较为广泛,由于我国矿业权交易尚不普遍,该方法的应用受到一定的限制。

(三)约当投资-折现现金流法

约当投资-折现现金流法评估探矿权价值,是通过对新探矿权人未来开采投入的全部资产的未来预期收益现值进行估算,按原探矿权人和新探矿权人投资的比例对预期收益现值进行分割后,以原探矿权人分割所得的预期收益现值来确定探矿权的评估价值。因此,约当投资-折现现金流法并不是直接对探矿权资产的未来预期收益进行估算。该方法的应用须具有一定勘查程度,并具有较详细的地勘投资财务资料。

第一步:根据折现现金流量法的计算原理,计算新探矿权人资产收益现值。计算公式为:

$$W = \sum_{t=1}^{n} \left[W_t \cdot \frac{1}{(1+r)^t} \right] \qquad (8-7)$$

式中:W 为资产收益现值;W_t 为第 t 年的收益额;r 为资本化率;n 为计算年限。

其中:

$W_t = $ 年的销售收入-年经营成本-年资源补偿费-资源税金-其他税金

第二步:计算原探矿权人、新探矿权人投资现值,原探矿权人投资现值 T_y 可采用重置成本法计算,新探矿权人的投资现值 T_x 可采用贴现法计算。计算公式为:

$$T_x = \sum_{t=1}^{n} \left[T_t \times \frac{1}{(1+r)^t} \right] \qquad (8-8)$$

式中:T_x 为新探矿权投资累计现值;T_t 为第 t 年投资值;n 为投资年限。

第三步:计算探矿权评估价值,其计算公式为:

$$P = \frac{T_x}{T_y + T_x} \times W \qquad (8-9)$$

式中:P 为探矿权评估价值;T_y 为原探矿权人投资现值;T_x 为新探矿权人投资现值。

(四)勘查成本效用法

勘查成本效用法利用地勘投入的重置成本加上以地勘投入所分配的超额利润来确定探矿权价值,是重置成本法和贴现现金流量法相结合的一种评估方法。这种方法既考虑了探矿权投入的成本,也考虑了探矿权未来的获利能力。其计算公式为:

$$P = P_x + L_n \qquad (8-10)$$

233

第三节 矿产资源资产评估

$$L_n = M \times \frac{T}{T+G} \qquad\qquad (8-11)$$

式中:P 为探矿权评估值;P_x 为不含勘查风险的探矿权净价;L_n 为应分配的超额利润;M 为超额利润总额;T 为地勘总投资;G 为矿山建设总投资。

(五)地质要素评序法

地质要素评序法是以基础购置成本为基数,通过对地勘成果综合评价,将定性的地质要素转化为定量的价值调整系数,对基础购置成本进行调整来确定探矿权价值的方法。基础购置成本包括国家规定交纳的探矿权使用费和矿业权人承诺履行的地质基本支出或者已经形成的原始地质勘查费。主要的地质要素包括:成矿显示、异常显示、品位显示、成因显示、蕴藏规模显示和前景显示,将每种显示划分为若干级,并赋予相应的价值指数。评估时,针对被评估的矿业权的具体情况,确定其地质要素价值调整系数。

(六)粗估法

粗估法主要是根据公开的数据资料,如上市公司的地质信息报告或定期披露的地质资料以及矿业股票市场和财务市场走势的长期分析资料如价格与收益比、价格与现金流量比等指标来估算探矿权价值的方法。国外常用的有资源品级价值粗估法和以单位国土面积资源价值为基础的粗估法。粗估法是在低勘查精度阶段采用的一种近似方法。

第四节　其他资源性资产评估

随着资源性资产相关评估理论与方法的不断发展,纳入资产评估(生态价值评估)范围的资源性资产也日益增多。在资源性资产中,除了森林资源资产评估、矿产资源资产评估以外,还有许多热点和前沿问题中涉及的资产有待进行价值评估,例如湿地生态系统价值评估、旅游资源价值评估、流域生态补偿评估、农地流转价值评估、碳汇价值评估、水权价值评估,等等。这些新兴的资源性资产在国际上尚无公认、统一完善的评估方法,其价值分类、评估方法仍处于探索过程,但是其重要地位日益突出。以下主要介绍其他资源性资产评估的背景、基本概念、价值分类等相关研究。

一、湿地生态系统价值评估

湿地[①]是指不问其为天然或人工、长久或暂时的沼泽地、泥炭地或水域地带,带有静止或流动的淡水、半咸水或咸水水体,包括低潮时水深不超过 6 米的水域。湿地生态系统[②]是指被浅水和有时为暂时性或间歇性积水覆盖的低地,包括湖泊、沼泽、河漫滩、沿海滩涂等。

广阔的湿地蕴藏着丰富的淡水、动植物、矿产及能源等自然资源,不仅可以为社会提供丰富资源,发展水电水运,增加电力交通,还是发展旅游业、进行科研教学的重

---

① 《关于特别是作为水禽栖息地的国际重要湿地公约》(Convention on Wetlands of International Importance Especially as Waterfowl Habitat)给出了关于湿地的定义。

② 李文华.生态系统服务功能价值评估的理论、方法与应用.北京:中国人民大学出版社,2008.

要场所。然而近年来,人类活动范围和方式的改变导致湿地生境面积锐减,野生动物资源缩减,同时影响大气环境和生态系统的进化过程,因此维护湿地生态功能,适度开发,最终才可能促进环境资源的可持续发展和维护生态安全。

人们对湿地价值的认识与评价始于20世纪初,美国麻省理工学院 Larson 等提出了第一个帮助政府颁布湿地开发补偿许可证的湿地快速评价模型,对湿地的功能进行评价,该模型很快得到推广应用。一般湿地的功能仅是提供许多野生动物的栖息环境,但是20世纪70年代中后期,湿地的均化洪水、净化水质等其他功能和价值也变得越来越重要。

目前,中国的湿地生态服务功能及价值研究均处于初级阶段,许多价值分类和评估方法尚不成熟。常见的湿地生态系统价值分类主要将其分为直接利用价值、间接利用价值、选择价值和存在价值。一般用到的评估方法主要有市场价值法、旅行费用法、资产价值法、影子工程法等。

二、旅游资源价值评估

旅游资源[①]是旅游地资源、旅游服务及其设施、旅游客源市场三大要素相互吸引、相互制约的有机系统,是有关这三大要素相互间的吸引向往的总和。

旅游资源价值一般可分为使用价值和非使用价值,具体分类如图8-2所示。

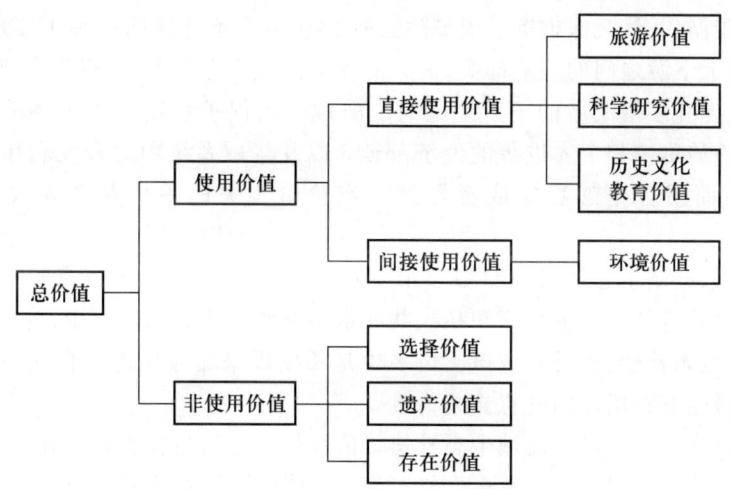

图 8-2　旅游资源价值分类系统图[②]

目前国内对旅游资源价值的评估方法主要有:旅行费用法、改进的旅行费用法、条件价值法、收益资本化法、生产成本法、替代工程法、综合费用效益法、恢复费用法、意愿调查价值评估法。

通过对旅游资源的价值评估,有利于明确旅游资源的价值构成、有利于制定合理的景区门票价格、有利于建立我国的旅行和旅游卫星账户、有利于旅游业的可持续发

---

① 杨振之. 旅游资源开发. 成都:四川人民出版社,2000.
② 郭剑英,王乃昂. 旅游资源价值评估的意义与评估系统的构建. 乐山师范学院学报, 2004(7):121-126.

展、有利于为西部地区进行合资开发旅游资源折算股份提供科学依据。

三、流域生态补偿价值评估

流域是以水为主体的、动态的生态系统,例如我国的长江流域。在水资源循环的过程中,流域水体不断与外界进行物质和能量的交换,产生了自净能力,也就是具备了吸入消化污染物的能力。流域生态系统作为生态服务系统的重要组成部分,它能提供水品、水调节,生物多样性保护,废物净化,内陆航运,文化、休闲娱乐,以及流域森林的水土保养、水源涵养、木材生产和碳储存等多种生态环境服务。[①]

长期以来,对于生态服务的受益者来说,生态服务被视作"免费的午餐"。随着生态问题日益严峻,许多国家和地区有了为生态服务付费的意识,纷纷采取了生态补偿措施。例如,我国"南水北调"工程中就已经出现了流域生态补偿的实践。2014年12月12日,全长1 432千米、建设历时11年的"南水北调"中线工程正式通水,北京、天津、河北、河南4个省市沿线约6 000万人将直接喝上水质优良的汉江水,间接惠及人口近1亿。这些人口在受惠于"南水北调"工程的同时,也必须为水资源的流动和输出做出必要的经济补偿。如何合理制定水资源的交易和定价机制,是资产评估学科必须参与和回答的现实问题。

生态补偿主要分类为流域水环境管理、农业环境保护、植树造林、自然环境的保护与恢复、碳循环、景观保护等。流域生态补偿作为生态补偿的一种主要形式,不仅能协调流域上下游之间的利益冲突,而且能保护流域生态资源,使得生态资本保值增值。流域生态补偿指流域的下游地区对上游地区为保护和恢复生态环境而付出代价、做出牺牲的单位和个人进行的经济补偿,以及流域系统中对开发利用自然资源和自然景观而损害生态功能或者导致生态价值丧失的单位和个人收取的经济补偿。[②]

流域补偿遵循生态补偿的原则,"谁受益,谁补偿"。在大多数流域补偿的情况下,主要是由政府补偿或者政府和私人共同承担补偿费用。在实际中,为了帮助形成持续的流域生态补偿,受益者应该支付多少是长期以来流域生态补偿执行的难题之一,因此流域生态补偿评估的意义尤为重要。

综合国内外研究,目前流域生态补偿价值评估的方法主要有以下几类:支付意愿法、机会成本法、收入损失法、总成本修正模型、费用分析法、水资源价值法。[③]

四、农地流转价值评估

目前我国土地流转市场机制不健全,存在信息不对称,供求双方无法找到合适的合作对象,流转价值也不尽合理。价值评估是当前制约农村土地承包经营权流转的一个"瓶颈"。因此,对农村土地承包经营权流转价值的评估方法进行探讨,对于促进农村土地承包经营权流转价值评估业务的发展,具有重要现实意义。

---

① 郑海霞. 中国流域生态服务补偿机制与政策研究. 北京:中国经济出版社,2010.

② 梁丽娟,葛颜祥,傅奇蕾. 流域生态补偿选择性激励机制——从博弈论视角的分析. 农业科技管理,2006(4):49-52.

③ 李怀恩,尚小英,王媛. 流域生态补偿标准计算方法研究进展. 西北大学学报:自然科学版,2009,39(4):667-672.

农地流转即农地使用权在不同经济实体(企业或农户)之间的流转和转让。大多学者将农地流转价值分为使用价值和非使用价值。① 农地流转呈现以下六大特点：

(1) 农地流转形式日趋多样化。

(2) 农地流转的规模不大,但呈扩大趋势。

(3) 农地流转区域由经济发达地区、平原地区向经济欠发达地区、丘陵和山区扩散。

(4) 农地流转的主体多元化。过去参与流转的主体主要是不同的农户和农村集体,现在农民专业合作组织、农业企业、农业科研单位、大专院校和城镇居民等也参与到流转中来。

(5) 农地流转的目的发生变化。

(6) 农地流转的期限偏短。②

在实物评估中,由于农地经营权的特殊性,评估方法的选择应该注意以下问题。第一,由于土地的不可再生和稀缺性以及农村土地归集体所有,不得随意改非农业用途,因此土地的成本是虚拟的,且具有弱对应性,很难定量,这导致成本法很难运用。第二,由于农村土地流转机制运转时间不长,市场上的可对比参照物少且可比性差,因此市场法也难以施行。第三,农村土地流转的目的是合理利用资源,产生最大收益。由于农产品有适当的标准,承包年限也有期限,投入的成本可以可靠计量,因此运用收益法评估农地流转价值较为理想。

五、碳汇价值评估

全球碳循环是发生在地球生物圈与大气圈之间最大的物质和能量循环的过程。然而随着工业发展,化工污染以及林木滥伐,大气中二氧化碳的浓度显著提高,导致全球变暖、温室效应加剧。因此,如何控制二氧化碳的排放量成为全球关注焦点。要解决这个问题,根本途径是把二氧化碳排放空间作为一种具有稀缺性的资源进行有偿的分配,形成有效的交易机制。

碳汇是从大气中清除二氧化碳及其他温室气体的过程、活动或机制。③ 从它的功能角度界定,碳汇④是指森林吸收并储存二氧化碳的多少或者说是森林吸收并储存二氧化碳的能力。碳汇按载体不同可划分为海洋生态系统和陆地生态系统两大类型。海洋生态系统碳汇又包括海洋碳汇和海洋生物碳汇;陆地生态系统碳汇包括陆地生物碳汇,土壤、岩石碳汇。其中海洋碳汇构成了海洋生态系统碳汇的主体,陆地生态系统碳汇中较为重要的是土壤碳汇、岩石碳汇、微生物碳汇和森林碳汇。⑤ 碳汇是一种资源,同时也具备资产的属性,它既能为生态带来生态效益,也能给人类带来经济效益,因此碳汇资产是一种生态资产。

碳交易及碳汇交易是基于《联合国气候变化框架公约》及《京都议定书》对各国

---

① 窦娜. 基于土地流转价值与农地流转关系的土地银行机理研究. 大连:东北财经大学, 2010.

② 伍业兵. 当前农地流转的特点、问题及政策选择. 经济与社会发展, 2009(7).

③ 引自《联合国气候变化框架公约》缔约国签订的《京都议定书》。

④ 袁嘉祖, 范晓明. 中国森林碳汇功能的成本效益分析. 河北林果研究, 1997, 12(1).

⑤ 许文强. 森林碳汇价值评价. 昆明:西南林学院, 2006.

分配二氧化碳排放指标的规定,创设出来的一种虚拟交易。通过购买其他国家的碳排放指标,从而形成二氧化碳排放权的交易,简称"碳交易"。采用在发展中国家投资造林,以增加碳汇,抵消碳排放,从而降低发达国家本身总的碳排量的目标,就是所谓的"碳汇交易"。按照《京都议定书》中的规定,中国目前为发展中国家,还不需要承担温室气体的减排义务,所以我国只存在碳汇交易。

碳汇价值[①]由碳固价值和碳蓄价值构成。从生态服务功能的视角来看,生态系统一方面能够将大气中的二氧化碳固定成有机物,这一过程给人类带来的利益可以称为碳固定价值。固定的碳以有机物形式储存或蓄积在生态系统中,这一蓄积或储存过程给人类带来的利益可以称为碳蓄积价值。

碳汇价值评估方法主要分为直接法和间接法。以森林碳汇价值评估为例[②],直接计算方法就是核算其生物量和价值量,从其造林的实际成本出发,加上全部的费用和拟得的利润,估计一个适宜的价格。具体的技术方法包括:造林成本法、边际成本法。间接计算方法先得出森林碳汇的价值,再对其价值进行定价,主要包括成本效益分析法、碳税率法、影子价格法和期权定价法。

六、水权价值评估

水资源广泛存在于地球表面和地下径流。江河湖海是大自然的馈赠。随着市场经济的逐步发展,水权的价值问题日益突出。水权包括水资源的所有权和使用权。

为贯彻落实党中央、国务院关于建立完善水权制度、推行水权交易、培育水权交易市场的决策部署,鼓励开展多种形式的水权交易,促进水资源的节约、保护和优化配置,2016年,水利部印发了《水权交易管理暂行办法》,提出水权交易是指在合理界定和分配水资源使用权基础上,通过市场机制实现水资源使用权在地区间、流域间、流域上下游、行业间、用水户间流转的行为。

按照我国水权的确权类型、交易主体和市场范围,水权交易分为以下三种类型:

(1)区域水权交易,是指以县级以上地方人民政府或者其授权的部门、单位为主体,以用水总量控制指标和江河水量分配指标范围内结余水量为标的,在位于同一流域或者位于不同流域但具备调水条件的行政区域之间开展的水权交易。

(2)取水权交易,是指获得取水权的单位或者个人(包括除城镇公共供水企业外的工业、农业、服务业取水权人),通过调整产品和产业结构、改革工艺、节水等措施节约水资源,在取水许可有效期和取水限额内向符合条件的其他单位或者个人有偿转让相应取水权的水权交易。

(3)灌溉用水户水权交易,是指已明确用水权益的灌溉用水户或者用水组织之间的水权交易。

2024年1月,水利部印发的《用水权交易管理规则(试行)》指出:国务院水行政主管部门负责组织指导全国统一的用水权交易市场建设,对用水权交易重大事项及交易平台建设运营进行监督管理;流域管理机构负责所管辖范围内用水权交易平台

① 谢高地,李士美,肖玉,等. 碳汇价值的形成和评价. 自然资源学报, 2011, 26(1).
② 王璟珉,岳杰,魏东. 期权理论视角下的企业内部碳交易机制定价策略研究. 山东大学学报(哲学社会科学版), 2010(2).

建设运营监管,用水权交易监督管理和评估;省级水行政主管部门负责本行政区域内用水权交易监督管理和评估。

这份最新的管理文件同时指出:交易主体可采取协议转让、单向竞价或者其他符合规定的方式进行交易。这意味着,当前我国水权交易的市场定价制度还在探索过程之中。

本章小结

• 自然资源是指自然界中人类可以直接获得的用于生产和生活的物质要素。根据自然资源在开发过程中能否再生,可划分为耗竭性资源和非耗竭性资源。资源性资产是一部分自然资源资产化的表现形式。资源性资产除了具有自然资源的基本特性外,还具有经济属性和法律属性。资源性资产评估具有以下特点:① 资源性资产价格是自然资源的使用权价格;② 资源性资产价格一般受资源的区位影响较大;③ 资源性资产评估遵循自然资源形成和变化的客观规律。

• 森林资源资产是以森林资源为物质财富内涵的资产,是在现有认识和科学技术水平条件下,进行经营利用,能够为产权主体带来一定经济利益的森林资源。森林资源资产主要包括由投资及投资收益所形成的人工林以及依法认定的天然林、林地、森林景观资产等。森林资源资产评估主要是林木资产、林地资产评估。森林资产价格主要由下列因素构成:营林生产成本、资金的时间价值、利润、税金、林木生产中的损失、地租、地区差价和树种差价。林木资产评估方法主要有市场法、剩余法、收益法和成本法等。

• 探矿权和采矿权通常合称矿业权,简称矿权,它是一种特许经营国家所有的矿产资源的权利。矿产资源资产评估是指探矿权价值和采矿权价值的评估。影响矿产资源资产价值的因素主要包括:矿产资源本身的稀缺程度和可替代程度、矿产品的供求状况、矿床自然丰度和地理位置、科技进步、资本化率和社会平均利润率等。根据采矿权和探矿权的不同评估方法亦有所区别:对采矿权的评估主要有贴现现金流法、收益法、可比销售法和收益权益法。而对探矿权的评估分为收益、市场和成本三种途径:收益途径主要有贴现现金流法、约当投资-折现现金流法、折现现金流风险系数调整法。成本途径主要有勘查成本效用法、地质要素评序法。市场途径主要有可比销售法和粗估法。

• 水权包括水资源的所有权和使用权。我国水权的所有权归国家所有,但水资源的使用权正逐步引入市场定价机制。

关键词

自然资源　森林资源评估　矿产资源评估　矿业权　水权

思考题

1. 简述资源性资产的经济属性。
2. 什么是非耗竭性资源?
3. 森林资产价格的主要构成要素有哪些?
4. 简述矿产资源资产价格的主要影响因素。
5. 简述可比销售法的基本思路。

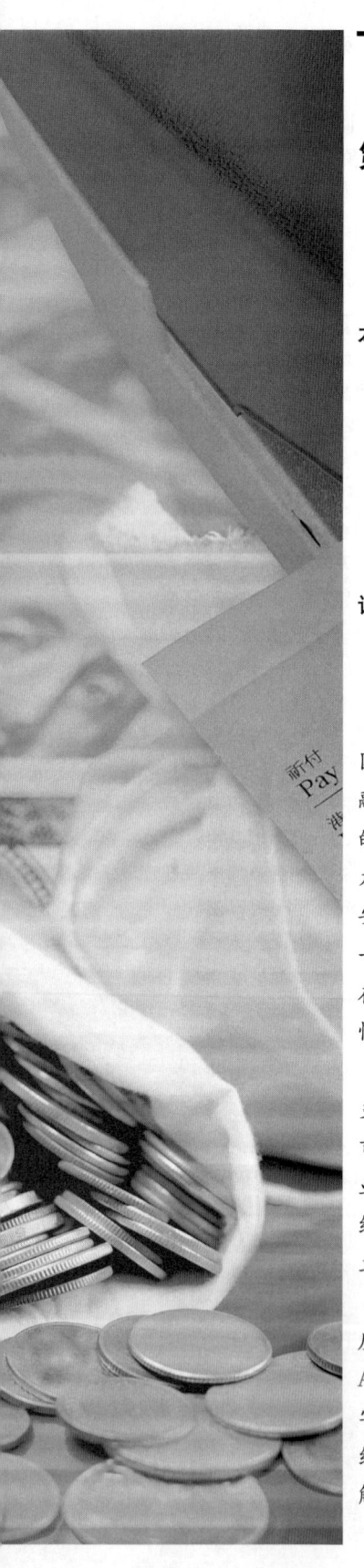

第九章　企业价值评估

本章要点

- 企业价值评估相关概念
- 企业价值假设和类型
- 企业价值评估中预期收益及折现率的确定
- 运用资产基础法和市场法进行企业价值评估
- 企业价值评估的溢价和折价

评估聚焦

呼唤中国特色估值体系尽快落地（节选）

首先，构建中国特色估值体系，是大安全时代真实地反映中国资产定价，更好地反映市场的收益和风险，从而进一步增强金融资产定价权的内在要求。一个国家的股票市场承载的是国家的核心资产、优质资产。如果代表我们国家核心利益的上市公司尤其是央企及其他国企，定价不能自主合理，将对国家经济金融安全产生不利影响。当然，构建中国特色估值体系的基础之锚，一定是日益增强的中国经济硬实力。在此，"中国特色"的"特"就在于主权资本定价权的自主性。这一点，对正处在风高浪急甚至惊涛骇浪国际环境下的中国来说，最稀缺，也最重要。

其次，构建中国特色估值体系，是大科技时代资本市场聚焦支持科技创新的关键。在注册制等关键性制度创新撬动下，资本市场支持科创的"版图"更加清晰，各自有着明确定位的主板、创业板、科创板、北交所、新三板及私募股权市场等，正逐步成为新经济集聚地、各类科技创新企业理想的直接融资地。推进科技自立自强，资本市场已站在了新的历史起点上。

不过，我们也应看到，随着新一轮科技革命和产业革命的深度融合与交织，随着大数据和智能化渐成科学研究的新范式，以AIGC为代表、以ChatGPT为标志的转型浪潮呼啸而来。基于数字技术发展而来的数字经济正成为重组全球要素资源、重塑全球经济结构、改变全球竞争格局的关键力量。数字化技术对一切的解构与重构，无疑将对估值体系的与时俱进产生深远的影响。

最后，构建中国特色估值体系，是大投资时代百姓资产配置由"钢筋水泥"变为金融资产的重要参照。可以相信,随着居民理财意识被进一步唤醒,金融资产尤其是权益类资产的配置大趋势将会提前到来。强化财富管理功能,更好发挥资本市场的财富效应,中国特色估值体系一定是不能缺席的。

当然,构建中国特色估值体系必须契合"中国式现代化"的特征,也就是说要防止资本的无序扩张,要突出人民性和普惠性,要突出对绿色、可持续发展领域的支持,要对能更好融入国家安全大局、融入现代化产业体系建设与发展的领域和环节提供更多的资源要素。

资本市场的核心功能是资源配置,而估值可以理解为投资者对企业未来的定价,是影响资源配置的重要导向标准。探索中国特色估值体系,无疑将有利于促进市场资源配置效率的提高,也对资本市场服务实体经济功能的发挥起到积极推动作用。

资料来源:马方业.呼唤中国特色估值体系尽快落地.证券日报,2023-3-10.

企业价值评估是现代市场经济的产物,为适应频繁发生的企业改制、公司上市、企业并购和跨国经营等经济活动的需要而产生和发展。由于评估对象的特殊性和复杂性,企业价值评估已成为一项涉及面较广和技术性较强的资产评估业务。本章将具体说明企业价值评估中涉及的基本概念、基本原则和基本评估方法,以使读者掌握企业价值评估的基本思路和方法。

第一节　企业价值评估的基本概念

一、企业的定义及特点

企业是企业价值评估的直接对象,对其概念和定义的理解在企业价值评估的知识体系中占有重要地位。关于企业的定义,不同的学科和不同的学者基于各自的学术视野给出了不同的解释,故有必要做以下归纳。

一是将企业界定为一种以盈利为目标的组织。持这种观点的学者认为,企业是从事生产经营活动的,以盈利为目标的,具有独立核算、自主经营、自负盈亏、自我约束、自主发展的法人组织。这种观点从法律的角度和企业实际存在形式的角度对企业进行界定。理解这一定义,需要把握以下三点:首先,企业是建立在社会分工基础之上的生产经营组织;其次,盈利是企业存在的基本目的;最后,企业是具有独立财产权利的法人组织。

二是将企业界定为因节约交易费用而形成的契约化专业组织。美国著名经济学家科斯在1937年出版的《企业的性质》一书中,通过对市场和企业的比较研究,认为企业是节约交易费用的产物,是由契约所规定的组织。科斯认为,市场和企业是资源配置过程中可以相互替代的两种手段,二者的差异在于对资源配置的范围不同。市场是企业外部配置资源的手段;而企业则是组织内部资源有效配置的手段。即市场主要是通过价格机制来指导资源的流动,从而使资源得到合理配置,而企业则是依靠管理实现内部资源的整合。企业存在的前提是配置资源的交易费用低于市场。根据科斯的观点,市场上每一笔交易的发生都有一个契约费用。而在企业内部,许多在市场上进行的交易都是通过内部管理协调实现,结果是能够节省交易费用。这也是企业契约理论的主要观点。由此,科斯认为,企业是一系列(不完全)契约的有机组合。企业契约理论是用与契约有关的研究方法来看待企业中存在的问题,从而揭示企业运转的内在机制。

把企业界定为契约的另一个视角不是从交易成本的角度对企业的概念进行解释,而是从企业在产生和分配经济利益过程中所形成的各个利益相关者之间权利和义务关系的角度,把企业界定为相关利益者之间形成的各种契约集合。

三是把企业界定为消耗有形资产形成无形资产的经济组织。这一观点认为:随着世界范围内的经济结构由工业经济向知识经济的演进,现代企业因技术进步和市场深化,已成为消耗有形资产形成无形资产的经济组织。这一观点关心的不是企业赖以产生的动因,而是企业赖以存续的能力。

上述关于企业的定义从不同的角度对企业进行了界定和解释,对于企业价值评估人员而言,熟悉和了解关于企业定义的不同观点,有助于加深对企业价值评估的理解。作为企业价值评估的具体对象,从价值评估应用的角度而言,企业是以营利为目的、按照法律程序建立的经济实体,形式上体现为由各种要素资产组成并具有持续经营能力的自负盈亏的法人实体。从系统论的角度而言,企业是由各种要素资产围绕着一个系统目标,发挥各自特定功能,共同构成一个有机的生产经营能力和获利能力的载体。

一般来说,企业具有以下特点:

第一,企业具有盈利性的特点。企业作为特殊的要素资产组合系统和生产经营系统,其主要目的就是获取利润。为了实现这一目的,企业往往需要在既定的经营范围内,以其生产、服务和经营为主线,将若干要素资产有机组合并形成相应的具有特定结构和功能的生产经营系统。

第二,企业具有持续经营的特点。利润创造的可持续性是企业继续存在的一个基本前提,同时也是企业作为一个以营利为目的的经济组织的基本特点。

第三,企业具有整体性的特点。构成企业的各个要素虽然各具不同性能,但都是企业相互依存的重要组成部分。因此,企业并不等于各种要素资产的简单相加,而是具有特定结构和功能的要素资产的组合,因此在认识企业时必须要意识到其整体性特征。

第四,企业具有权益可分割的特点。虽然企业具有整体性的特征,但是由于构成企业的资产类别和权益属性可以根据不同依据进行分类,因此企业权益可以分为全部股东权益和部分股东权益。企业价值也可以分为企业整体价值、全部股东权益价值和部分股东权益价值。

二、企业价值评估基本概念

对于企业价值评估而言,主要的基础概念由以下三个部分组成,并以三者之间的关系构成企业价值评估的基本概念体系。

首先是对企业价值本身的理解和诠释,这里指的不仅是对所评估的企业价值的简单界定,还涉及对企业价值这一概念的内涵、外延以及表现形式的理解和分析。

其次是企业价值评估所涉及的评估假设,既有与市场经济运行规律相关的一般假设,也有与特定企业价值评估情境相关的特定假设。

最后是企业价值评估所涉及的价值类型,企业价值评估中所指的价值类型实际上应理解为企业价值与不同企业价值评估假设所设定的评估约束条件相匹配的具体定义,它通常表明了最终决定对价值进行判断所依赖的各种交易条件,如买卖双方的情况、市场的情况和交易的限制条件等。

（一）企业价值

由中国资产评估协会颁布并于 2019 年 1 月 1 日起施行的《资产评估执业准则——企业价值》将企业价值评估定义为:企业价值评估是指资产评估机构及其资产评估专业人员遵守法律、行政法规和资产评估准则,根据委托对评估基准日特定目的下的企业整体价值、股东全部权益价值或者股东部分权益价值等进行评定和估算,并出具资产评估报告的专业服务行为。

这一定义首先对企业价值的表现形式予以了规定,即我们所理解的企业价值在形式上应该是企业整体价值、股东全部权益价值或股东部分权益价值。其次指出,企业价值评估是专业人员根据委托在评估基准日特定目的下的专业服务行为。依据评估特定目的的不同,在交易、财务报告、司法税收和管理决策不同目的下需要专业人员相应形成不同的评估专业服务思路和方法选择。

（二）企业价值评估假设

企业价值评估的特定假设主要描述和设定了两个方面的问题:一是有关企业价值评估所面对的交易环境、市场条件的描述和界定的假设;二是对企业价值评估中的企业自身状态的假设。其中市场假设和持续经营假设是企业价值评估中的两个最重要的前提假设,这两个假设分别归纳了企业价值评估中的两个重要的基础条件,在前面章节已有介绍,这里不再赘述。

（三）企业价值类型

企业价值评估中所指的价值类型应理解为企业价值与不同企业价值评估假设所设定的评估约束条件相匹配的价值的具体定义,它通常表明了最终决定对价值进行判断所依赖的各种交易条件,如买卖双方的情况、市场的情况和交易的限制条件等。企业价值评估中,要根据评估目的、评估假设、评估对象自身条件等因素恰当选择价值类型。企业价值评估中常见的价值类型为市场价值和投资价值。需要说明的是,对于企业价值类型的分析和界定往往会与整个资产评估对于价值类型的界定和分析产生交叉、混杂的情况。一方面,关于企业价值分析的概念本来就来自于资产评估基础理论中关于价值类型的理论和概念;另一方面,在企业价值评估中,对具体价值类型的理解和应用不可以直接套用资产评估关于价值类型的基础理论和概念,需要根据企业价值评估的具体情况,对具体的价值类型做出分析、描述和界定。

企业价值评估假设和价值类型实际上都是对企业价值评估约束条件的限定、描述和反映,两者之间存在一定的逻辑和匹配关系。评估假设往往回答所评估的企业价值是在什么样的交易环境和条件下的价值,而价值类型则进一步将这样的价值予以定义。但是,在评估假设和价值类型之间并不存在一一对应的匹配关系,现行的企业价值评估理论对它们之间的匹配关系也无统一、清晰的总结,在具体的企业价值评估实践中,以下的三点需要关注:

第一,企业价值评估中的价值类型和评估假设虽然不存在一一对应的匹配关系,但在对企业的价值类型进行选择时,不能突破企业价值评估假设所做的限定。如在企业价值评估中说明了此次评估受公开市场假设的限定,则在企业价值类型选择时不应突破该假设的限定,应选择相应的公开市场价值类型;同理,当设定了其他市场假设时,则不应该选择公开市场价值类型而应该选择公平市场价值以外的价值类型。

第二,由于在企业价值评估中,往往有多个假设对企业价值评估不同方面的约束条件进行设定,因此在对企业价值类型进行选择时,应该注意到假设所导致的复杂约束条件对价值类型的要求。实际上,现行企业价值评估理论中对于企业价值类型概念的提炼往往不足以反映不同假设所导致的复杂约束条件,因此,当所选择的价值类型无法完全反映假设限定的约束条件时,应该在价值类型基础上予以进一步的说明。

第三,在企业价值评估中,无论是假设的提出还是价值类型的选择,都应该将企业价值评估目的作为重要依据。企业价值评估目的为企业价值评估假设的提出和价值类型的选择提供了最为直接的思路和限定。首先,企业价值评估目的往往是对企业价值评估具体的交易环境和条件的说明,评估人员据此可以对价值评估所适用的假设进行判断;其次,企业价值评估目的会对参加交易的双方及评估是位于何方立场进行说明,这为评估人员选择价值类型提供依据。如某家具有投资价值的处于破产清算状态下的企业面临交易时,评估人员处于何方立场对于选择何种适当的价值类型十分重要,选择投资价值还是清算价值作为价值类型对于企业价值的评估结果存在直接、重大的影响。

在企业价值评估中,评估人员应当根据评估目的、评估对象、价值类型、资料收集等情况,分析收益法、市场法、成本法(资产基础法)三种基本方法的适用性并选择评估方法。执业准则要求对于适合采用不同评估方法进行企业价值评估的,资产评估专业人员应当采用两种以上评估方法进行评估。

第二节 企业价值评估的收益法

企业价值评估中的收益法,是指将预期收益资本化或者折现,确定评估对象价值的评估方法。收益法常用的具体方法包括股利折现法和现金流量折现法。股利折现法是将预期股利进行折现以确定评估对象价值的具体方法,通常适用于缺乏控制权的股东部分权益价值评估。股利折现法的预期股利一般应当体现市场参与者的通常预期,适用的价值类型通常为市场价值。现金流量折现法通常包括企业自由现金流折现模型和股权自由现金流折现模型。资产评估专业人员应当根据被评估单位所处行业、经营模式、资本结构、发展趋势等合理选择现金流折现模型。预测现金流量,既可以从市场参与者角度进行,也可以选择特定投资者的角度。从特定投资者的角度预测现金流量时,适用的价值类型通常为投资价值。收益法的基本模型在前面章节已有,这里不再重复。

一、收益法评估企业价值的分析思路

在运用收益法对企业价值进行评估时,一个必要的假设是判断企业是否具有持续的盈利能力。只有当企业具有持续的盈利能力时,运用收益法对企业进行价值评估才具有意义。收益法评估企业价值的难点在于对于具体价值评估场景的假设构建和关键参数的获取。企业价值评估场景是一系列价值评估中不确定性问题的集合,企业价值评估的过程就是处理系列不确定性问题的过程。环境的不确定性、产业的不确定性和企业的不确定性是不确定的三个重要场景。收益法评估企业价值涉及三

个基本要素:一是被评估企业的预期收益;二是折现率;三是被评估企业的收益期限。

首先,要对企业的收益口径和收益期限进行界定。企业的收益能以多种形式出现,包括不同层次的利润、企业自由现金流和股权自由现金流等。选择以何种形式的收益作为待评估企业的收益口径,直接影响企业价值呈现的最终结果。企业的收益期限也是影响企业价值的重要因素,收益是否永续是企业价值评估不确定性判断的关键。

其次,要对企业的收益进行合理的预测。要求评估人员对企业的未来收益进行精确预测是不可能的。但是,由于对企业收益的预测来源于对企业盈利能力的判断,这是决定企业最终评估值的关键因素。所以,在评估中应合理模拟企业存续环境,综合考虑影响企业盈利能力的相关因素,客观、公正地对企业的收益做出合理的预测。

最后,要选择合适的折现率。由于不确定性的客观存在,折现率的选择与对企业未来收益风险的判断息息相关。

二、企业收益及其预测

企业的收益额是运用收益法对企业价值进行评估的关键参数之一。在企业的价值评估中,企业的收益是指在正常的市场条件下,企业所获得的归企业所有的所得额。

(一) 企业收益的界定

对企业收益的界定面临两个层次的问题:一是选择企业利润还是现金流作为企业收益的测度指标;二是如何合理选择企业收益的口径。

一般而言,应选择企业的现金流作为用收益法进行企业价值评估的收益基础。主要原因有两方面:一方面是就两者与企业价值的关系而言。实证研究表明:企业的利润虽然与企业价值高度相关,但企业价值更多是由其现金流决定而非由其利润决定的。另一方面是就可靠性而言。企业的现金流量是企业实际收支的差额,不容易被更改,而企业的利润则要通过一系列复杂的会计程序进行确定,而且可能由于企业管理当局的利益而被操纵。企业价值评估中常用的是企业自由现金流量和股权自由现金流量。企业自由现金流量(Free Cash Flow to Firm, FCFF)指的是归属于包括股东和付息债务的债权人在内的所有投资者的现金流量,其计算公式为:

$$FCFF = \frac{税后}{净利润} + \frac{折旧}{与摊销} + \frac{利息费用}{(扣除税务影响后)} - \frac{资本性}{支出} - \frac{净营运资}{金增加额} \quad (9-1)$$

股权自由现金流量(Free Cash Flow to Equity, FCFE)指的是归属于股东的现金流量,是扣除还本付息以及用于维持现有生产和建立将来增长所需的新资产的资本支出和营运资金变动后剩余的现金流量,其计算公式为:

$$FCFE = \frac{税后}{净利润} + \frac{折旧}{与摊销} - \frac{资本性}{支出} - \frac{净营运资}{金增加额} + \frac{付息债务的}{增加(减少)} \quad (9-2)$$

考虑选择什么口径的企业收益作为收益法评估企业价值的基础时,首先应服从企业价值评估的目的,即企业价值评估的目的是评估反映企业全部股东权益的价值,还是评估反映包含企业所有者权益及债权人权益的整体价值。其次,对企业收益口径的选择,应在不影响企业价值评估目的的前提下,选择最能客观反映企业正常盈利能力的收益额作为对企业进行价值评估的收益基础。在折现率和收益口径一致的前提下,股权自由现金流量对应折现为企业的全部股东权益价值,企业自由现金流量对应折现为企业整体价值。

(二) 收益的有效范围

在确定了使用净现金流量或利润作为具体的收益形式之后,接下来在企业价值评估的收益预测中需要回答的问题是:我们应该如何确定收益的有效范围。在一定的时期内,企业的利润或现金流的来源可能多种多样。这些收益可能来自一家企业内部各种不同的业务,也有可能来自企业获取的非业务收入,如企业投资的股票或其他证券所带来的收益。一般说来,企业的收益构成情况有以下四种:① 企业的收益来自不同的业务收入,没有非业务收入或很少;② 企业的收益来自不同的业务收入,而且存在常规的非业务收入;③ 企业的收益来自单一业务,不存在非业务收入;④ 企业收益来自单一业务,存在常规的非业务收入。在以上四种不同的收益情况和结构下,如果在确定收益范围时不进行进一步的分析,只是简单地使用财务会计报表上的收益情况和现金流数字,将无法正确地了解企业基于业务的盈利能力,也就无法对企业未来收益做出正确预测。

在对企业收益的有效范围进行确定时,应该注意以下四点:

(1) 企业价值取决于企业业务的收益。企业所获得的非业务收入,无论是常规性的还是偶然所得,都不足以对企业的价值产生本质性的影响。在对企业收益进行预测时,应该对非业务收入单独进行分析,不可将非业务收入和业务收入作为一个整体进行分析,这样将导致对企业收益信息的扭曲。所以,在评估中不宜不加分析地使用企业财务会计报表上的收益和现金流数字。

(2) 在对多业务的企业进行收益分析和预测时,应该在可行的条件下,分不同业务单元进行分析和预测。执业准则规定在对具有多种业务类型、涉及多种行业的企业进行企业价值评估时,应当根据业务关联性界定业务单元,并根据被评估企业和业务单元的具体情况,采用适宜的财务数据口径进行评估。即使企业所从事的业务之间存在很强的关联性,但不同业务所面对环境的不同使得对各业务的收益分析和预测仍有可能存在极大的差异性,这就导致在对多业务的企业进行收益分析和预测时,必须分为不同业务单元进行,否则将无法正确地反映和预测基于不同业务的企业收益。

(3) 在对企业的有效收益进行分析和预测时,必须要注意与有效收益相对应的成本配比。在评估中,企业的各项成本必须与相应的收益对应。业务收入和非业务收入、不同的业务收入之间的成本结构情况是各不相同的,如不对各类收益的成本结构进行清晰的分析和预测,则同样会使企业的收益信息产生扭曲。因此,建立与不同的收益相配比的成本分析和预测,是正确反映和预测企业收益的关键环节之一。

(4) 在对企业的有效收益进行分析和预测时,应关注非经营性资产的剥离问题。此类资产的存在会对企业收益的分析和预测产生影响:一是此类资产的维护和折旧等费用的支出会导致企业成本的增加和收益的减少;二是此类资产的存在会导致企业资本收益率的变化,从而影响对企业获利能力的判断;三是此类资产虽然对企业的盈利能力不能发挥作用,但将其剥离后其在市场上的交易价值仍然是企业价值的一个组成部分。

（三）收益的预测期

基于持续经营的假设,企业的收益应该是永续的,但在企业价值评估中进行企业收益预测时不可能对收益进行无限期的逐年预测,因此采取将收益预测期分段的做法。收益预测期的分段重点是确定企业经营和收益达到相对稳定状态的时间点,以此作为详细预测期的终点。企业价值评估专业人员可以通过以下几点判断企业经营和收益的稳定状态以合理确定详细预测期:一是企业的投资回报率或财务杠杆是否趋向市场或行业平均水平,二是企业的行业生命周期是否进入成熟期,三是企业后续业务投资是否开始变小。

在收益预测的年限上同样要关注不同业务的差异,应根据不同业务的差异选择收益预测年限的处理方法,不同业务的稳定状态不同是选择不同的收益预测年限处理方法的关键因素。

在收益预测年限上需要关注的例外是在企业(公司)章程里规定了企业经营年限或对公司经营年限能进行准确判断的情况,如依靠采矿权经营的企业。这种情况下,可以选择章程规定的经营年限或准确判断的经营年限作为收益预测年限。但如果对公司章程规定了经营年限但对公司经营业务有长期持续经营的判断,则可不限于公司章程的规定,而对预测年限作可以永续的经营假设。

（四）企业收益预测

1. 企业收益预测的要点

企业的收益预测,有如下三个分析要点,即企业的生命周期定位、所在行业的发展态势和企业的竞争能力。对企业进行生命周期定位的目的是为判断企业收益增长趋势提供一个预测基础。要根据企业的生命周期特征确定企业未来收益的变动趋势。对于已进入成熟期的企业,应着重对其历史收益进行分析,并基于该企业历史收益的平均趋势判断其盈利能力;对于尚处于初创期或成长期的企业,就要着重对其现状和成长潜力进行分析,基于企业未来发展机会判断其未来的盈利能力。此外,企业的生命周期是会持续演化的,因此要对企业所处生命周期的演化方向做出判断,企业何时进入成熟期至关重要。

关于行业分析,首先要判断企业所在行业的生命周期。行业生命周期直接决定企业未来收益增长的上限和空间。处于行业初创期和行业成长期的企业无疑比处于行业成熟期和行业衰退期的企业具有更高的收益增长机会。其次要分析与企业所在行业发展趋势联系密切的宏观经济信息,如企业所在行业是一个与基础设施建设联系紧密的行业,那么除关注 GDP 和经济增长指标外,采集如固定资产投资规模变化等与行业发展直接相关的指标信息也是必要的。而当企业所在行业是一个消费品行业时,分析有关国家居民可支配收入和消费水平变化的指标也是有意义的。最后是分析有关行业发展的政策性信息,这类信息的分析不仅包括国家直接对企业所在行业的政策变化,还包括与企业所在行业紧密联系的上下游行业的政策变化。就对本行业的政策而言,国家对企业所在行业的保护和扶持政策如何、因国家的政策而形成的行业和市场进入壁垒较高现象是否会因为政策的变化而变化等,都是需要关注和采集的信息。而当涉及上下游行业的政策变化时,势必也会影响到企业所在行业的发展,如国家对房地产行业进行宏观调控和政策性调整时,房地产的上下游行业发展势必会受到影响,此类信息也需要纳入行业分析。

关于企业竞争能力的分析,需要研究有关企业的市场、主营业务和竞争能力等与收益相关的信息,如产品的技术含量、价格或成本优势,企业在目标市场上的主要竞争对手情况,企业的管理能力和人力资源情况等。这些信息一般无法从企业直接获取,需要评估者通过其他途径如设计访谈和问卷的方式来采集。如果企业是业务多元化的经营实体,应该对企业的不同业务按照上述框架进行分析。

2. 企业收益预测的基础

衡量企业盈利能力的企业收益不仅存在不同形式及口径上的界定问题,还存在收益预测基础的问题。企业收益预测的基础存在以下两个方面的问题:

一是预期收益预测的出发点,即是否以企业的实际收益为出发点。有观点认为,以企业在评估时点的实际收益为出发点,更符合资产评估的客观性原则。但是,企业在评估时点的实际收益是企业内部与外部各种因素共同作用的结果。在这些因素中,许多是属于一次性的或偶然性的因素。如果以企业评估时点的实际收益作为预测企业未来预期收益的基础,意味着将在企业未来经营中不复存在的因素仍然作为影响企业未来预期收益的因素加以考虑。显然,这将导致对企业正常盈利能力的误判,进而导致未来收益预测的失实。因此,企业价值评估的预期收益的基础,应该是在正常的经营条件下,排除影响企业盈利能力的偶然因素和非正常因素之后的企业正常收益。

二是如何客观把握新产权主体的行为对企业预期收益的影响。企业的预期收益既是企业存量资产运作的函数,又是未来新产权主体经营管理的函数。但评估人员对企业价值的判断,只能基于对企业存量资产运作的合理判断,而不能基于对新产权主体行为的估测。因此,新产权主体的行为对企业预期收益的影响,也不应成为预测企业预期收益的影响因素。从这个角度而言,对于企业预期收益的预测,应以企业的存量资产为出发点,可以考虑对存量资产的合理改进乃至合理重组,但必须以反映企业的正常盈利能力为基础,任何不正常的个人因素或新产权主体的超常行为等因素对企业预期收益的影响不应予以考虑。只有在投资价值类型条件下,新产权主体的行为影响才能纳入对企业预期收益的分析当中。

(五)企业收益预测的基本步骤

企业收益预测大致可分为以下步骤:基于财务报表信息的企业收益调整,企业预期收益趋势的总体分析和判断,企业未来收益预测。

1. 基于财务报表信息的企业收益调整

采用收益法进行企业价值评估时,可以根据评估对象、评估假设、价值类型等相关条件,在与委托人和其他相关当事人协商并获得有关信息的基础上,对被评估企业财务报表进行分析和必要的调整,以使评估中采用的财务数据以及相关参数适用。基于财务报表信息的企业收益调整包括以下工作:一是对审计后的财务报表进行收入调整,主要是非正常性收入和支出的调整。将一次性、偶发性或以后不再发生的收入或费用进行剔除,把企业利润和净现金流量调整到正常状态下的数量,为企业预期收益的趋势分析打好基础。二是调整非经营性资产、负债和溢余资产及其相关的收入和支出。三是研究审计后报表的附注和相关揭示,对在相关报表中揭示的影响企业预期收益的非财务因素进行分析,并在该分析的基础上对企业的收益进行调整,使之能反映企业的正常盈利能力。

2. 企业预期收益趋势的总体分析和判断

企业预期收益趋势的总体分析和判断,是在对企业财务报表相关信息调整的基础上,结合企业提供的收益预测和评估机构调查搜集到的有关信息等资料进行的。这里需要强调指出:第一,对企业调整后的财务报表信息,尤其是客观收益的调整仅作为评估人员进行企业收益预测的参考依据,不能用于其他目的。第二,企业提供的关于收益的预测是评估人员预测企业未来预期收益的重要参考资料。但是,不可以仅仅凭企业提供的收益预测作为对企业未来预期收益预测的唯一根据,评估人员应在自身专业知识和收集的其他资料的基础上做出客观、独立的专业判断。执业准则规定,当委托人和其他相关当事人未提供收益预测,资产评估专业人员应当收集和利用形成未来收益预测的相关资料,并履行核查验证程序,在具备预测条件的情况下编制收益预测表。第三,尽管对企业在评估基准日的财务报表进行了必要的调整,并掌握了企业提供的收益预测,评估人员还必须深入企业现场进行实地考察和现场调研,与企业的核心管理层进行充分的交流,结合被评估企业的人力资源、技术水平、资本结构、经营状况、历史业绩、发展趋势,考虑宏观经济因素、所在行业现状与发展前景,合理确定评估假设,再辅之以其他数据资料对企业未来收益趋势做出合乎逻辑的总体判断。

3. 企业未来收益预测

企业未来收益预测是在调整后的企业客观收益数据基础上,结合影响企业收益实现的主要因素在未来预期变化的情况,采用适当的方法进行的。目前,较为常用的方法有综合调整法、产品周期法、实践趋势法等。不论采用何种预测方法,首先都应进行预测前提条件的设定,因为企业未来可能面临的各种不确定性因素无法一项不漏地纳入评估工作中。科学合理地设定预测企业预期收益的前提条件是必需的,这些前提条件包括:国家的政治、经济等政策变化对企业预期收益的影响,除已经出台尚未实施的以外,只能假定其将不会对企业预期收益构成重大影响;不可抗拒的自然灾害或其他无法预期的突发事件,不作为预期企业收益的相关因素考虑;企业经营管理者的某些个人行为也不在预测企业收益时考虑等。当然,根据评估对象、评估目的和评估的条件,还可以对评估的前提做出必要的限定。但是,评估人员对企业收益预测的前提条件设定必须合情合理,否则这些条件不能构成合理预测企业预期收益的前提和基础。

不论采用何种方法测算企业收益,都需注意以下几个基本问题:一定收益水平是一定资产运作的结果。在企业收益预测时应保持企业预测收益与其资产及其盈利能力之间的对应关系;企业的销售收入或营业收入与产品销售量会受到价格需求弹性的制约,不能不考虑价格需求弹性而想当然地价量并长;在考虑企业销售收入的增长时,应对企业所处行业及细分市场的需求、竞争情况进行分析,不能在不考虑行业及市场的具体竞争情况下对企业的销售增长做出预测;企业销售收入或服务收入的增长与其成本费用的变化存在内在的一致性,评估人员应根据具体的企业情况,科学合理地预测企业的销售收入及各项成本费用的变化;企业的预期收益与企业所采用的会计政策、税收政策关系极为密切,评估人员不可以违背会计政策及税收政策,以不合理的假设作为预测的基础。

由于对企业收益的预测存在较多难以准确把握的因素和易受评估人员主观的影

响,而该预测又直接影响企业的最终评估值,因此,评估人员在对企业的收益预测基本完成之后,应该对所作预测进行严格检验,以判断所作预测的合理性。检验可以从以下四个方面进行:

第一,如果存在企业的历史收益数据,将预测与企业历史收益的平均趋势进行比较,如预测的结果与企业历史收益的平均趋势明显不符,或出现较大变化,又无充分理由加以支持,则该预测的合理性值得质疑。

第二,对影响企业价值评估的敏感性因素加以严格的检验。在这里,敏感性因素具有两方面的特征:一是该类因素未来存在多种变化;二是其变化能对企业的评估值产生较大影响。如对销售收入的预测,评估人员可能基于对企业所处市场前景的不同假设而会对企业的销售收入做出不同的预测,并分析不同预测结果可能对企业评估价值产生的影响。在此情况下,评估人员就应对销售收入的预测进行严格的检验,对决定销售收入预测的各种假设反复推敲。

第三,对所预测的企业收入与成本费用的变化的一致性进行检验。企业收入的变化与其成本费用的变化存在较强的一致性,如预测企业的收入变化而成本费用不进行相应变化,则该预测值得质疑。

第四,在进行敏感性因素检验的基础上,将其结果与其他方法评估的结果进行比较,检验在哪一种评估假设下能得出更为合理的评估结果。

三、折现率及其估测

《资产评估执业准则——企业价值》规定:资产评估专业人员确定折现率,应当综合考虑评估基准日的利率水平、市场投资收益率等资本市场相关信息和所在行业、被评估单位的特定风险等相关因素。在选择和确定折现率时,必须注意以下三方面的问题。

(1)折现率不应低于无风险报酬率。一般情况下,在存在着正常的资本市场和产权市场的经济体当中,任何一项投资的回报率不应低于该投资的无风险报酬率。在实际的参数选择中,政府发行的国库券利率和银行拆借利率可以作为确定无风险报酬率的参数选择。在具有成熟资本市场的前提下,股市的长期回报率也可以成为无风险报酬率的替代选择。

(2)企业价值与折现率的口径应保持一致性,评估中应当根据所适用的预期收益口径,确定应使用的折现率的口径。基于企业自由现金流量的企业价值与通过加权平均资本成本计算的折现率相匹配,基于股权自由现金流量的企业价值与通过权益资本报酬率确定的折现率相匹配。

(3)折现率中的风险报酬率主要受到以下因素的影响:① 风险规避心理,风险报酬率受投资者的风险规避心理影响而变动,这里指的是集体而非单一投资者的风险规避心理。② 经济风险,主要指整体经济的可预测性和健康性。在通胀率、利率、汇率和经济增长率波动大的经济环境下,风险报酬率将会较高。③ 信息透明程度,在市场的透明度和信息披露要求较低的环境下,因信息的不确定性较高而导致风险报酬率较高。④ 流动性,流动性不足的市场会导致投资者要求更高的风险报酬率。

在评估实务中,对折现率的确定应用较多的是加权平均资本成本(WACC)和资本资产定价模型(CAPM),下面分别予以介绍。

（一）加权平均资本成本

在企业价值评估中对折现率进行估算时,实际上要先分别估算出对应着不同资本形式的资本成本,然后将其综合起来成为企业整体的折现率。现在一般都将估算加权平均资本成本（WACC,Weighted Average Cost of Capital）作为折现率的估算思路,WACC 的计算公式如下:

$$WACC = E/V \times r_e + D/V \times r_d \times (1-T) \tag{9-3}$$

式中:r_e 为企业的普通股资本成本;E/V 为市场价值下,普通股资本在资本结构中的权数;r_d 为企业的债务资本成本;D/V 为市场价值下,债务资本在资本结构中的权数;T 为税率。

对加权平均资本成本估算的关键思路一般有以下三步:第一,确定不同结构资本的市场价值权数;第二,确定非权益资本的资本成本,包括各种债权的成本;第三,确定权益资本的资本成本,主要是指普通股。在 WACC 的估算中一般只考虑两种资本,但实际上企业资本的来源更为多样化,如营业租赁和资本租赁、可转换和可赎回债务、股票期权等。在理论上,所有的资本都可以要求单独确定其权数和资本成本,但由于企业在实际操作中其筹资工具会不断变化,因此在估算 WACC 时也使用简化的假设。

（二）资本资产定价模型

资本资产定价模型（CAPM,Capital Asset Pricing Model）是由夏普（William · F. Sharpe）教授等人于 1962 年提出的,其基本公式如下:

$$r_j = r_f + \beta_j(r_m - r_f) \tag{9-4}$$

式中 :r_j 为股权资本成本;r_m 为社会平均收益率;r_f 为无风险报酬率;β_j 为被评估企业对应总体资本市场波动的 β 系数。

式（9-4）中,r_j 即为我们所需要确定的股权资本成本。r_f 为无风险报酬率,一般取同期的国债利率。r_m 是市场期望回报率,在价值评估中一般取同行业企业的平均收益率。β_j 反映了企业收益率相对于市场收益率的变动程度,实际上是企业风险的一种度量表示方式。$(r_m - r_f)$ 则反映了市场风险的补偿。资本资产定价模型有以下几个假设前提:

(1) 投资者对资产的收益和变化预期是一致的;

(2) 投资者可以按照无风险利率进行借或贷;

(3) 所有资产是可交易的,而且是完全可分割的;

(4) 不存在交易成本;

(5) 资本市场上没有对卖空交易的限制。

在评估实践中,常常在公式中加上一个调整系数 α 作为企业特有风险调整系数,但对于该调整系数的使用在实践中存在滥用的可能性,因为 β_j 实际上已经反映了企业作为投资资产组合的风险,因此调整系数 α 要谨慎使用。

第三节　企业价值评估的收益法案例

圣湘生物 2020 年在科创板上市,作为中国医药工业百强之一,该公司致力于基因科技,成为综合诊断试剂、诊断仪器和诊断服务为一体的分子诊断整体方案提供商。2020年新冠疫情暴发后,依托完整的"企业试剂+仪器+服务"业务模式和市场先发优势,圣湘生物新冠检测产品销量猛增;2021年疫情持续中,圣湘生物及时调整产品结构,公司的发展方向、业务构成、产业前景也均发生了显著变化,导致在不同时点对圣湘生物开展企业价值评估的分析也存在差异。以下主要使用圣湘生物在科创板上市前披露的相关信息和资料数据,从收益法角度对其企业价值进行评估,从而反映企业价值评估的基本思路。需要强调的是,该案例是基于具体时点和条件对圣湘生物公司企业价值的模拟评估,评估结果和资本市场某个时点的具体股价并不存在对应关系。

一、收益预测及折现率计算

在2020年新冠疫情暴发的背景下,圣湘生物营业收入达47.63亿元,相比2019年营业收入增长1186%。圣湘生物的业务主要包括诊断试剂、诊断仪器和检测服务三部分,诊断试剂可以进一步分为呼吸道检测试剂(新冠)、病毒性肝炎检测试剂、生殖道感染与遗传检测试剂、呼吸道检测试剂(非新冠)和血液筛查检测试剂等。其中,呼吸道检测试剂(新冠)收入是新冠疫情期间圣湘生物营业收入的主要支撑点,由于该业务具有高度的不确定性,对于新冠疫情存续时间和新冠试剂市场发展的假设是该部分业务估值的关键。

2021年后,根据公司战略规划,在新冠试剂产品的基础上,公司加大了对病毒性肝炎检测试剂等常规业务的投入,主要包括病毒性肝炎检测试剂、生殖道感染与遗传检测试剂等10多项在研项目,各个在研项目稳步推进。2021年圣湘生物常规业务增幅达134%,预计后期部分常规业务产品进入量产阶段,形成圣湘生物第二增长曲线。不同试剂市场规模和圣湘生物市场占有率的预测成为该部分业务估值关键。由于不同业务具有不同特征和价值贡献,因此在对企业进行价值评估时,应根据不同业务关键影响因素分别预测收益。

企业价值评估的假设条件主要包括:国家现行的宏观经济、金融以及产业政策不发生重大变化;分子诊断行业在未来五年内处于快速发展阶段,之后保持稳定增长;技术因素对分子诊断行业具有重大影响,企业需要持续进行技术投入以保持竞争力。

(一)营业收入预测

圣湘生物营业收入主要来自诊断试剂、诊断仪器和诊断服务三部分。其中,诊断试剂收入是圣湘生物收入的主要来源,2021年年报披露,公司诊断试剂收入达33.93亿元,收入占比为78%。诊断仪器收入和诊断服务收入较为稳定且收入占比相对较少,分别为19%与3%左右。因此,对圣湘生物诊断试剂收入的预测是企业价值评估的关键。

1. 诊断试剂收入预测

诊断试剂可进一步分为核酸诊断试剂、生化诊断试剂和提取试剂。其中,核酸诊断试剂包括病毒性肝炎检测系列、生殖道感染与遗传检测系列、血液筛查检测系列、呼吸道检测系列与其他诊断试剂系列。不同试剂用途具有较大区别,按产品类别分别测算收入。

(1)病毒性肝炎检测系列。

根据有关学者的预测,2022—2026年我国人口总数分别为14.15亿、14.19亿、

14.24 亿、14.27 亿和 14.31 亿,我国慢性乙型肝炎病毒感染流行率每年约为 5.5%,感染者中,肝炎核酸检测试剂需求占比约为 40%。肝炎核酸检测试剂单价约 12.5 元。假设我国慢性乙型肝炎病毒感染者中接受肝炎核酸检测试剂的比例每年增长 4%,则 2022—2026 年我国肝炎核酸检测市场规模达 3.9 亿元、4.3 亿元、4.7 亿元、5.1 亿元和 5.5 亿元。

2021 年圣湘生物市占率约 30%,假设该企业 2022—2026 年将保持龙头地位且市占率每年提升 1%,预测 2022—2026 年圣湘生物病毒性肝炎检测系列试剂收入分别为 1.2 亿元、1.4 亿元、1.6 亿元、1.7 亿元和 1.9 亿元,如表 9-1 所示。

表 9-1　病毒性肝炎检测系列试剂收入预测　　　单位:万元

项目	2022 年	2023 年	2024 年	2025 年	2026 年
肝炎核酸检测试剂市场规模	38 912.5	42 924.75	46 992	51 015.25	55 093.5
圣湘生物市占率	31%	32%	33%	34%	35%
肝炎核酸检测试剂收入	12 062.9	13 735.9	15 507.4	17 345.2	19 282.7

(2) 生殖道感染与遗传检测系列。

圣湘生物生殖道感染与遗传检测系列试剂主要为用于两癌筛选的 HPV 核酸检测试剂。2021 年,我国两癌筛选适用人群主要为 35—64 岁女性群体,人口规模约 3.3 亿人,两癌筛选覆盖率约 70%,预计平均每 3 年检测一次。根据《健康中国行动》的规划,2022 年适龄女性两癌筛选覆盖率须达到 80%,2023 年须达到 90%。据国盛证券预测,2022 年 HPV 核酸检测综合渗透率预计为 7%,此后每年增长 4%,HPV 核酸检测试剂单价为 80 元,则 2022—2026 年我国 HPV 核酸检测试剂市场规模为 5 亿元、8.2 亿元、11.6 亿元、15.3 亿元和 19.2 亿元。

在 HPV 核酸检测试剂市场中,圣湘生物的"一步法"核酸提取技术不仅极大降低了检测时间,且检测灵敏度也显著高于同行业,在享受行业扩容红利的同时公司市占率预计会有所提升。2021 年圣湘生物市占率约 4.5%。据此,假设圣湘生物市占率每年增长 0.5%,至 2026 年稳定。预测 2022—2026 年圣湘生物生殖道感染与遗传检测系列试剂收入分别为 0.23 亿元、0.41 亿元、0.64 亿元、0.92 亿元和 1.25 亿元,如表 9-2 所示。

表 9-2　生殖道感染与遗传检测系列试剂收入预测　　　单位:万元

项目	2022 年	2023 年	2024 年	2025 年	2026 年
HPV 核酸检测试剂市场规模	50 472.8	82 315.2	116 460	153 018.4	192 077.6
圣湘生物市占率	4.5%	5%	5.5%	6%	6.5%
HPV 核酸检测试剂收入	2 271.3	4 115.8	6 405.3	9 181.1	12 485.0

(3) 血液筛查检测系列。

2021 年我国年采浆量约 10 932 吨,近几年的年增速为 10%~15%。血液筛查检测试剂平均单价约 40 元。据此,假设年采浆量增速为每年 15%,预测 2022—2026 年我国血液筛查检测试剂市场规模达 22.04 亿元、23.14 亿元、24.30 亿元、25.51 亿元和 26.79 亿元。

2021年圣湘生物市占率约4.2%。假设市占率每年增加1%,2026年达到稳定,预测圣湘生物2022—2026年血液筛查检测系列试剂收入分别为0.93亿元、1.20亿元、1.51亿元、1.84亿元和2.20亿元,如表9-3所示。

表9-3　血液筛查检测系列试剂收入预测　　　　单位:万元

项目	2022年	2023年	2024年	2025年	2026年
血液筛查检测试剂市场规模	220 389	231 409	242 979	255 128	267 884
圣湘生物市占率	4.2%	5.2%	6.2%	7.2%	8.2%
血液筛查检测试剂收入	9 256.34	12 033.27	15 064.7	18 369.22	21 966.49

(4)呼吸道检测系列。

圣湘生物呼吸道检测系列产品可以分为非新冠呼吸道检测产品和新冠检测试剂产品。下面我们分别对非新冠呼吸道检测产品与新冠检测试剂产品进行收入预测。对于非新冠呼吸道检测产品,假设2022年与2021年增速均为45%,2023年增速达50%,此后增速每年下降5%至2026年达到稳定,则预测2022—2026年收入分别为2.1亿元、3.2亿元、4.6亿元、6.5亿元和8.7亿元。对于新冠检测试剂产品,假设2022年新冠疫情同2021年一样零散持续发生,2023—2026年新冠疫情彻底稳定,不会大规模暴发。假设2022年试剂销量减少30%,2023—2026年试剂销量每年减少30%、60%、80%和90%,至2026年稳定。预测2022—2026年新冠检测试剂收入分别为17.42亿元、12.19亿元、4.88亿元、0.97亿元和0.09亿元。

(5)其他诊断试剂系列。

儿科检测系列、其他核酸检测系列、生化诊断试剂和提取试剂对圣湘生物营业收入贡献较少。其他诊断试剂使用历史营业收入增长均值作为2022—2026年收入增长参数。由此可得,儿科检测系列、其他核酸检测系列、生化诊断试剂、提取试剂的年增长率分别为5%、10%、15%、10%,收入如表9-4所示。

表9-4　其他诊断试剂收入预测　　　　单位:万元

项目	2022年	2023年	2024年	2025年	2026年
儿科检测系列	4 935	5 181.75	5 440.84	5 712.88	5 998.23
其他核酸检测系列	770	847	931	1 025	1 127
生化诊断试剂	414	476.1	547.52	629.64	724.09
提取试剂	12 100	12 221	12 343.21	12 466.64	12 591.31

2. 诊断仪器与诊断服务收入预测

诊断仪器与诊断服务收入增长较为稳定,均采取历史营业收入增长均值作为2022—2026年收入增长率计算依据。诊断仪器2021年收入8.5亿元,每年销售增长约1.5%。假设2022—2023年诊断仪器销售增长率为1.5%,2024—2026年新冠疫情彻底稳定后有关新冠诊断仪器销量减少,诊断仪器整体增长率为1%;诊断服务2021年收入为0.97亿元,每年增长率约13%。假设2022—2023年诊断服务收入增长率为13%,2024—2026年诊断服务收入增长率降为7%。收入预测如表9-5所示。

表 9-5 诊断仪器与诊断服务收入预测 单位:万元

项目	2022 年	2023 年	2024 年	2025 年	2026 年
诊断仪器	97 750	112 413	123 653.8	136 019	149 621
诊断服务	10 961	12 385.93	13 252.95	14 180.65	15 173.3

3. 营业收入汇总

根据对圣湘生物各项业务收入的增长预测,汇总得到圣湘生物 2022—2026 年的营业收入,如表 9-6 所示。

表 9-6 总营业收入预测 单位:万元

项目	2022 年	2023 年	2024 年	2025 年	2026 年
诊断试剂	237 284	202 495	151 365	139 387	162 772
诊断仪器	97 750	112 412.5	123 653.75	136 019.13	149 621
诊断服务	10 961	12 386	13 253	14 181	15 173
合计	345 995	327 294	288 272	289 586	327 566

(二)营业成本预测

圣湘生物营业成本主要为诊断试剂、诊断仪器和诊断服务所需的直接材料费、直接人工费、制造费用和其他费用。2019 年,公司毛利率提升至 65%左右,成本控制能力不断加强。2020 年受新冠疫情影响,企业营业收入激增,毛利率高达 80%,2021 年后,毛利率回归到正常水平 72%。据公司战略规划,未来公司营业成本占比仍会有小幅度下降。假设 2022—2026 年毛利率维持在 75%。

(三)税费预测

2020 年新冠疫情暴发,相关税收优惠政策使企业税金及附加占比再创新低,税金及附加占比为 0.25%。2021 年随着部分短期优惠政策的结束,企业税金及附加占比逐渐提高到 0.28%。假设 2022—2026 年企业税金及附加占比每年提高 0.1%。

2020—2021 年,圣湘生物期间费用规模效应显现。考虑到未来企业积极发展非新冠产品,部分非新冠产品也在随后进入量产阶段,假设 2022—2023 年、2024—2026 年企业期间费用占比分别为 10%、17%。

(四)确定折现率

采用资本资产定价模型来确定圣湘生物的股权成本。无风险报酬率采用中国五年期国债收益率 3.97%,以道琼斯指数近五年的平均收益率 12.49%作为市场平均收益率,2021 年圣湘生物的 β 系数是 0.3796。圣湘生物属于高新技术行业,具有高新技术行业的特点和特有风险,且企业新冠试剂产品业务具有较大不确定性,因此对企业特定风险取值 3%。以此来确定圣湘生物 2021 年的股权资本成本。

$$r_j = 3.97\% + 0.3796 \times (12.49\% - 3.97\%) + 3\% = 10.2\%$$

通过对企业类型的债券进行加权平均计算债务资本成本。这里采用简化处理,以央行 2021 年五年以上贷款利率(4.9%)代替税前债务资本成本。因此,圣湘生物税后债务资本成本为:

$$r_d = 4.9\% \times (1 - 25\%) = 3.675\%$$

根据圣湘生物 2021 年的资本结构来计算其资本成本,得到其加权平均资本成本:

$$WACC = 10.2\% \times 80\% + 3.675\% \times 20\% = 8.9\%$$

二、企业价值计算

在评估圣湘生物时,还需对其未来的税率和再投资情况予以预测。未来圣湘生物的实际有效税率为 25%。再投资主要是资本性支出加上净营运资本增加额减去折旧和摊销,圣湘生物采用年限平均法计提折旧额。新冠疫情过去后,企业新冠业务缩减,未来将积极发展非新冠产品,拓展第二增长曲线。假设 2022—2026 年圣湘生物折旧与摊销每年增长 120 万元,资本性支出占比维持在 5.7%,2022—2023 年、2024—2026 年营运资本增长率分别取 15%、5%,对 2022—2026 年的再投资预测如表9-7 所示。

表 9-7　2022—2026 年折旧与摊销预测　　　　　　单位:万元

项目	2022 年	2023 年	2024 年	2025 年	2026 年
折旧与摊销	330	450	570	690	810
资本支出	19 721.74	18 655.77	16 431.52	16 506.42	18 671.25
营运资本增加额	79 530	91 459	35 059	36 812	38 653

圣湘生物未来五年的企业自由现金流如表9-8 所示。

表 9-8　2022—2026 年企业自由现金流预测　　　　　单位:万元

项目	2022 年	2023 年	2024 年	2025 年	2026 年
营业收入	345 995.6	327 294.2	288 272.3	289 586.3	327 565.8
减:营业成本	86 498.87	81 823.56	72 068.07	72 396.58	81 891.44
费用总计	35 914.33	34 300.44	50 678.27	51 198.86	58 241.19
利润总额	223 582.3	211 170.2	165 526	165 990.9	187 433.1
所得税税率	25%	25%	25%	25%	25%
减:所得税	55 895.57	52 792.56	41 381.49	41 497.72	46 858.28
税后净利润	167 686.7	158 377.7	124 144.5	124 493.2	140 574.8
加:折旧与摊销	330	450	570	690	810
减:资本性支出	19 721.74	18 655.77	16 431.52	16 506.42	18 671.25
净营运资金增加额	79 530	91 459	35 059	36 812	38 653
自由现金流量	68 764.97	48 712.91	73 223.94	71 864.74	84 060.6

稳定期增长率取未来国内 GDP 增长率预测值,即 5%。将企业自由现金流折现,如表9-9 所示,得到评估基准日圣湘生物企业价值为 167.28 亿元。

表 9-9 圣湘生物企业价值   单位:万元

项目	2022 年	2023 年	2024 年	2025 年	2026 年	稳定期
自由现金流	68 764.97	48 712.91	73 223.94	71 864.74	84 060.6	84 060.6
各年现值	62 576.12	40 918.84	56 382.43	51 023.97	54 639.39	1 407 305.8
各年现值之和						1 672 846.56

通过查询可得 2022 年 6 月 30 日圣湘生物的市价约为 114 亿元,略低于企业价值评估值,原因是我们对圣湘生物未来业务发展的预期较市场更为看好。

第四节 企业价值评估的市场法与资产基础法

一、企业价值评估的市场法

企业价值评估的市场法的基本思路是:在公开市场上找出一个或几个与被评估企业主营业务相同或市场交易相似的参照系企业,分析比较被评估企业和参照系企业的关键价值指标,在此基础上,修正调整参照系企业的市场价值,最后确定被评估企业的价值。

企业价值评估的市场法是基于类似资产应该具有类似交易价格的理论推断。因此,企业价值评估市场法的技术路线是首先在市场上寻找与被评估企业相似的企业交易案例,通过对找到的交易案例中相似企业交易价格的分析,从而确定被评估企业的交易价格,即被评估企业的公开市场价值。

运用市场法评估企业价值存在两个障碍。一是企业的个体差异。每一个企业都存在不同的特性,除了所处行业、规模大小等可确认的因素各不相同外,影响企业形成盈利能力的无形因素更是纷繁复杂。因此,几乎难以找寻到能与被评估企业直接进行比较的类似企业。选择可比企业时需要考虑所选择企业的行业及生命周期、企业的行业定位、业务性质、企业历史、产品或服务、目标市场、企业规模、资本结构及财务风险等因素。二是企业交易案例的差异。即使存在能与被评估企业进行直接比较的类似企业,要找到能与被评估企业的产权交易相比较的交易案例也相当困难。首先,目前我国资本市场公开共享的企业交易案例数据库建设还不完善,因此,评估人员无法以较低的成本获得可以应用的交易案例;其次,即使有渠道获得一定的案例,但这些交易的发生时间、市场条件和宏观环境又各不相同,评估人员对这些影响因素的分析也会存在主观和客观条件上的障碍。因此,运用市场法对企业价值进行评估,不能基于直接比较的简单思路,而要通过间接比较分析影响企业价值的相关因素,对企业价值进行评估。其思路可用公式表示如下:

$$\frac{V_1}{X_1} = \frac{V_2}{X_2} \tag{9-5}$$

即:

$$V_1 = X_1 \times \frac{V_2}{X_2}$$

式中:V_1 为被评估企业价值;V_2 为可比企业价值;X_1 为被评估企业与企业价值相关

的可比指标;X_2 为可比企业与企业价值相关的可比指标。

$\dfrac{V}{X}$ 通常又称为价值比率。价值比率通常包括盈利比率、资产比率、收入比率和其他特定比率,常用的价值比率有市盈率(P/E)、市净率(P/B)和市销率(P/S)。

用相关因素间接比较的方法评估企业价值的关键在于两点:

第一,对可比企业的选择。运用相关因素的间接比较法虽然不用在市场上寻找能直接进行比较的企业交易案例,但仍然需要为评估寻找可比企业。判断企业的可比性存在两个标准:一是行业标准。处于同一行业的企业存在着某种可比性。但在同一行业内选择可比企业时应注意,目前的行业分类过于宽泛,处于同一行业的企业可能所生产的产品和所面临的市场完全不同,在选择时应加以注意。即使是处于同一市场、生产同一产品的企业,由于其在该行业中的竞争地位不同,规模不同,相互之间的可比性也不同。因此,在选择时应尽量选择与被评估企业的地位相类似的企业。二是财务标准。既然企业都可以视为是在生产同一种产品——现金流,那么存在相同的盈利能力的企业通常具有相类似的财务结构。因此,可以从财务指标和财务结构的分析对企业的可比性进行判断。

第二,对可比指标的选择。对可比指标的选择只遵循一个原则,即可比指标应与企业的价值直接相关。在企业价值的评估中,净现金流量和利润是最主要的候选指标,因为企业的净现金流量和利润直接反映了企业的盈利能力,也就与企业的价值直接相关。与收益法类似,使用市场法评估企业价值时也需要对财务报表的编制基础、非正常性收入、非经营性资产等因素进行调整,以保证企业收益口径可比的有效性。

市场法常用的两种具体方法是上市公司比较法和交易案例比较法。上市公司比较法是指获取并分析可比上市公司的经营和财务数据,计算价值比率,在与被评估单位比较分析的基础上,确定评估对象价值的具体方法。如市盈率乘数法的思路是将上市公司的股票价格和被评估企业的利润之比作为可比指标,在此基础上评估企业价值的方法。其基本思路是:首先,从资本市场上搜寻与被评估企业相似的可比上市公司,按企业不同的收益口径,如息前净现金流、净利润等,计算出与之相应的市盈率。其次,确定被评估企业不同口径的收益额。再次,以可比上市公司相应口径的市盈率乘以被评估企业相应口径的收益额,初步评定被评估企业的价值。最后,对于按不同样本计算的企业价值分别给出权重,加权平均计算企业价值。在运用该方法时,还需考虑控制权和流动性对评估结果的影响,以充分考虑被评估企业与上市公司的差异。市净率(P/B)和市销率(P/S)思路与市盈率乘数法类似,就是将核心可比指标调换为企业股权价值与账面价值比率(P/B)和企业股权价值与营业收入比率(P/S)。选择何种可比指标应根据企业生命周期和数据可获得难易程度决定,如当企业处于成长期时,一般无法获取利润指标,因此无法使用市盈率方法,则可以选择市净率或市销率。交易案例比较法是指获取并分析可比企业的买卖、收购及合并案例资料,计算价值比率,在与被评估单位比较分析的基础上,确定评估对象价值的具体方法。使用交易案例比较法同样要考虑控制权和流动性差异。需要注意,如果评估是根据特定的交易目的如收购目的而进行的,那么所选择的交易案例应同为收购目的的公司,此时样本公司的市场价值不是指收购宣布之前流通的公司股票的价格,而是指最近完成的一次实际交易价格,通常收购会导致在现行市场价格(消息公布或泄露之前）基础上的波动，此时的市场价值解释为收购这些公司时所支付的交易市场价格。

由于企业的个体差异始终存在，把某一个相似企业的某个关键参数作为比较的唯一标准，往往会产生一定的误差。为了降低单一样本、单一参数所带来的误差和变异性，目前国际上比较通用的办法是采用多样本、多参数的综合方法。例如，评估 W 公司的价值，从市场上找到了三个（一般为三个以上的样本）相似的公司 A、B、C，然后分别计算各公司的市场价值与销售额的比率、与账面价值的比率以及与净现金流的比率，这里的比率即为可比价值倍数，得到结果如表 9-10 所示。

表 9-10　相似公司比率汇总表

项目	A 公司	B 公司	C 公司	平均
市价/销售额	1.2	1.0	0.8	1.0
市价/账面价值	1.3	1.2	2.0	1.5
市价/净现金流	20	15	25	20

把三个样本公司的各项可比价值倍数分别进行平均，就得到了应用于 W 公司评估的三个倍数。需要注意的是，计算出来的各个公司的比率或倍数在数值上相对接近是十分重要的。如果它们差别很大，就意味着平均数附近的离差相对较大，所选样本公司与目标公司在某项特征上存在着较大的差异性，此时的可比性就会受到影响，需要重新筛选样本公司。

如表 9-10 所示，得出的数值结果具有较强的可比性。此时假设 W 公司的年销售额为 1 亿元，账面价值为 6 000 万元，净现金流量为 500 万元，然后使用从表 9-10 得到的三个比率计算出 W 公司的指示价值，再将三个指示价值进行算术平均，如表 9-11 所示。

表 9-11　W 公司的评估价值　　　　　　　　单位：万元

项目	W 公司实际数据	可比公司价值指标	按不同可比指标计算的 W 公司价值
销售额	10 000	1.0	10 000
账面价值	6 000	1.5	9 000
净现金流量	500	20	10 000
W 公司的评估值（取整）			9 667

表 9-11 中得到的三个可比价值指标分别是 1.0、1.5、20，然后把 W 公司的三个实际数据 10 000 万元、6 000 万元、500 万元分别乘以三个可比价值指标，得到 W 公司的三个按不同可比指标计算的价值，分别为 10 000 万元、9 000 万元、10 000 万元，将三个不同的价值进行平均则得到 W 公司的评估价值，为 9 667 万元。

二、企业价值评估的资产基础法

（一）资产基础法评估企业价值的原理

企业价值评估中的资产基础法，是指以被评估企业评估基准日的资产负债表为基础,合理评估企业表内及可识别的表外各项资产、负债价值,确定评估对象价值的评估方法。采用资产基础法评估企业价值,实际上是根据企业提供的资产负债表,对企业账面价值进行调整得到企业价值。其理论基础是"替代原则",即任何一位精明的潜在投资者,在购置一项资产时所愿意支付的价格不会超过建造一项与所购资产具有相同用途的替代品所需的成本。这种方法起源于对传统的实物资产的评估,如土地、建筑物、机器设备等的评估,而且着眼点是成本,很少考虑企业的收益和支出。在使用资产基础法来评估企业价值时,主要通过调整企业财务报表的所有资产和负债来反映它们的现时市场价值,这个价值是企业所有投资人对企业资产要求权价值的总和,用企业总资产的价值扣除负债可以得到企业净资产的价值。

(二) 适用条件及价值假设

运用资产基础法评估企业价值时,需要对被评估企业的资产负债表记录的资产账面价值进行调整,因为资产负债表上资产和负债的账面价值很可能不等于其市场价值。账面价值是基于历史成本记录的,并没有考虑有关因素的影响,如通货膨胀和过时贬值等。同时,资产评估专业人员应当根据会计政策、企业经营等情况,要求被评估单位对资产负债表表内及表外的各项资产、负债进行识别并评估。但是需要理解,企业的资产和负债并非都可以被识别并单独评估。识别的难点和重点一般都是企业的无形资产,尤其是不可确指的无形资产。

运用资产基础法评估企业价值,应对其前提做出合理的假设,如持续经营或清算假设。如果是持续经营假设,应清楚单项资产或者资产组合作为企业资产的组成部分,其价值通常受其对企业贡献程度的影响。在强制清算假设下,被评估企业的单项资产或资产组合被视为分割的个体资产,其价值单独评估。在清算假设下,均应考虑企业清算所涉及的成本,并从出售资产的净收益中扣除清算成本。

(三) 账面价值与市场价值

在运用资产基础法评估企业价值时,我们常常会涉及"账面价值"和"市场价值"。"账面价值"是会计上常用的术语,它反映的是资产的历史成本,是会计程序决定的净值,几乎不能代表资产的市场价值。资产的折旧过程不能全面反映其实体性、功能性和经济性贬值,它只是会计上为补偿资产损耗,保持企业的持续经营而采取的一种措施。因此,一项资产的实际价值通常并不等于其账面价值。资产的市场价值受多种因素影响,包括替代性资产的市场、技术变化以及通货膨胀等。一般资产随时间推移其市场价值会逐渐降低,而不动产价值则常常会升值。因此运用资产基础法评估企业价值时不能简单地运用资产账面价值代替市场价值,而应仔细评估所涉及的主要资产。

(四) 过时贬值与通货膨胀

在运用资产基础法评估企业价值时,除要考虑企业资产本身因使用损耗造成的价值降低外,还应考虑其过时贬值。过时贬值通常与技术进步联系在一起。由于技术进步,出现了新的替代性资产或建造这些资产的成本大幅降低,导致其价值贬损。过时贬值导致企业资产市场价值低于其当前账面价值,需要在评估时进行调整。通常测定企业资产过时贬值途径是参照类似资产当前市场价值测定被评估资产的过时贬值。

通货膨胀通常通过价格指数的增长率来测量,比如消费物价指数、生产价格指数等。

（五）加和法

加和法是实现企业重建的具体技术手段,也是成本法和收益法在企业重建思路下的一个融合,具体是指将构成企业的各种要素资产的评估值加总求得企业价值的方法。企业重建并不是对被评估企业的简单复制,而主要是对企业生产能力和盈利能力的重建。因此,企业价值评估的加和法是紧紧围绕企业的盈利能力进行的,所得出的企业股权价值就是企业有形资产和无形资产的总和减去负债。

在进行加和法评估之前,应对企业的盈利能力以及相匹配的单项资产进行认定,以便在委托方委托的评估范围基础上,进一步界定纳入企业盈利能力范围内的资产和闲置资产的界限,明确评估对象的作用空间和评估前提。作为一项原则,评估人员在对构成企业的各个单项资产进行评估时,应该首先明确各项资产的评估前提,即持续经营假设前提和非持续经营假设前提。在不同的假设前提下,运用加和法评估出的企业价值是有区别的。对于持续经营假设前提下的各个单项资产的评估,应按贡献原则评估其价值。而对于非持续经营假设前提下的单项资产的评估,则按变现原则进行。

在持续经营假设前提下,一般不宜运用加和法对企业价值进行评估。因为,运用加和法评估企业价值,是通过分别估测构成企业的所有可确指资产后加和而成。此种方法无法把握持续经营企业价值的整体性,亦难以把握各个单项资产对企业的贡献。对企业各单项资产间的工艺匹配和有机组合因素产生出的整合效应,即不可确指的无形资产,无法进行有效衡量。

在正常情况下,运用加和法评估持续经营的企业应同时运用收益法进行验证。特别是在我国目前的条件下,企业的社会负担和非正常费用较多,企业的财务数据难以真实反映企业的盈利能力,影响了基于企业财务数据进行企业预期收益预测的可靠性。因此,将加和法与收益法配合使用,可以起到互补的作用。这样既便于评估人员对企业盈利能力的把握,又可使企业的预期收益预测建立在较为坚实的基础上。因此,在运用加和法评估持续经营企业时,在对构成企业的各单项资产进行评估时,不能只见树木不见森林。

下面列举了对企业某些单项资产评估时应注意的问题:

1. 现金

除对现金进行点钞核数外,还要通过对现金及企业运营的分析,判断企业的资金流动能力和短期偿债能力。

2. 应收账款及预付款

从企业财务的角度,应收账款及预付款都构成企业的资产。而从企业资金周转的角度,企业的应收账款必须保持一个合理比例。企业应收账款占销售收入的比例以及账龄的长短大致可以反映一家企业的销售情况、企业产品的市场需求及企业的经营能力等,并为预期收益的预测提供参考。

3. 存货

存货本身的评估并不复杂,但通过对存货进行评估,可以了解企业的经营状况,至少可以了解企业产品在市场中的竞争地位。畅销产品、正常销售产品、滞销产品和积压产品的比重,将直接反映企业在市场上的竞争地位,并为企业预期收益预测提供基础。

4. 机器设备与建筑物

机器设备和建筑物是企业进行生产经营和保持盈利能力的基本物质基础。设备的新旧程度、技术含量、维修保养状况、利用率等，不仅仅决定机器设备本身的价值，同时还对企业未来的盈利能力产生重大影响。按照机器设备及建筑物对企业盈利能力的贡献评估其现时价值，是持续经营假设前提下运用加和法评估企业单项资产的主要特点。

5. 无形资产

企业拥有无形资产的多寡以及研制开发无形资产的能力，是决定企业市场竞争能力及盈利能力的决定性因素。在评估过程中，要弄清每一种无形资产的盈利潜力，以便为企业收益预测打下坚实基础。

6. 长期投资

长期投资是因对其他企业拥有一定的权益而存在的，因而对长期投资的评估主要是对该项投资所代表的权益进行评估。

上市交易的债券或股票一般采用现行市价法进行评估，按照评估基准日的收盘价确定评估值。对于非上市交易的债券或国库券，一年内到期的以本金加上持有期利息确定评估值；超过一年到期的根据到期时本利和的现值确定评估值。

对非控股的长期股权投资，被投资单位净资产额一般直接引用被投资单位评估基准日的财务报表数；也可采用收益法，根据历史上收益情况和被投资企业的未来经营情况及风险，预测未来收益，再用适当折现率折算为现值得出评估值。对控股的长期股权投资，要根据被评估单位对长期股权投资项目的实际控制情况以及对评估对象价值的影响程度等因素，确定是否将其单独评估。

第五节　企业价值评估中的溢价和折价

对企业整体价值进行评估是判断企业股权价值的前提，但后者的成交价值还受到其他因素的影响，进而出现了企业股权评估中的溢价和折价问题。在企业价值评估中，需要对溢价和折价问题进行考虑的情况主要有两种：一是考虑所评估的部分股权是否具有对企业的控制或支配能力。当所评估部分股权存在对企业的控制和支配能力时，需要考虑适当的溢价，称为控制权溢价；当所评估部分股权缺乏对企业的控制和支配能力时，需要考虑适当的折价，称为少数股权折价。二是考虑所评估企业股权作为交易对象在市场上的交易难度和变现能力，当所评估企业股权作为交易对象在市场上的交易难度大，变现能力弱时，需要考虑企业价值的适当折价。因这类因素导致的企业价值折价被称为流动性折价。

基于对控制权和流动性因素的考虑，在实际的企业价值评估中，还会出现以下两种交叉性的情况：

（1）控制权的溢价和流动性折价并存。既要考虑控制权导致的价值溢价，又要考虑流动性不足导致的价值折价。

（2）少数股权的折价和流动性折价并存。既要考虑少数股权导致的价值折价，又要考虑流动性不足导致的价值折价。

在对上述交叉情况的溢价和折价进行分析时,需要关注它们之间的联系。一般来说,涉及控制权的股权的流动性明显要弱于少数股权。

一、企业价值评估中的溢价处理

(一)控股权和少数股权的权利差异和界定

一般来说,拥有控制力的股权之所以产生溢价,是因为控制力具有特别权利,这些权利主要表现在以下方面:

(1)选择董事会和任命经理层的权利;

(2)决定股票红利发放数额的权利;

(3)决定进行哪些方面的投资以及决定津贴数额的权利;

(4)管理公司可支配的现金流量以及相应资金来源的权利;

(5)在公司面临出售还是清算时,自由选择的权利等。

与控股权所能带来的好处相对应,少数股权在这些事项上决策权利的缺乏可能会导致他们的利益受损,这正是要对少数股权进行折价的原因。当然,实际上公司控股权和少数股权的权利差异是由各个国家和地区关于企业的相关法律条文所规定的,在不同的国家和地区控股权和少数股权之间的权利差异并不相同。

与控股权和少数股权之间的权利差异相同,在企业价值评估中,评估人员判断评估的对象是控制性权益,还是少数权益,并不是以数量作为标准,而要以不同国家和地区对于控股权的具体规定来判断,控股权和少数权益实际是一个相对的概念。一般来说,控股权可以分为绝对控股和相对控股,而在绝对控股和相对控股里根据实际决策权利的不同还可以进行进一步的分析。

(1)直接拥有被收购企业50%以上股权,一般可以称为绝对控股。在目前大多数市场经济国家,拥有50%以上的股权基本上可以控制企业大部分的决策。但是在某些重大决策上,还需要拥有更大份额的股权才能控制企业的这些决策,如在我国《公司法》中就有一些关于企业的重大决策事项需要有2/3以上的股权表决通过才能生效。因此,理论上来说,即使是51%以上的绝对控股,也因为具体股权份额和权利规定的不同而存在差异。

除此之外,股权的控制力大小还与企业的具体股权结构相关。同样是拥有企业的60%股权,在只有一个拥有其他40%股权的第2大股东和有40个都只有1%股权的股东的股权结构下面,60%所代表的控制力显然不同。

在某些极端的情况下,即使拥有企业100%的股权,也有可能存在丧失企业的控制权或只有很少的企业控制权的情况。如在某些情况下,通过契约安排,少数股权可以对企业决策实现实质性的控制,此时控股权就不能简单地等同于控制权。

(2)虽然只拥有被收购企业50%以下股权,但由于其他股权过于分散,无法联合起来制约最大股东的决策,因而所拥有的50%以下股权具有对企业的实质控制权,称为相对控股。相对控股对于现代市场经济中股权十分分散的上市公司来说,是一个常见的企业控制权分配形式。实际上,在目前的资本市场上,获取一家上市公司的控制权一般并不需要收购上市公司50%以上的股权。

(3)创始人股东虽然只有企业50%以下的股权,但是通过持有特别表决权股而享有企业50%以上的表决权,来保持对企业经济权益、决策权、公司治理等方面的控制。在单一股权结构下,企业发行的是具有同等表决权的普通股,所有股东均按照"一股一票"原则行使表决权。在双重股权结构下,企业通常发行两种及两种以上类别的股份,较为常见的做法是向公众投资者发行 A 类普通股并按照"一股一票"的原则行使表决权,而向企业创始人发行 B 类股,并附着数倍于 A 类股的表决权。

与控股权的界定相对应,对于少数股权的界定也并不完全以其股权数量是否少于 50%作为唯一依据,在实际确定时要根据所评估股权在企业股权结构中的地位进行判断。而且即使被界定为少数股权,其对企业决策的影响能力和程度也因不同国家和地区的法律条文不同及企业股权结构的不同而存在差别。

（二）控股权溢价和少数股权折价的影响因素和估算

在股权交易的过程中,影响控股权溢价和少数股权折价的关键因素如下:

（1）企业规模。控股股东从所控制的企业获取的控股权收益随着企业规模的扩大而增多,因此在股权转让时,控股权溢价会因规模扩张而产生适当的溢价。同样,当考虑少数股权折价时,投资者会对规模较大的转让企业支付较高溢价,从而降低转让折价水平。

（2）股权转让比例。转让比例越高,股东所获取的控股权收益越高,投资者会对此支付较高溢价,这会提高股权转让价格水平。对于少数股权折价而言,转让比例会从两个方面影响折价水平,比例高意味着对企业决策影响的能力较强,因此能获得更高的价格水平;而较高的比例又会影响股权交易的流动性,会导致折价水平更高。

（3）大股东变更。企业股权转让发生后,如果大股东的地位发生了变更,那么获取控股地位的股东将为获得控股权收益而支付较高溢价。

（4）企业业绩。转让企业的业绩越好,股东从中获取的控股权收益越高,股权转让的价格相应提高。对于少数股权折价同样如此,企业业绩越好,少数股权的折价越低。

（5）双重股权结构下,控股权溢价的影响因素主要有表决权差异、稳定的控股权、稀缺性等。表决权差异体现为创始人股东持有的 B 类股拥有更多的表决权,他们通过持有 B 类股,掌握尽可能多的表决权来维持对企业的控制,从而产生较高溢价。稳定的控股权可以防止其被普通股股东或外部投资者夺取控股权,创始人股东出于维持其控制地位的目的,愿意为 B 类股支付溢价,以确保其能够在企业中保持其支配地位。稀缺性意味着控股权的供给有限,因此会导致控股权溢价,创始人股东可以通过股权转移、特别股份等方式来进一步稳定其控股权,从而提高控股权的稀缺性和溢价程度。

如果根据对企业控制权利的差异对控股权溢价和少数股权折价进行分析,则少数股权的折价可以通过控股权溢价间接换算得出,其计算公式为:[①]

$$MID = 1 - \frac{1}{1+CP} \tag{9-6}$$

式中:MID 为少数股权折价;CP 为控股权溢价。

例如,假定一上市公司目前市场交易价格是 50 元/股,当战略收购者以每股 70 元收购时,20 元的每股溢价除以 50 元/股的市价,就得出 40%的控股权溢价。按照

① 弗兰克·C.埃文斯,大卫·M.毕晓普.并购价值评估.郭瑛英,译.北京:机械工业出版社,2003.

上述计算公式,则交易暗含的少数股权折价为 29%,即:$1-1\div(1+0.4)=0.29$。因此,通常少数股权折价不是来自收购少数股权的直接计算,而是源于支付控股权的溢价。

当然,对于少数股权折价的估算,也可以通过对市场上交易案例的统计进行,但这种统计的难度较大,很难获得可以直接采用的数据。

(三)基于期权平价模型的控制权溢价评估

期权平价模型是一种利用期权价格来评估股东表决权价值的新方法。期权平价模型的实质是利用股票期权在行使之前不会使相关股票的潜在所有者有权从其投票权中获得收益的特性,根据看涨看跌期权平价定理,模拟出无投票权的股票,并将其价值与标的股票的价值进行比较,从而得出表决权所代表的价值。该模型估计了控股权带来的私人利益,即控股权溢价。欧式非派息式看涨看跌期权平价定理的公式表述为:

$$S+P_0=C_0+Xe^{-r(T-t)/252} \tag{9-7}$$

式中:S 为标的股票价格;P_0 为看跌期权价格;C_0 为看涨期权价格;$Xe^{-r(T-t)/252}$ 为执行价格现值。

投资者设计了一个综合空头头寸,这个合成股票复制了标的股票的现金流,但不赋予投资者投票权,即合成股票的价值并不包含投票权的价值。因此,必须对看涨看跌期权平价定理的公式进行调整,如下:

$$\hat{S}(T)+PV(\text{Vote})+P_0=C_0+Xe^{-r(T-t)/252}+PV(\text{Vote}) \tag{9-8}$$

即:
$$PV(\text{Vote})=S-\hat{S}(T) \tag{9-9}$$

$\hat{S}(T)$ 表示合成股票的价值,这个合成股票复制了标的股票的现金流,但不赋予投资者投票权,即合成股票的价值并不包含投票权的价值;$PV(\text{Vote})$ 反映了期权到期前投票权的现值。在期权到期时,合成股票和标的股票的价格收敛。因此,股票和合成股票的价格之差给出了投票权现值。

二、企业价值评估中的折价处理

(一)流动性折价的概念

流动性是决定一个市场是否有效而稳定的根本性因素,资本流动性的含义是该项资产的所有者在承担较少的交易成本和价格折扣的条件下,将资产出售并转换为现金的速度。股票市场上的流通股票被认为是流动性最高的金融资产,因为股票市场区别于其他实质性资产市场,它能为交易双方提供一种低交易成本的流动性。

投资者通常会给资产的流动性定价。资本流动性低意味着较高的交易成本和社会成本,在其他条件都相同的情况下,投资者对流动性高的资产定价将高于流动性低的资产。例如,一个上市公司中具有流通性限制的部分股票相对于不具有流通性限制股票的价格折价,就是流动性折价。目前,在企业价值评估中,评估人员考虑流动性折价正是基于以上假设:即受到流动性限制的股权价值低于可自由交易的股权价值。流动性折价可以定义为两种收益权利相同、但因流动性不同而导致的代表企业权益的证券间的价格差异。

在中国资本市场上考虑流动性折价问题时,评估人员更多的是关注因股权分置而导致的流通性折价问题。股权分置是指 A 股市场的上市公司股份按能否在证券交易所上市交易被区分为非流通股和流通股,这是我国经济体制转轨过程中形成的特殊问题。因非流通股和流通股的上市权利区别而导致的两种股票之间的交易价格差额就被称为流通性折价。

许多因素影响着流动性折价。一般情况下,主要有以下几项因素:

(1)资产种类。不同资产种类(如债券、基金、股票、期货)往往具有不同的风险和收益因而具有不同的流动性。资产的可替代程度越高,其流动性也越高。在证券市场中,许多公司的股票是可以相互替代的,因而股票具有较高的流动性,其流动性折价水平在众多的资产中是较低的。股票的流动性通常会高于债券的流动性,国债的流动性可能高于企业债券的流动性等。

(2)资产价值的不确定性。资产价值的不确定性程度越高,投资该项资产的机会成本可能越大,进而导致投资者对该项资产做出较大的折扣,以弥补其机会成本。

(3)资产的交易特征。资产的交易特征包括交易价格、每笔交易规模和总交易量。一般来说,交易价格越高,或每笔交易规模越大,资产的流动性就相对较低;而总交易量越多,流动性折价就越高。资产的交易量越大,由于资金的约束,投资者会丧失一些投资机会,因此需要对大宗交易进行折价以弥补其机会成本。

(4)市场竞争程度。在其他因素不变的情况下,市场上的有效竞争程度会对资产的流动性产生重要影响,有效竞争程度越高,流动性折价就越高。

(5)持股锁定期(不可交易时间)。在其他条件相同的情况下,资产不可交易的时间越长,其折价水平也越高。

(二)流动性折价的估算

流动性折价的估算目前并没有成熟的数学模型,企业价值评估中一般都是通过统计相关数据作为基础和依据对企业价值评估中的流动性折价进行估算。关于从统计实证的角度研究证券市场流动性折价的问题,康纳尔在《公司价值评估》一书中对此类研究进行了归纳:

首先,关于受限制的股票折价研究。在美国证券交易委员会(SEC)注册证券需要一定的时间和成本,公开上市交易的公司有时会发行"未登记"股票,即没有正式登记的股票。尽管未登记股票不能上市交易,但可以进行私下交易,一般需要向SEC报告。通过比较未登记股票的交易价格与可比的登记上市股票的交易价格,就可确定有限制的股票的折价。

其次,关于上市前公司股票折价的研究。流动性折价的一个更为直接的估计方法是,按照在一家公司上市之前其股票私下成交的价格与股票上市之后公开交易的价格之间的差别来确定。

最后,关于上市成本的研究。具有控制力的股东总是握有股权,通过促成公司上市交易,可以克服不可公开交易的问题。因此,从他们的观点来看,缺少可交易性的折价不会超过实施股票发行上市所发生的费用。如果折价超过了上市费用,一个具有控制力的股东将选择促成公司上市发行。当股票价值的折价显著地超过发行上市的费用时,即使没有控制力的股东,比如处于少数股权地位的股东,也有动力组织起来,给企业管理层施加压力,促成企业的发行上市。这样,就有了估算缺少可交易性股票折价的另一种方法,即计算上市成本。上市成本包括证券的承销费用、注册费用、法律费用、会计费用、打印和印刷费用以及上市手续费用。

目前,国内关于流动性折价问题的研究主要是从统计和实证的角度出发,希望通过对证券市场上的流通股和非流通股交易价格的统计和分析,为流动性折价在实践中的应用提供可操作的数字依据。

三、双重股权结构下创始人股东股权价值评估

创始人股东股权价值是一个复杂而多元化的概念,针对股份制企业而言,主要包括基础股权价值和控股权溢价两部分。在双重股权结构下,企业业绩、表决权差异、稳定的控股权和稀缺性等多因素相互交织,使创始人股东在企业发展和治理方面发挥重要作用,最终反馈在创始人股东股权价值上。其中,基础股权价值主要来源于企业业绩所支撑的自由现金流量部分,双重股权带来的控股权溢价主要来源于表决权差异、稳定的控股权和稀缺性所支撑的表决权价值部分。

现金流量折现模型提供了一个长期视角,符合双重股权结构的长期性特征,可以采用此方法对创始人股东股权价值中的基础股权价值进行评估。由于双重股权结构对企业价值的影响体现在企业特定风险系数上,因此,需要对现金流折现模型中的折现率进行调整,主要是通过创始人股东控股权溢价影响因素指标体系,引入 ANP 模型测算 β 指数、调整系数 R_0,对折现率进行调整。

期权平价模型是一种利用期权价格来评估控制权溢价的新方法。根据前文所述,根据看涨看跌期权平价定理,模拟出无投票权的股票,并将其价值与标的股票的价值进行比较,从而得出股东表决权所代表的价值。

▦ 本章小结

- 企业是由各种要素资产的相关利益者通过签订契约的方式依法组成的以营利为目的,具有持续经营能力的法人实体。企业具有盈利性、持续经营性和整体性的特点。企业价值是企业在特定时期、地点和条件约束下所具有的持续获利能力。企业价值评估是评估师对评估基准日特定目的下企业整体价值、股东全部权益价值或部分权益价值进行分析、估算并发表专业意见的行为和过程。

- 企业价值评估的一般范围即企业的资产范围,包括企业产权主体自身占用及经营的部分、企业产权主体所能控制的部分。企业的盈利能力是企业的有效资产共同作用的结果,要正确揭示企业价值,就要将企业资产范围内的有效资产和无效资产进行正确的界定与区分,将企业的有效资产作为评估企业价值的具体资产范围。

- 运用收益法对企业价值进行评估时,一个必要的前提是判断企业是否具有持续的盈利能力。运用收益法对企业进行价值评估其关键在于对以下三个问题的解决:首先,要对企业的收益予以界定。其次,要对企业的收益进行合理的预测。最后,在对企业的收益做出合理预测后,要选择合适的折现率。

- 企业价值评估的市场法就是在市场上找出一个或几个与被评估企业相同或相似的参照企业,分析、比较被评估企业和参照企业的重要指标,在此基础上,修正、调整参照企业的市场价值,最后确定被评估企业的价值。运用市场法评估企业价值的关键是对可比企业和可比指标的选择。

- 资产基础法实际上是通过对企业账面价值的调整得到企业价值。其理论基础也是"替代原则",即任何一个精明的潜在投资者,在购置一项资产时所愿意支付的价格不会超过建造一项与所购资产具有相同用途的替代品所需的成本。

- 在企业价值评估中,需要对溢价和折价问题进行考虑的情况主要有两种:一是考虑所评估的部分股权是否具有对企业的控制或支配能力。当所评估部分股权存在对企业的控制和支配能力

时,需要考虑适当的溢价,称为控制权溢价;当所评估部分股权缺乏对企业的控制和支配能力时,需要考虑适当的折价,称为少数股权折价。二是考虑所评估企业股权作为交易对象在市场上的交易难度和变现能力,当所评估企业股权作为交易对象在市场上的交易难度大,变现能力弱时,需要考虑企业股权价值的适当折价。因这类因素导致的企业股权价值折价被称为流动性折价。

■ 关键词

企业价值　收益预测　溢价与折价

■ 思考题

1. 企业价值评估中的假设和类型的关系是什么?
2. 企业收益预测中的关键问题是什么?
3. 如何对企业收益预测进行检验?
4. 如何确定企业价值评估中的折现率?
5. 运用市场法评估企业价值的思路与障碍是什么?
6. 如何理解企业价值评估中的控股权溢价和少数股权折价?
7. 如何分析双重股权结构下的溢价和折价问题?

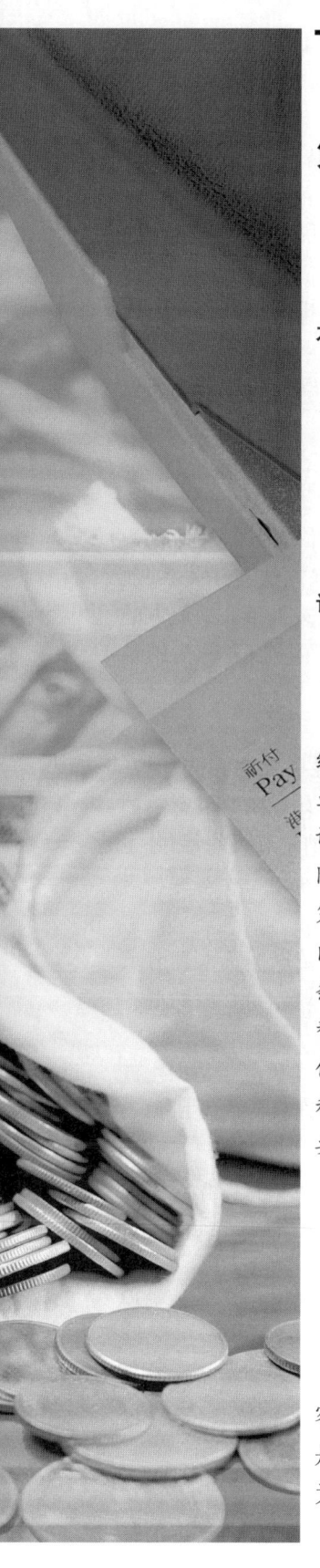

第十章 税基评估

本章要点

- 税基评估的定义
- 税基评估要素
- 税基评估分类
- 税基评估方式
- 存量房交易的税基评估

评估聚焦

税收政策和税基评估的新变化

税收是国家的重要财政来源,税基评估也是资产评估的重要组成部分。近年来,中国政府实施了一系列减税政策,以减轻企业负担并刺激经济增长。其中一项重要的举措是增值税税率的调整。2019 年,中国将制造业和交通运输业的增值税税率从 16% 降低到 13%,将建筑业的增值税税率从 10% 降低到 9%。这些政策调整有助于减轻企业税收负担,提高市场活力。此外,相关部门还推出了一系列针对小微企业的税收优惠政策。例如,对符合条件的小微企业,政府提供了减免税款、税收补贴等支持措施,以帮助其渡过难关。有关部门指出,要健全以所得税和财产税为主体的直接税体系,适当提高直接税比重,强化税制的累进性。种种政策都体现出我国对税收的关注,也更加凸显了税基评估的重要性。

第一节 税基评估概述

一、税基评估的定义及其相关概念

税基是税收课税基础的简称,它是指税收课征的经济基础和客观依据,包括质的规定性和量的规定性双重含义。质的规定性是指课税的具体对象;量的规定性是指课税对象中有多少可以作为计算应纳税额的基数。

税基评估是指具有税基评估胜任能力的评估机构和评估人

员,以税收为目的,以相应的税法为依据,以未能明确具体从价税价值的税基(计税依据的基础)为评估对象,按一定的程序,运用适当的估价标准和方法,独立、客观、公正地开展评定作价的专业活动。

由于税基评估既属于资产评估的范畴,又属于税收管理的范畴,它不但具有资产评估的一般属性,而且也具有自己的一些特性,所以它是资产评估范畴中的一个重要分支。随着各国税收制度改革和完善,尤其是财产税、关税、所得税和资源税等具体税种的改革和完善,税基评估已引起各国和地区的关注并引起评估界的重视。随着我国税制改革深化和税收征管制度的完善,尤其是随着与房地产相关税收制度的进一步完善,税基评估必将成为国内评估活动的重要组成部分。

在学习和掌握税基评估的有关概念时,应该注意将其与税收管理活动中的纳税评估的概念区别开来,避免将税基评估与纳税评估混淆。

税基评估的基本要素如下:

(一)税基评估主体

税基评估主体是指从事税基评估的行为主体,即承受税基评估业务的评估机构和人员。由于任何一个税基的确定都直接涉及征税方和纳税人双方的利益关系,加上税基评估通常是发生在不能直接确定从价税价值的课税对象上或处于征纳双方的税收纠纷阶段上,所以,对同一课税对象,常常同时存在分别为征税方服务和为纳税方服务的税基评估主体。

(二)税基评估客体

税基评估客体是指税基评估的对象。与一般的资产评估对象不完全相同,税基评估的对象强调的是征税或纳税对象的标的物。同时,也不是所有与征纳税有关的资产标的物都是税基评估对象。因此,税基评估对象必须是与征纳税有关的,而且主要是不能直接明确从价税价值的评估对象的标的物。根据现行的税收制度对课税对象的分类标准,税基评估对象包括以下主要的具体类型:

(1)财产税类税基。财产税是以财产为课税对象的税种,它是以纳税人拥有或支配的财产价值为课税基础。该类税的具体税基范围主要包括不动产、有形动产和无形动产等。

(2)所得税类税基。所得税是以所得为课税对象的税种。该类税主要是以生产经营所得、转让财产所得、股息红利所得、利息所得、租金所得、特许权使用费所得和其他所得为计税基础。

(3)流转税类税基。流转税是以流转额为课税对象的税种。该类税的税基是商品流转额和非商品流转额(劳务服务取得营业收入),该类税基主要包括增值税税基、消费税税基和关税税基等。

(4)资源税类税基。资源税是以资源为课税对象的税种,它是以自然资产为课税基础。

(5)行为税类税基。行为税是以行为为课税对象的税种,它是以某些特定行为为课税基础。该类税的具体税基范围主要有国家资产投资方向调节税税基(已暂停征)、印花税税基、交易税税基、土地增值税税基、车船税税基等。

(三)税基评估的价值类型

价值类型是价值评估的基本要素之一,在税基评估领域,同样存在多种价值类型:计税价值、税基市场价值(税基当前价值)、税基法定估算价值(税基非市场价值)、税基评估价值(税基实际价值)和评估的计税价值等。

1. 计税价值

计税价值是指从价计征的税种在计算应纳税额时所使用的作为计税依据的价值。它是计税价格范畴中的组成计税价格①。在不考虑"价格"与"价值"差异的情况下,计税价值包括了计税价格和组成计税价格。在考虑"价格"与"价值"差异的情况下,按组成计税价格办法确定的组成计税价格的实质就是计税价值。此外,在考虑"价内税"与"价外税"的不同情况下,计税价值还要区分为含税价和不含税价。我国在实施全面"营改增"之前对个人转让存量房征收的营业税和现行的消费税等税种的计税价值就都属于含税价,而增值税的计税价值就是不含税价。当然,含税价与不含税价之间是可以进行互相换算的。

2. 税基市场价值

税基市场价值是指在税法规定的某一年度时点上(某天)的市场价值。税基市场价值在有些国家也称为"税基公平市场价值"或"税基当前价值"。

3. 税基法定估算价值

税基法定估算价值也称按规定比例估算的税基价值,是对那些正常无法采用市场、收益和成本途径进行评估的特殊应税对象,采用基于非市场价值的法定特别估算办法所获取的税基价值。

4. 税基评估价值

税基评估价值是由税基市场价值和税基法定估算价值所构成的税基价值。在大多数情况下(即当不存在税基法定估算价值时),税基评估价值就是税基市场价值,但是在有些情况下(没有税基市场价值时),税基评估价值就是税基法定估算价值,即税基非市场价值。在税基评估领域,税基评估价值有时也可称为税基实际价值。

5. 评估的计税价值

评估的计税价值是在经过税基评估后得出税基评估价值即税基实际价值的基础上,按税法的有关规定,对一些符合税收豁免的价值进行扣除,再对评估结果进行折减后的价值。

(四)税基评估基准日

税基评估基准日是指要评定税基价值的基准时点。在评估过程要评估被评估对象的价值,就必须先将其固定在某一时点上,税基评估也不例外,因此,税基评估基准日也是税基评估的要素之一。由于税基评估活动是围绕税收目的需要,而且各个不同税种的税法对征纳税的时间都有具体的规定,时间界线都十分清楚,因此税基评估基准日的确定一般都是以各税种的征纳税时间或税法直接规定的日期为准。

(五)税基评估方法

税基评估方法是指确定税基的从价税价值的途径和评估方法体系。税基评估方法是以资产评估方法体系中的三大基本方法的原理为基础,结合税收学科的具体特

---

① 在日常的从价税征管中,一般是直接依据计税价格进行计税,对没有计税价格的征税对象,就需要通过组成计税价格的办法来确定计税价格,组成计税价格有时也称为组成计税价值。

点形成的,运用于税基评估的特定评估方法。目前,税基评估的方法可归结为以传统评估方法为基础的税基评估方法体系和批量评估的税基评估方法体系。

(六)税基评估程序

税基评估程序是指开展税基评估业务的有关工作顺序和步骤。根据税基评估方法体系不同,税基评估程序可分为传统的税基评估程序和批量评估的税基评估程序。

二、税基评估的作用及其产生与发展

(一)税基评估的作用

税制改革是税收改革的重要组成部分,而在税制改革中往往会涉及许多从价税的计税依据的价值计量和具体确定的问题,从而亟须评估机构的专业人员为其提供涉税有关的评估服务。在税收活动领域,资产评估与税收的关系也越来越密切。随着税制改革和税收制度的优化、税收管理的精细化和征管措施的逐步完善,运用评估技术提高税收征管效率已成为必然,税基评估在税收活动中的地位和作用也表现得越来越重要。其作用主要体现在以下几个方面:

1. 在我国财税体制改革和建立税基评估体系中发挥重要作用

境外的税基评估理论与实践表明,税基评估在其财税体制、税收制度和税收管理中的地位和作用都很明显,尤其是在财产税、企业所得税和税收管理等方面的地位和所发挥的作用更为显著。认真总结和借鉴境外的税基评估经验,能为我国税基评估体系的建立发挥积极的作用。

2. 为我国税制改革和税收征管完善起到专业支持作用

随着我国税制改革和税收征管制度完善的推进,对税基评估业务的需要也越来越大,如存量房保有和交易中房地产税的处理、企业清算业务中企业所得税的处理、非居民企业股权转让中企业所得税的处理等都需要开展税基评估业务。因此,税基评估能为我国税制改革和税收征管完善提供专业支持,促进我国税制改革和税收征管完善的顺利开展。

3. 为进一步完善资产评估体系和拓展评估业务新领域发挥关键作用

税基评估需要评估人员具备一定的税收知识,及时掌握最新的税收政策,才能够正确地开展税基评估和涉税业务资产评估的工作。开展税基评估需要对税基评估中的批量评估与个案评估方式的关系进行研究并在实践中区别对待,还要对所得税处理的涉税评估业务类型与非涉税评估业务类型等涉税评估体系与非涉税评估体系的异同进行比较和分析,为评估的具体应用和实际操作提供相应的技术保障。涉税业务资产评估逐步成为评估行业新的业务增长点。所以,税基评估不仅为其具体应用和实际操作提供相应的技术保障,也在进一步完善包括涉税评估和非涉税评估在内的资产评估体系、拓展评估业务新的领域中发挥着关键作用。

(二)税基评估的产生与发展

税基评估由来已久,据资料记载,早在汉武帝时期就有因以征收土地为主的财产税而萌发的地产评估现象。美国在1954年的美国税法第167节就规定了无形资产分摊的基础,并由此开始将无形资产评估分离出来。关税估价制度伴随关税制度产生,1927—1930年统一国际海关估价制度问题提出。1947年,23个国家在日内瓦召开的联合国贸易与就业会议上,签订了包括海关估价内容的《关税贸易总协定》,规定了国际统一的关税税基估价标准和估价的基本原则。20 世纪 70 年代,随着统计技术、计算机应用技术水平的提高和现代信息技术的广泛应用,以市场法、收益法和成本法原理为基础,结合统计技术、计算机应用技术和现代信息技术等综合形成的批量评估方法率先在国外的财产税基评估中得到较好的应用,并发挥了高效、节省单位估价成本、减少主观因素及便于重估的积极作用,并成为有别于传统的单宗评估方法的新评估方法体系。目前在建立财产税基评估制度的国家和地区中,批量评估方法已被普遍采用并成为这些国家和地区财产税基评估的主要评估方法体系。批量评估方法体系的出现,不仅使评估方法体系分为传统的单宗评估方法体系和批量评估方法体系,也使得税基评估的方法体系与资产评估的方法体系的差异越来越明显。

新中国成立后,我国的海关法规就有关税税基估价的规定,之后也多次对关税税基估价的内容进行修订,加入 WTO 以来,我国海关全面实施了 WTO《海关估价协议》。1951 年的《城市房地产税暂行条例》、1986 年的《中华人民共和国房产税暂行条例》就有对该税种所涉及的某些情况下的计税评估的相关规定。1995 年,我国对转让国有房地产征收土地增值税中有关房地产价格评估的问题进行规定。为改革和完善我国的房地产有关税制,建立统一的物业税制度,从 2003 年起,我国对房地产保有环节的模拟评税开始在局部地区试点,借鉴了国外财产税基评估的成熟经验和方法,该试点已先后在北京、辽宁、重庆、江苏、深圳、宁夏以及福建、安徽、河南等地进行,并取得了一些实践经验。为规范房地产交易计税价格核定办法,加强存量房交易的税收管理,我国从 2007 年开始推进房地产税收一体化管理,并在 2009 年下半年选择房地产市场比较发达、管理规范、征管能力强的地区进行存量房评估试点工作,2010 年为了统一财税〔2009〕100 号文件发布以来的认识,加快推进应用房地产评税技术核定交易环节计税价格工作,防范存量房交易"阴阳合同"所形成的税收风险,全国范围内开展了应用房地产评税技术核定交易环节计税价格工作。各地区于 2011 年 7 月 1 日后,逐步推广应用房地产评税技术、加强存量房交易税收征管工作。为积极推进存量房交易计税评估工作,自 2012 年 7 月 1 日起对纳税人所申报的存量房交易价格进行全面评估,严格禁止不经评估直接按纳税人申报的交易价格征税,或公布存量房交易价格评估值,客观上引导纳税人按公布的存量房交易价格评估值进行纳税申报。2013 年 12 月 9 日,国家税务总局发布了税总发〔2013〕129 号《关于进一步加强存量房交易税收征管工作的通知》。

从 2009 年起,为规范和加强对企业重组业务的企业所得税管理,我国开始对企业重组过程中的企业所得税的处理开展涉税业务资产评估。为加强对股权转让所得征收个人所得税的管理,从 2011 年 1 月起,对自然人转让所投资企业股权(份)的所得,要按照公平交易价格计算并确定计税依据。对申报的计税依据明显偏低且无正当理由的,可采取规定的相关核定方法确定计税依据。其中,对知识产权、土地使用权、房屋、探矿权、采矿权、股权等合计占资产总额比例达 50% 以上的企业,净资产额须经中介机构评估核实。上述各个时期的不同情况表明,我国的税基评估所涉及的税种主要包括:关税、城市房地产税、房产税、城镇土地使用税、土地增值税、营业税、增值税、城市维护建设税、企业所得税、个人所得税等。

三、税基评估的主要特点

税基评估是资产评估范畴中的一个重要分支,它的活动涉及税收与资产评估两个领域,其业务内容是由税收活动和资产评估活动结合在一起的特殊评估业务构成的。因此,它除具有一般资产评估的特点外,还有其自身的一些主要特点。

(一)税基评估是以税收为特定目的的评估

以征税、纳税和解决税收纠纷需要的税收活动为特定目的的评估使得税基评估与一般资产评估有明显的区别。

首先,评估结果不直接用于交易,即在评估目的实现后,被评估的财产不发生产权转移和变动,也不作为抵押或保险,其评估结果仅仅是作为征纳有关税收的计税依据,尽管有些税种的征纳是发生在交易环节,但这种税基的评估仍不直接涉及产权的变动。

其次,评估所依据的法律、法规与一般资产评估也不完全相同。这种评估目的虽然也要以一般资产评估的法律法规为依据,但除这些法律、法规外,它主要是以需进行评估的税基的相关税收法律、法规为依据。如日本的地价税税基的评估值是以公平市价为基础,再根据相关税法,同时考虑房地产持有者持有年限长短、规定的比率来确定该税基的评估价值。此外,有些税基评估还得结合有关的财务制度规定和具体财务数据来综合评定。如对所得税类的税基、土地增值税税基等的评估,其评定过程就是依据纳税人的相关财务核算数据,确定与这些税基有关的成本、费用或依税法规定的有关抵免项目。

(二)同一评估对象同时存在两个甚至两个以上的不同评估主体

每个项目的税基评估,都可能同时存在一个代表征税方或由征税方委托的评估主体和一个由纳税方委托的评估主体的双评估主体的情况。这种特点在解决税收纠纷需要的税基评估中更为明显。在这两个评估主体中,代表征税方的评估主体往往是官方或准官方性质的评估机构和人员,而由纳税方委托的评估主体主要是非官方性质的社会中介评估机构和人员。当然,在有些国家和地区,也存在两个评估主体都是非官方性质的中介评估机构和人员的情况。由于有些代表纳税方的非官方性质评估主体的利益往往与纳税方紧密结合,所以在解决税收纠纷需要的税基评估中,评估主体在完成税基评估后,往往还要参与与税收法律诉讼有关的具体业务,并将胜诉时获得的收益与纳税方共享。

(三)评估价值标准主要是从价税价值

在税基评估中,其所选择的价值标准通常只能是从价税价值,这是税基评估与一般资产评估的明显区别。所谓从价税价值,是指在已知特定税收管辖权的法律规定的情况下,以征(纳)税为目的的课税对象的价值。从价税价值有时是公允市场价值的一个函数(但并不总是),有的税收管辖当局可能会引用公允市场价值作为征税的基础,但其所要求的评估方法可能会产生与一般资产评估中的公允市场价值定义不同的结果。注意区别这点很重要,因为在有些情况下,某些具有可计量市场价值的有形或无形资产因不符合有关规定而可能得不到认可。这是由于税收管辖权中的税收法律规定造成的。①

（四）评估具体对象多样化和复杂化

税基评估的具体对象多样化表现在被评估的标的物有实物和非实物,在实物中既包括不动产实物,也包括动产实物;在非实物中既涉及权益类非实物,又涉及成本、费用等财务支出和抵扣等非实物。如房产税税基、土地税税基、契税税基都涉及房地产、土地等不动产实物财产;资源税税基、印花税税基和财产税类的税基,既可能涉及房地产、土地等不动产实物财产,也可能涉及权益类非实物财产,或二者兼有之的财产;而关税、增值税、消费税税基又可能涉及古董字画等可流动实物财产;土地增值税、企业所得税、个人所得税等税基的评估对象不仅涉及土地不动产实物财产,还涉及权益类非实物资产和成本、费用等财务支出和抵扣等非实物项目。税基评估的具体对象复杂化主要表现在,不仅不同税种、不同类型的税基范围不同,而且同税种、同类型的税基也因其合同的规定不同而产生区别。如同样财产税的税基,因租约合同规定的租用、寄托关系不同,而使其最终确定的评估值不同,在价内税的情况下,也会因租约合同规定的承担该税的纳税人不同而使相同税基的评估值不同。还存在因同一税种的财产用途不同而造成税基不同,如房地产就因房产是自己经营使用或出租赚取收益不同而产生两种税基:一种是以该房地产的价值来确定的房产税税基;另一种是以该房屋收取的租金收益来确定的房产税税基。

四、税基评估分类

（一）按税收活动具体需要分类

按税收活动具体需要,税基评估可分为征税需要的税基评估、纳税需要的税基评估和解决税收纠纷需要的税基评估。这三种税基评估各自想要达到的具体目的和所站的利益角度是不完全相同的。

1. 征税需要的税基评估

征税需要的税基评估主要是为征收税款的纳税申报提供税基评估价值,方便征税,其是代表征税方,告知纳税人税基评估价值。征税需要的税基评估往往是以政府或准政府为税基评估行为主体。

2. 纳税需要的税基评估

纳税需要的税基评估的目的不仅是满足纳税申报计算从价税额的具体需要,也包括提供税基评估价值,为纳税方的避税目的服务。纳税需要的税基评估往往是以非政府的中介评估服务机构为税基评估行为主体。

3. 解决税收纠纷需要的税基评估

解决税收纠纷需要的税基评估主要是为解决征税过程中征纳双方产生的税收纠纷,其分别代表征、纳双方,对存在争议的税基向裁决者提出各自的税基评估价值。解决税收纠纷需要的税基评估往往是分别以政府或准政府和非政府的中介评估服务机构为税基评估行为主体。

（二）按税基评估的客体分类

按税基评估的客体,税基评估可以分为财产税类的税基评估、流转税类的税基评

---

① Robert F. Reilly, Robert P. Schweihs. Valuing intangible assets. 1999.

估、所得税类的税基评估、资源税类的税基评估和行为目的税类的税基评估。

1. 财产税类的税基评估

该类税基评估是针对需要评估的财产税类税种的税基进行评估,具体包括对不动产税(房地产税、物业税)、遗产税、财产税等税种的税基的评估。在建立税基评估的国家和地区中,财产税类的税基评估是税基评估的重要组成部分。目前,税基评估的国际行业组织——国际估税官协会(IAAO)及其领导和指导下的税基评估机构与会员所从事的税基评估业务范围主要是财产税类的税基评估。在我国房地产税制改革后,对房地产的交易、保有和转让各环节征税所涉及税种的税基评估需求会很大,以存量房地产为主要课税对象的财产税税基评估也将成为我国税基评估的主要业务之一。

2. 流转税类的税基评估

该类税基评估是针对需要评估的流转税类税种的税基进行评估,具体包括对关税、增值税、消费税等税种的税基的评估。在该类税基评估中,具体还分为关税类的税基评估和其他流转税类的税基评估。目前在加入 WTO 的成员国中,不仅关税类税基评估制度基本一致,而且所采用的评估方法体系也与其他流转税类的税基评估方法体系不完全相同。当然,由于海关普遍对进出口环节的工商税收实行代征制度,在我国进出口环节的工商税收的税种中,主要是增值税和消费税属于流转税类税种,所以,在我国的关税类税基评估中往往还会涉及对进口关税、出口关税税基和按关税税基评估方法对增值税和消费税的税基进行评估。在我国的其他流转税类的税基评估,主要是对增值税和消费税的税基进行评估。

3. 所得税类的税基评估

该类税基评估是针对需要评估的企业(公司)所得税、个人所得税等所得税类具体税种的税基进行评估。目前国外这类税基的评估比较多,主要是以解决税收纠纷为目的的,而且涉及的标的都比较大。在国内这类税基的评估还不多,但随着个人收入增加,社会核算水平和征管水平的提高,以及股份公司的股权转让等活动的增加,涉及该类税基评估的业务将会有较快的增长。

4. 资源税类的税基评估

该类税基评估是针对需要评估的资源税类税种的税基进行评估,具体包括对矿产资源、森林资源、水资源等各种自然资源征税涉及的税种税目的税基评估。我国目前资源税类的税基评估还没有真正启动,一旦需要评估,对矿产资源、水资源以及耕地保护和生态保护红线涉及的自然资源征税所涉及的税种税目的计税依据的价值基础都可能成为该类税基评估的范围,尤其是对矿产、森林等资源课税的税基评估。

5. 行为目的税类的税基评估

该类税基评估是针对需要评估的行为目的税类税种的税基进行评估。在税制体系中有不少行为目的税类的具体税种往往和财产税类、资源税类或流转税类交叉重叠。在我国,该类税基评估主要是对土地增值税、消费税等税种的税基评估。随着国家对房地产开发企业的土地增值税清算工作的落实,土地增值税税基评估有可能成为该类税基评估的重点。

(三)按税基评估的行为主体分类

按税基评估的行为主体,税基评估可分为政府税基评估、准政府税基评估和中介税基评估。

1. 政府税基评估

该类税基评估的主要特点表现在评估的行为主体是政府的评估机构,进行税基评估属于政府的管理活动,开展税基评估是无偿的公共服务活动,税基评估所需的经费都是在所在政府的财政预算中列支。目前,美国各州的财产税基评估体系中的主要组成部分是政府税基评估。

2. 准政府税基评估

该类税基评估的主要特点表现在评估的行为主体是准政府的评估机构,其进行的税基评估也是无偿的公共服务活动,但其开展税基评估所需的费用主要是由所在政府的公共财政预算提供的。准政府税基评估与政府税基评估的区别在于:评估人员不属于公务员系列,而是事业编制系列。评估机构在完成税基评估本职工作的前提下也向社会提供部分与评估有关的有偿服务。目前,在加拿大各省的财产税基评估体系中,准政府税基评估是主要内容。

3. 中介税基评估

该类税基评估的主要特点表现在评估的行为主体是社会中介的评估机构,其进行的税基评估是有偿的社会中介服务活动,其开展税基评估所需的费用是由委托方支付的,其委托方一般是纳税人,在有些情况下,中介税基评估也接受征税方的委托,开展有偿的税基评估服务。

(四) 按税基评估对象具体标的物是从价还是从租分类

按税基评估对象具体标的物是从价还是从租,税基评估可分为资本价值的税基评估和租值(租金价值)的税基评估。

1. 资本价值的税基评估

资本价值是指以资本为代价的价值,其通常是指房地产的价值或交换价值。资本价值的税基评估就是以应税房地产的资本价值为税基评估对象所进行的税基评估。在国内外房地产税基评估理论与实践中,除英国和一些英属的国家和地区外,多数国家和地区都是实行资本价值的税基评估。

2. 租值的税基评估

租值是指租金价值,其通常是指房地产的租金价值。租值的税基评估就是以应税房地产租金价值为税基评估对象所进行的税基评估。英国、新加坡、爱尔兰等国家和地区的房地产税的计税评估都是实行租金价值的税基评估。

五、部分国家和地区的税基评估情况简介

(一) 美国的税基评估概况

美国的财产税是地方财政的主要收入来源,其征税对象主要是存量房地产,其财产税率不是以法律的形式固定下来的,而是根据财政年度支出预算实际数额和应税房地产价值总额,经过计算得来的。每年,美国地方政府都要对其辖区的房地产进行估价,以确定纳税人需要缴纳的财产税。由评估员对房产地点和产权人进行确认,然后税务等行政部门据此建立数据库、评估财产价值、确定可予征收的范围、计算评估价值。名册编撰完毕后,政府通知产权人确认评估价值,并申报缴纳财产税额,有异议的产权人可对评估进行复议甚至上诉,最后由政府或法庭裁决。

除了财产税的计税评估,在美国的涉税评估实践中,也包括因解决税收纠纷目的需要的遗产税税基评估和联邦所得税的税基和涉税业务资产评估,近年来,因解决税收纠纷目的需要的涉税评估有逐年上升的趋势。

(二)加拿大的税基评估概况

加拿大的财产税并非一个单一的税种,而是由多个内容组成的复合税,主要包括不动产财产税、特别财产税、营业性财产税、非政府组织交纳的替代税收款、其他费捐(即在一些地区存在的与财产有关的小额费捐,如承租税、闲置土地税和土地税等)。

加拿大也没有全国统一的财产税税率。一些省份和地区对所有种类的财产按一个统一税率征税,而另一些省份则对不同种类的财产按不同的税率征税。一些省份使用比例税率从价征收,而另一些省份则采用定额税率征收。财产税的税基有些是由政府的机构评估,有些是由准政府的机构评估。

(三)日本的税基评估概况

日本确立了以政府为主导的财产税税基评估体系,明确了固定资产税的征税主体为市、町、村级政府,其收入全部归市、町、村支配。对公益事业、住宅用地(灾区)等,按照财产评估额给予一定比例的减除。

日本固定资产税是以房地产市场的评估价为计税基础。固定资产税的计税依据通常是在通过路线价法评估得出固定资产税的路线价的基础上,再根据纳税人和课税对象的具体情况确定应纳固定资产税的税额。原则上该税额三年固定不变,从形态上区分为基准年度评估额和比照基准年度评估额,以区别不同情况、不同用途的房地产。此外,日本的涉税评估还包括遗产税的税基评估,也是在通过路线价法评估得出遗产税的路线价的基础上,再具体确定遗产税的应纳税额。

(四)中国香港地区的税基评估概况

香港的涉税评估主要是对香港差饷税的税基评估。香港的房产税制度已有超过165年的历史,最初收房产税是用来支付警察、差人的开支,即差饷,后来把这个税种改为一般的税种,用来支付所有政府提供的公共服务,包括学校、医疗、教育、道路等,是一个支付公共设施和服务的税收。

香港差饷税的税基评估主要根据香港差饷条例的规定,在条例里面很清楚地列明了缴纳差饷的责任、评估差饷的基础、征收管理机制和上交的程序。香港差饷税的税基评估方式主要是批量评估方式,评估要公平、公正,而且规定统一的评估日期(每年的10月1号)。每一年都重新评估一次差饷,可以反映市场每一年经济方面的变化,还有对认为评估不公平的反对和上诉的机制。

(五)中国澳门地区的税基评估概况

澳门税制中与房屋有关的税种有物业转移税和房屋税,物业转移税是对房屋或土地主权发生转移时课征的税收,类似于内地原营业税中销售不动产或转让无形资产(土地使用权)征收的税目,而房屋税则类似于内地的房产税。在澳门,房屋税、物业转移税、赠予与遗产税都涉及税基评估。

(六)中国台湾地区的税基评估概况

台湾的税基评估包括地价税、房屋税的税基评估和解决所得税税收纠纷的涉税评估。

台湾土地和房产分开征税,台湾的地价税是房地产保有环节的土地税,具体是以土地估价委员会发布的公告地价为计税依据,其税基评估是地政局具体组织实施的,性质上属于政府评估。房屋税是台湾的地方税种之一,具体是以房屋估价委员会发布的公告现值为计税依据,其评估是由税捐稽征处具体组织实施,税基评估的性质也属于政府评估。

除了地价税和房屋税的税基评估,在台湾的涉税评估实践中,也包括因解决税收纠纷需要的营利事业所得税(企业所得税)的税基和涉税业务资产评估,这类涉税评估有逐年上升的趋势。

第二节　税基评估方式、基本程序和评估方法

一、税基评估方式

税基评估方式是指在开展税基评估时所采用的主要评估方式。在税基评估的理论与实践中,所采用的评估方式主要是批量评估方式和个案评估方式。

(一)批量评估方式与个案评估方式的概念

1. 批量评估方式

批量评估方式是相对于个案评估方式而言的,是指评估机构和人员在开展评估时,采用在特定日期利用共同的数据、标准化的方法和统计检验技术的评估方式,来对批量的评估对象的价值进行评估。批量评估方式主要应用于房地产的财产税和房地产交易的税基评估。

2. 个案评估方式

个案评估方式是指评估机构和人员在开展评估时,采用在特定日期对单个评估案例进行评估的方式对被评估对象的价值进行评估。个案评估方式可在房地产的涉税评估领域中应用,但更多的是在非涉税评估领域应用。

(二)批量评估方式与个案评估方式的主要区别

批量评估方式与个案评估方式是两个相对不同的评估方式,除概念和评估程序不完全相同外,批量评估方式和个案评估方式在评估应用上还存在一些差异。

批量评估方式与个案评估方式出现的时间不同。从两种评估方式出现的历史看,个案评估方式出现的时间更早,比批量评估方式的历史悠久。前者已有 100 多年的历史,后者是 20 世纪 70 年代才兴起的。

个案评估方式通常是由评估师采用传统的评估方法对单宗房地产或资产价值进行评估,即在某一给定日期对某一特定财产价值进行评估。而批量评估方式是通过开发一个价值评估模型并运用计算机相关技术,对相关数据进行分析和计算,评估出一批房地产的价值,而非只评估某个单宗房地产的价值。

两类评估方式对质量控制的处理方式从根本上来说是不同的。个案评估方式在对单宗房地产评估时,由于专注于单一的房地产,通常根据研究和分析的深度或者通过与可比房地产的销售对比判断评估的可信性。个案评估方式在对单宗房地产评估时,评估师每次的评估通常仅需满足单个客户的需要。在批量评估方式中,使用统计方法测量评估的精确性和一致性,要同时确保评估结果对所有的纳税人来说是公平的,对征税机关和监管机构来说是合法的。

有时候,对影响财产价值的所有环境(如邻近以及单个财产具有显著特征)难以标准化评估时,应以单宗评估结果为准。

更需要指出的是,目前批量评估方式的应用主要是在不动产评估领域,而个案评估方式的应用远远不止在不动产评估领域,从这个意义上讲,个案评估方式的应用更具普遍性。

(三)批量评估方式与个案评估方式的联系

批量评估方式是在基本评估方法原理、依据财产特征等的基础上,集合统计技术、计算机技术等其他技术而发展起来的评估技术方式。批量评估方式三种原模型的理论基础也是来自三大传统的评估方式,即批量评估的模型原理与三大传统的评估方式有着不可分割的关系,两者互为补充。

财产税的税基评估理论应用研究表明,批量评估方式是主要采用的评估方式,但也没有完全排除采用传统的个案评估方式。因为并不是所有的应税房地产都能适用批量评估方式,境内外以房地产为主的财产税的税基评估实践也都存在或多或少的个案评估方式。

在目前境内的存量房交易计税评估中,已有个别地区采用批量评估方式,而大部分地区仍采用个案评估方式。采用以市场比较法为基础的传统的个案评估方式将是今后一段时期大部分地区的存量房交易计税评估的主要方式。尽管如此,采用批量评估方式是存量房交易计税评估的发展方向。

二、税基评估的基本程序

根据税基评估方法体系不同,税基评估的基本程序可分为传统的税基评估程序和批量评估的税基评估程序。

从总体上说,税基评估程序与一般的资产评估程序并没有存在明显的区别,它一般也要遵循确定评估问题、收集并分析资料、选择应用评估途径(方法)和确定评估规则四大步骤。但是,在具体实施过程中,税基评估程序与一般的资产评估程序仍存在一些差别,具体表现如下:

第一,在确定评估问题上,为征税方提供税基评估服务的行为主体在进行税基评估时,一般不需履行与服务对象签订评估约定书的程序。他们的工作一般是按照税法规定的征税期间或税法规定的评估基准日,对需要评估的税基进行评估,供征税方作为计征依据或在该征税期间到来之前,对有关的税基(如财产价值或地价)进行评定并向社会公布,以便作为纳税人申报纳税的指南。因其工作性质具有公共服务活动的性质,所以不存在与服务对象签订评估约定书的环节。

当然,对于纳税方提供税基评估服务的行为主体,在进行税基评估时,与委托方签订评估约定书是确定评估问题步骤中的一项必不可少的程序。但在整个税基评估中,为征税方提供税基评估服务占主导地位。

第二,在收集并分析资料的过程中,税基评估除了与一般的资产评估具有相同的要求外,还要突出查阅与所评估税基有关的税收法律、法规、规章制度和拥有税法解释权的机关发布的有关税收政策,并以此作为税基的评定估算、确定从价税基价值的主要依据。

第三,在具体进行税基评估的过程中,必须严格遵循国家或地区当局的税收行政主管部门制定颁布的有关税收实施细则,包括评估方法的选择、评估报告包含的信息等都必须严格执行。当然,这些相关的税收实施细则并不是专门为税基评估制定的专业准则,但它们却明确了税收行政主管部门在各种税收事宜上的立场。

第四,在确定评估目的、基准日和选择适当的价值标准等方面都较一般的资产评估简单。由于税基评估仅仅是为征税或纳税需要而进行评估,所以目的十分明确。其评估基准日也是围绕征纳税需要,而且各个不同税种的税法对征纳税的时间都有具体的规定,边界也十分清楚。选择适当的价值标准也有明确的规定,即主要是从价税价值,所以,在税基评估的程序中确定评估目的、评估基准日和选择适当的价值类型都比一般的资产评估简单。因此,在税基评估的基本要素中,一般不需对这三个评估要素作太多的解释和说明。

(一)传统的税基评估程序

传统的税基评估方法体系的基本程序主要有:

(1)确定税基的税种、基准日;

(2)税基评估对象的清查核实和资料收集;

(3)开展传统评估方法体系的税基评估具体工作;

(4)撰写传统评估方法的税基评估报告;

(5)送达传统评估的税基评估结果。

(二)批量评估的税基评估程序

批量评估的税基评估方法体系的基本程序主要有:

(1)识别待评估资产;

(2)确定资产一致性性状的市场区域;

(3)识别影响市场区域中价值形成的特征因素(供给和需求);

(4)建立能反映此市场区域中影响价值特征因素相互间关系的模型(模型设定);

(5)校准模型从而确定影响价值的各个特征因素的作用(模型校准层次);

(6)把模型中所得到的结论应用于待评估资产;

(7)检测批量评估的结果;

(8)确定税基计税价值,送达最后税基的计税价值结果。

上述的模型设定和校准阶段其实是一个反复迭代的过程。评估师们常常先根据评估理论和经验设定一个模型,然后校准模型,当发现模型输出结果与预期不相符时(如在 MRA 中,某些特征变量的系数未能通过统计显著性检验等),评估师们会调整模型的设定,再次校准模型,并且重复上述过程直至模型统计显著为止。

当评估师应用批量评估方法体系评估资产时,除按上述的基本程序外,还要根据评估的目的和财产的不同,对批量评估的具体步骤做相应变动。在以从价税为目的的房地产批量评估体系中,其具体评估程序可概括如下:评估师首先必须根据地图、所有权凭证、财产地址和法律描述等资料确认目标财产和所有者,以及确认财产特征和被评估的财产权利(在评估基准日)。接着,必须制定标明所有假设、特别的限制环境、异常的假设和假定环境的 AVM 辅助文件。然后,评估师必须确定房地产样本并划分市场区域。再根据不同市场区域的特点调整模型。最后,一般还需要对所评估的目标财产进行比率研究。比率研究是将同个财产的估计价值与实际价值(如销

281

第二节 税基评估方式、基本程序和评估方法

售价格)相比较,是一个基于评估价值与市场价值比率的描述性统计环节。其中,评估价值是指从价税税基评估的价值,即在得到目标资产的估计价值后,评估师要将这个估计价值与目标资产自身或相似资产的价值或要价做比较以检验估计价值的合理性与一致性。如果无法通过一致性的复核,评估师必须放弃这个估计价值或做出调整。在比率研究过程中,通常要考虑的三类指标是:评估水平、垂直一致性和水平一致性。

此外,评估师有义务以非专业术语的方式向客户或其他相关的评估师提供解释批量评估的整个过程和结果的评估报告。

三、税基评估的基本方法

(一)税基评估的方法体系

目前,税基评估的方法可归结为以个案评估的传统方法为基础的税基评估方法体系和批量评估的税基评估方法体系。

1. 以个案评估的传统方法为基础的税基评估方法体系

在税基评估中,以个案评估的传统方法为基础的税基评估方法体系是相对于批量评估的税基评估方法体系而言的。该评估方法体系是以一般资产评估中主要评估方法为基础,结合税收评估的特点形成的用于未采用、或不能采用批量评估的税基评估方法体系的另一个税基评估方法体系。该税基评估方法体系主要由以市场法为基础的税基估价方法、以成本法为基础的税基估价方法、以收益法为基础的税基估价方法和以路线价格法为基础的税基估价方法组成。

(1)以市场法为基础的税基估价方法。税基评估不是以交易为目的的,而是为征税或纳税而进行的评估,所以,它并不发生产权变动,从而不存在比价的直接基础,那些能直接从交易市场获得从价税价值基础的也不必再进行估价。为征税或纳税而评估的税基价值不存在直接的比价基础,才会造成相当一部分的税基不能直接从市场交易中获得价值。加上税基评估除按评估有关法律、法规进行评定外,还需要结合税法规定的有关内容进行调整。因此,不能简单套用市场法对需评估的税基进行评定。同时,税基评估涉及征税与纳税双方的直接利益,双方对各自的利益都很重视,尤其是纳税一方(包括代表纳税方的评估主体)更为注重。所以,除了以实际的公开成交价格为估价基础,并运用相应的方法进行评估外,任何直接采用比较市场价格的估价标准和方法都不容易得到认可。在现实的税基评估中,大多数是以现行市价为基础,结合该税法的有关规定作相应调整后的结果为税基评估价值。如日本的地价税税基评估值,以公平市价为基础,根据持有者持有房地产的年限,按5%~40%的打折率来确定该税基的评估价值①。

(2)以成本法为基础的税基估价方法。一般资产评估中采用的重置成本法也不能直接将其套用在税基评估上。在税基评估中,它只能是以重置成本法或历史成本法为基础,再根据税法的有关规定作相应的调整后的价值为评估值。

(3)以收益法为基础的税基估价方法。一般资产评估采用的收益法应用与其在税基评估中的应用差别较大,具体表现在以下两个方面:一是收益期限计算不同,一

---

① 纪益成.日本房地产税课征制度.涉外税务,1995(4).

般资产评估中的收益期可分为有限期和无限期两种,而税基评估中的收益期限主要是计算有限期,而且大部分评估税基收益期是以一年为期。二是在税基评估中,采用收益法原理的评估一般不考虑其折现率,而在一般资产评估中,折现率的确定是收益法中的一个既重要又困难的参数。所以,在税基评估中也只能以收益现值为基础,再结合税法有关规定进行相应调整后的价值为评估值。

（4）以路线价格法为基础的税基估价方法。路线价格法在房地产评估一章中已有介绍,这里从略。目前,国外该项评估的技术已相当完善,而且被认为是一种具有迅速、公平和特别能合理反映不同土地价值差别特点的评估方法,其评估原理适用于土地税税基评估,值得借鉴和推广。当然,采用该方法对税基进行评估时,也不能简单地直接套用,它也要同时依据相应税法的有关规定进行调整、评估后才能作为从价税价值。

2. 批量评估的税基评估方法体系

批量评估（Mass Appraisal,MA）是 20 世纪 70 年代以来逐步在国外兴起的并在目前具有较大影响力的新评估模式,尤其是在用于财产类从价税的税基评估方面。1983 年,国际税收评估官员协会（International Association of Assessing Officers,IAAO）就已经颁布了有关三种基本方法（成本法、市场法和收益法）在批量评估方法体系中的评估应用准则。IAAO（2002）认为批量评估是在特定日期,利用共同的数据、标准化的方法和统计检验技术来评估一组财产的活动。国际资产评估准则也将其解释为在特定的日期,应用系统的、统一的、考虑到统计检验和结果分析的评估方法和技术以评估多个财产的活动。批量评估是将现代统计、数学技术等多种技术和系统综合起来,并融入传统评估方法原理中而产生的一种新的评估技术方法。在批量评估的税基评估方法体系中,目前主要应用的是 CAMA 模型（Computer-assisted Mass Appraisal）系统。

（二）批量评估税基评估方法体系的基本原理和基本模型简介

从评估方法的原理上看,批量评估是一种运用评估三大基本方法的原理、依据财产特征或跟踪财产价值随时间变化的趋势的时间系列等原理[1],并结合多元回归分析等数理统计技术,以及计算机电算化和地理信息系统等多种技术综合构成的评估方法系统,也就是用文字或公式表示的代表价值和反映供需因素的变量间关系的表达式。

这种批量评估方法不是三种传统评估方法的电算化,也不是回归分析、时间序列分析等统计技术与传统评估方法简单组合。它是以传统评估三大基本评估方法（成本法、市场法和收益法）的原理为基础,广泛地应用数理统计与计算机电算化等各种技术（如信息技术、多元回归分析、适应估计技术、人工神经网络以及时间趋势分析等）综合形成的新评估方法体系。也就是说,批量评估方法体系实际上是先根据目标评估资产与特定的评估环境选择相适应的评估理论（成本法、市场法和收益法）作为评估模型设定的理论依据（模型设定层次）,再根据所选择的模型和所能获得的信

---

[1]　批量评估主要还是以三种基本方法作为模型设定的理论基础的,但是这些根据评估理论模型设定出来以后,要利用校准技术对其进行校准,而选择何种技术,很大程度上要看模型的结构,如加成模型要用线性回归、乘数模型用非线性回归。所以,依据财产特征和时间序列原理的模型设定可以在评估理论设定的模型与校准技术之间构架一座桥梁,因为前者出身于评估体系,而后者源于统计和计算机技术。

息数据,选择具体的数理计量方法来校准技术以获得评估师所需要的目标财产价值估计和相关的模型中设定的系数(模型校准层次),运用计算机电算化实现评估主要过程的新评估方法体系。批量评估方法体系并不排斥传统的三大评估方法,相反的,它将这三种传统评估基本方法全都纳入其评估模型设定的基础理论框架。这不仅考虑了三种基本方法在不同评估环境下,针对不同类型资产时的适用性问题,而且最大化地扩大了用户和适用范围,评估师们都可以在批量评估的理论框架下找到适用于目标评估的基本方法理论。

批量评估基本模型的建立也是按照三种传统方法的思路进行的,下面分别对市场法、成本法和收益法思路下的批量评估基本模型进行介绍。

1. 市场法批量评估基本模型

根据销售比较法原理设定模型形式,包括可比销售法模型和直接市场法模型。

可比销售法模型指先建立一个确认可比销售样本的模型,然后再对可比销售财产样本与目标财产间的差异进行调整。

其模型公式为:

$$MV = SP_C + ADJ_C \tag{10-1}$$

式中:SP_C 为可比销售财产的销售价格;ADJ_C 为对可比销售财产的调整。

根据数学形式划分直接市场法模型的形式有:加成形式、乘数形式、混合形式。

加成形式:

$$MV = A_0 + A_1 \times X_1 + A_2 \times X_2 + \cdots + A_n \times X_n \tag{10-2}$$

乘数形式:

$$MV = A_0 \times X_1^{A_1} \times X_2^{A_2} \times \cdots \times X_n^{A_n} \tag{10-3}$$

或:

$$MV = A_0 \times X_1^{A_1} \times X_2^{A_2} \times A_3^{X_3} \times \cdots \times X_n^{A_n} \tag{10-4}$$

混合形式:

$$MV = A_0 + A_1 \times X_1 + X_2^{A_2} \times A_2^{X_2} + \cdots + X_n^{A_n} \tag{10-5}$$

式中:MV 为目标财产的市场价值;X_i 为自变量;A_i 为相应自变量的系数;i 为 $0,1,2,\cdots,n$。

根据设定的模型形式选择适合的校准技术:

(1)加成形式的模型适用多元线性回归的校准技术;

(2)乘数形式的模型可以直接使用非线性回归技术校准,也可以转化为对数线形模型,再使用多元线性回归的校准技术;

(3)混合形式的模型可以使用非线性回归校准,也可以使用适应估计技术校准。

2. 成本法批量评估基本模型

先分别估计建筑物和土地价值,然后再将它们加总以得到不动产整体市场价值。

$$MV = \pi GO \times (\pi BQ \times \sum BA + \pi LQ \times \sum LA + \sum OA) \tag{10-6}$$

式中:MV 是目标财产的市场价值;πGO 是整体定性变量的乘积,表示影响建筑物和土地价值的一般质量变量;πBQ 是建筑物定性变量的乘积,表示建筑物折旧因子;$\sum BA$ 是建筑物可加变量的加总,表示建筑物基本价值的和;πLQ 表示土地定性变量的乘积;$\sum LA$ 是土地可加变量的加总,表示土地基本价值的和;$\sum OA$ 是其他可加变量的加总。

3. 收益法批量评估基本模型

收益法是基于价值是未来收益的现在价值这一前提的。从这点出发,衍生出两类代表着确定未来收益的现在价值的不同思路的评估模型:多期收益资本化模型与直接资本化模型。收益法批量评估模型是在直接资本化模型的基础上建立的模型,其主要是适用于收益性应税房地产的税基评估。

在应用收益法模型评估税基价值时,评估师必须估计每期能获得的收益。终期的收益应该包括财产的再销售价值,其可以高于或者低于现值。如果预期财产将会在整个经济寿命期内被持有的话,那么只会存在残余价值。如果预期建筑物的处置存在净成本,则这个价值可以是负的。

收益率直接从市场获取的直接资本化模型更加容易应用,而且在批量评估中更为普遍。一般只使用第一年的收益,也没有必要去估计归还价值(即在持有期期末通过销售实现的价值和)。总资本化率要同时包括资本的报酬和资本的再获取收益。因此,直接模型的公式是:

$$MV = \frac{NOI}{OAR} \qquad (10-7)$$

式中:NOI(Net Operating Income)为净营业收入;OAR(Overall Capitalization Rate)为总资本化率。

在应用直接模型的收益性房地产的税基评估时,如果使用毛收益(GI)来代替NOI,那么上述关系式就要变为:

$$MV = GI \times GIM \qquad (10-8)$$

式中:GIM 为毛收益乘数,它是公式(10-7)中总资本化率的倒数,即 $GIM = 1/OAR$。

在批量评估中,收益估计(NOI 或者 GI)必须基于目标财产和可比财产的分析,所使用的数据必须反映出一般的管理与费用。OAR 和 GIM 应该从投资者预期、市场标准以及可比较销售(如果可以获得的话)的分析中获得。

第三节　存量房交易税基评估的依据与案例

一、存量房交易税基评估的依据

存量房交易税基评估也称存量房交易计税评估。它是指在房地产交易环节征税时,对所涉及税种的税基进行价值评估,并以评估价值作为存量房交易征税的计税依据。

(一)存量房交易税基评估的产生背景

我国自改革开放以来,随着国民经济的发展,房地产业的发展非常迅速,很快成为国民经济支柱产业。从 2005 年起,国务院开始加强对房地产市场的引导和调控,并要求各地区、各部门要把解决房地产市场调控中的问题作为当前加强宏观调控的一项重要任务。为进一步加强对房地产市场的引导和调控,及时解决商品住房市场运行中的矛盾和问题,努力实现商品住房供求基本平衡,切实稳定住房价格,促进房地产业的健康发展,需要加强对房地产市场的宏观调控,充分运用税收等经济手段调节房地产市场,加大对投机性和投资性购房等房地产交易行为的调控力度。

（二）我国房地产税收的有关税种和房地产税收管理的相关税收政策

1. 我国房地产税收的有关税种简介

我国的房地产税收是指取得土地使用权和房地产开发、交易、保有等环节开征的各个税种的简称。我国的房地产税收涉及的税种有:增值税、城市维护建设税、教育费附加、企业所得税(纳税人是企业)、个人所得税、土地增值税、城镇土地使用税、房产税、印花税、耕地占用税、契税(纳税人是购房人)等。其中,房地产交易环节涉及的税种有:增值税、城市维护建设税、教育费附加、企业所得税、个人所得税、土地增值税、印花税、耕地占用税、契税等。房地产保有环节涉及的税种只有城镇土地使用税和房产税。

2. 2005年以来为加强房地产税收管理出台的相关税收政策

2005年5月9日,国务院办公厅转发由建设部、发展改革委、财政部、国土资源部、中国人民银行、国家税务总局等七个部门联合制定的《关于做好稳定住房价格工作意见》的通知(国办发〔2005〕26号)。为贯彻落实国办发〔2005〕26号文件,进一步加强房地产税收征管,促进房地产市场的健康发展,国家税务总局、财政部、建设部于2005年5月27日共同发布了国税发〔2005〕89号文件《国家税务总局、财政部、建设部关于加强房地产税收管理的通知》,该文件规定:① 2005年6月1日后,个人将购买不足2年的住房对外销售的,应全额征收营业税。② 2005年6月1日后,个人将购买超过2年(含2年)的符合当地公布的普通住房标准的住房对外销售,应持该住房的坐落、容积率、房屋面积、成交价格等证明材料及地方税务部门要求的其他材料,向地方税务部门申请办理免征营业税手续。地方税务部门应根据当地公布的普通住房标准,利用房地产管理部门和规划管理部门提供的相关信息,对纳税人申请免税的有关材料进行审核,凡符合规定条件的,给予免征营业税。③ 2005年6月1日后,个人将购买超过2年(含2年)的住房对外销售不能提供属于普通住房的证明材料或经审核不符合规定条件的,一律按非普通住房的有关营业税政策征收营业税。④ 个人购买住房以取得的房屋产权证或契税完税证明上注明的时间作为其购买房屋的时间。⑤ 个人对外销售住房,应持依法取得的房屋权属证书,并到地方税务部门申请开具发票。⑥ 对个人购买的非普通住房超过2年(含2年)对外销售的,在向地方税务部门申请按其售房收入减去购买房屋价款后的差额缴纳营业税时,需提供购买房屋时取得的税务部门监制的发票作为差额征税的扣除凭证。

2006年5月24日,国务院办公厅转发建设部、发展改革委、财政部、国土资源部、中国人民银行、国家税务总局等九个部门联合制定的《关于调整住房供应结构稳定住房价格意见的通知》(国办发〔2006〕37号)。为贯彻落实国办发〔2006〕37号文件,抑制投机和投资性购房需求,进一步加强个人住房转让营业税征收管理,财政部、国家税务总局于2006年6月16日发布了《财政部、国家税务总局关于调整房地产营业税有关政策的通知》(财税〔2006〕75号),该文件规定:2006年6月1日后,个人将购买不足5年的住房对外销售的,全额征收营业税;个人将购买超过5年(含5年)的普通住房对外销售的,免征营业税;个人将购买超过5年(含5年)的非普通住房对外销售的,按其销售收入减去购买房屋的价款后的余额征收营业税。税务部门要严格税收征管,防止漏征和随意减免。

为贯彻落实《国务院办公厅关于促进房地产市场健康发展的若干意见》(国办发〔2008〕131号)关于进一步鼓励普通商品住房消费的精神,促进房地产市场健康发展,2008年12月29日,财政部、国家税务总局发布了《财政部、国家税务总局关于个人住房转让营业税政策的通知》(财税〔2008〕174号),该文件规定:自2009年1月1日至12月31日,个人将购买不足2年的非普通住房对外销售的,全额征收营业税;个人将购买超过2年(含2年)的非普通住房或者不足2年的普通住房对外销售的,按照其销售收入减去购买房屋的价款后的差额征收营业税;个人将购买超过2年(含2年)的普通住房对外销售的,免征营业税。该文件同时废止财税〔2006〕75号文件。

2009年12月23日,财政部、国家税务总局发布了《财政部、国家税务总局关于调整个人住房转让营业税政策的通知》(财税〔2009〕157号),该文件规定:自2010年1月1日起,个人将购买不足5年的非普通住房对外销售的,全额征收营业税;个人将购买超过5年(含5年)的非普通住房或者不足5年的普通住房对外销售的,按照其销售收入减去购买房屋的价款后的差额征收营业税;个人将购买超过5年(含5年)的普通住房对外销售的,免征营业税。该文件同时废止财税〔2008〕174号文件。2011年1月27日,财政部、国家税务总局发布了《财政部、国家税务总局关于调整个人住房转让营业税政策的通知》(财税〔2011〕12号),该文件规定:从2011年1月起,个人将购买不足5年的住房对外销售的,全额征收营业税;个人将购买超过5年(含5年)的非普通住房对外销售的,按照其销售收入减去购买房屋的价款后的差额征收营业税;个人将购买超过5年(含5年)的普通住房对外销售的,免征营业税。该文件同时废止财税〔2009〕157号文件。从2011年至2015年3月30日,我国转让个人住房营业税的税收政策一直按财税〔2011〕12号文件的规定执行。从2015年3月31日起,我国转让个人住房营业税的税收政策开始按财税〔2015〕39号文件的规定执行,财税〔2011〕12号文件同时废止。该文件规定:从2015年3月31日起,个人将购买不足2年的住房对外销售的,全额征收营业税;个人将购买超过2年(含2年)的非普通住房对外销售的,按照其销售收入减去购买房屋的价款后的差额征收营业税;个人将购买超过2年(含2年)的普通住房对外销售的,免征营业税。从2016年2月22日起,除北京市、上海市、广州市、深圳市外,我国转让个人住房营业税的税收政策开始按财税〔2016〕23号文件中的"二、关于营业税政策"的规定执行。即从2016年2月22日起,全国除"北、上、广、深"城市外的其他地方的个人将购买不足2年的住房对外销售的,全额征收营业税;个人将购买2年以上(含2年)的住房对外销售的,免征营业税。同时对这些地区个人转让住宅也不再区分普通住房和非普通住房。而"北、上、广、深"四个城市仍执行财税〔2015〕39号文件的规定。

随着"全面营改增"的推进,从2016年5月1日起,自然人、增值税小规模纳税人和一般纳税人转让不动产(包括以直接购买、接受捐赠、接受投资入股、自建以及抵债等各种形式取得的不动产),均要按国家税务总局2016年第14号公告《纳税人转让不动产增值税征收管理暂行办法》的规定执行,对原来存量房转让缴纳的营业税都按相关规定改为缴纳增值税。尽管原来存量房转让缴纳的营业税都按相关规定改为缴纳增值税,但对个人住房转让的持有年限仍按财税〔2016〕23号文件(持有年限与财税〔2015〕39号文件规定年限相同)中的规定执行,而"北、上、广、深"对个人住房转让的持有年限和对普通住房与非普通住房的相关税收政策仍按财税〔2015〕39号文件中的规定执行。

（三）实行存量房交易计税评估的有关税收政策规定

为进一步加强对房地产市场的引导和宏观调控，稳定住房价格，促进房地产业的健康发展，国家充分运用税收等经济手段调节房地产市场。虽然自 2005 年以来，国家就开始对存量房交易征收营业税和相关税收，但因房地产税收管理工作缺乏一体化，存量房交易的征税也一直没有实行计税评估，存量房交易的纳税人也普遍存在利用阴阳合同逃避营业税等税收，导致个人住房转让营业税政策不仅没能在宏观调控房价方面较好地发挥作用，还造成存量房交易环节的税收大量流失。为进一步深入推进房地产税收一体化管理工作和解决利用阴阳合同逃避存量房交易的营业税和相关税收的问题，2009 年 7 月起，在全国范围内对存量房交易征收营业税全部实行以评估结果为税基的计税制度，评估业在这里发挥了重要作用。为深入推进房地产税收一体化管理，规范房地产交易环节计税价格核定办法，提高征管水平，各省、自治区、直辖市和计划单列市财税部门开展了应用评税技术核定房地产交易环节计税价格的工作。为进一步深入推进房地产税收一体化管理工作，明确业务需求，规范操作程序，提高信息的传递、使用效率，国家税务总局于 2007 年 10 月 17 日发布了《国家税务总局关于印发〈房地产税收一体化管理业务规程〉的通知》（国税发〔2007〕114号）。为深入推进房地产税收一体化管理，规范房地产交易计税价格核定办法，国家决定在全国范围内开展应用房地产评税技术核定交易环节计税价格工作。财政部、国家税务总局于 2009 年 7 月 6 日发布了《财政部国家税务总局关于开展应用房地产评税技术核定交易环节计税价格工作的通知》（财税〔2009〕100 号），该文件的附件是《应用房地产评税技术核定交易环节计税价格工作方案》。为了统一财税〔2009〕100 号文件下发以来对应用房地产评税技术加强存量房交易税收征管工作的认识，消除少部分地区在认识上存在的误区和工作进展不快的问题，加快推进应用房地产评税技术核定交易环节计税价格工作，财政部、国家税务总局于 2010 年 11 月 15 日发布了《关于推进应用房地产评税技术加强存量房交易税收征管工作的通知》（财税〔2010〕105 号）。2011 年 7 月 13 日，财政部、国家税务总局发布了《财政部国家税务总局关于推广应用房地产估价技术加强存量房交易税收征管工作的通知》（财税〔2011〕61 号）。除上述对存量房交易计税评估的税收政策规定外，国家税务总局于 2013 年 12 月 9 日发布了《关于进一步加强存量房交易税收征管工作的通知》（税总发〔2013〕129 号）。

由于从 2016 年 5 月 1 日起实行全面营改增试点，原先征收的营业税是含价税，而增值税是不含价税，而且转让应税不动产又涉及自然人、增值税小规模纳税人、一般纳税人等不同的纳税人，他们分别适用不完全相同的具体税收政策，这就使得存量房交易计税评估的具体业务比全面营改增前的更为复杂和多样。

（四）存量房交易计税评估的组织和工作模式

应用评估技术核定存量房交易计税价格不仅是规范交易环节税收征管的需要，而且是评估技术与实践相结合，检验、提高评估技术的需要。

1. 存量房交易计税评估的组织

开展存量房交易计税评估需要所在地的财税部门做好相关组织和准备工作，通过成立存量房交易计税评估工作领导小组和工作实施小组,加强与地方政府及相关部门的沟通和交流,争取支持存量房交易计税评估工作。领导小组成员一般由所在地的财税部门主管领导,国土、房产、建设、规划等相关部门负责人员参加。存量房交易计税评估实施小组成员主要由财税部门业务人员组成,小组人员应熟悉房地产税收征管业务,掌握房地产评估理论和操作实务,能熟练操作计算机,也可聘请相关部门工作人员及计算机专家、评估专家作为小组成员。

2. 存量房交易计税评估的工作模式

开展存量房交易计税评估的工作模式有三种:第一种是全部计税评估技术工作由所在地方的财税征收机关承担。第二种是计税评估技术工作由所在地方的财税征收机关与相关部门、单位合作完成。第三种是将部分或全部计税评估技术工作委托相关部门、单位或专业机构承担。采用委托方式的,委托的财税征收机关提供技术需求,受托单位须严格按照需求完成所承担的技术工作,并需要得到委托的财税征收机关的认可。

（五）存量房交易计税评估的方式和方法

1. 存量房交易计税评估的方式

由于存量房交易计税评估的对象是对应税法和税收政策规定的应征税的交易存量房(个人住房、单位住房和单位其他房产),存量房交易计税评估通常采用个案评估方式,在条件具备的情况下也可以采用批量评估方式。[①] 近几年的存量房交易计税评估的实践中,除深圳、杭州、长沙等城市的计税评估方式采用批量评估方式外,全国大部分地区的存量房交易计税评估采用的是个案评估方式。

2. 个案评估方式下的存量房交易计税评估的方法

在采用个案评估方式下,核定房地产交易环节计税价格主要采用以市场法为基础的计税评估方法,对交易量较少的房地产的计税价格也可考虑采用以成本法为基础的计税评估方法。对具有收益或潜在收益的交易案例相对较少,无法采用以市场法为基础的计税评估方法的房地产,可考虑采用以收益法为基础的计税评估方法。

二、存量房交易增值税的税基评估举例

（一）存量房交易增值税的税基评估的举例概况

国内某市的税务局采用与相关部门、单位合作完成的工作模式,以 2018 年 10 月 1 日为评估基准日,依据 33 个交易存量房的基本数据资料开展评估,将评估值和最终涉及的存量房交易的增值税[②]进行对比、运用。

（二）计税评估依据

1. 税收法规和税收政策依据

---

① 由于客观上存量房存在多样性,在采用批量评估方式中,总是会存在一部分特殊的应税存量房不适用批量评估方式而需要采用个案评估的方式,所以,即使在几个采用批量评估方式的城市中,也并不存在单纯的批量评估方式。

② 按我国全面实施"营改增"试点之前的税收制度规定,对存量房交易涉及的税种除营业税外,还包括:城市维护建设税、教育费附加、企业所得税(企业出售房产取得所得)、个人所得税、土地增值税、印花税、契税(购买房者)等税种,而且存量房交易涉及的应税房地产还包括住宅类房地产和非住宅类房地产两大类,非住宅类房地产的计税评估与住宅类的计税评估又不完全一样,限于篇幅和内容的复杂性,这里仅分析住宅类房地产存量房交易涉及的增值税的税基评估。

（1）开展计税评估所依据的税收法规和税收政策。对存量房交易征收增值税所依据的税收法律法规主要是 2016 年 5 月 1 日实施的《营业税改征增值税试点实施办法》《营业税改征增值税试点有关事项的规定》《营业税改征增值税试点过渡政策的规定》及各省、市、自治区的相关规定。

（2）开展计税评估所依据的计税评估税收政策为：国税发〔2007〕114 号《国家税务总局关于印发〈房地产税收一体化管理业务规程〉的通知》，财税〔2009〕100 号《财政部国家税务总局关于开展应用房地产评税技术核定交易环节计税价格工作的通知》，财税〔2010〕105 号《关于推进应用房地产评估技术加强存量房交易税收征管工作的通知》，财税〔2011〕61 号《财政部国家税务总局关于推广应用房地产估价技术加强存量房交易税收征管工作的通知》，以及税总发〔2013〕129 号《关于进一步加强存量房交易税收征管工作的通知》。

2. 评估相关法律依据

与非涉税的房地产评估基本相同，略。

3. 房地产交易市场和存量房交易价格及相关经济资料

与非涉税的房地产评估基本相同，略。

4. 存量房交易情况和纳税人申报相关信息

存量房交易时间（月份）、交易房地产的面积、外部环境评分、是否有电梯、房龄、交易前持有年限、房产类别、产权性质、片区均价等信息如表 10-1 所示。

表 10-1　收集整理的交易存量房评估的基本数据

序号	片区均价（平方米）	房屋面积（平方米）	外部环境评分（层高、朝向、景观、交通等）	出售房屋的月份	是否有电梯	房龄（年）	持有年限①	产权性质②	房产类别③
1	23 000	97	4	10	无	15	<	A	普
2	23 500	87	3	7	无	20	<	A	普
3	22 000	106	3	10	无	13	<	A	普
4	20 000	87	4	9	无	17	<	A	普
5	20 000	89	3	10	无	18	<	A	普
6	19 000	90	4	10	无	8	<	A	普
7	21 000	91	5	4	无	16	<	A	普
8	25 000	110	2	10	无	13	<	A	普
9	30 000	128	5	8	有	15	<	A	非普
10	20 000	74	2	6	无	20	<	A	普
11	26 000	127	5	7	有	14	<	A	普
12	28 000	97	5	10	有	16	<	A	普

序号	片区均价（平方米）	房屋面积(平方米)	外部环境评分（层高、朝向、景观、交通等）	出售房屋的月份	是否有电梯	房龄(年)	持有年限①	产权性质②	房产类别③
13	25 000	110	2	9	无	19	<	A	普
14	31 000	143	3	4	有	13	≥	A	非普
15	21 000	86	2	6	无	22	<	A	普
16	27 000	115	3	4	有	14	<	A	普
17	20 000	87	3	8	无	20	<	A	普
18	27 000	96	3	10	有	14	<	A	普
19	24 000	117	3	5	有	10	<	A	普
20	30 000	112	5	4	有	10	<	A	非普
21	21 000	97	3	8	无	20	<	A	普
22	17 000	103	3	4	无	15	<	A	普
23	28 000	118	5	5	无	10	<	A	普
24	26 000	102	4	6	有	10	<	A	普
25	27 000	106	3	10	无	10	<	A	普
26	29 000	114	4	5	有	10	<	A	普
27	28 000	91	3	7	有	10	<	A	普
28	21 000	110	3	8	无	17	<	A	普
29	30 000	182	4	9	有	15	<	A	非普
30	20 000	104	3	10	无	19	<	A	普
31	20 000	88	3	6	无	21	≥	A	普
32	21 000	79	2	5	无	20	<	B	普
33	19 000	91	3	9	有	19	≥	C	普

注：① 持有年限：原指存量房交易的出让人在出让前持有的年限，这里是根据现行征免税规定，以大于或等于 5 年(免税)和小于 5 年(征税)表示，表中的≥和<分别表示≥5 年和<5 年。

② 产权性质：A——个人所有住房；B——企业所有住房；C——机关单位所有的公有住房。

③ 房产类别：是指"普通住房"与"非普通住房"，表中简称"普"和"非普"，普通住房与非普通住房的标准划分是在国办发〔2005〕26 号文件规定的基础上，结合该地区省级政府的规定确定的。

（三）计税评估工作流程

1. 调查房地产市场及影响房地产价格的因素，建立房地产数据信息库

调查分析本地区房地产市场及影响房地产价格的因素，具体包括：本地区房地

产市场的状况,房地产分布的特点与规律,房地产价格在不同区域间呈现差异性的原因,土地定级情况、基准地价及修正系数等。在调查分析的基础上,细分区域,实地勘测或利用纳税申报资料、国土和房管部门信息等方式,采集数据,建立数据信息库。

2. 应用软件实施计税评估及核定计税价格

根据调查情况,分析本地房地产市场价格水平和价格影响因素,根据国家税务总局提供的通用软件清单,从中选择适用本地区房地产市场特点、价格影响因素及房地产税收征管工作情况的软件系统,对通用软件的功能设置、基准价格及指标、公式和参数等进行本地化修改及检验,建立适用本地区计税评估技术的标准,并以本地化后的计税评估软件为依托,实施应用评估技术核定交易环节计税价格工作。

3. 建立计税价格争议解决机制

按照公平、简便、有效化解征纳矛盾的原则,在现行法律法规框架下,制定适合本地情况的争议处理办法,建立评估结果争议处理机制。

(1)履行事前告知程序。在纳税人申报前,应向纳税人告知虚假申报应承担的法律责任及相应处罚标准。

(2)建立争议处理机制。因纳税人对核定价格持有异议而引发争议的,应根据本地情况探索解决办法,并形成长期机制。

(四)选择计税评估方法

在本案例中,评估对象都是在存量房交易市场可以找到可比参考交易案例的住宅,采用的是以市场法为基础的个案评估方式下的计税评估方法。即在市场法(通过收集与分析可比房地产的市场交易价格情况,确立房地产的价格比较基准,调整或修正相关数据)的基础上,根据财税〔2009〕100号、财税〔2010〕105号、财税〔2011〕61号和税总发〔2013〕129号等对存量房交易计税评估的税收政策规定,对增值税征税对象应用计税评估技术。

(1)市场法原理和基本计算公式。通过对类似房地产交易市场的调查和了解,将估价对象与近期有过类似交易的房地产进行比较,选取三例可比实例进行交易情况、交易日期、区域因素、个别因素的修正,并测算分析,以此估算估价对象的客观合理价格。

市场法基本计算公式为:

$$\frac{\text{评估对象的}}{\text{合理价格}} = \frac{\text{比较实}}{\text{例价格}} \times \frac{\text{交易情况}}{\text{修正系数}} \times \frac{\text{交易日期}}{\text{修正系数}} \times \frac{\text{区域因素}}{\text{修正系数}} \times \frac{\text{个别因素}}{\text{修正系数}}$$

(2)形成以市场比较法为基础的计税评估的应用技术。在市场比较法的基础上,根据增值税暂行条例和对存量房交易的税收政策以及计税评估政策规定,形成以计税评估软件为依托的存量房交易增值税计税评估技术。

(五)存量房交易计税评估值与申报交易价比对后的计税处理

在收集和分析市场销售数据和相关资料后,运用以市场比较法为基础的计税评估应用技术开展存量房交易计税评估,并根据《营业税改征增值税试点过渡政策的规定》的具体规定,比较申报纳税价格与计税评估值,确定计税评估结果的计税处理(如表10-2所示)。

(1)在表10-1中,交易存量房数据共有33个,而在表10-2中交易存量房项目只剩下 32 个,因为在表 10-1 中第 33 项属于机关单位转让的公有住房,产权属机关事业单位的国有资产出售范围,根据相关税收法律法规和政策的规定,对公有住房的出售有些是免征增值税和其他税种的,有些虽需要征收增值税和其他税种,但其并不属于相关法规所规定的征税范围,也不受到持有年限长短的限制,故也将其排除在应税对象的评估值讨论范围。

（2）在表 10-2 中,第 32 项是企业出售的住房,其转让时的纳税人是企业,对其转让的房产虽也要征收增值税和相应的税种,但不是按个人住房转让征税办法处理,根据《营业税改征增值税试点有关事项的规定》《营业税改征增值税试点过渡政策的规定》,以全部收入减去抵债时该项不动产或土地使用权作价后的余额为营业额来征收。

（3）在表 10-2 中,第 31 项是个人住房(普通住房),其转让时持有年限超过(满)5 年,其交易属于适用《营业税改征增值税试点过渡政策的规定》规定的免税范围,并已办理免税申报相关手续。所以,第 31 项虽然要纳入计税评估的范围并进行计税评估,但因税收政策规定免税,该项评估结果并没有直接使用。

（六）计税价格核定效果检验（略）

（七）存量房交易计税评估计算举例和评估结果使用（补交增值税额）说明

按个人住房转让增值税政策规定和存量房交易税收征管的有关程序,存量房交易计税评估的计税结果的计税处理需要比较申报纳税价格与计税评估值的差异情况后,再区分"免征增值税"和"应征增值税"两类不同的情况,分别进行征管。对满足《营业税改征增值税试点过渡政策的规定》所规定的免征增值税的对象,在办理免税申报相关手续并得到税务部门批准后就可免税。对《营业税改征增值税试点过渡政策的规定》所规定应征增值税的对象,要根据不同的情况分别"按申报额计征""按实际申报价计征"和"按计税评估值计征"等确定计税评估结果和进行计税处理(如表 10-3 所示)。

存量房交易计税评估结果应用和增值税的税额计算[①]分下列三种情况：

（1）对申报额明显低于计税评估值的,按评估值计征增值税。在表 10-3 中,第 3 项最后得出税基计税价值为 243.8 万元,应补交增值税税额为 6.12 万元。

税基计税价值=税基评估价值=243.8 万元

应补交增值税税额=（税基评估价值-申报计税金额）×增值税税率（5%）

$$= (243.8 万元 - 121.4 万元) \times 5\%$$

$$= 6.12 （万元）$$

在表 10-3 中,第 9、11、12、14、20、23、24、26、27 和 29 项以此类推,分别按其存量房交易纳税人的税基评估价值计征增值税,并补交相应的增值税。

值得注意的是,其中的第 14 项虽也是申报纳税的计税金额明显低于计税评估值,但该存量房是非普通住房,而且其持有期限已≥2 年,其补交增值税是按评估值减去购入房价后的差额征收的。

第 14 项的税基计税价值为 250.45 万元,其应补交增值税税额为 5.09 万元。

---

① 在实际计算税额时,除增值税税额外,还应征收城市维护建设税和教育费附加,为方便计算,这里只计算增值税税额。

单位（人民币）：万元

表10-2 交易存量房项目评估结果及申报交易价对比后计税处理

序号	计税评估值	与纳税人申报交易价对比结果	比对结果的计税处理	计税说明	序号	计税评估值	与纳税人申报交易价对比结果	比对结果的计税处理	计税说明
1	222.7	基本一致	按申报计税金额计税	以申报计税金额计税增值税	17	176.6	超评估值	按申报计税金额计税	以申报计税金额计税增值税
2	191.35	基本一致	按申报计税值计税	同上	18	264	基本一致	按申报计税金额计税	同上
3	243.8	仅为评估值的50%	按评估值计税	以计税评估值征增值税	19	292.5	基本一致	按申报计税金额计税	同上
4	178.35	基本一致	按申报计税金额计税	以申报计税金额计税增值税	20	347.2	基本一致	按申报计税金额计税	同上
5	182.45	仅为评估值的90%	接受说明原因，按申报计税金额计税	同上	21	203.7	基本一致	按申报计税金额计税	同上
6	184.5	基本一致	按申报计税金额计税	同上	22	190.55	基本一致	按申报计税金额计税	同上
7	191.1	基本一致	按申报计税金额计税	同上	23	342.2	仅为评估值的70%	按评估值计税	以计税评估值计税值税
8	286	仅为评估值的85%	接受说明原因，按申报计税金额计税	同上	24	275.4	仅为评估值的60%	按评估值计税	同上
9	396.6	仅为评估值的50%	按评估值计税	以计税评估值计税增值税	25	291.5	基本一致	按申报计税金额计税	以申报计税金额计税增值税
10	151.7	基本一致	按申报计税金额计税	以申报计税金额计税增值税	26	336.3	仅为评估值的50%	按评估值计税	以计税评估值计税值税

序号	数值	描述	计税方式	增值税征收
11	270.3	仅为评估值的70%	按评估值计税	以计税评估值计征增值税
12	276.45	仅为评估值的40%	按评估值计税	同上
13	275	基本一致	按申报计税金额计税	以申报计税金额计征增值税
14	450.45	申报计税金额（已扣除其购入价200万元）仅为评估值的33%	按评估值计税	非标准住房且持有≥2年，按评估值减去其购入房价后的差额征收增值税
15	180.6	基本一致	按申报计税金额计税	以申报计税金额计征增值税
16	239.25	基本一致	按申报计税金额计税	同上
27	263.9	仅为评估值的35%	按评估值计税	同上
28	231	超评估值	按申报计税金额计税	以申报计税金额计征增值税
29	549	仅为评估结果的40%	按评估值计税	以计税评估值计征增值税
30	218.4	超评估值	按申报计税金额计税	以申报计税金额计征增值税
31	180.4	基本一致	按申报计税金额计税	普通住房持有≥5年，免征收增值税
32	165.9	基本一致	按申报计税金额计税	是企业房产，其征收增值税办法有别

表 10-3 交易存量房应缴(补缴)增值税额

单位(人民币):万元

序号	计税评估值	申报计税金额	已交税额	补交税额	序号	计税评估值	申报计税金额	已交税额	补交税额
1	222.7	基本一致	按申报计税金额计税	0	17	176.6	180	按申报计税金额计税	0
2	191.35	基本一致	按申报计税金额计税	0	18	264	基本一致	按申报计税金额计税	0
3	243.8	121.4	按评估值计税	6.12	19	292.5	基本一致	按申报计税金额计税	0
4	178.35	基本一致	按申报计税金额计税	0	20	347.2	仅为评估值的 50%	按评估值计税	8.68
5	182.45	仅为评估值的 90%	接受说明原因，按申报计税金额计税		21	203.7	基本一致	按申报计税金额计税	0
6	184.5	基本一致	按申报计税金额计税	0	22	190.55	基本一致	按申报计税金额计税	0
7	191.1	基本一致	按评估值计税	0	23	342.2	仅为评估值的 70%	按评估值计税	5.133
8	286	仅为评估值的 85%	接受说明原因，按申报计税金额计税	0	24	275.4	仅为评估值的 60%	按评估值计税	5.508
9	396.6	仅为评估值的 50%	按评估值计税	9.915	25	291.5	基本一致	按申报计税金额计税	0
10	151.7	基本一致	按申报计税金额计税	0	26	336.3	仅为评估值的 50%	按评估值计税	10.089
11	270.3	仅为评估值的 70%	按评估值计税	3.378 6	27	263.9	仅为评估值的 35%	按评估值计税	9.896 3
12	276.45	仅为评估值的 40%	按评估值计税	9.261 1	28	231	超评估值	按申报计税金额计税	0
13	275	基本一致	按申报计税金额计税	0	29	549	仅为评估结果的 40%	按评估值计税	19.215

序号	申报计税金额（已扣除其购入价为200万元）（仅为评估值的33%）	评估值	增值税处理	税额	序号	评估值	评估值比较	计税处理	备注
14	450.45	按评估值计税，非标准住房且持有≥2年，按评估值减去其购入房价的差额征收增值税	5.09	按申报计税金额计税	30	218.4	超评估值	按申报计税金额计税	0
15	180.6	基本一致	0	按申报计税金额计税	31	180.4	基本一致	普通住房，持有≥5年，免征增值税	免税
16	239.25	基本一致	0	按申报计税金额计税	32	165.9	基本一致	按申报计税金额计税	是企业房产，其增值税收增值税办法有别

税基计税价值＝税基评估价值−购入价值＝450.45 万元−200 万元＝250.45 万元

应补交增值税税额＝（税基评估价值−申报计税金额）×增值税税率（5%）

$$=（250.45 万元−148.65 万元）×5%$$

$$=5.09（万元）$$

（2）对申报计税金额与计税评估值基本一致的,按其申报计税金额计征增值税,其需补交的增值税税额为 0。

在表 10-3 中,第 1、2、4、5、6、7、8、10、13、15、16、18、19、21、22 和 25 项都属于这种情形,其都无须补交增值税税额。

（3）对申报计税金额超出计税评估值的,按其申报计税金额计征增值税(不是以计税评估值计征增值税),也无须补交增值税税额。

在表 10-3 中,第 17、28 和 30 项都属于这种情形。

三、存量房交易的税基评估分析

（一）存量房交易的计税评估与非计税评估的讨论

从本节的第一、第二部分可以看出:虽然存量房交易的计税评估的评估对象与存量房的非计税评估(即一般的房地产评估)的评估对象都是房地产,而且都主要是对存量房的评估,但是,从评估所依据的税收法规和税收政策、评估的目的、评估所采用的评估方式和方法,以及对评估结果的计算等方面看,二者是两类性质不同的房地产评估。因此,有必要对存量房交易的计税评估与存量房交易的非计税评估之间存在的区别与联系展开讨论,尤其是要深入讨论两者之间的区别,避免混淆。

（二）存量房交易计税评估的评估方式讨论

个案评估方式与批量评估方式是两种不同的评估方式,在从价税的税基评估中,存在个案评估方式和批量评估方式。目前在我国存量房交易计税评估的实践中,采用的评估方式既有个案评估方式也有批量评估方式。本节没有对批量评估方式下的存量房交易计税评估进行举例(仅简要介绍个案评估方式)。但是,为了更好地学习和掌握存量房交易计税评估、存量房计税评估(房地产保有环节的计税评估)和其他可以同时采用个案评估方式和批量评估方式的非计税评估,就需要对批量评估方式下的存量房交易计税评估展开讨论。

若在批量评估方式下开展存量房交易计税评估,也可以直接用以市场法为理论基础的模型设立和以多元回归分析为模型校准的批量评估。大批量的存量房交易计税评估,应注意采用个案评估方式下的计税评估与采用批量评估方式下的计税评估在评估模型设立、校准和检验以及操作应用程序等方面的差异。

（三）存量房交易营业税计税评估（2016 年 5 月 1 日前）与存量房交易增值税计税评估（2016 年 5 月 1 日起）的讨论

在我国的税收分类中,营业税与增值税都属于流转税类,而且自 1984 年至 2016年 4 月 30 日,两个税种一直并存。从 2005 年到 2016 年 5 月 1 日全面营改增试点前,存量房交易都是征收营业税,并由当时的地方税务局负责征管。全面营改增试点后,存量房交易营业税就改为征收增值税,而且从 2018 年 3 月 13 日起,省级和以下国地税机构开始合并。存量房交易营业税计税评估所依据的税收法规和政策主要是营业税暂行条例和相关税收政策,而存量房交易增值税计税评估所依据的税收法规和政策主要是增值税暂行条例和相关税收政策。存量房交易改征增值税以来,即使营业税税种取消,之前的有些税收政策(如财税〔2015〕39 号文件和财税〔2016〕23 号文件中的有些条款)仍然适用。因此应注意存量房交易营业税计税评估与存量房交易增值税计税评估在各自适用的税收政策和计税价值(含税与不含税)的不同,以及目前"北、上、广、深"城市与全国其他地区的个人转让不动产各自所适用的税收政策上的差异对计税价值评估的影响。此外,从我国的存量房交易营业税计税评估出现前(没开展计税评估)、到存量房交易营业税计税评估出现后,再到存量房交易增值税计税评估的三个不同阶段,计税评估一直在不断发生变化,而导致这些变化的主要原因是存量房交易相关的税收法规和政策(含计税评估政策)在不断变化。只要存量房交易相关的税收法规和政策产生变化,存量房交易增值税计税评估也会随着发生相应的变化。

▪ 本章小结

- 税基是税收课税基础的简称,它是指税收课征的经济基础和客观依据,它包括质的规定性和量的规定性双重含义。其质的规定性是指课税的具体对象;其量的规定性是指课税对象中有多少可以作为计算应纳税额的基数。税基评估是指具有税基评估胜任能力的评估机构和评估人员,以税收为目的,以相应的税法为依据,以未能明确具体从价税价值的税基为评估对象,按一定的程序,运用适当的估价标准和方法,独立、客观、公正地开展评定作价的过程。

- 税基评估是资产评估范畴中的一个重要分支,它的活动涉及税收与资产评估两个领域,其业务内容是由税收活动和资产评估活动结合在一起的特殊评估业务构成。因此,它除了具有一般资产评估的特点外,还有其自身的一些主要特点。其主要特点有:①以税收为特定目的的评估;②同一评估对象同时存在两个甚至两个以上的不同评估主体;③评估价值标准主要是从价税价值;④评估具体对象多样化和复杂化。

- 税基评估主体是指从事税基评估的行为主体,即承受税基评估业务的评估机构和人员。由于任何一个税基的确定都直接涉及征税方和纳税人双方的利益关系,加上税基评估通常是发生在不能直接确定从价税价值的课税对象上或处于征纳双方的税收纠纷阶段上,所以,对同一课税对象的税基评估主体,常常同时存在分别为征税方和纳税方服务的税基评估主体。

- 税基评估客体是指税基评估的对象。与一般的资产评估对象不完全相同,税基评估的对象强调的是征税或纳税对象标的物,尽管这些标的物也与一般资产评估对象一样,可能是实物和非实物,也可能是动产和不动产,也可能是有形和无形的资产,但是只要不涉及与征纳税有关的资产评估对象,都不是税基评估对象。同时,也不是所有涉及征纳税有关的资产标的物都是税基评估对象。因此,税基评估对象必须是涉及与征纳税有关的,而且主要是不能直接明确从价税价值的评估对象标的物。根据现行的税收制度对课税对象的分类标准,税基评估对象包括以下主要的具体类型:① 财产税类税基;② 所得税类税基;③ 流转税类税基;④ 资源税类税基;⑤ 行为税类税基。

- 税基评估方式是指在开展税基评估时所采用的主要评估方式。在税基评估的理论与实践中,所采用的评估方式主要是批量评估方式和个案评估方式。批量评估方式是指评估机构和人员在开展评估时,采用在特定日期利用共同的数据的标准化的方法和统计检验技术的评估方式,来对一个批量的评估对象的价值进行评估。批量评估方式主要应用于房地产的财产税和房地产交易的税基评估。个案评估方式是指评估机构和人员在开展评估时,采用在特定日期对单个评估案例进行评估的方式对被评估对象的价值进行评估。个案评估方式可在房地产的涉税评估领域中应用,但更多的是在非涉税评估领域应用。批量评估方式与个案评估方式既有区别,又有联系。

本章小结

• 存量房交易税基评估也称存量房交易计税评估。它是指在房地产交易环节征税时,对所涉及税种的税基进行价值评估,并以评估价值作为存量房交易征税的计税依据。从 2005 年到 2016 年 4 月 30 日,国内对个人转让应税存量房的交易行为征收的流转税主要是营业税,而从 2016 年 5 月 1 日起,对包括个人在内的纳税人转让应税不动产的交易行为所征收的流转税主要是增值税。

关键词

税基　税基评估主体　税基评估客体　存量房交易计税评估

思考题

1. 什么是税基评估? 为什么要进行税基评估?

2. 阐述税基评估的基本要素。

3. 除了具有一般资产评估的特点外,税基评估还有哪些特点?

4. 阐述税基评估方式中批量评估方式与个案评估方式的主要差异。

5. 税基评估方法体系有哪几种主要评估方法?

6. 什么是存量房交易的税基评估? 在采用个案评估方式的情况下,根据交易存量房的不同条件,存量房交易的税基评估共有哪几种计税评估方法?

7. 从 2016 年 5 月 1 日起,个人转让不动产(存量房交易)计税评估发生了哪些变化?

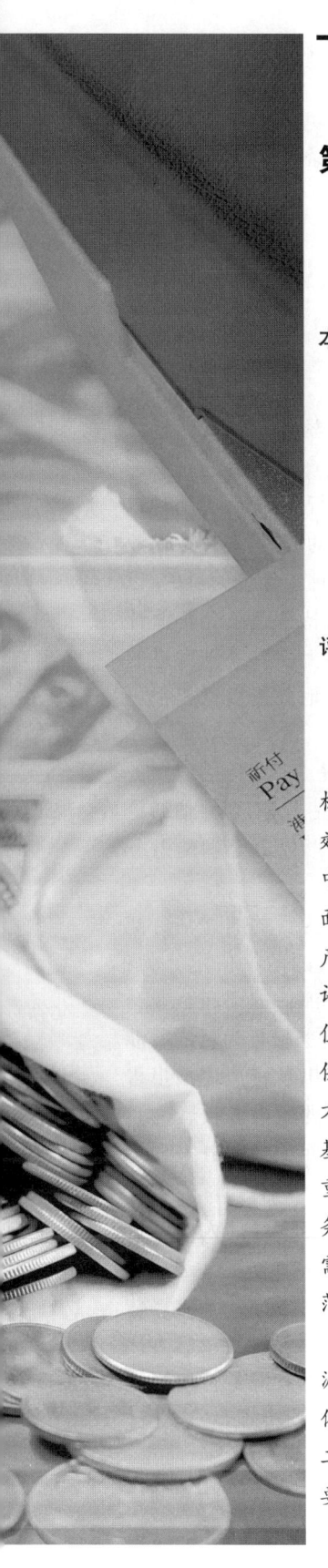

第十一章　以财务报告为目的的评估

本章要点

- 以财务报告为目的的评估的定义、特点及作用
- 合并对价分摊的内容
- 资产减值的概念及评估
- 商誉的减值评估
- 投资性房地产评估
- 金融资产评估

评估聚焦

以财务报告为目的的评估为什么重要

　　财务报告是一种重要的信息披露方式,为投资者、债权人、分析师、监管机构等利益相关者提供了关于企业财务状况和经营绩效的重要信息。随着以财务报告为目的的评估在资产评估领域中扮演的角色越来越重要,对评估师也提出了新的要求。一方面,以财务报告为目的的评估需要考虑整个市场的发展情况,资产的价值往往受到市场供需、行业竞争、市场预期等因素的影响。评估师需要了解市场的动态和趋势,以便更准确地评估资产的价值。例如,在房地产评估中,评估师需要考虑当地的房地产市场供需情况、土地政策、楼市调控等因素,以评估房产的价值。另一方面,以财务报告为目的的评估需要建立在健全的财务报告体系基础上。财务报告的准确性、完整性和可靠性对评估的结果具有重要影响。评估师需要仔细分析和审查财务报告,了解企业的财务状况和经营绩效,以便正确评估资产的价值。同时,评估师还需了解财务报告体系的发展和变化,以及相关的会计准则和规范,确保评估工作与财务报告体系保持一致。

　　资本市场作为现代金融体系的重要组成部分、市场化配置资源的主战场,需要更好地发挥枢纽作用,担当历史使命,服务于实体经济发展。"健全资本市场功能,提高直接融资比重",是党的二十大报告为新形势下的资本市场改革发展稳定工作部署的重要任务,这两项任务紧密联系,相辅相成。

　　党的二十大之后,随着中国金融体系和资本市场的进一步发展,有效、真实披露上市公司的财务信息是改革发展的重要措施。以财务报告为目的的评估是一项为财务报告编制和信息披露提供资产价值判断的专业服务,需要评估师具备专业知识和技能。评估师需要熟悉财务报告的编制原则和规定,了解不同行业的财务指标和业务特点。同时,评估师还需要不断学习和更新知识,以确保评估工作的准确性和专业性。

第一节　以财务报告为目的的评估概述

一、以财务报告为目的的评估的定义及其相关概念

以财务报告为目的的评估(valuation for financial reporting)是资产评估行业近二十年来重点发展的新领域之一,也称为会计目的的评估。由于资产评估目的对资产评估行为有着重要的影响,资产评估除通常以评估对象为标准进行分类外,另一种重要的分类方式就是以评估目的进行分类。通常情况下,按评估目的分类,资产评估业务可分为以交易为目的、以财务报告为目的、以纳税为目的、以抵押或保证为目的、以诉讼或争议解决为目的的评估。随着国际财务报告准则的推广,特别是公允价值计量属性的推广使用,以财务报告为目的的评估业务近年来在国际上有着突飞猛进的发展,国际评估准则委员会以及美国评估促进会等也都越来越多地关注以财务报告为目的评估业务的准则、规范性文件起草工作。

以财务报告为目的的评估可以从广义和狭义两个层面上理解。广义上的以财务报告为目的的评估泛指所有以服务于会计、财务报告为目的的评估业务,即评估结论将被用于相关会计计量、财务报告用途,以帮助财务报告编制人形成更合理的财务信息。

在不同的管辖区域和评估准则体系中,对狭义的以财务报告为目的的评估可能会有严格的定义。中国资产评估准则体系中将以财务报告为目的的评估定义为:"资产评估机构及其资产评估专业人员遵守法律、行政法规、资产评估准则和企业会计准则及会计核算、披露的有关要求,根据委托对评估基准日以财务报告为目的所涉及的各类资产和负债公允价值或者特定价值进行评定和估算,并出具资产评估报告的专业服务行为"。需要指出的是,根据中国资产评估准则,狭义的以财务报告为目的的评估业务的执行主体是专业评估师和评估机构,这与广义层面的以财务报告为目的的评估业务有着较大不同,后者并未对执行主体做出严格要求,理论上除专业评估师、评估机构外,其他符合会计准则中"合格评估师"(qualified valuer)的人士或机构都可以执行以财务报告为目的的评估业务。会计准则通常会就何种情况下进行公允价值评估及如何进行公允价值评估进行规定或要求,但会计准则本身并未对评估主体进行限定。会计主体会根据会计成本、披露效果等做出选择,虽然独立第三方评估师进行以财务报告为目的的评估具有独立性和专业性方面的优势,但是否选择由独立评估师进行以财务报告为目的的评估取决于会计主体对独立性、专业性、会计计量成本等方面的综合判断。

我国以财务报告为目的的评估的定义秉承了资产评估基本准则对评估定义的模式,对以财务报告为目的的评估的主体、依据、手段、评估对象、价值类型等予以了

明确。

（1）以财务报告为目的的评估主体是资产评估机构及其资产评估专业人员。

（2）以财务报告为目的的评估需要依据企业会计准则或相关会计核算、披露要求，这与其他评估业务有着显著的区别。以财务报告为目的的评估除需要遵守相关法律、行政法规、资产评估准则外，需要突出强调的是要遵守现有企业会计准则及会计核算、披露的相关要求。这是由于以财务报告为目的的评估的最终用途是服务于会计、财务报告目的。以财务报告为目的的评估的许多具体要求都是基于这一特点所决定的。

（3）以财务报告为目的的评估手段是利用评估技术（在会计准则体系中多称为估值技术），除资产评估行业常见的市场法、收益法、成本法等评估估算途径外，也包括一些三大基本途径所派生出来的、适应以财务报告为目的的评估业务特点的具体评估方法，如多项超额收益折现法、许可费节约法、期权定价模型等。

（4）以财务报告为目的的评估对象不同于一般意义上的评估对象，需要基于会计准则和财务报告的要求，不仅包括各类资产和负债，如有形资产、无形资产、金融资产等，还包括资产组、资产组组合、负债、或有负债等；也可能会包括对其他资产进行合理评估，例如在合并成本分摊中，可能会对货币形式以外支付的对价的公允价值、或有对价等进行合理估值。

（5）以财务报告为目的的评估的价值类型通常为公允价值或特定价值，有关公允价值或特定价值的定义、要求需遵从会计准则的要求。

（6）以财务报告为目的的评估业务在评估基准日的选择方面，需要严格遵守会计准则的相关要求，如购买日、资产负债表日等，不能由当事方随意选择。

二、以财务报告为目的的评估在国际上的产生与发展

以财务报告为目的的评估与会计准则密切相关，其产生、发展与社会经济综合发展及会计准则中关于计量属性的规定及其变化过程密不可分。

在传统经济中，历史成本成为最稳健和可靠的计量属性，因此会计体系中不可能也无必要出现公允价值等其他计量属性。在传统的以历史成本计量为前提的会计体系中，由于历史成本计量排斥以现实市价或重置价格为导向的评估技术，因此在长期的资本市场和会计体系发展过程中，并未出现以财务报告为目的的评估这一概念。

第二次世界大战以后特别是 20 世纪 70 年代以后，现代经济的发展彻底改变了会计产生、完善和发展所依赖的传统经济模式。随着通货膨胀、技术进步、汇率变动以及资本市场的发展和活跃，传统会计报表中所反映的资产价值与其真实市场价值差异趋大，同时会计体系也需要为所有者、管理者以外的潜在投资者等提供有用信息。这一重大变化需要会计界对在传统经济模式下有效运行、但在现代经济中不断接受挑战的会计体系进行重新认识，其中重要的一项内容就是在平衡稳健性与有用性的基础上，引进历史成本以外的计量属性。公允价值成为计量属性的重要发展方向，而公允价值的计量必定建立在对历史成本的否定基础之上，需要获得对现行价格或重置价格的支持，评估作为提示资产或负债现行或重置价格的重要技术手段，开始为会计界所重视并加以利用。以财务报告为目的的评估在世界范围的发展就是在这

一背景下进行的。

（一）以财务报告为目的的评估在欧洲的发展

20 世纪 70 年代，伦敦证券交易所在其提交的一份研究报告中明确提出，部分固定资产等采用历史成本计量可能无法反映其合理价格，建议可在一定条件下采用现行价值（current value）。1978 年 7 月，欧共体发布第四号法令即公司法（the Fourth Council Directive 78/660/EEC），规定除银行、金融机构、非营利性组织之外公司的年度会计报告事项，其中第七章第 35 条规定了为财务报告目的对固定资产进行估价的规则："固定资产应当以购买价格或生产成本计价……"。

该法令推动了以会计目的对固定资产进行评估的业务在欧洲的发展。1977 年 4 月，比利时、法国、西德、英国和爱尔兰等发起成立欧洲固定资产评估师联合会（TE-GOVOFA，The European Group of Valuers of Fixed Assets），用来制定固定资产评估规则，指导以会计目的对固定资产进行评估的业务。欧洲固定资产评估师联合会几经发展，现改名为欧洲评估师联合会（TEGOVA），是国际评估界目前较为活跃的区域性评估组织。其制定的固定资产评估指南文件经过多次修改，现改名为《欧洲评估准则》（European Valuation Standards），该准则第 5 号仍为《以财务报告为目的的评估》。

（二）以财务报告为目的的评估在国际会计准则（国际财务报告准则）体系下的发展

国际会计准则受英国和欧洲的影响，也在固定资产领域较早允许进行评估，即在固定资产等科目中允许运用历史成本计量模式和公允价值计量模式。

国际会计准则中最为典型也历史最悠久的关于以财务报告为目的的评估的准则规定为《第 16 号国际会计准则——不动产、厂场和设备》，该准则曾明确规定：

"土地和建筑物的公允价值通常是由基于市场的证据所决定的，而这些证据一般是由合格的专业估价人员通过评估获得的。厂场和设备的公允价值通常是通过评估确定的市场价值。

如果由于不动产、厂场和设备项目的专门性质，并且这些项目除作为连续业务的组成部分外绝少出售，从而没有形成公允价值所需的市场证据时，主体可能需要采用收益法或折旧后重置成本法估计公允价值。"

虽然由于国际会计准则（国际财务报告准则）的发展，第 16 号国际会计准则中的相关内容已做删改，但此项规定在很大程度上推动了固定资产以财务报告为目的的评估业务在国际范围内的发展。十多年来，国际会计准则中公允价值使用范围不断扩大，从厂场设备、投资性不动产等实物资产领域扩大到无形资产、金融工具及企业并购等领域，涉及的主要相关准则如表 11-1 所示。

表 11-1　涉及公允价值使用的主要国际会计准则

IAS 16	Property Plant and Equipment
IAS 17	Leases
IAS 36	Impairment of Assets
IAS 38	Intangible Assets
IAS 40	Investment Property
IAS 41	Agriculture

IFRS 2	Share-based Payment
IFRS 3	Business Combinations
IFRS 7	Financial Instruments: Disclosures
IFRS 9	Financial Instruments
IFRS 13	Fair Value Measurement

2011年,国际会计准则委员会颁布《第13号国际财务报告准则——公允价值计量》(IFRS 13 Fair Value Measurement),其中对以财务报告为目的的评估所涉及的估值技术等进行全面规范,将国际会计界关于以财务报告为目的的评估的规范推向新的高峰。

国际会计准则(国际财务报告准则)影响的扩大和实质性应用带动了以财务报告为目的的评估的发展,特别是2005年1月1日欧盟上市公司全面执行国际会计准则,以及包括澳大利亚、新西兰等的90多个国家和地区也从2005年1月1日起执行国际会计准则,实质性地带动了以财务报告为目的的评估的发展。

(三) 以财务报告为目的的评估在美国的发展

虽然美国较早就研究公允价值等在会计体系中的应用,但直到2001年以前由于会计准则的限制,以财务报告为目的的评估仍未在美国得到发展,美国评估师也鲜有与会计师、审计师合作的机会。安然事件后,美国会计准则进行了一系列改革,2001年6月美国财务会计准则委员会发布《141号准则——企业并购(Business Combinations)》和《142号准则——商誉和其他无形资产(Goodwill and Other Intangible Assets)》。这两个准则对非同一控制下的合并对价分摊、无形资产和商誉等做出了改革性的调整,在很多情况下需要独立评估师发表意见,从而带动美国以财务报告为目的的评估业务迅速发展。

2006年9月美国财务会计准则委员会发布《157号准则——公允价值计量(Fair Value Measurement)》,对采用市场法、收益法和成本法等进行会计目的估值做出全面规范。2011年5月157号准则被《ASC820——公允价值计量》替代。

近年来在美国证监会(SEC)及美国评估促进会(AF)的推动下,美国评估界召开多次圆桌会议,讨论以财务报告为目的的评估的发展、规范问题,并出台了一系列技术性文件,以支持以财务报告为目的的评估的顺利开展。

三、以财务报告为目的的评估在中国的发展

资产评估在我国的发展起源于国有资产管理领域,但就其本质而言,也可以认为是为了弥补会计计量中历史成本原则的不足而进行的努力。20世纪90年代之前,我国的会计制度严格执行历史成本原则,在80年代中后期开展的中外合资、合作以及股份制改造过程中,国有企业普遍存在大量账外资产以及账面资产价值过低的问题,如固定资产经大修、维护较好但已全额或大额计提折旧导致账面净资产偏低等现象。如果简单地以账面净资产进行中外合资合作,将导致大量国有资产流失。在此背景下国家出台一系列政策,包括清产核资、资产评估等,以合理地体现国有企业的

价值。但由于我国会计准则等长期以历史成本计量为基础,这些评估结果只有在经过有权部门确认、备案后才能进行必要的账务处理,因此此类评估并不是真正意义上的以财务报告为目的的评估,并导致评估界与会计界长期存在争议。

我国会计界在经历过几次改革之后,于 2006 年实现了重大突破。2006 年 2 月 15 日财政部发布《企业会计准则第 1 号——存货》等 38 项具体准则,于 2007 年 1 月 1 日起执行,并发布了相应的会计指南。此次企业会计准则改革的重要内容之一,就是在符合条件的情况下,允许采用公允价值等非历史成本计量属性,从而引领了我国以财务报告为目的的评估的发展。会计界、审计界与评估界开始进入了全面合作的阶段。

2007 年 11 月中国资产评估协会发布《以财务报告为目的的评估指南(试行)》,2017 年修改发布了《以财务报告为目的的评估指南》,结合评估界和会计界的最新理论、实务发展,对以财务报告为目的的评估进行全面规范。

2014 年 1 月财政部发布《企业会计准则第 39 号——公允价值计量》(财会〔2014〕6 号),自 2014 年 7 月 1 日起在所有执行企业会计准则的企业范围内施行,鼓励在境外上市的企业提前执行。第 39 号准则的发布与实施,在理论和实务上呼应了国际财务报告准则的最新发展,也为我国以财务报告为目的的评估业务的发展创造了良好的条件。

由于企业管理层、会计人员、审计师以及评估机构、评估专业人员对会计准则的理解、执行存在差异,以财务报告为目的的评估业务在新企业会计准则发布之后的相当长时间内并未得到有效发展。同时由于多方主体在专业性、独立性等方面存在的问题,在商誉的确认和减值等方面上形成了较严重的问题,已经引起监管部门、准则制定部门、行业协会和审计、评估执业人员的高度关注。

四、以财务报告为目的的评估的主要特点和要求

与其他领域和目的的评估业务相比,以财务报告为目的的评估具有鲜明的特点,也要求开展以财务报告为目的的评估业务时,评估人员应注意:

(1)以财务报告为目的的评估不仅需要遵守评估准则,更需要遵守会计准则及其相关规定。

以财务报告为目的的评估最终用途是用于财务报告,而财务报告需要全面遵守会计准则。这就从根本上决定了以财务报告为目的的评估需要全面遵守会计准则的相关定义,需要全面了解、熟悉会计准则的要求,深入理解会计准则中相关概念的定义,注意其与传统评估业务中相关概念的区别。

(2)以财务报告为目的的评估中需要全面理解公允价值或相关特定价值类型的定义,注意所采用的评估价值类型、评估参数需要与会计准则中规定的公允价值及其他特定价值定义相匹配。

(3)以财务报告为目的的评估中需要与企业会计部门和人员进行全面沟通,了解会计主体对会计事项的处理、分类。

(4)以财务报告为目的的评估需要熟悉、理解审计准则相关规定,评估过程中需要与审计师进行大量沟通,通常在被审计人员接受后才能应用评估结果。

(5)以财务报告为目的的评估在评估对象界定、评估基准日选取等方面与传统

的资产评估特别是国有资产评估有着较大的区别。例如在合并成本分摊为目的的评估中,评估师需要对被收购企业进行全面评估,但与企业价值评估或国有资产评估中评估对象为企业整体价值、全部或部分股东权益不同,合并成本分摊评估中的评估对象是被收购企业的所有可辨认资产(包括有形与无形)、负债、或有负债。评估基准日的选择更需要根据会计准则的要求,选择特别的时点,而不一定像传统企业价值评估业务中通常为某会计期末时点。

(6) 以财务报告为目的的评估采用的仍是资产评估的三大基本方法,但在具体应用中有很大不同,也有很多创新。如根据会计准则的要求,在能够获得市场比较数据的情况下,需要优先采用市场法;在资产减值为目的的评估业务中,一般不适用成本法;在收益法的框架下采用增量收益法、许可费节约法、多项超额收益折现法等创新性方法,包括采用期权定价模型等较新颖的评估方法。

五、以财务报告为目的的评估的作用

以财务报告为目的的评估的作用体现在以下方面:

(1) 发挥评估专业性和独立性作用,协助会计主体、会计师提高会计计量的准确性、合理性。会计主体及内部会计人员由于专业知识上的限制,不可能对所有资产、负债,特别是一些特殊性资产、负债的价值进行合理判断。同时,由于受独立性的影响,作为会计主体内部人员的会计师在判断相关资产、负债价值时可能会受到干扰,从而影响会计计量的合理性。第三方评估人员在独立性和专业性上可以弥补上述缺陷,有助于提高会计计量的准确性、合理性。

(2) 帮助审计师合理判断相关资产、负债的价值,有效降低审计风险。审计师需要对会计主体的报表全面发表意见,虽然其具有独立性的地位,但受制于专业知识,审计师不可能对各类资产、负债的价值及企业会计处理的合理性均能发表有效意见。在此情况下,审计师需要利用专家开展工作。第三方评估人员是审计师开展审计时可能需要利用的最重要专家之一。美国证监会公共会计监管委员会(PCAOB)多次建议审计师在审计过程中必要时要充分利用评估师、精算师、环境工程师等专家的作用,以合理降低审计风险。

(3) 在有效帮助会计师和审计师进行会计计量、审计工作的基础上,以财务报告为目的的评估最终有助于提高财务报告信息的合理性和有用性,提高资本市场的效率和公平性。

第二节　合并对价分摊评估

企业合并是财务会计领域常见的经济行为之一,为了合理反映企业合并的经济实质并向会计信息使用者提供有效信息,需要合理、充分计量合并过程中各类资产的公允价值,对合并对价在各类资产中进行分配,从而形成了以财务报告为目的的合并对价分摊(Purchase Price Allocation)评估。

一、企业合并的概念

企业合并是将两家或两家以上单独的企业合并形成一个报告主体的交易或事

项。企业合并通常是一家企业取得了对一个或多个业务的控制权。如果一家企业取得了对另一个或多个企业的控制权,而被购买方并不构成未来的业务,则该交易或事项不形成企业合并。企业取得了不形成业务的一组资产或是净负债时,应将购买成本基于购买所取得各项可辨认资产、负债的公允价值进行分配,不按照企业合并准则进行处理。从企业合并的定义看,是否形成企业合并,关键还要看交易或事项发生前后,是否引起报告主体发生变化。报告主体的变化产生于控制权的变化,如果在交易事项发生后,一方能够对另一方的生产经营决策实施控制,涉及了控制权的转移,形成母子公司关系,子公司需要纳入母公司合并财务报表的范围中,从合并财务报告角度看,报告主体发生了变化;如果交易事项发生后,一方能够控制另一方的全部净资产,被合并企业在合并后失去其法人资格,也涉及控制权的变化及报告主体的变化,形成了企业合并。

二、合并对价分摊概述

(一)合并对价分摊的概念

按照《企业会计准则第 20 号——企业合并》的规定,企业合并分为同一控制下的企业合并和非同一控制下的企业合并。参与合并的企业在合并前后均受同一方或相同的多方最终控制且该控制并非暂时性的,为同一控制下的企业合并。参与合并的各方在合并前后不受同一方或相同的多方最终控制的,为非同一控制下的企业合并。在非同一控制下的企业合并中,购买方应当对合并成本进行分配,确认所取得的各项可辨认资产、负债及或有负债的公允价值。购买方支付的合并成本大于合并中取得的可辨认净资产公允价值份额的差额,在考虑递延所得税等因素之后,应当确认为商誉。购买方对合并成本小于合并中取得的被购买方可辨认净资产公允价值份额的差额,应当对取得的被购买方各项可辨认资产、负债及或有负债的公允价值以及合并成本的计量进行复核,经复核后合并成本仍小于合并中取得的被购买方可辨认净资产公允价值份额的,其差额应当计入当期损益。

合并对价分摊就是根据会计准则的相关规定,对非同一控制下的企业合并成本,在取得的可辨认资产、负债及或有负债之间的分配。

需要注意的是,在企业合并的前后不同阶段都可能涉及评估,不同阶段的评估在评估目的、评估对象、评估基准日等方面存在较大的差异。合并之前的谈判阶段涉及的往往是企业价值的评估,反映评估基准日的企业股权价值,以交易为目的,为相关交易决策提供参考;在合并完成时涉及的是以合并对价分摊为目的的评估,需要以购买日为评估基准日,以财务报告为目的;合并完成后的运营阶段可能会涉及以减值测试为目的的评估,同样以财务报告为目的。

(二)合并对价分摊基准日

按照会计准则的要求,合并对价分摊评估应在"购买日"进行。购买日一般来讲是指收购方取得被收购方的控制权的时点,支付了大部分收购款项(大于 50%)且办理股权变更后可以作为收购完成的标志,据此确定购买日。购买日意味着收购行为的基本完成。合并对价分摊除考虑购买日外,尽量选择有利于开展评估工作的时点作为基准日,在可能的情况下,评估师应当与会计师、审计师商量,建议选择合理的基准日。

（三）合并对价分摊对合并会计报表的影响

首先是对合并的财务报表的影响,按《企业会计准则第 20 号——企业合并》规定,企业合并形成母子公司关系的,母公司应在合并日编制合并资产负债表,在合并资产负债表中会出现无形资产、递延所得税资产或负债、商誉等新会计科目。其次,合并对价分摊会影响到购买方合并日后的会计报表的编制,如商誉、无形资产的年度减值测试,可能会影响未来会计期间的合并利润表。

（四）合并对价分摊的内容

从会计的角度看,构成企业核心生产要素、对现金流产生贡献的资产可以分为两类,一类是记录在资产负债表中的资产、负债,如流动资产、固定资产、部分无形资产等。另一类则是对企业经营和现金流产生贡献但由于会计准则的限制未能在资产负债表中予以计量的资产、负债,如在经营过程中获得的特许经营权、客户关系、自创的无形资产等。合并对价分摊的就是会计人员在评估师等专家的帮助下,对被收购企业的各项资产(包括在被收购企业原先的财务报表中未能确认、计量的资产)进行识别并确认的公允价值。合并对价分摊一方面有助于确认商誉或负商誉,另一方面能够从客观公允的角度对合并的经济实质进行反映。

三、以合并对价分摊为目的的评估

（一）有形资产、负债以及或有负债的评估

有形资产、负债以及或有负债的评估按照具体资产的评估要求处理,相关内容见具体资产和负债对应的本书章节。或有负债的公允价值在购买日能够可靠计量的,应单独确认为预计负债。此项负债应当按照假定第三方愿意代购买方承担该项义务,就其所承担义务需要购买方支付的金额计量。

（二）无形资产的评估

无形资产的评估,总体上分为存在活跃市场的情况和不存在活跃市场、无法取得有关市场信息的情况两种。当存在活跃市场时,可以按购买日的市场价格确定其公允价值,当不存在活跃市场、无法取得有关市场信息时,需要按照一定的估值技术确定其公允价值。资产评估能够在合并对价分摊中有效发挥作用,很大的原因是在很多情况下不存在活跃市场,且市场信息不对称。具体而言,评估无形资产的基本方法有市场法、收益法和成本法,这里可以参阅本教材无形资产评估的有关章节。

在以合并对价分摊为目的的评估中,除关注被收购企业账上的无形资产外,需要特别关注被收购企业原先的财务报表中未予确认的无形资产。通常评估师需要与企业管理层、会计人员和审计师进行充分沟通,分析、识别被收购企业账上没有确认但对经营和现金流有贡献的技术类、市场类无形资产等,并采用相应的评估方法予以估值。

（三）递延所得税的确定

对被收购企业资产、负债及或有负债公允价值进行评估后,可能会形成递延所得税,需注意以下三点:

一是在按照规定确定了合并中应予确认的各项可辨认资产、负债的公允价值后,其计税基础与账面价值不同形成暂时性差异的,应当按照所得税会计准则的规定确认相应的递延所得税资产(资产账面价值小于计税基础引起可抵扣暂时性差异),或

者递延所得税负债(资产账面价值大于计税基础引起应纳税暂时性差异)。

二是确认递延所得税资产或递延所得税负债的金额不应折现。

三是被购买方在企业合并之前已经确认的商誉和递延所得税项目,购买方在分配企业合并成本,汇总可辨认资产和负债时不应予以考虑。

(四)商誉的确认

商誉属于不可辨认无形资产(这里讨论的是由于企业合并产生的商誉),其确认是通过差额法实现,主要经过下面三个步骤:

(1)确定合并成本。通常情况下,企业合并成本按照购买方为进行企业合并支付的现金、非现金资产、发行或承担的债务和发行的权益性证券等在购买日的公允价值以及企业合并中发生的各项直接相关费用之和确定。对于通过多次交换、交易分步实现的企业合并,其企业合并成本为多次交换、交易的成本之和。如果在并购过程中涉及或有对价,或有对价的公允价值也应当通过估值手段合理确定,并纳入合并成本。

(2)汇总计算各项可辨认资产、负债的公允价值后,即可得到被购买方可辨认净资产公允价值。

(3)购买方对合并成本大于合并中取得的被购买方可辨认净资产公允价值份额的差额,应确认为商誉;对合并成本小于合并中取得的被购买方可辨认净资产公允价值的差额,在依据会计准则进行必要的复核之后,应当确认为负商誉。

对于企业合并应确认的商誉值,评估师可以对其合理性进行分析,解释商誉所代表的含义及其组成部分。一般来说,商誉由以下几类因素构成:① 企业现有的管理团队和员工团队;② 并购后的协同效应,如销售额的增加、成本开支的压缩等;③ 企业持续经营的能力,包括各类不符合无形资产确认条件的其他资产,如市场占有率、通过资本市场直接融资的能力、良好的政府关系等。

(五)整体合理性测试

通常来说,在合并对价分摊的评估中,以被购买方各项资产公允价值为权重计算的加权平均资产回报率,应该与其加权平均资本成本基本相等或接近。否则需要进一步复核无形资产的识别过程以及各项可辨认资产、负债和或有负债的评估过程是否合理。

各项资产的加权平均资产回报率计算公式为:

$$R = \frac{\sum_{i=1}^{n} A_i R_i}{\sum_{i=1}^{n} A_i} \qquad (11-1)$$

式中:R——加权平均资产回报率;

　　　A_i——各项可辨认资产的公允价值;

　　　R_i——各项可辨认资产的要求回报率。

除考虑被购买方的整体企业价值外,尚需考虑该资产自身风险相关的因素。确定可辨认无形资产的必要资产回报率时,可参考企业价值评估时采用的加权平均资本成本,并在此基础上考虑必要的风险溢价或折价。

四、合并对价分摊评估需要关注的问题

(一) 合理性测试中加权平均资产回报率 (WARA) 测算

所谓合理性测试是评估师在完成合并对价分摊公允价值评估之后,在被收购公司于购买日以公允价值计量的资产负债表已成雏形时,通过加权平均资产回报率 (WARA) 与加权平均资本成本 (WACC) 的比较来分析整体评估结果的合理性。加权平均资产回报率假定被购买方每一类资产 (比如机器设备、合同、软件、商标等) 都有其单独的回报率,每一类资产的回报率因其自身的经营风险以及该资产进行债务融资和权益融资的能力而不同。一般来说有形资产的回报率低于无形资产的回报率,以资产总额为基数,对每一类资产的回报率加权平均就得到了加权平均资产回报率。

股权投资者和债权投资者为公司提供资本,该资本转换为企业的资产,因此投资者与企业资产面临同样的风险,资产的风险报酬用加权平均资产回报率 (WARA) 表示,而资本的风险报酬用加权平均资本成本 (WACC) 表示,根据风险收益权衡原则,当所有者投入资本与企业经营用资产总额相等时,加权平均资产回报率 (WARA) 与加权平均资本成本 (WACC) 应该相等。实务中加权平均资本成本 (WACC) 的计算是可行的,企业融资渠道的种类有限,每一种融资渠道下的融资成本一般来说也是固定的,因此加权平均资本成本 (WACC) 相对比较容易获得。加权平均资产回报率 (WARA) 的计算存在一定的困难,理论上每一具体资产面临不同的风险,具有不同的回报率,以企业无形资产为例,企业无形资产包括商标、专利、版权、专有技术、土地使用权等,每一项具体无形资产具有不同的报酬率。实务中的做法是将企业的资产进行大致的分类,比如直接分为流动资产、固定资产、无形资产,根据经验数据选择每一类资产的相应资产回报率,来计算加权平均资产回报率 (WARA)。

(二) 商誉价值不一定代表被购买企业的长期超额获利能力

20 世纪 70 年代,美国著名会计学家亨德里克森在其所著的《会计理论》一书中,从会计的角度阐述了商誉的性质,其中包括商誉的超额收益论,该理论认为商誉是预期未来收益的现值超过正常报酬的利润。这里强调长期超额收益,因为短期超额收益可能是由偶然因素造成的。早在 1926 年,杨汝梅先生在其《无形资产论》中就指出"凡足以使一个企业产生一种较寻常收益为高之收益者,均可称之为商誉矣"。刘玉平在其所著的《资产评估教程》中也提到:"商誉是指企业在同等条件下,能获取高于正常投资报酬率所形成的价值。"总结上述几种观点,商誉的价值具体表现在该企业的获利能力超过了一般企业的获利水平。因此商誉的实质是一种长期的超额获利能力,是企业作为一个整体的价值,超过其各种具体资产的获利能力的部分。商誉的一种基本评估方法是割差法,基本公式为:

$$商誉的评估值=企业评估值-企业的各单项资产评估价值之和 \qquad (11-2)$$

根据上述公式可以推导出下面的公式:

$$商誉的评估值=企业股东权益价值-企业净资产评估价值 \qquad (11-3)$$

新的会计准则下企业自创商誉不予确认,只有在非同一控制下的企业合并中购买方合并成本大于合并中取得的被购买方可辨认净资产公允价值的差额,才可以确认为商誉并体现在报表中,新会计准则下的商誉是一个倒挤数,可以用下面公式来表示:

$$商誉=合并对价-净资产公允价值 \qquad (11-4)$$

比较式（11-3）和式（11-4）可发现，根据合并会计准则计算得到的商誉如果代表企业的长期超额获利能力，即商誉的公允市场价值，前提条件是合并中支付的合并对价与被并购企业的股东权益价值相等，且净资产公允价值评估合理准确，这样两个公式得到的商誉额才会一致。因此，按照合并会计准则计算得到的商誉公允价值未必代表了企业的长期超额获利能力，即未必是合理公允的市场价值。

（三）逐一确定单项可辨认资产公允价值存在一定困难

合并对价分摊过程中需确定各项可辨认资产、负债和或有负债的公允价值，合并对价分摊公允价值评估是单项资产评估而不是整体企业价值评估。在合并对价分摊公允价值确定时，可能存在无法直接评估单项资产市场价值的情况，尤其是机器设备等固定资产和可辨认无形资产。

在合并对价分摊公允价值确定中，如果部分资产或者同类或类似资产因不存在活跃市场不能直接确定公允价值，同时又因缺乏可利用数据资料或者由于资产自身特性，不能利用评估技术对单项资产的市场价值进行评估时，逐一确定单项资产的公允价值存在一定困难。

（四）负债公允价值确定不同于资产评估中负债市场价值评估

根据合并会计准则应用指南，短期债务包括应付账款、应付票据、应付职工薪酬，一般按照应支付的金额作为其公允价值；长期债务包括应付债券、长期应付款等，应以按适当的折现率折现后的现值作为其公允价值。按照会计准则的规定，无论短期债务还是长期债务，其公允价值的确定均站在债务清偿的角度，即根据债务人与债权人未来了结该债务所需要支付的货币金额来估计负债的公允价值。根据市场价值的定义，负债的市场价值是指在公开市场上，债务人不得不在负债清偿前支付给接受该负债的独立第三方的金额。

五、案例分析

（一）理解企业合并交易背景，确定合并成本

A 股份有限公司成立于 2010 年，主要经营植物种苗，市政园林绿化工程设计和施工。B 有限公司成立于 2016 年，经营苗木花卉种植、销售，市政绿化工程、园林绿化工程设计、施工、管养；自然人股东 X、Z 各持有 B 公司 60% 和 40% 的股权。A 公司拟向 B 公司自然人股东 X、Z 发行股份及支付现金购买 X 持有的 B 公司 60% 股权和 Z 持有的 B 公司 40% 股权（A、B 公司为非同一控制下的企业）。2022 年 12 月 31 日为基准日，B 公司资产总计 60 630 万元，其中：流动资产 51 668 万元，非流动资产 8 962 万元。负债总计 20 304 万元，其中：流动负债 20 304 万元。净资产 40 326 万元。按 A 公司股票停牌前 20 日交易平均价格计算，A 公司拟向 B 公司自然人股东 X、Z 发行 3 562.34 万股股份及支付 10 000 万元现金，合并成本为 80 000 万元。

（二）可辨认资产、负债的识别和确认

通过查阅《交易报告书》《资产评估报告》《尽职调查报告》等交易相关资料，发现 B 公司拥有树木防寒保湿等 10 项实用新型专利技术，并与国内一些知名地产企业以及政府单位建立长期合作的客户关系。按《国际会计准确则第 38 号——无形资产》规定，无形资产是指企业在经营过程中提供给外单位与企业的，或用于管理活动

而持有和控制的无实物形态、可辨认的非货币性资产。无形资产包括专利权、专有技术、商标权、版权等知识产权，以及影片、客户对象名录、服务抵押权、进口配额、特许权、与客户和供应商关系、客户依赖、市场占有额与销售权等其他无形资产。由此可见，B公司拥有专利技术和客户关系两项无形资产，除此之外，未发现其他可辨认无形资产。另外通过查阅会计账目、会计凭证和相关文件确认负债的真实性时，发现B公司资产负债表中未记录绿化工程后续管养费及产品质量保证。除此之外，未发现可辨认的或有负债。

（三）可辨认资产、负债的公允价值计量

收购完成后，公司聘请评估机构对被收购企业进行以合并对价分摊为目的的评估。

按公允价值计量的可辨认资产总额82 586万元，比账面价值增加21 956万元，按公允价值计量的可辨认负债总额20 754万元，比账面价值增加450万元，可辨认净资产公允价值61 832万元，比账面价值增加21 506万元。其中：货币资金按账面余额8 045万元确认公允价值；应收账款按应收取的金额5 660万元确认公允价值；预付账款按预付的金额468万元确认公允价值；其他应收款按应收取的金额709万元确认公允价值；苗木等存货按其估计售价扣减销售费用、相关税费及现实的利润后的金额46 890万元确认公允价值；房屋建筑物及机器设备等固定资产，根据市场信息资料的获取情况，分别采用市场价值和重置成本法估值技术确认公允价值，公允价值为10 234万元；专利技术运用收益现值法确认公允价值，公允价值为1 680万元；客户关系运用多期超额收益法确认公允价值，公允价值为8 900万元；短期借款、应付账款、预收账款、应付职工薪酬、应交税费、其他应付款按支付的金额20 340万元确认公允价值；预计负债按其所承担义务的金额450万元确认公允价值。

（四）递延所得税资产或负债的确认和计量

递延所得税资产＝预计负债增加额×企业所得税率＝450×25%＝112.5（万元）

递延所得税负债＝资产增加额×企业所得税率＝21 956×25%＝5 489（万元）

（五）商誉的确认与计量

合并成本80 000万元，加上递延所得税资产112.50万元，减去递延所得税负债5 489万元，再扣减可辨认净资产公允价值61 832万元，最终确认的商誉为12 791.50万元。

（六）整体合理性测试

首先，计算以B公司各项资产公允价值为权重的加权平均资产回报率。B公司的流动资产公允价值61 772万元，权重65%，2022年回报率15%。固定资产10 234万元，权重为11%，2022年回报率7%。无形资产10 580万元，权重11%，2022年回报率15%。商誉12 791.50万元，权重13%，2022年回报率18%。

$WARA = 65\% \times 15\% + 11\% \times 7\% + 11\% \times 15\% + 13\% \times 18\% = 14.51\%$

其次，计算B公司加权平均资本成本：$WACC = E[R_e] \times [E \div (D+E)] + k_d \times (1-t) \times [D \div (D+E)]$。其中：权益资本成本$E[R_e]$采用CAPM模型计算，权益资本的市场价值$E = 80\ 000$万元，债务资本的市场价值$D = 1\ 400$万元，债务资本成本$k_d = 7.2\%$，企业所得税率$t = 25\%$。

权益资本成本$E[R_e] = R_{f1} + \beta \times (E[R_m] - R_{f2}) + \alpha$。其中：长期国债期望回报率

$R_{f1}=4.14\%$,贝塔系数 $\beta=1.165\,4$,市场期望回报率 $E[R_m]=10.25\%$,无风险报酬率 $R_{f2}=4.14\%$,股权市场超额风险收益率 $(E[R_m]-R_{f2})=6.11\%$,特别风险溢价 $\alpha=3.03\%$。

$$E[R_e]=4.14\%+1.165\,4\times6.11\%+3.03\%=14.29\%$$

$$WACC=14.29\%\times[80\,000\div(1\,400+80\,000)]+7.2\%\times(1-25\%)\times$$
$$[1\,400\div(80\,000+1\,400)]$$
$$=14.14\%$$

根据上述模型计算,B 公司 $WARA$(14.51%)与 $WACC$(14.14%)比较接近,说明各项资产、负债的公允价值确认和合并对价分摊是合理的。

第三节　资产减值评估

一、资产减值概述

(一)资产减值的概念

会计上认为资产的主要特征之一是它必须能够为企业带来经济利益的流入,如果资产不能够为企业带来经济利益的流入或者带来的经济利益的流入低于其账面价值,那么,该资产就不能再予以确认,或者不能再以原账面价值予以确认,否则不符合资产的定义,也无法反映资产的实际价值,其结果会导致企业资产价值虚增和利润虚增。因此,当企业资产的可收回金额低于其账面价值时,即表明资产发生了减值,企业应当确认资产减值损失,并把资产的账面价值减记至可收回金额。

根据企业会计准则的规定,《企业会计准则第 8 号——资产减值》中的资产主要是指其他八个具体准则资产以外的资产,其他八个具体准则资产分别是存货、采用公允价值模式计量的投资性房地产、消耗性生物资产、建造合同形成的资产、递延所得税资产、融资租赁中出租人未担保余值、金融资产、未探明石油天然气矿区权益。即,资产减值准则适用的资产范围主要是长期股权投资、采用成本模式进行后续计量的投资性房地产、固定资产、生产性生物资产、无形资产、商誉、探明石油天然气矿区权益和相关设施等。

(二)资产减值的迹象

资产减值发生时,会通过一些信息反映出来,包括企业外部的信息和内部信息,会计师可以通过这些信息判断资产是否发生了减值,评估师也应当对此予以关注。

(1)来自企业外部信息的减值迹象。主要包括:① 资产的市价当期大幅度下跌,其跌幅明显高于因时间的推移或者正常使用而预计的下跌。② 企业经营所处的经济、技术或者法律等环境以及资产所处的市场在当期或者将在近期发生重大变化,从而对企业产生不利影响。③ 市场利率或者其他市场投资报酬率在当期已经提高,从而影响企业计算资产预计未来现金流量现值的折现率,导致资产可收回金额大幅度降低。④ 企业所有者权益(净资产)的账面价值远高于其市值。

(2)来自企业内部信息的减值迹象。主要包括:① 有证据表明资产已经陈旧过时或者其实体已经损坏。② 资产已经或者将被闲置、终止使用或者计划提前处置。③ 企业内部报告的证据表明资产的经济绩效已经低于或者将低于预期,如资产所创造的净现金流量或者实现的营业利润(或者亏损)远远低于(或者高于)预计金额等。
④ 其他表明资产可能已经发生减值的迹象。

（3）因企业合并形成的商誉和使用寿命不确定的无形资产,无论是否存在减值迹象,每年都应当进行减值测试。另外,对于尚未达到可使用状态的无形资产由于其价值具有不确定性,也需要定期进行减值测试。

（三）资产减值评估的意义

资产减值为资产的真实价值提供了调整依据,其实质是用价值计量代替成本计量,并将账面金额大于价值部分确认为资产减值损失或费用,资产计量接近真实价值,有助于信息使用者投资决策。资产减值准备在一定程度上保证企业财务资料的真实,资产减值准备规定不仅说明了谨慎性原则的重要性,也避免了资产的虚增导致企业利润的虚增。

资产减值评估也是对资产未来可能流入企业的全部经济利益的一种判断,对企业的利润有着重要的影响。所以,企业通过确认资产价值,不仅可以消化长期积累的不良资产,而且还可以提高资产的质量,使资产能够真实地反映企业未来获取经济利益的实力。同时,实行资产减值评估可以使企业根据其实际情况合理地预计可能带来的损失,这样有利于提高资产的效益,降低潜在的风险,提高企业的风险防范能力。这更加真实客观地反映出企业资产的公允价值和财务状况,对规范市场信息行为,保护广大投资者的切身利益具有重要的作用。

二、不同准则下的资产减值的评估

（一）国际财务报告准则（IFRS）下的资产减值评估

我国的财务报告准则与国际财务报告准则基本趋同,国际财务报告准则规定,当账面价值大于资产可回收金额和使用价值(预计未来现金流量现值)两者之间的较高者时即发生减值,资产可收回金额为公允价值减去处置费用(处置费用包括与资产处置有关的法律费用、相关税费、搬运费以及为使资产达到可销售状态所发生的直接费用等)。因此,要进行资产减值评估需要确定公允价值和现金流量现值。

确定公允价值,即相当于资产评估准则下的市场价值。根据《企业会计准则第8号——资产减值》,公允价值按如下程序确定:① 公平交易中销售协议价格(协议价);② 活跃市场中资产的市场价格(买方出价);③ 以可获取的最佳信息为基础进行估价(比较估计价)。因此,市场法能直接体现这一价值类型。市场法根据公开市场上与评估对象相同、相似或可比的参照物的价格来确定评估对象的价格。当同一时点的公开市场可获得与评估对象可比的参照物的交易价格时,其价格信息便满足了减值测试中公允价值确定的前两层级的要求,从而可被直接引用。

根据《企业会计准则第8号——资产减值》规定,"资产预计未来现金流量的现值,应当按照资产在持续使用过程中和最终处置时所产生的预计未来现金流量,选择恰当的折现率对其进行折现后的金额加以确定"。这正是收益法的评估思路,其涉及资产的预计未来现金流量、使用寿命和折现率三个因素。

会计准则规定的资产减值测试不适用成本法。主要是因为:① 成本法的出发点是重置价值,其实质是在现时条件下,重新购置、建造或形成与评估对象完全相同或基本类似的全新状态下的资产所需花费的全部费用。而按照会计准则的要求,无论是考虑单项资产、资产组或资产组组合预计未来现金流量的现值,或者公允价值减去处置费用的净额,其实质都是从评估对象未来可能为企业带来的经济利益角度来衡量其公允价值。② 成本法成立前提受限于资产、资产组的评估值可以通过资产的未来运营得以全额回收,而运营收益需要使用收益法。③ 资产减值准则定义的用于减值评估的资产、资产组或资产组组合是一个最小的现金流产生单位,不可以继续分割为更小的单元。资产、资产组或资产组组合的个体性决定了无法以成本法来将其作为一个整体加以评估。

例 11-1　一项由许多企业共同掌握的无形资产是该行业的核心技术。由于该项技术被本企业和其竞争对手共同掌握,该无形资产的使用寿命相对较短,大约会持续 3~7 年。持续时间的长短主要取决于企业的性质、研发费用的多少以及该专利和版权的保护程度。在本案例中,该无形资产的大部分价值包含于该项专利中,并且预计的剩余使用寿命为 5 年,该项无形资产的持有价值为 294.5 万元。为确定该项资产的公允价值,该企业使用了提成法。

在某一有效日期,基于从公开渠道获得的数据,相似技术的所有者要求的专利权使用费为销售收入的 2.8%~4.5%,该企业选择中位数 3.25%。在上一财务报告年度中,该企业将收入的 5.1% 用作研发费用。表 11-2 列示了在该项无形资产剩余使用寿命内能够从此技术中获得的未折现现金流量和折现现金流量。

表 11-2　资产减值提成法现金流量评估表　　　　　　单位:千元

项目	2023 年实际数	2024 年预测数	2025 年预测数	2026 年预测数	2027 年预测数	2028 年预测数
销售收入	87 488	83 115	80 650	82 000	86 000	93 650
增长率		−5.0%	−3.0%	1.7%	4.9%	8.9%
应用技术的比例	60%	48%	33%	25%	18%	15%
相关收益	52 493	39 895	26 615	20 500	15 480	14 048
使用费(3.25%)	1 706	1 297	865	666	503	457
有效日的调整	—	−324	—	—	—	—
现金流量	1 706	972	865	666	503	457
总现金流量	3 463					
现值系数(20%)		0.869 6	0.724 6	0.603 9	0.503 2	0.419 4
折现现金流量		846	627	402	253	191
折现值	2 319					

按照提成法最终计算出的折现现金流数值为 231.9 万元,扣除预计的相关费用,就可以确定可收回金额的数值。扣除的费用应该包含销售的佣金以及直接相关的成本,其通常会占销售收入的 10% 左右。因此,本案例中可收回金额的最大估计数为 231.9×(1−10%)= 208.7 万元。由于计算出的公允价值减去处置费用后的金额低于资产的持有价值 294.5 万元,所以还必须计算资产的预计未来现金流量现值。

按照管理层的判断,并采用适当的折现率测算该无形资产的预计未来现金流现值在 250 万元~272.5 万元,最终确定的使用价值为 260 万元。由于 260 万元大于公允价值减去处置费用后的净值 208.7 万元,因此最终确定的可收回金额为 260 万元。由于可收回金额低于资产的持有价值,因此最终确定的资产减值损失为 294.5 − 260 = 34.5 万元。

(二)美国公认会计准则(GAAP)下的长期资产减值评估

按照 IAS 36 的规定,长期有形资产和无形资产的减值测试要分成两步进行,这一处理方法不同于商誉的减值测试。在两步的减值测试中,首先要确定资产可能存在的减值迹象,然后再计量具体的减值金额。这一过程必须在商誉的减值测试之前完成,并注销最终确定的减值金额。在第一步中,企业不需要确定某项资产或者某一资产组的公允价值,它只需要将资产的持有价值与该项资产预期获取的未折现的现金流进行比较。第二步中,企业需要将预期获取的现金流折现以确定公允价值,进而将公允价值与持有价值进行比较来计量资产的减值损失。

根据表 11-2,未折现的现金流量总额为 346.3 万元,在折现率为 20%的情况下,现金流的公允价值即折现价值为 231.9 万元。若该项无形资产的持有价值为 294.5 万元,低于未折现的现金流总额,那说明该项无形资产没有发生资产减值。如果无形资产的持有价值更高,例如为 350 万元,则表明该项无形资产存在减值的可能。

(三)商誉的减值评估

为确定商誉是否存在减值,美国公认会计准则(GAAP)从报告单位层面而非资产层面进行两步减值测试。第一步要判断资产是否存在减值的迹象(比较报告单位的公允价值与持有价值),而第二步要对存在的减值进行计量。资产的减值测试每年至少要进行一次,且在每年的相同日期进行,但是不一定要在年末进行,所以每一个报告单位要选择自己的减值测试日期。此外,当下列事项之一发生时,企业需要判断该事项是否会降低报告单位的公允价值:① 企业所处的法律环境和经营环境发生重大不利变化。② 企业被监管者采取了不利措施或者出具了不利评价。③ 非预期竞争对手进入市场。④ 重要管理者离职。⑤ 考虑将某一报告单位的整体或者大部分出售或者购入。⑥ IASC 下的减值测试导致了资产的注销。⑦ 企业的子公司确认了数额较大的减值损失。

财务会计准则委员会(FASB)认为商誉不能够直接计量,并且商誉的公允价值是作为残余价值购入的。因此,在减值测试的第二步中,商誉的公允价值便是报告单位的整体价值与各项可辨认净资产公允价值的差额。

三、资产减值评估注意事项

(一)运用市场法的注意事项

在运用市场法进行减值测试的过程中,要注意以下两个问题:一是同类或类似资产的交易市场是否为"活跃"市场。二是在利用类似资产交易价格进行估计时,要认真对比分析测试资产与类似资产的各项异同,并调整差异。

(二)运用收益法的注意事项

第一,预计未来现金流量确定时需注意的问题:① 首先要注意到评估范围的问题,现金的流入和流出要以评估范围为主体,把它与企业其他资产分离开来。② 要注意预计现金流量不考虑借款利息,且是税前流量。根据《企业会计准则第 8

号——资产减值》的规定,预计资产的未来现金流量也不应当包括筹资活动产生的现金流入或者流出以及与所得税收付有关的现金流量。③ 预测期中该资产组所能创造的现金流量的增长率问题。一般来说,所使用的增长率是稳定的或者递减的,而且不能超过行业、国家或者地区的长期平均增长率,或者资产所处市场的长期平均增长率。

第二,预测期间的选取问题。《企业会计准则第 8 号——资产减值》规定,企业管理层应当在合理和有依据的基础上对资产剩余使用寿命内整个经济状况进行最佳估计,建立在预算或者预测基础上的预计现金流量最多涵盖 5 年,因此,以减值测试为目的的评估预测期不需要或不可以太久。

第三,折现率的选取问题。《企业会计准则第 8 号——资产减值》规定,折现率是反映当前市场货币时间价值和资产特定风险的税前利率。该折现率是企业在购置或者投资资产时所要求的必要报酬率。在确定折现率时,应注意:① 折现率是针对资产的(包括单项资产、资产组、资产组组合),不是针对企业的,应当与企业价值评估时确定的折现率有所区别。尤其是其特定风险往往是和特定资产组相匹配的,而企业可能存在不同风险程度的资产组或资产组组合。② 由于现金流量是税前的,因此,与之匹配,折现率也应当是税前的。比如,如果采用的基础是行业中同类资产的资产收益率,由于其是税后的,就需要进行调整。③ 折现率选择方法最好采用累加法,以最近发行的国债利率(体现当前市场货币时间价值)为基础,参照同行业风险报酬率及各自特点来确定。

第四节　投资性房地产及金融资产评估

一、投资性房地产评估概述

(一)投资性房地产的概念

本节所称的投资性房地产引用会计学中投资性房地产的概念,根据《企业会计准则第 3 号——投资性房地产》及其应用指南中有关投资性房地产的表述,投资性房地产是指企业为赚取租金或资本增值,或两者兼有而持有的房地产,具体包括已出租的建筑物、已出租的土地使用权、持有并准备增值后转让的土地使用权。

(二)投资性房地产评估

投资性房地产的评估,与普通房地产的评估在评估方法上并没有本质的区别,应当根据评估对象的具体情况、资料收集情况和数据来源等相关条件,恰当选择评估方法,一般采用市场法、收益法,成本法使用则较少。

运用市场法评估投资性房地产时,应当收集同类或者类似房地产的交易案例,并对所收集的信息及其来源进行适用性分析。在选用交易案例时应注重案例的可比性,重点分析投资性房地产的实物状况、权益状况、区位状况、交易情况及租约条件,建立价值可比基础,细化相关比较因素,包括交易情况、交易日期、房地产状况以及容积率、使用年期、面积、具体位置、经营业态和所带租约等,明确这些参数指标的内涵。对于投资性房地产采用市场法评估时,要重点关注租约对其价值的影响。

运用收益法评估投资性房地产时,其收益对应于企业来自投资性房地产的收益,即收益是投资性房地产产生的收益,其他因素产生的收益不应计入投资性房地产的收益中。同时,还应关注投资性房地产租约条款对公允价值的影响,包括租金及其构成、租期、免租期、续租条件和提前终止租约的条件。关注租约的合法、有效性,了解实际履行状况。应当根据建筑物的剩余经济寿命年限与土地使用权剩余使用年限等参数,及有关法律、法规的规定,合理确定收益期限。折现率的口径应当与收益口径保持一致,并考虑租约、租期、租金等因素对折现率选取的影响。

采用市场法和收益法评估投资性房地产,评估结论通常包括土地使用权价值,测算的价值为客观合理价值,它是已经考虑了特殊交易情况如非常规的融资、售后租回、特殊对价或折让等的价值。当然投资性房地产的公允价值,既可以采用单一的公允价值表示,也可以在委托方同意的情况下,采用恰当的方式分析公允价值的区间值,得出价值分析结论,并提醒评估报告使用者关注公允价值评估结论和价值分析结论的区别。

二、金融资产评估

金融资产是经济主体所拥有的以价值形态存在的资产,它是一种索取实物资产的权利。金融资产评估是指由国家授权的评估机构及其人员接受单位委托或委派,为特定目的,依据国家的法律和有关资料,按照科学的程序、方法和标准,对金融资产的价格进行评定和估算。金融资产的价格由它的收益和风险决定,金融资产评估也就是对金融资产收益和风险进行确定的过程。

金融资产评估主要包括股票金融资产评估、债券金融资产评估、共同基金金融资产评估和衍生金融工具金融资产评估等。

对金融性资产进行评估,一般认为存在以下三个方面的功能:一是评值功能,主要是对被评估金融资产的现实价格进行评价和估算,为金融交易提供基础依据。二是评价功能,主要是对各种金融资产组合的经济效果进行评价,反映不同条件下的金融资产价值和营运绩效的差异性,以此来检查、考核和评价金融资产管理者的经营状况。三是公证功能,这里是指金融资产评估结构的真实性、公平性和合法性在法律上具有公证效力。

常用的金融资产评估方法主要有市场法、成本法、收益法和期权法等。具体评估方法可以参照本教材的相关章节,此处不再赘述。

▣ 本章小结

• 以财务报告为目的的评估是资产评估师基于企业会计准则或相关会计核算、披露要求,运用评估技术,对财务报告中各类资产和负债的公允价值或特定价值进行分析、估算,并发表专业意见的行为和过程。

• 合并对价分摊是指非同一控制下的企业合并的成本,在取得的可辨认资产、负债或有负债之间的分配。

• 资产减值是指当企业资产的可收回金额低于其账面价值时,即表明资产发生了减值,企业应当确认资产减值损失,并把资产的账面价值减记至可收回金额。

• 投资性房地产是指企业为赚取租金或资本增值,或两者兼有而持有的房地产,具体包括已出租的建筑物、已出租的土地使用权、持有并准备增值后转让的土地使用权。

• 金融资产评估是指由国家授权的评估机构及其人员接受单位委托或委派,为特定目的,依据国家的法律和有关资料,按照科学的程序、方法和标准,对金融资产的价格进行评定和估算。金融资产的价格由它的收益和风险决定,金融资产评估也就是对金融资产收益和风险进行确定的过程。

关键词

合并对价分摊　资产减值　投资性房地产　金融资产评估

思考题

1. 简述以财务报告为目的的评估的特点、作用和要求。
2. 企业合并对价分摊涉及哪些要素,如何评估?
3. 资产减值评估的思路和步骤是什么?

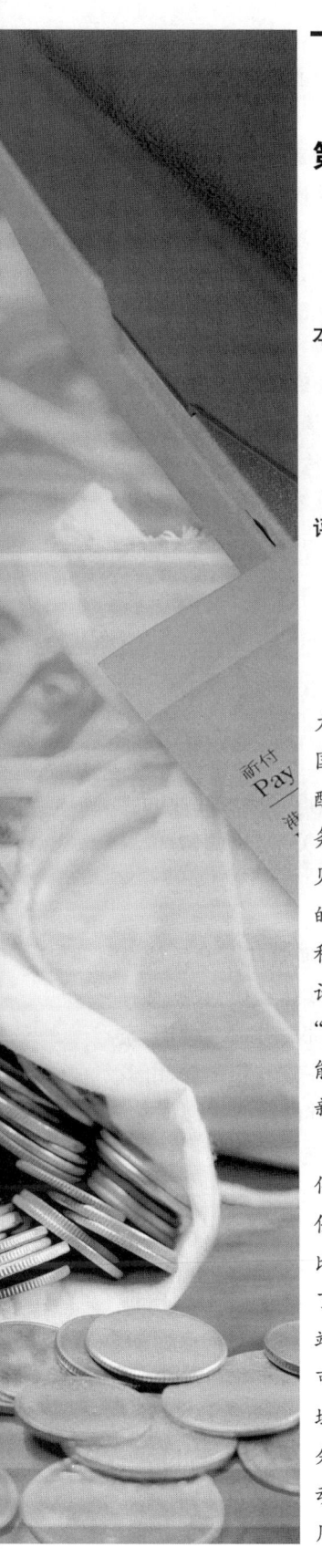

第十二章 数据资产评估

本章要点

- 数据资产
- 数据资产入表
- 数据资产评估

评估聚焦

**加快构建中国特色数据基础制度体系,
促进全体人民共享数字经济发展红利**

当前,数据已经成为数字经济时代的基础性资源、重要生产力和关键生产要素。习近平总书记强调,数据基础制度建设事关国家发展和安全大局,要统筹推进数据产权、流通交易、收益分配、安全治理,加快构建数据基础制度体系。近日,中共中央、国务院印发《关于构建数据基础制度更好发挥数据要素作用的意见》(以下简称"数据二十条"),系统性布局了数据基础制度体系的"四梁八柱",历史性绘制了数据要素发展的长远蓝图,具有里程碑式的重要意义。我们要认真学习贯彻习近平总书记重要讲话精神,统筹发展和安全,通过一系列细化制度举措,扎实推进"数据二十条"部署的各项任务落实落细,充分激活数据要素潜能,做强做优做大数字经济,增强经济发展新动能,构筑国家竞争新优势。

党的二十大报告指出,高质量发展是全面建设社会主义现代化国家的首要任务。习近平总书记强调,构建新发展格局的重要任务是增强经济发展动能、畅通经济循环。与其他生产要素相比,数据具有可复制、非消耗、边际成本接近于零等新特性,打破了自然资源有限供给对增长的制约,能够为经济转型升级提供不竭动力。同时,数据对其他生产要素具有放大、叠加、倍增作用,可以推动资源快捷流动、市场主体加速融合,提升经济社会各领域资源配置效能。构建数据基础制度体系,明确数据产权、流通、分配、治理等规则规范,解决数据谁能用、怎么用等关键问题,推动数据要素市场规范化、制度化建设,促进数据合规高效流通使用,提升数据要素市场化配置效率,激活数据要素价值,不仅有利于提高全要素生产率,增强经济发展动能,加快推进质量变革、效率变革、动力变革,而且有利于赋能实体经济,促成新旧动能加快转换,是促进传统产业转型升级的新支点,成为构建现代化经济体系的重要引擎。

党的二十大报告明确提出,到 2035 年要基本实现国家治理体系和治理能力现代化。我们对土地、劳动力、技术、资本等生产要素的治理,已有较长的历史和较为丰富的经验,但是对数据要素的认识相对粗浅,尚在不断深化过程中。由于数据自身具有无形性、负外部性、难以追溯等特点,数据在采集、传输、存储、使用、删除、销毁等全生命周期中都存在需要关注的潜在问题风险。传统治理模式和手段难以满足数据流通应用的实际需要,条块分割的行业和属地治理模式难以跟上数据要素跨地区、跨行业、跨层级流通交易的治理需求,线下治理难以适应数据要素市场线上线下一体化发展趋势。构建数据基础制度体系,补齐数据要素协同治理制度短板,有利于支撑构建符合数字生产力发展需要的治理机制,助力实现国家治理体系和治理能力现代化。

资料来源:国家发展和改革委员会.加快构建中国特色数据基础制度体系　促进全体人民共享数字经济发展红利.求是,2023(1).

第一节　数据资产概述

一、数据的定义与分类

(一)数据的定义

《中华人民共和国数据安全法》第三条规定,数据是指任何以电子或者其他方式对信息的记录。数据与信息是记录与被记录,形式与实质之间的关系。数据为信息的记录载体,信息体现了数据的实质内容。

作为新兴生产要素,数据基于自身的独到特点,具有以下属性:

一是多元主体性。就数据的生产和利用过程而言,数据要素通常从一开始就是多方主体围绕数据网络平台共同参与、协作生产的结果。区别于实体物质,数据具有虚拟性,故而数据无法直接通过外在实体权利的归属界定其所有权;同时,数据不完全等同于知识这一创造性的智力成果,数据很多时候具有被动产生性和衍生性,由多个主体共同参与创造,且很多时候为无意识行为所产生,如消费者浏览的购物记录。多元主体意味着不同主体之间存在权益的相关性,需要进一步明晰界定权属,数据权属的界定也是数据生产和流通之中的核心议题。

二是非消耗性和非竞争性。数据在流通和生产上具有非消耗性,在使用上具有非竞争性,可以多方主体同时加工、使用数据而又不互相影响。同时,由于数据在流通过程中具有使用价值和交换价值,因此符合经济学意义上"公共产品"的特征,即非竞争性,杜绝搭便车的成本很高,故而需要进一步厘清产权归属。

三是弱排他性。尽管数据来自数据主体的生成和开发,但本身具有非独占性,无法直接通过排他性而独占使用。然而,数据的弱排他性并不排除企业通过技术或市场赋予一定的"排他性"。数据从产生到流通交易的过程中,可以受到相关主体的实际管控。企业使数据具有"排他性"的主动战略,往往会引起不同企业关于特定数据控制权的争执,故而需要明确数据在法律意义上的权属地位。

（二）数据要素化

数字经济时代,数据作为新的生产要素开始逐步纳入国民经济价值创造体系,深入影响了人类的生产方式、生活方式和社会治理方式。2016 年 9 月 4—5 日举行的 G20 杭州峰会上通过了《二十国集团数字经济发展与合作倡议》,这是全球首个由多国领导人共同签署的数字经济政策文件。根据文件,数字经济是指以使用数字化的知识和信息作为关键生产要素、以现代信息网络作为重要载体、以信息通信技术的有效使用作为效率提升和经济结构优化的重要推动力的一系列经济活动。2017 年,中共中央政治局就实施国家大数据战略进行第二次集体学习,明确提出要推动大数据技术产业创新发展,构建以数据为关键要素的数字经济,运用大数据提升国家治理现代化水平,运用大数据促进保障和改善民生,切实保障国家数据安全。2019 年,党的十九届四中全会通过的《中共中央关于坚持和完善中国特色社会主义制度 推进国家治理体系和治理能力现代化若干重大问题的决定》,首次明确提出将数据作为生产要素参与社会分配,正式将数据与其他生产要素并列。计算机、传感器和其他电子采集设备取代了纸和笔等传统记录工具,使数据能以数字化形式记录和存储,并以前所未有的规模和速度进行分析应用,最终广泛地与经济社会各领域深度融合,创造出巨大的经济价值。随着要素市场化改革的推进,数据同土地、劳动力、资本、技术一样已经成为独立的生产要素。在数据采集、治理、应用、安全等方面技术的不断创新和推动下,尤其在以物联网、云计算、大数据、人工智能为代表的数字化技术迅速发展的背景下,数据正在逐渐成为战略资源,而数据要素也已成为国民经济长期增长的内生条件。

因此,深入挖掘数据要素价值,促进其融入国民经济价值创造体系,已成为培育经济社会发展新动能的重要途径,更具有重要的战略意义。2020 年 4 月 9 日,中共中央、国务院发布《关于构建更加完善的要素市场化配置体制机制的意见》,正式将数据要素纳入生产要素范畴。2021 年 12 月 21 日,国务院办公厅印发《要素市场化配置综合改革试点总体方案》,再次明确了数据要素市场化改革思路,并从流通交易、开发利用、开放共享等方面为数据要素市场化发展构建了高标准的市场体系和探索路径。2023 年 8 月 1 日,财政部发布《企业数据资源相关会计处理暂行规定》,自 2024 年 1 月 1 日起开始施行,标志着企业数据资产入表事宜正式提上日程,也意味着数据要素作为数字经济时代的五大生产要素之一,在符合条件的情况下有可能被确认为企业资产负债表中的"资产"项,在财务报表中可将相关投入显性化。当前,国家、地方政府及数据交易市场的参与方正从法律角度的数据确权、财务会计角度的数据估值或定价和市场角度的数据交易等方面为数据要素融合进行探索。

（三）数据的分类

根据不同的分类方法,数据可被分为不同类型。

1. 根据持有主体不同,数据可分为公共数据、企业数据和个人数据

公共数据是指各级党政机关、事业单位等公共服务机构在提供公共服务过程中持有或控制的、预期能够产生管理服务潜力或带来经济利益流入的资源,包括政府通过普查、全面调查、抽样调查等方式获得的数据,以及政府行使行政职权过程中自然生成的行政记录数据。除政府部门获得的数据之外,公共服务机构如医院、大学在其管理和运作过程中产生和采集的数据也可以纳入公共数据。

企业数据是指企业生产或处理的数据,既包括企业自己生产的数据,也包括企业

收集(自行收集或从其他主体处取得)的数据,主要可分为传统业务数据和物联网数据两大类。传统业务数据是指企业在研发、生产、销售、人力资源管理和财务管理等生产经营活动中产生的数据;物联网数据是指通过传感器自动获取的来自物品和设备的数据。企业数据是企业重要的经营资源,它帮助企业获得竞争优势。

个人数据是指与个人有关的,在各种电子设备、社交网络、提供服务的企业以及政府数据库中以物理或电子形式记录的数据资料。数据的"可识别性"是区分个人数据与非个人数据的关键标准。凡是可以单独识别出特定自然人的数据或者与其他数据结合后能够识别出特定自然人的数据,都是个人数据,反之,则为非个人数据。所谓单独识别出特定自然人的数据是指从其本身就能识别出或联系到特定自然人的数据,如肖像、姓名、身份证号码、工作证号码、社会保障号码等。与其他数据结合能够识别出特定自然人的数据,是指本身无法识别出特定自然人的数据(如爱好、习惯、兴趣、性别、年龄、职业等),但在与其他的数据结合之后,这些数据就可以识别出特定的自然人。由于个人数据可以识别出特定自然人,因此对个人数据的收集、存储、分析和使用不可避免地会对特定自然人产生影响。

2. 根据数据类型不同,数据可分为结构化数据、半结构化数据和非结构化数据

结构化数据是按照预定义模式和格式进行组织和存储的数据。它遵循严格的数据模型,以行和列的形式呈现,并且具有明确定义的字段和数据类型。结构化数据通常存储在关系型数据库中,可以使用 SQL 等查询语言进行检索和分析。典型的例子包括表格数据、关系型数据库中的数据等。例如 Excel 表格中,每一列代表一种属性或特征,每一行代表一个具体的数据条目。

半结构化数据具有一定的结构,但不符合传统的结构化数据模型。它没有严格的预定义模式,字段是可变的,并且数据的结构可能随着时间的推移而变化。半结构化数据通常以一种自我描述的方式组织,如 XML(可扩展标记语言)或 JSON(JavaScript 对象表示法)。虽然它们用一些标签或键值对来组织数据,但不像表格数据那样具有固定的列和行。

非结构化数据是没有明确定义模式和格式的数据。它没有统一的结构,表现为各种形式,如文本文档、图像、音频、视频等。非结构化数据通常无法通过传统的关系型数据库进行存储和查询,它的处理需要使用其他技术和工具,如自然语言处理(NLP)、图像处理或音频处理等。非结构化数据包括电子邮件、社交媒体文章、图像文件、音频录音等。

3. 根据使用领域不同,数据可分为经济数据、健康数据、教育数据、社交媒体数据、科学研究数据、金融数据、地理空间数据等

经济数据是用于经济分析、预测和政策制定的数据集合。它包括各种宏观经济指标,如国内生产总值(GDP)、就业率、通货膨胀率等。经济数据还包括财务报表、行业统计、市场调研等,用于研究市场趋势、评估经济健康状况和做出商业决策。

健康数据涵盖了与医疗和健康相关的各种数据。它包括患者的诊断记录、治疗方案、病历、实验室报告、体征数据等。健康数据用于医疗研究、疾病管理、医疗保健决策等方面。此外,健康数据还涉及追踪流行病学、公共卫生、医疗保险等领域的数据收集和分析。

教育数据用于学校管理、教学策略和政策制定等方面。它包括学生成绩、考试结

果、参与度、学生反馈、教师评估、教材使用情况等。教育数据可以帮助评估学生的学习成果、改进教学方法和制定个性化教育计划。

社交媒体数据来自各种社交媒体平台,包括用户在平台上发布的内容、评论、转发、标签等。这些数据被用于分析社交趋势、用户行为,情感分析,个性化推荐等。社交媒体数据对于市场营销、品牌管理、舆情监测等具有重要价值。

科学研究数据涵盖了各个科学领域的实验数据、模拟数据、观测数据等。例如,在物理学领域,科学数据可能包括粒子物理实验结果;在生物学领域,科学数据可能包括基因组测序数据;在地球科学领域,科学数据可能包括地震波形数据。这些数据用于验证假设、构建模型、发现新的科学原理等。

金融数据涵盖了金融市场和机构的各种数据。它包括股票市场数据(如股价、交易量)、债券市场数据、货币汇率、经济指标等。金融数据用于风险评估、投资决策、市场分析和金融机构的监管。

地理空间数据根据地理坐标描述了地球表面的地理特征。这些数据包括地图数据、卫星影像数据、地理位置数据等。地理空间数据被广泛用于地理信息系统(GIS)、城市规划、环境监测、定位导航等。它可以帮助分析地理模式、研究地理分布和资源管理。

根据不同的分类,相同的数据可能同时属于不同类别。例如社交媒体上发布的内容可同时属于个人数据、半结构化数据和社交媒体数据。

4. 数据的质的差异性

数据有了使用价值才能成为数据资源,数据资源满足成为资产的条件后才能成为数据资产,在数据资产满足会计确认的条件后,才可以纳入资产负债表。然而,即使是同类数据,其质的差异也是显著的。数据的质的界定与其应用场景有着紧密联系。

以公共数据为例,按照其用途,通常可分为两类:一是用于公共治理、公益事业的公共数据,可以有条件、无偿使用;二是用于产业发展、行业发展的公共数据,可以有条件、有偿使用。这一分类方法契合了数据价值与其具体的应用场景相关的理念,即同 数据在不同场景下的异质性问题。对于公共治理、公益事业等应用场景而言,公共数据的价值主要体现在其社会价值方面,即有助于改善公共治理的效能、增进公益事业的效果,体现的主要是社会价值。对于产业发展、行业发展等应用场景而言,公共数据的价值则体现在经济方面。例如,在普惠金融领域,纳税、环保处罚、发明专利等数据应用于辅助传统信贷评分模型,用于识别信息主体的信用状况,有助于提高金融机构放贷或投融资活动的科学性、精准性和有效性。再比如,温度、风速、降雨等气象数据可以用于快递、外卖等物流配送平台和出行平台的销量估计和运力调配,实现精准的销售估计和运行线路优化,降低企业的损耗。在这些领域,公共数据对产业、行业的产出提高有积极的影响。在公共数据安全方面,2023 年 11 月 27 日,欧盟理事会正式通过《数据法案》,并于 2024 年 1 月 11 日生效。《数据法案》适用于数字服务和连接产品(物联网)的供应商以及欧盟的相关数据用户。《数据法案》更侧重于非个人数据或不包含任何可识别个人身份信息的数据(如车辆性能、工业设备运行数据、农场温度湿度等),沿用了《通用数据保护条例》针对个人数据的权利义务,并补充了侧重于公共部门数据使用的《数据治理法案》。

同样的例子也存在于个人数据中。需要对个人数据进行评估的场景主要包括商业使用和个人数据侵权。同一数据在被信息使用者利用以提供个性化定制服务、辅助企业运营决策，或是被出售以获取经济报酬两种不同场景下，数据的质是不同的，进而对其价值的评估也会存在差异。2021年9月1日，《中华人民共和国数据安全法》正式施行。该部法律体现了总体国家安全观的立法目标，聚焦数据安全领域的突出问题，确立了数据分类分级管理，建立了数据安全风险评估、监测预警、应急处置、数据安全审查等基本制度，并明确了相关主体的数据安全保护义务。这是我国首部数据安全领域的基础性立法。

（四）数据资产的相关概念

1. 数据资产源于企业实践

国家创新战略的实施促使数据作为新的生产要素参与了社会分配，数据的资产属性开始在企业实践中凸显。企业基于技术和场景产生的数据转化为企业在经营活动中的资源和权力，下面是企业数据资产产生的典型场景。

典型场景一：某企业通过收集、采购各类数据并进一步加工形成了行业典型数据库，并对需要该类数据的客户提供服务。在该场景中，企业对数据进行加工，形成的数据产品可以提供给多个客户。此时就完成了数据服务，数据产品成为企业的一项数据资产。企业拥有数据资源的持有权和数据产品经营权，而客户一般只有数据（产品）的使用权，其所有权并未发生转移，企业对上述数据资源仍应确认为数据资产。

典型场景二：零售业利用数据进行消费者行为分析，以改进市场定位和个性化推荐，并优化库存管理。通过分析购买历史、访问记录和社交媒体数据，零售商可以实施个性化营销策略，提高销售转化率，同时降低库存成本和采购风险。

典型场景三：金融机构利用数据进行风险管理和欺诈检测。通过分析大量的交易数据和客户信息，金融机构可以识别异常行为和风险模式，并采取相应的措施来减少欺诈和风险。此外，金融机构还可以利用数据进行定价和产品优化，以提供更好的金融服务。

典型场景四：医疗保健行业利用数据进行临床决策支持和疾病预测。通过分析患者的医疗记录、实验室数据和遗传信息，医疗机构可以提高诊断准确性，提供个性化治疗方案，并预测病情进展和患者风险。此外，数据还可以帮助医疗机构优化资源分配，改进医疗流程和提供更好的医疗服务。

典型场景五：制造业公司利用数据进行生产优化和质量控制。通过分析生产过程数据、设备传感器数据和供应链数据，制造商可以优化生产计划、减少生产停机时间，并提高产品质量和一致性。此外，制造业公司还可以利用数据进行供应链可见性和预测性维护，以降低存货成本和维修成本。

典型场景六：物流和运输公司利用数据进行路线优化和运输效率提升。通过分析交通数据、运输监控数据和客户需求数据，物流公司可以选择最优的运输路线、提高车辆利用率，优化配送计划，并在订单处理过程中有效处理异常情况。

典型场景七：电商行业的数据来源总体上分为客户产生的数据以及运营数据。例如，以淘宝店铺为例，消费者在购买产品的各个环节中都会产生数据。淘宝可以收集到消费者商品浏览、搜索、点击、收藏和购买行为产生的数据，就可以判断产品介绍页面的吸引力，并据此做出改进。收集到上述数据信息之后，淘宝主要通过个性化推荐算法来根据用户不同的兴趣和需求推荐不同的商品或者产品,以实现推广资源效率和效果最大化。

以上场景体现的就是数据资源在企业内部可以产生的价值。

企业将收集到的数据进行确权登记以后,数据资源就成了企业的数据资产。由于数据资产具有通用性,服务于不同的企业时可以创造出不同的价值,这也就意味着电商企业可以将企业的数据资产出售给其他企业。例如,将商品物流数据出售给物流公司,物流公司可以对多个电商企业的数据进行综合分析,优化地区物流运输路线部署,降低运输成本。还可以将商品交易数据出售给科研机构等,使其可以据此编制行业发展研究报告等。电商企业不管是将商品物流数据销售给物流公司,还是将商品交易数据销售给科研机构,电商企业拥有数据资产的持有权和数据产品经营权,而物流公司和科研机构仅拥有数据资产的使用权。此时就完成了数据服务,数据产品成为企业的一项数据资产。

需要注意的是,数据资源典型的特征是具有伴生性,即数据的产生需依赖于自然环境或人类社会环境中的特定主体,如何进行合理的成本分摊以确保数据资源成本的完整性是当前实务工作中的难点。

2. 数据资产的理论研究

理论界对何为数据资产进行了广泛讨论。对数据资产的理论理解和分析起初基于对信息经济相关产业和企业的认知,随着互联网的兴起,数据在企业实践层面成为日益关键的资源,对数据资产(资源)的研究成为学术研究的热点。

早期阶段,人们对数据资产的理解相对较简单。数据被视为组织中的一种资源,类似于设备、人力资源和财务资产。1974年,Peters首次提出数据资产的概念,认为数据资产由所持政府债券、公司债券和实物债券等资产组成。其对数据资产的定义范围比较狭隘,认为数据资产是以实物形态存在的,有一定的局限性。20世纪90年代至21世纪初,随着研究的不断深入,学术界对数据资产的内涵与适用范围有了更深刻的理解。Glazer(1993)提出,企业所拥有的所有信息,包括公司和上游供应商的信息、公司和消费者销售交易过程所形成的信息,以及公司内部运营所产生的信息,均具有资产特性,能够为企业带来收益。21世纪以来,学术界对于数据资产的理解进一步深化,数据被视为一种战略资源,能够为组织创造更大的价值和创新机会。Probst等(2006)提出,数据是为权利主体控制的能够进行交换的商业信息资源,其特征符合资产的定义,而且数据还是一种可以带来收益的资产,能够被人们挖掘出来进行等价交换。

有关数据资产的大量研究始于"大数据"概念的兴起。Tony Fisher(2009)明确指出大数据背景下的数据是一种资产,企业可以根据其所拥有的数据信息制定业务战略。从国内的研究来看,刘玉(2014)认为,数据资产是企业的大数据集合,内容涵盖了企业在日常运作中所形成的文本、数据、图片以及网络资讯等,这些深入挖掘的数据经过分析处理后能够为企业带来效益。张志刚等(2015)把大数据资产的概念扩大化,指出任何可以数据化的、能够在企业日常运营中创造效益的大数据资源,都有可能构成企业的数据资产。刘琦等(2016)认为,数据资产是来源于用户数据信息积累、实物形态无法辨认、具有商业价值的第一方数据和第二方数据。

目前,由于行业经营特点以及数据资产获取渠道的差异,界定数据资产的范畴仍需进一步研究。但数据的无形性是得到共识的,即数据能为企业带来收益,是企业的一项资产,可以将数据资产划归为企业的无形资产。

3. 数据资产的定义

(1)从法律角度定义数据资产。任何一种资源成为资产并参与国民经济分配的前提是具有权益。从立法层面说,我国尚未对如何保护数据权益进行专门立法;在实践中,数据权益也并未直接定性。因此。目前在立法和司法层面对数据资产尚未有明确定义,仅部分行业标准或地方标准尝试对数据资产的概念进行解读。

当前对数据权益认定的探索包括以下几方面:

一是人格权益说。建构数据产品及服务的认定和权益保护无法回避对个人信息的保护。个人信息作为数据流动中的重要组成部分,部分法学家主张个人信息具有财产权益属性,使个人在参与数字活动中能有所收获。

二是知识产权说。数据与知识产权共同具有无形性和时效性,但二者的权利架构模式却不尽相同。知识产权的权益体现为人身权利和财产权利,而数据权益却体现为来源者的权利、加工使用的权利和数据衍生品的经营权。

三是物权说。数据具有经济价值,属于财产范畴。在法律上对财产进行保护,还需对财产的法律属性进行界定。部分学者提出采用类物权的方式对数据权益进行保护,物权享有占有、使用、收益、处分等行为权利,而数据的上述权利在现实生活中属于不同的主体,无法完全适用。

(2)从准则角度定义数据资产。从实践的角度来看,会计准则与评估意见同样对数据资产进行了界定。

在会计准则下,数据资源被作为企业资产进行确认和计量,数据需要满足具备可辨认形态、排他性数据产权、可预期经济利益流入等条件。可辨认资产,是指满足下列条件之一的资产:一是源于合同性权利或其他法定权利(合同-法定条件);二是能够从被购买方中分离或者划分出来,并能单独或与相关合同资产和合同负债一起,用于出售、转移、授予许可、租赁或交换(可分割条件)。另外,如果资产(包括租赁资产)及其附着物分拆成本重大,应当一并作为一项单独可辨认资产。即一项资产及其附着物分别作为一项单独可辨认资产的前提条件是,如果在不付出重大成本、不导致资产的效用和公允价值显著下降的情况下,从物理上可将该资产及其附着物拆除和单独使用。例如,土地使用权和地上建筑物一般不可分别作为一项单独可辨认资产。排他性数据产权是指,相关数据资源是由企业合法拥有或控制的。基本准则对于"拥有或控制"定义为,企业享有某项资源所有权,或者虽然不享有所有权,但该资源能被企业所控制。可预期经济利益流入是指,相关数据资源预期会给企业带来经济利益,且相关的经济利益很可能流入企业。基本准则规定,预期会给企业带来经济利益,是指直接或者间接导致现金和现金等价物流入企业的潜力。同时,基本准则规定,只有满足与该资源有关的经济利益很可能流入企业时,才符合确认资产的条件。

在会计计量要求下,数据资源只有在被企业拥有或控制、具备可辨认形态且其相关的未来收益很可能流入企业时才能被当作一项资产。根据会计准则,企业使用的数据资源,符合《企业会计准则第 6 号——无形资产》规定的定义和确认条件的,应当确认为无形资产。企业日常活动中持有、最终目的用于出售的数据资源,符合《企业会计准则第 1 号——存货》规定的定义和确认条件的,应当确认为存货。根据国家市场监督管理总局和中国国家标准化管理委员会发布的 GB/T40685-2021 国家标准文件,数据资产是合法拥有或者控制的,能进行计量的,为组织带来经济和社会价值的数据资源。

《数据资产评估指导意见》第一章第二条将数据资产定义为特定主体合法拥有或者控制的,能进行货币计量的,且能带来直接或者间接经济利益的数据资源。数据资产具有信息属性、法律属性与价值属性。信息属性主要包括数据名称、数据结构、数据字典、数据规模、数据周期、产生频率及存储方式等。法律属性主要包括授权主体信息、产权持有人信息,以及权利路径、权利类型、权利范围、权利期限、权利限制等权利信息。价值属性主要包括数据覆盖地域、数据所属行业、数据成本信息、数据应用场景、数据质量、数据稀缺性及可替代性等。综上,数据资产具有经济价值且能被货币计量,能被某主体合法拥有或者控制,其主体拥有数据权益。执行数据资产评估业务时,要关注数据资产具有的非实体性、依托性、可共享性、可加工性、价值易变性等特征,关注数据资产特征对评估对象的影响。

(五) 数据资产标准化和价值化

1. 数据资产标准化

在数据资产的入表和价值评估实践中,首先要解决的是数据资产能否标准化评价,并对其价值判断有统一的标准和尺度。数据要确认为企业的入表资产,首先要明确其在抽离不同行业和企业特性后是否存在标准化的基础。在数据资产标准化过程中,如何处理数据的一般性特征和数据质的差异性问题将是数据资产能否顺利入表的关键。在对数据资产价值进行评估时,同样需要针对该问题进行分析和处理,尤其是资产价值判断更与控制和拥有数据资产的企业的经营特性和行业特性高度相关。因此需要在数据资产标准化评价的基础上进行更为深入的差异性分析,强调数据资产的场景化利用对价值的影响。

2. 数据资产价值化

数据资产价值化是通过数据整合、数据融通、数据洞察、数据赋能以及数据复用,将数字化的知识和信息转化为新的生产要素,使得数据嵌入企业或产业的业务体系和价值链,进而完成价值实现的过程。

数据整合是对数据的重组、抽取、聚合、清洗标准化,将原本独立的信息片段整合为有序的信息条目。其本质是数据"熵减"的过程,是数据实现从无序到有序、混乱到规则、低价值到高价值的转变。数据融通则是释放大数据的规模效益和边际效用递增效益的重要前提。随着数据聚合规模的增大,数据的潜在使用价值会呈现出明显的规模效益和边际效用递增效益。一旦打通数据融通的壁垒,就能联通各行各业,增强信息活力,创造新的社会经济价值。数据洞察是大数据时代对数据"化学能"的开发和利用,即通过利用先进的数据治理及数据挖掘等技术,对数据进行完整且优质的诠释,提取出数据内部的深层价值,进而提高"数据洞察"的成效,发现潜在的新规律,进而做出相对准确的战略预测及推断。数据赋能是真正发挥数据"核能"的价值激活和价值创造。一方面,运用大数据的赋能作用,为传统行业及新兴行业提供内容传播、数据营销、舆情分析、大数据采集研究分析及解决方案等服务,助力产业数字化和国家治理的数字化、智慧化转型;另一方面,数据本身作为全新的生产要素,数据资产化、证券化和产业化将催生全新的数字经济新业态,是培育未来产业的重要抓手。

数据复用是数尽其用原则的体现。大数据相比传统的土地、劳动力等生产要素,具有无限复制性和重复使用的特性,其边际成本几乎为零,但由此带来的数据规模效益却是巨大的。除此之外,旧的数据在新的使用场景、新的处理方式以及重复的迭代中,会不断迸发出新的信息成果和价值产物,数据资源的价值开发生生不息。

在此基础上,通过信息技术创新和管理创新、商业模式创新融合,不断催生新产业、新业态、新模式,最终形成数字经济产业链和产业集群,进而助力新发展阶段高质量发展目标的实现。数据价值化的结果主要有两类:一是将经过治理的数据用于交易,此时数据的价值是以数据产品的形式体现的,即当数据成为商品生产和流通过程中的价值载体时,数据本身就成了商品。二是当数据作为资源赋能其他生产要素时,数据的价值被转移到其他产品中,通过企业生产过程提高其他产品的价值。此时,数据价值通过其他产品的价值增值而得以体现。

如图 12-1 所示,随着数据被整合、融通、洞察、赋能以及复用,数据价值化的过程也分为数据资源化、数据资产化、数据产品化、数据商品化和数据资本化五个递进层次。

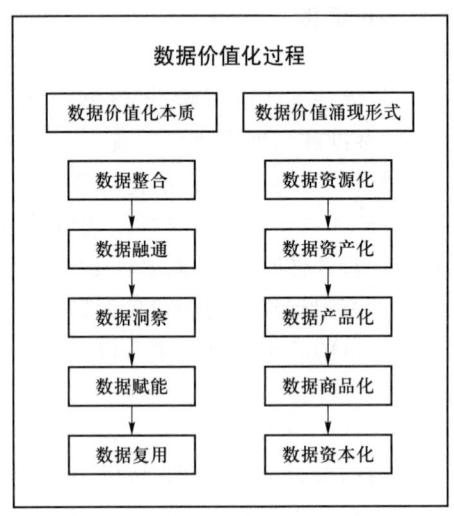

图 12-1　数据价值化过程

（1）数据资源化。按需求对原始数据进行标准化、结构化处理,整合出高质量、有潜力的数据,以可采、可见、标准、互通、可信的形式管理、存储和共享这些数据的过程。当数据能够被理解和利用时,原始数据就成为数据资源。数据资源化的主要目的是提升数据质量。

（2）数据资产化。通过将数据与劳动力、资本、土地、知识、技术、管理等传统生产要素相结合,赋能战略导向、营销管理、业务流程管理、人力资源管理、数字技术创新等业务场景,将数据潜在的价值通过实际场景来实现和变现,从而将可量化、可变现的数据资源转化为数据资产。数据资产化是数据价值化的核心。

（3）数据产品化。数据产品化是将数据资产包装和升级为数据产品、实现标准化输出的过程。可利用区块链、隐私计算等技术,自发或通过数据服务商机构将政府公开数据、企业内部数据、数据供应方提供的数据、网页爬虫数据和合作伙伴数据进行脱敏、清洗、分析、建模、可视化等步骤,形成可供出售的一系列 API、数据包、数据定制服务以及数据产品等。

（4）数据商品化。数据资产升级为数据商品后，有需求的企业能够在数据市场上以相对公允的价格获取所需的数据商品。当数据能够以各种形式灵活交易时，数据资产就成为数据商品。企业通过卖出或买入数据获得收益和补充数据池，这一过程包括数据打包、数据定价、数据交易等关键数据行为。

（5）数据资本化。数据商品转化为数据资本的过程，本质是按照市场化手段对数据要素进行金融层面的升级，使数据能够通过资本运营实现增值，将数据作为金融资产进行投融资，但该阶段仍处于初级探索中。数据资本化阶段的目标是实现数据投融资，包括数据资本运营和数据资本收益分配等关键数据行为，从而实现生产要素优化配置和产业结构的动态重组，以及数字经济的高质量发展。

数据价值化的实现过程和机制模式表明，只有将数据资源长期、安全地存储下来，才能实现数据价值的长期挖掘，最终实现数据资产化。数据价值化的过程是提高数据要素资源配置效率、促进公共数据与社会各类海量数据的数据协同、资源整合、高效利用，完成数据从要素到生产力价值实现的重要理论支撑。

二、数据资产入表问题

（一）数据资产入表的背景

从国家战略层面来看，数据已逐渐参与到社会分配中。2017 年，习近平总书记主持中共中央政治局第二次集体学习时就指出，要构建以数据为关键要素的数字经济。2019 年 10 月，党的十九届四中全会首次将数据增列为生产要素。数据作为参与社会价值分配的生产要素，其重要程度与土地、资本、劳动力、技术要素并列。

伴随着新一轮数字经济变革的不断推进，国家政策从宏观规划、微观实践等层面，积极探索数据要素和数字经济计量和评估的新方式，帮助市场更可靠、更真实、更准确地获得数据资源信息，为市场宏观管理调控、投资者精准决策提供支持。2022 年，国务院发布《"十四五"数字经济发展规划》，提出要充分发挥数据要素作用，强化高质量数据要素供给。对数据的分析和挖掘有助于提高企业效益和行业竞争力，因此数据资产入表已从"箭在弦上"转为"势在必行"。只有对企业数据资产进行有效记录和管理，才能对其进行深入分析和挖掘，从而实现数据价值化。数据价值化是推动数据资产入表的动力。

（二）数据资产入表的基本程序

数据资产入表是对数据资源进行价值评估，记录在财务报表的行为。入表后，数据资源变为资产，数据资产是所有者权益的体现，将扩大企业的资产总额。企业为数据资源入表要进行一系列准备动作，包括确认数据资源权属、加强数据质量管理、打造数据安全合规体系、分析数据资源预期经济利益、实现相关成本的合理归集和分摊等，以保障数据资源符合资产确认条件，最终能够实现资产的列报与披露。

1. 数据合规与确权

数据合规与确权是数据资产入表的首要步骤。针对不同类型数据，其合规与确权的过程略有差异。比较典型的有显性数据和隐性数据。显性数据，即用户主动输入的数据，例如对内容的评论、点赞、转发、下载等显式数据集。这类数据是优质数据，能明显反映用户对物品的喜爱程度，但是并不易收集，可直接进行合规处理。数据合规主要包括：一是数据来源合规。企业获取数据行为不违反任何法律法规、国家政策和社会公共道德,不侵犯任何第三方合法权利。二是数据内容合规。企业存储数据的内容需真实、合法、合规,不得存储法律法规不允许采集或存储的违法数据。三是数据处理合规。企业处理数据行为不违反法律相关规定,符合合法、正当、必要原则。四是数据管理合规。企业需按照法律、法规、规章和国家标准等要求,建立数据合规相关管理制度,开展合规管理体系搭建、风险识别、风险评估与处置等管理活动,在数据分类分级管理、数据跨境、个人信息保护等领域建立相应的全链条监督管理机制。五是数据经营合规。企业需依法开展数据经营业务,获得相应的资质、行政许可及充分授权,建立完善的内部控制体系,保障数据经营业务不危害国家安全、公共利益以及侵犯个人、组织合法权益。隐性数据主要是指用户点击行为、阅读时长、购买行为和搜索行为等隐式数据集,揭示了用户对商品的喜好。这类数据是大多数企业拥有的数据,企业只能从这些行为数据去推测用户是否喜爱物品。对于隐性数据,需先进行权属认证,主要包括:一是在数据入表前,企业应基于数据来源,梳理其完整授权链条。例如,企业自行采集个人数据时,应获得数据主体的恰当授权;企业采买个人数据时,应获得数据供应商及数据主体的恰当授权。二是企业应建立数据权属监督管理机制,日常维护数据的权属变更情况。例如,企业获取数据授权存在期限,应在资产预计使用寿命中予以合理反映和披露。权属认证通过后再进行数据合规处理。

2. 形成数据治理体系

数据治理是对数据资产管理行使权力和控制的活动集合。形成数据治理体系,则是通过一系列与数据相关的过程来实现决策权和职责分工的系统。应通过数据可信存储、数据标准管理、数据质量管理、数据血缘分析等方式,提升数据资产质量,盘活数据资产价值,提高数据要素市场供给品质。

数据可信存储是指通过数据资产盘点和设置数据资产目录来确保数据不可伪造,数据无法被私自篡改和删除,从而保证数据的完整性和有效性。

数据标准管理是指数据标准的制定和实施的一系列活动,其目标是通过制定和发布统一的数据标准,结合制度约束、系统控制等手段,实现大数据平台数据的完整性、有效性、一致性、规范性、开放性和共享性管理,为数据资产管理活动提供规范依据。

数据质量管理是指对数据在计划、获取、存储、共享、维护、应用、消亡的数据生命周期的每个阶段可能引发的各类数据质量问题进行识别、度量、监控、预警等一系列管理活动,并通过改善和提高管理水平来提升数据质量。

数据血缘分析主要是分析各种数据资产之间的依赖关系和连接方式,即数据的来源、处理过程和结果之间的关系,通过定期审计、检查和更新确保数据资产血缘关系的准确性、完整性和一致性,同时相应更新基于数据资产血缘关系形成的数据资产血缘关系图。数据资产血缘关系图可以使用各种图表工具来建立,例如实体关系图、流程图、组织结构图等。

3. 预期经济利益可行性分析

如前所述,资产确认条件之一是经济利益很可能流入企业。在数据资产预期经济利益的可行性分析层面,企业应结合不同的数据资源分类、业务交互需求和商业应用场景(数据产品和服务)分类,建立企业内部数据资产价值评价体系,对数据资产投入产出效益进行评价,夯实经济利益的分析基础。

影响数据资产价值的因素通常包括成本因素、场景因素、市场因素和质量因素。成本因素包括形成数据资产所涉及的前期费用、直接成本、间接成本、机会成本和相关税费等。场景因素包括数据资产相应的使用范围、应用场景、商业模式、市场前景、财务预测和应用风险等。市场因素包括数据资产相关的主要交易市场、市场活跃程度、市场参与者和市场供求关系等。质量因素包括数据资产的准确性、一致性、完整性、规范性、时效性和可访问性等。

4. 相关成本的合理归集和分摊

数据资产按照用途划分为无形资产或存货,并进行成本归集、分摊和计量,计量包括初始计量和后续计量。需要注意的是,数据资产的成本不仅包含外购过程中发生的购买价款、相关税费,还可能包括数据合规成本、治理成本、权属鉴定、登记成本以及需要分摊的间接成本等。

初始计量主要包括两类,一是对于企业在日常经营的业务场景中生成并获取数据的初始计量;二是对于外购形成数据资产的初始计量。对于前者,在满足合规和确权的条件下,经过有效的治理,可以考虑类比无形资产准则下关于内部研究开发形成的无形资产确认标准,即区分研究阶段支出与开发阶段支出,研究阶段的支出应当于发生时计入当期损益,开发阶段的支出则需满足下述五个条件才可以确认为无形资产:一是技术上能够完成该无形资产以使其可以使用或出售;二是具有完成该无形资产并使用或出售的意图;三是能够证明运用该无形资产生产的产品存在市场或者无形资产自身存在市场,无形资产将在内部使用的,应当证明其有用性;四是有足够的财务资源和其他资源支持,以完成该无形资产的开发;五是归属于该无形资产开发阶段的支出能可靠计量。比如,企业大多数数据资产的内部形成过程可分为四个环节:数据采集、导入以及预处理、统计分析以及数据挖掘,其中前三个环节尚处于初期的整理归集及研究阶段,不确定性较大且风险高,应直接费用化处理;数据挖掘涉及开发及价值挖掘,这个阶段已经可以使数据产生一定的价值。在满足条件下,可以考虑开始进行资本化。

后续计量,即在我国会计准则下无形资产初始计量后,后续应减去累计摊销额和累计减值后的余额计量。使用寿命不确定的无形资产不应摊销但应每年进行减值测试。企业选择的摊销方法应当反映与该无形资产有关的经济利益的预期消耗方式,无法可靠确定预期实现方式的,应当采用直线法摊销。有别于其他资产,数据资产在使用的过程中,不仅可以被重复利用,还可能随着时间的积累挖掘出新的价值。因此传统的直线法等摊销方式可能不适用,这也是数据资产对准则提出的一个新挑战。后续计量中还有一个核心因素是减值迹象的判断,考虑到数据资产的特点,减值迹象判断过程可能较传统无形资产更为复杂。

5. 列报与披露

企业在编制资产负债表时,应当根据重要性原则并结合本企业的实际情况增设报表子项目,并通过表格方式细化披露,可在"存货"项目下增设"其中:数据资源"项目,反映资产负债表日确认为存货的数据资源的期末账面价值;在"无形资产"项目下增设"其中:数据资源"项目,反映资产负债表日确认为无形资产的数据资源的期末账面价值;在"开发支出"项目下增设"其中:数据资源"项目,反映资产负债表日正在进行数据资源研究开发项目满足资本化条件的支出金额。在此基础上,对相应的信息进行披露,披露方式包括强制披露和自愿披露两类。

强制披露,即基于单项数据资源特点的信息披露,数据资源特点不同,披露要点也不相同。① 作为无形资产的,应披露:使用寿命的评估及摊销方法;摊销期限、方法及残值率的变更及影响;所有权或使用权受限情况,及用于担保的无形资产变动;费用化和资本化的研发支出;单项披露重大的数据资源;原值、折旧、摊销及减值变动。② 作为存货的,应披露:发出存货采用的方法;存货可变现净值的确定依据及存货跌价准备计提方法、当期计提及转回情况;所有权或使用权受限情况及用于担保的单项披露重大的数据资源;原值、跌价准备变动。③ 估值信息企业对数据资源进行评估且评估结果对企业重要的,应当披露:信息的来源;评估结论成立的假设前提和限制条件;评估方法的选择;各重要参数的来源、分析、比较与测算过程。涉及重大数据资源价值评估的场景包括但不限于:企业合并对价分摊;数据产品定价;使用数据资产入股/融资;其他创新场景。

自愿披露,即充分展示有价值的信息。企业可以根据实际情况,自愿披露已确认和未确认的数据资源相关信息:形成数据资源的原始数据的类型、规模、来源、权属;对数据资源的加工维护情况,以及相关人才、关键技术等的持有和投入情况;数据资源的应用情况;重大交易事项中涉及的数据资源对该交易事项的影响及风险分析;数据资源相关权利的失效情况及失效事由、对企业的影响及风险分析;数据资源的应用场景、对企业创造价值的影响方式;数据资源转让、许可或应用限制;其他有必要披露的信息。

上述披露要求会给企业带来一定的披露成本,但是适当的披露有利于将企业已经费用化的数据投入资金显性化,将企业的隐形价值可视化、透明化,有利于驱动企业价值的提升。此外,根据数据资源评估的参数、假设与模型的披露要求,也将倒逼企业建立更加精细的内部管理流程,帮助企业厘清数据资源价值的构成、来源和实现方式。

除了以上环节以外,全流程的数据安全监管也是保障数据资产入表的核心之一。数据安全监管保障体系包括法律和技术两个方面,需要在法律制度、监管标准的指引下,建立统一高效、协同联动的数据安全管理体系,并依托区块链等先进技术,提供数据资产入表全流程安全保障。

第二节　数据资产评估对象和程序

一、数据资产的评估对象

(一) 数据资产评估目的

数据资产评估目的通常是指数据资产评估报告和数据资产评估结论的预期用途,通常由数据资产评估委托人拟实施的经济行为决定。同一数据资产在不同的应用场景下会发挥不同的价值。资产评估专业人员应当通过委托人、相关当事人等提供或者自主收集等方式,了解相应评估目的下评估对象的具体应用场景,选择和使用恰当的价值类型。数据资产评估常见的经济行为有:① 以数据资产对外投资;② 数据资产转让、置换；③ 数据资产处置；④ 以数据资产偿还债务；⑤ 数据资产涉讼；⑥ 收购数据资产；⑦ 接收数据资产出资；⑧ 接收数据资产抵债；⑨ 以数据资产引入投资；⑩ 数据资产授信融资；⑪ 数据资产抵质押。

除以上经济行为外，当数据持有人有提高内部管理水平、量化资产价值等需求时，也可对数据资产进行评估。未来当数据资产大规模进入企业财务报表后，为反映数据资产在报表中的价值变化并进行会计处理，以财务报告为目的的数据资产评估也会成为主要评估目的之一。如通过评估为数据资产价值变动测试提供支撑，为会计核算和财务报表编制提供数据资产公允价值、可回收金额等。

（二）数据资产的产权问题

数据资产产权的确定是数据资产入表和评估的根基。为了探索建立数据产权制度，2022 年 12 月，中共中央、国务院发布的《关于构建数据基础制度更好发挥数据要素作用的意见》从数据产权、流通交易、收益分配、安全治理等方面系统性地构建了数据资产价值体系基础，并提出了二十条政策举措，即"数据二十条"。对于数据产权制度而言，"数据二十条"的核心内容和重要创新之一就在于建立了数据产权的结构性分置制度，以及数据资源持有权、数据加工使用权、数据产品经营权等分置的产权运行机制。数据资源持有权通常由数据管理员或组织机构拥有，涉及数据的获取、存储、使用、更新、共享和保护等方面的决策和操作。数据加工使用权是指在数据加工过程中，对于原始数据的使用和加工产生的数据结果的使用所涉及的权利。这种权利通常由数据持有者授予，并受到数据相关法律法规的保护。数据产品经营权则是相关机构对加工形成的数据产品依法占有、使用、收益和依法支配的权利。

三权分置机制为解决数据权属问题提供了初步路径。从权利角度界定评估对象时，要从数据资源持有权、数据加工使用权、数据产品经营权等权利中对单一或多项的权利关系或三权的衍生权利关系进行分析和界定，并在此基础上进一步厘定评估对象的内容和范围。可以预期，数据资源持有权、数据加工使用权、数据产品经营权分置的产权运行机制将为激活数据要素价值创造和价值实现提供基础性制度保障，也为在评估实践中更好地理解、分析和界定数据资产的评估对象指明了具体方向。

具体来看，就是要在国家数据分类分级保护制度下，分别界定数据生产、流通、使用过程中各参与方享有的合法权利，充分保护数据来源者合法权益，推动基于知情同意或存在法定事由的数据流通使用模式，保障数据来源者享有获取或复制由其产生的数据的权益。合理保护数据处理者对依法依规持有的数据进行自主管控的权益。在保护公共利益、数据安全、数据来源者合法权益的前提下，承认和保护依照法律规定或合同约定获取的数据加工使用权，尊重数据采集、加工等数据处理者的劳动和其他要素贡献，充分保障数据处理者使用数据和获得收益的权利。保护经加工、分析等形成数据或数据衍生产品的经营权，依法依规规范数据处理者许可他人使用数据或数据衍生产品的权利，促进数据要素流通复用。建立健全基于法律规定或合同约定流转数据相关财产性权益的机制。在数据处理者发生合并、分立、解散、被宣告破产时，推动相关权利和义务依法依规同步转移。

数据资产确权报告是根据调研、论证情况，出具针对数据合规的法律意见书。数据产权制度框架的设立是数据确权的前提与基础。根据意见书的用途，可分别出具确权意见书、合规建议书、风险提示意见、整改清单等内容。数据资产确权报告的价值在于锁定证据和提供合法性参考和背书。市场主体在涉及数字资产授权、转让、纠纷解决、法律合规或金融交易等方面,可以借助数据资产确权报告提供可靠的证明和支持。数据资产的确权报告由律师事务所基于对事实的调查、证据的核对出具,用于证明主体对数据资产具有主张的权益。确权报告可以作为登记的依据之一,在没有证据直接证明市场主体对数据资产具有控制权的情况下,提交确权报告是进行登记的先决条件之一。确权报告提供了资产权属和权益的详细证明,可以为登记机构提供必要的信息,以确保登记的准确性和可靠性。

权利归属问题是一个普遍存在的问题,相关政策也有鼓励谁贡献谁受益的利益分配机制,但现实中存在很多难点仍未解决。例如,就法律规范层面而言,如何设计一整套数据确权机制来合理判定数据权利属性及其归属?对于个体用户而言,其对具有典型个体数据属性特征的数据能否享有与之对应的权益?权利内容的边界何在?对于平台公司或政府而言,数据权利的来源是什么?如何在法律上保护此种权利?

大数据时代,数据资产化过程中,数据主体与数据产业者以及数据产业者之间对数据权利归属和数据权益分配存在着激烈争议。感兴趣的读者可扫码了解两个典型案例。

补充阅读:数据确权的典型案例
(请扫描右侧二维码获取)

(三)可剥离与不可剥离

数据资产与其他资产共同发挥作用时,需要采用适当方法区分数据资产和其他资产的贡献,并结合应用场景,合理评估数据资产价值。

1. 数据资产评估的应用场景

通常情况下,数据资产评估的应用场景包括以下三类。

一是数据资产涉及法律上的权利和义务关系的情况,例如数据资产诉讼、数据资产抵债和数据资产抵质押等。此类应用场景与法律的权利和义务关系尤为紧密,尤其是诉讼和抵债这类涉及数据资产存续和企业存续的特别情况,其评估结果可能会对数据资产本身和企业生产经营产生巨大影响,是决定数据资产能否继续存在和企业能否持续经营的关键因素。特别是对于以数据业务和服务作为主营业务的企业来说,数据资产的法律风险一旦摧毁了数据资产本身,整个企业的发展状况都有可能被颠覆。因此,在数据资产涉及法律的权利和义务关系时,应该对数据资产进行评估,合理量化其对企业造成的风险,有助于企业做出风险应对措施,促进企业数据资产的变革发展和整个行业数据要素的流动。

二是数据资产涉及企业投融资和规模扩张的情况,例如以数据资产对外投资、接收数据资产出资、数据资产授信融资、收购数据资产和以数据资产引投引战等。企业的投资、融资和扩张发展是在企业生存成功后的进一步延续,是企业核心竞争力的重要来源。例如,数据资产授信融资不仅演化出新的融资方式,促进数据要素在市场的合理流动,还推动企业用更大的资本进行资源整合和科技创新,有助于企业实现自身差异化发展和占据行业市场的有利地位。此外,当企业利用数据资产进行投资和融资等业务时,其价值大小也是对外投资和授信融资的依据。如果没有经过合理的评估妄自判断其价值,会造成数据资产价值的流失,要素资源的不合理配置,这不符合市场经济的要求。因此,当数据资产涉及企业投融资和规模扩张时,应当对数据资产进行合理和准确的评估。

三是数据资产涉及其对企业的贡献程度和探究其自身不同市场状态的价值的情况,例如数据资产转让、置换和数据资产处置等。首先,在企业制定财务策略或未来发展规划时,需要进行财务状况分析和非财务状况分析,其中各资产对企业的贡献是企业管理层人员制定未来资产管理策略的重要依据,企业管理人员需要评估各项资产对企业的贡献,数据资产也不例外。其次,从数据资产自身角度出发,其权利形式和所处的市场状态不同,评估结果亦会不同。为了促进评估行业的发展,树立专业和负责的资产评估行业形象,评估行业需要不断完善各种资产的评估体系和估值逻辑。特别是近年来,国家对数字经济和数据要素特别重视,评估师更应该去探究数据资产自身的估值逻辑和价值转化,以及在不同的市场状态下价值的变化。因此,当数据资产涉及其对企业整体的贡献度以及基于促进行业发展和数据要素流动的愿景下探究数据资产自身不同状态价值的情况时,应该对资产评估业务有所需求。

2. 数据资产是否剥离的处理

(1) 数据资产可以剥离的情况。

一是数据资产缺乏发展潜力以及妨碍企业的未来发展。数据资产如果在未来其本身的价值不被市场认可和接受,且其构成多为冗余和重复性数据,并未被清洗加工,此类数据资产一旦被企业使用,可能会妨碍企业未来的发展和生产经营,这种情况是可以剥离的。

二是数据资产所提供的产品或者服务属于企业的非核心业务。基于融资约束理论和归核化理论,企业的资源是有限和稀缺的,因此企业有限的资源应更多地集中于企业核心业务,提升核心业务的盈利能力,从而实现企业价值最大化和更高的利润。对于非核心业务,在企业资源和资金有限的情况下,可以进行资产剥离,其中自然也包括可能构成非核心业务的数据资产或者是在企业开展非核心业务时所产生的伴随性数据资产。

三是数据资产的企业价值贡献程度低。同样是基于融资约束和资源稀缺的限制,企业在进行经营分析从而制定战略规划时,应合理分析各项资产的贡献价值,对于贡献值过低的资产应予以削减或者剥离。如果数据资产对企业的生产经营没有贡献甚至是负贡献,资产剥离是一个相当正确的选择。与企业的扩张和并购这种扩张型战略相反,资产剥离是企业战略中的一种反向策略,其属于收缩型战略。资产剥离如果实施得当,可以提升企业有效资产的运用效率,剔除冗余资产对企业价值的侵蚀和影响,降低企业因冗余资产而承担的风险。

(2) 数据资产不可剥离的情况。

一是数据资产提供的产品或服务属于核心业务或是企业生产经营中的关键要素。企业如果主营业务是围绕数据资产或者是以数据资产为基础,那么数据资产就是企业生产经营过程中不可或缺的关键要素。企业过去、现在以及将来的成就和利益离不开数据资产的贡献,那么这种情况下,一旦剥离数据资产会给企业造成致命性打击,因此不能剥离数据资产。

二是数据资产对企业的价值贡献度高。数据资产对企业价值的贡献度高,证明企业历史和现在的收益很大程度上得益于数据资产,如果将其从企业中剥离出去,那么企业将会损失很大一部分收益,这并不符合理性经济人假设。因此,当数据资产对企业价值贡献度较高时,数据资产不应该被剥离出去。

二、数据资产评估程序

数据资产评估是指资产评估机构及资产评估专业人员遵守法律、行政法规和资产评估准则,根据委托对评估基准日特定目的下的数据资产价值进行评定和估算,并出具资产评估报告的专业服务行为。执行数据资产评估业务,应当明确资产评估业务基本事项,履行适当的资产评估程序。

数据资产评估主要程序包括:

(一)前期沟通交流

首先,应明确数据资产评估业务的基本事项,包括如下内容:

(1)委托人、产权持有人和委托人以外的其他资产评估报告使用人;

(2)评估目的;

(3)评估对象和评估范围;

(4)价值类型;

(5)评估基准日;

(6)资产评估项目所涉及的需要批准的经济行为的审批情况;

(7)资产评估报告使用范围;

(8)资产评估报告提交期限及方式;

(9)评估服务费及支付方式;

(10)委托人、其他相关当事人与资产评估机构及资产评估专业人员工作配合和协助等需要明确的重要事项。

在明确上述基本事项后,还需进一步明晰被评估数据资产的基本情况,例如:数据资产的信息属性、法律属性、价值属性等。信息属性主要包括数据名称、数据结构、数据字典、数据规模、数据周期、产生频率及存储方式等。法律属性主要包括授权主体信息、产权持有人信息,以及权利路径、权利类型、权利范围、权利期限、权利限制等权利信息。价值属性主要包括数据覆盖地域、数据所属行业、数据成本信息、数据应用场景、数据质量、数据稀缺性及可替代性等。

在明确基本事项的基础上,评估人员与委托人、产权持有人及相关当事方共同协商制定评估工作方案,完成数据资产申报和准备数据资产评估资料。

(二)对数据资产进行核实验证

根据数据基本情况和客观条件,制定适当的清查核实方案;按照方案,对数据资产的真实性、完整性等进行核验。根据评估业务具体情况和数据资产的特性,对被评估数据资产进行具有针对性的现场调查。现场调查手段通常包括询问、访谈、核对、监盘、勘查等。由于数据资产具有非实体性、依托性等特征,核对、监盘、勘查等手段通常采用技术手段实现。

对数据资产进行核实验证的一个重要环节是对数据质量进行评价与分析。数据质量是指数据在指定条件下使用时,其特性能够满足明确的或者隐含的要求的程度。根据《信息技术 数据质量评价指标》,数据质量评价的指标体系应包括数据准确性、完整性、一致性、及时性、规范性、可用性。

(三)收集数据资产评估相关资料信息

相关信息包括数据资产基本信息、权利信息、相关财务会计信息和其他资料。调查方式包括核查验证、分析整理及记录等。对于数据资产基本信息的核查,还可能通过利用数据领域专家工作成果及相关专业报告等多种方式方法。

在此阶段,需重点关注影响数据资产价值的各项因素,并收集包括数据资产基本信息、权利信息、相关财务会计信息在内的相关资料。

1. 影响数据资产价值的因素

通常,影响数据资产价值的因素包括成本因素、场景因素、市场因素和质量因素。

(1)成本因素包括形成数据资产所涉及的前期费用、直接成本、间接成本、机会成本和相关税费等。

(2)场景因素包括数据资产相应的使用范围、应用场景、商业模式、市场前景、财务预测和应用风险等。

(3)市场因素包括数据资产相关的主要交易市场、市场活跃程度、市场参与者和市场供求关系等。

(4)质量因素包括数据的准确性、一致性、完整性、规范性、时效性和可访问性等。

根据工作方案,对数据资产的收益状况、成本构成、市场表现等方面进行现场调研和访谈,收集相关资料。

需要注意的是,应用场景的分析是数据资产评估最重要的一部分。数据资产具有相对独立性,既依附于具体应用场景,又具有相对独立的经济价值。通常,数据价值随场景不同而异。

2. 收集相关资料

需收集的资料包括数据资产基本信息、权利信息、相关财务会计信息和其他资料等,资料来源包括数据持有人、相关当事方,以及公开市场、政府部门、各类专业机构和其他相关部门等公开渠道。

在完成对信息和资料的核查验证后,对其进行分析、归纳和整理,作为评定估算和编制资产评估报告的依据。核查验证的方式通常包括观察、询问、书面审查、实地调查、查询、函证、复核等。

(四)评定估算和撰写评估报告

以上述过程中明确的评估目的、评估对象、价值类型及信息和资料收集等情况为依据,分析市场法、收益法和成本法三种资产评估基本方法的适用性,选择评估方法,建立适当的评估模型,选取相应的公式和参数进行分析、计算和判断,对数据资产价值进行评定估算,形成测算结果。在对形成的测算结果进行综合分析后,形成合理评估结论。在评定、估算形成评估结论后,撰写并形成初步数据资产评估报告。

(五)向相关当事人征求意见

在不影响对数据资产评估结论进行独立判断的前提下,与委托人或者委托人同意的其他相关当事人就数据资产评估报告有关内容进行沟通,对沟通情况进行独立分析,并决定是否对数据资产评估报告进行调整。

(六)出具数据资产评估报告

在完成上述资产评估程序后,出具并提交正式数据资产评估报告。

数据资产评估程序如图 12-2 所示。

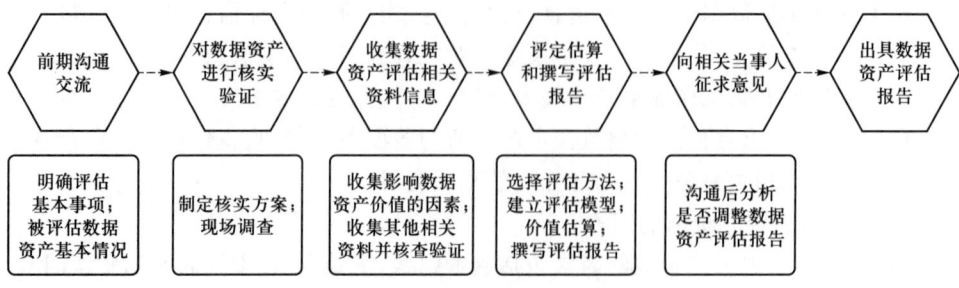

图 12-2　数据资产评估程序

第三节　数据资产评估方法

一、数据资产评估的收益法

(一)收益法评估的基本模型

收益法是根据预期收益原则来估测资产价值的方法,其核心思路是"将利求",即通过收集的可利用资料来估测资产未来预期收益,并选取适当的折现率将资产未来预期收益折算成现值,进而求取资产价值的方法。收益法模型如下:

$$P = \sum_{i=1}^{n} \frac{R_i}{(1+r)^i} \tag{12-1}$$

式中,P 为被评估资产的价值,R_i 为未来第 i 年的预期收益,i 为年序号,r 为折现率,n 为获利年限。

(二)收益法评估数据资产的适用性分析

1. 收益法的三个条件

一是被评估资产未来预期收益可以被合理预测和计量。预测未来预期收益是收益法能否准确预测资产价值的重要环节。一项资产的未来预期收益如果不能被合理预测和计量,很难采用收益法进行评估。

二是被评估资产的未来预期收益的风险可以被合理预测和计量。数据资产的风险可能是数据安全风险和数据合规风险等。

三是被评估资产的获利年限可以预测。数据资产的寿命也是评估实践中的关键一环,关系着数据资产的价值预测是否合理,如果寿命评估不准确,可能会高估或低估资产价值,因此需要采用合理的预测方法来确定数据资产的寿命,不仅要考虑数据资产自身的状态,还要关注相关环境的变化,以此得到更准确的数据资产价值。

2. 收益法的适用范围

数据资产评估采用收益法时,也符合其他资产采用收益法的要求。根据《数据资源入表白皮书(2023 版)》,评估师应根据数据资产的历史应用情况和未来适用前景,结合已经被应用或者拟应用的数据资产,重点分析数据资产经济收益的可预测性、数据资产应用过程中的风险等因素,适用于数据资产已经实现商业化或数据资产已具有较为明确的应用场景。只有在未来能够产生稳定收益的数据资产,且其预期受益年限和相关风险能够被合理确认和计量时,可以采用收益法来评估数据资产的价值。

3. 收益法的不同形式

根据数据资产应用场景的商业模式的不同,可选择以下收益预测模型:一是直接收益预测模型,通常适用于被评估数据资产的应用场景及商业模式相对独立,且数据资产对应服务或者产品为企业带来的直接收益可以合理预测的情况。直接收益预测模型使用的基本条件为该数据能够通过销售或者"加工"后销售获取收益,是生产对象的一种。二是分成收益预测模型,适用于软件开发服务、数据平台对接服务、数据分析服务等数据资产应用场景。分成收益预测模型运用的基本条件为数据资产作为能给其特定拥有主体带来收益的资产的一部分,其对主体的贡献占总资产贡献可以采用分成率进行衡量。三是增量收益预测模型,其含义为与未使用该数据资产相比,使用该数据资产能够给企业带来的增量收益,通常适用于可以使应用数据资产主体产生额外的可计量的现金流量或者利润的情形,或者是使数据资产中应用主体获得可计量的成本节约的情形。例如,数据的累加性和存储性使得拥有数据的主体不需要重复获取信息,在未来再次使用该数据节约了获取成本,从而达到给其主体带来增量收益的效果。四是超额收益预测模型,其含义为与其他未使用该数据资产的企业相比,使用该数据资产的企业能够给其带来的超额收益,通常适用于能够清晰划分标的数据资产与其他数据资产、有形资产、无形资产的资产组合中标的数据资产的贡献。值得注意的是,其贡献之和与企业整体或资产组正常收益相比需仍有剩余才能使用。

4. 收益法的基本步骤

一是收集与被评估资产未来预期收益相关的数据资料,包括数据资产的来源、持有主体以及相关权属资料。收集工作属于评估工作的初始阶段,评估人员需要保持谨慎的态度,尽可能全面地收集数据资产的相关资料,以提高评估结果的精确程度。二是核对并分析收集到的相关资料,根据以往和目前的数据资产状态来预测数据资产的未来预期收益。三是评估人员要全面考虑数据资产所处的状态和环境,谨慎选取折现率。四是将数据资产的未来预期收益折算成现值,以求取标的数据资产价值。

5. 收益法评估数据资产应注意的问题

在利用收益法评估数据资产时,评估师要合理区分标的数据资产的贡献和其他资产的贡献,这不仅关系到标的数据资产未来预期收益的确定,还关系到折现率的确定。如果混淆了标的资产和其他资产的贡献,折现率的选取也会受到影响,很可能会造成价值的误估。此外,评估师还应着重考虑数据资产的法定有效期、相关合同有效期和数据资产的更新换代速度,同时应从法律、技术和市场角度分析数据资产的寿命,分析其未来获利的可能性。

(三)应用举例

目前在采用收益法评估数据资产价值时,多以多期超额收益法为基础,结合其他新型方法来评估数据资产价值。因此,为了使读者更加清晰地认识收益法,案例选取的是用多期超额收益法评估数据资产价值。

多期超额收益法是通过计算被评估资产在评估期限内为企业所贡献的超额收益的现值来确定被评估资产价值的方法。其基本思路是"倒挤法",首先通过企业自由现金流量或者净利润口径来计算企业整体价值,然后分别计算其他资产贡献价值,包括固定资产贡献值、流动资产贡献值、无形资产贡献值和其他表外资产贡献值,例如人力资本贡献值等,最后利用企业整体价值扣除其他资产贡献值来计算标的数据资产价值。多期超额收益法在目前的研究中多被采用,因此选取多期超额收益法作为收益法案例分析的切入点。

多期超额收益法在实践中的具体模型如下:

$$V_d = \sum_{t=1}^{n} (E - E_f - E_c - E_i - E_o) \times (1+r)^{-t} \times K \qquad (12-2)$$

式中,V_d 是数据资产价值,E 是企业整体价值,E_f 是企业固定资产贡献值,E_c 是企业流动资产贡献值,E_i 是企业表内无形资产贡献值,E_o 是其他表外无形资产贡献值,r 是折现率,K 为数据资产价值调整系数,n 是数据资产的获利年限,t 是年序号。

互联网企业作为以信息和数据为基础的营利性企业,数据资产的评估直接关系到互联网企业的价值评估,也关系到其经营模式和战略制定的改进,对其数据资产进行评估具有典型性。

例 12-1 评估对象为 A 上市公司的数据资产价值,A 公司所属的行业为互联网行业,评估范围为 A 公司的全部数据资产价值,评估价值类型为市场价值,评估基准日为 2022 年 12 月 31 日。A 公司创立至今,企业一直呈现良好的发展态势,保持在行业的领先地位,A 公司于 2016 年在中国上市,属于沪市的股票,同时假设 A 公司会一直持续经营下去。由于数据资产更新迭代较快,出于谨慎性的考虑,将其收益期定为 5 年。

1. 企业整体价值的确定

企业自由现金流量计算公式为:

企业自由现金流量=息税前利润×(1-所得税税率)+折旧及摊销-营运资本增加额-资本性支出

在计算企业现金流量时,选择的是 FCFF 模型,因此需要确定息税前利润、企业折旧及摊销、营运资本增加额以及资本性支出等数据,计算出的企业自由现金流量如表 12-1 所示。

表 12-1　企业自由现金流量测算表　　　　　　　　　单位:万元

年份	2023	2024	2025	2026	2027
企业自由现金流量	3 132 789.30	3 759 347.16	4 511 216.59	5 413 459.91	6 496 151.89

2. 其他资产贡献值的确定

其他资产贡献值计算公式为:

固定资产贡献值=固定资产折旧+固定资产平均余额×固定资产收益率

流动资产贡献值=流动资产平均余额×流动资产收益率

表内无形资产贡献值=无形资产摊销额+无形资产平均余额×无形资产收益率

表外无形资产贡献值＝应付职工薪酬×劳动力贡献率

固定资产贡献值主要由两部分构成，一是固定资产折旧收回的部分，二是固定资产的投资回报。出于谨慎性考虑，选择五年期银行贷款利率作为固定资产收益率。

流动资产的回收速度快，变现能力强，价值变化并不明显，因此选择一年期银行贷款利率作为流动资产收益率。

无形资产分为表内无形资产和表外无形资产两个部分。A 公司表内无形资产包括专利权、商标权等。表内无形资产的贡献值由两部分构成，一是无形资产摊销额，二是无形资产收益率。因为无形资产摊销年限较长，选择 5 年期银行贷款利率作为无形资产收益率。A 公司表外无形资产主要包括人力资本等。由于 A 公司在中国上市，因此劳动力贡献率选择中国官方公布的人才对经济增长的贡献率作为基准。

A 上市公司流动资产贡献值、固定资产贡献值和无形资产贡献值测算结果如表 12-2 所示。

表 12-2 A 上市公司流动资产贡献值、固定资产贡献值和无形资产贡献值估值

单位：万元

项目	2023 年	2024 年	2025 年	2026 年	2027 年
企业自由现金流量	3 132 789.30	3 759 347.16	4 511 216.59	5 413 459.91	6 496 151.89
流动资产贡献值	830 677.30	996 812.76	1 196 175.31	1 435 410.37	1 722 492.45
固定资产贡献值	3 400.90	4 081.08	4 897.30	5 876.76	7 052.11
无形资产贡献值	807 843.80	969 412.56	1 163 295.07	1 395 954.09	1 675 144.90

3. 折现率的确定

选取 WACC 模型作为折现率计算模型，具体公式如下：

$$WACC = \frac{D}{D+E} \times R_d \times (1-T) + \frac{E}{D+E} \times R_e \qquad (12-3)$$

式中，$WACC$ 为折现率，D 为债务资本价值，E 为股权资本价值，T 为所得税税率，R_e 为股权资本成本，R_d 为债务资本成本。

（1）计算债务资本成本 R_d。将企业的债务按长短期进行分类，计算出长短期债务比重，再乘以相应的银行贷款利率来计算债务资本成本 R_d。

（2）计算股权资本成本 R_e。可选用 CAPM 模型进行计算，计算公式如下：

$$R_e = R_f + (R_m - R_f) \times \beta \qquad (12-4)$$

式中，R_e 为股权资本成本，R_f 为无风险利率，R_m 为市场平均收益率，β 为企业相对于市场的波动率。

第一步是确定无风险利率 R_f，选用十年期国债收益率作为无风险利率，本案例选取 2.84%。

第二步是确定市场平均收益率 R_m，选取沪深 300 的市场平均收益率作为市场平均收益率，如表 12-3 所示。

表 12-3　沪深 300 股票 2012—2022 年市场收益率

年度	市场收益率
2012	7.55%
2013	−7.65%
2014	51.66%
2015	5.58%
2016	−11.28%
2017	21.78%
2018	−25.31%
2019	36.07%
2020	27.21%
2021	−5.20%
2022	−21.63%
市场平均收益率	7.16%

第三步是确定市场风险溢价 $R_m - R_f$,是投资者要求与整体市场平均风险相同的股权投资所要求的预期超额收益,即 4.32%。

第四步是确定 β 值,β 值是衡量企业相对于整体市场的风险波动程度,可采用 A 上市公司过去 5 年股票涨跌幅进行回归来计算,即 1.058。

最后经过计算得出折现率为 14.1%。

(3)资本结构的确定。由于 A 公司已经上市,因此选择其股票市值作为权益市场价值。债务市场价值选取公司的非流动负债,以此确定公司的资本结构。

4. 数据资产价值的确定

结合 A 上市公司过去 5 年的财务数据,对未来五年的企业自由现金流量和其他资产贡献值进行预测,并以最后一年的价值作为后续经营期间的企业自由现金流量,经计算可知 A 上市公司的数据资产评估价值为 18 582 140.00 万元,如表 12-4 所示。

表 12-4　A 上市公司数据资产的评估价值　　　　单位:万元

年份	2023	2024	2025	2026	2027	2028 及以后
企业自由现金流量	3 132 789.30	3 759 347.16	4 511 216.59	5 413 459.91	6 496 151.89	6 496 151.89
流动资产贡献	830 677.30	996 812.76	1 196 175.31	1 435 410.37	1 722 492.45	1 722 492.45
固定资产贡献	3 400.90	4 081.08	4 897.30	5 876.76	7 052.11	7 052.11
无形资产贡献	807 843.80	969 412.56	1 163 295.07	1 395 954.09	1 675 144.90	1 675 144.90

年份	2023	2024	2025	2026	2027	2028 及以后
超额收益	1 490 867.30	1 789 040.76	2 146 848.91	2 576 218.69	3 091 462.43	3 091 462.43
折现率	14.10%					
现值	1 306 632.16	1 374 196.84	1 445 255.22	1 519 987.97	1 598 585.07	11 337 482.73
数据资产价值合计	18 582 140.00					

二、数据资产评估的成本法和市场法

（一）成本法的思路

1. 成本法的基本模型

成本法是以数据资产的重置成本为基础,核心思路为以重新形成数据资产所需要的全部投入加上合理利润及相关税费来确定数据资产的重置成本,考虑各项价值调整因素对数据资产价值的影响后,得到数据资产的价值。根据数据资产的特点,成本法可修正为如下公式:

$$V = C \times \lambda \tag{12-5}$$

式中,V 为被评估的数据资产价值,C 为数据资产的重置成本,λ 为价值调整系数。

数据资产的重置成本包括前期费用、直接成本、间接成本、机会成本和相关税费等。前期费用包括前期规划成本;直接成本包括数据资产从采集至加工形成资产过程中持续投入的成本;间接成本包括与数据资产直接相关的或者可以进行合理分摊的软硬件采购、基础设施成本以及公共管理成本。

2. 成本法评估数据资产的适用性分析

由于数据资产为无形资产的一种,其特征也和无形资产相似。数据资产的非实体性和投入产出的不对应性也使得采用成本法评估其价值有一定困难。因此,采用成本法评估数据资产价值必须满足相关条件,同其他资产采用成本法评估的限制相同,用成本法评估数据资产时,也需要满足以下条件:

一是与数据资产成本的相关历史资料是可以被获取的,其中包括数据资产研究开发的各项费用或成本以及外购数据资产的购买对价等。信息的掌握程度直接影响评估结果的准确性,因此,评估师在收集资料时应保持客观、审慎且负责的态度,尽可能多地收集相关资料,并保证信息的真实性和可靠性。

二是数据资产的成本是可以被可靠计量的。成本法是以历史资料为依据确定目前价值,其中重置成本包括各项相关合理成本项,只有此类数据在企业内部可以获得,成本法才具有可行性。如果数据资产的成本难以被确认,采用成本法评估数据资产价值会很困难,可能要采取其他方法评估数据资产的价值。

三是数据资产的成本能够与数据资产价值对应,经评估师计算的重置成本应当能够较好地体现资产的待评估价值。值得注意的是,数据资产同无形资产一样,其投入和产出并不成正比,在采用成本法的实务中也应注意到这一问题并寻找应对策略,否则数据资产的价值可能会失真。

3. 成本法评估数据资产应注意的问题

成本法是传统的三大评估方法之一,在评估资产时适用范围较广。而数据资产作为一种新兴资产,与传统的房地产评估和机械设备评估等有形资产评估存在着较大的区别。因此,使用成本法评估数据资产可能会出现不适配的情况,也存在一些局限性。

(1) 计算参数指标难以确定。首先,数据资产的成本利润率较难确定。数据资产从形成、发展到后续更新的成本计量并不容易。除此之外,数据资产投入市场后给企业带来的预期收益价值也很难被量化,一是数据资产转化收益难以度量,二是数据资产也存在一定转化风险。其次,数据资产的价值调整系数也要考虑多方面因素,包括数据资产面临的风险,例如数据安全风险和数据法律风险等。

(2) 数据资产投入成本与数据资产产出不对称。数据资产在研制开发过程中所投入的成本很大程度上还是采取费用化方式处理,并不计入资本化的范畴中,但这种会计核算方式并没有很好地反映数据资产的初始投入成本。另外,数据资产即便经过长时间的研制开发并成功转化为可用于企业生产经营的资产和成果,其产出的价值也未必和研究开发成本成正比。例如,有些数据资产的形成耗费了企业很多人力和物力资源,但最终转化为成果时失败或者投入市场后效益并不好,这种投入与产出的不对称性对评估人员合理评估数据资产价值具有一定的挑战性。

4. 应用举例

在目前采用成本法评估数据资产的案例中,以商业银行的数据资产评估较为典型。其通常的做法是在传统的成本法框架上结合了优化的收益法来评估数据资产,值得借鉴和学习。商业银行的数据资产与传统资产的差异更为明显,其数据容量、应用范围和规模会对其价值产生更大的影响。因此,此处选取商业银行作为研究对象,使用成本法评估其数据资产价值。

(1) 评估基本事项。选取商业银行 K 作为评估对象,评估的是商业银行 K 全部数据资产的价值,评估的价值类型为市场价值,评估方法为成本法。

(2) 商业银行的数据资产成本划分。商业银行的数据资产的生产和运用和其他行业相比,有着更加规范化的流程和路径。商业银行对数据资产的建设流程分为获取、存储、加工和管理四个方面。数据资产在这四个步骤的流转中,其成本也有着很大不同,需要评估人员在评估过程中进行更细化的分类和甄别,并确定这些流转过程的成本分属于哪一类数据资产,各指标详见表 12-5。

表 12-5 数据资产流转成本分类体系

流转路径	评估参数
数据获取阶段	采购价格及税费、采购人力成本
	采集人力成本、采集终端设备成本、采集系统成本、其他获取成本
数据存储阶段	存储设备成本、其他存储成本
数据加工阶段	加工人力成本、加工系统成本、其他加工成本
数据管理阶段	管理人力成本、管理系统成本、其他管理成本

数据资产的类别主要有三类,包括原始类数据资产、过程类数据资产和统计类数据资产。在甄别数据资产在流转路径中的成本后,将其划分为具体某项数据资产,以

免出现遗漏。以上三类数据资产的详细定义如下。

一是原始类数据资产,其是指通过外部获取或者内部采集而来的明细数据,可以为后续加工应用提供原始信息。由于外部获取和内部采集的数据资产的特点不相同,处理这两类资产时可以采用分类管理的原则,并分别作为两个独立的估值对象。原始外部获取类数据资产是指从其他厂商处购买或者从其他网站上下载等方式获取的数据,可能不能直接应用于企业的生产经营,但可以对内部采集数据进行合理补充,以提高生产效率。原始内部采集类数据资产是企业生产经营过程中逐渐形成的,记录了企业的生产经营信息。

二是过程类数据资产,是原始类数据资产和统计类数据资产的过渡阶段,该类数据应用广泛,可以减少重复加工工作,提高资源利用效率。过程类数据资产具有一次加工多次使用的属性。

三是统计类数据资产,指的是数据资产面对市场的需求,通过加工得到的统计数据或数据产品。它以原始类数据资产和过程类数据资产为依托,可直接被运用和投入企业生产经营中。统计类数据资产可以划分为收益提升类和统计支持类两类数据资产。收益提升类数据资产是指在企业提升服务和开展业务时,能直接产生经济效益的数据资产,包括模型和数据产品等,其产生的收益和数据资产直接相关。统计支持类数据资产是指在原始类和过程类数据资产基础上进行深度和定向加工的数据资产,可用于企业的财务分析和战略制定以及相关监督工作,为企业未来决策制定提供数据依据。

（3）建立估值指标体系,如表 12-6 所示。

表 12-6　商业银行成本法估值指标体系

流转路径	成本构成	原始类数据资产		过程类数据资产	统计类数据资产
		外部获取	内部采集		
数据获取阶段	采购价格及税费	√			
	采购人力成本	√			
	采集人力成本		√		
	采集系统成本		√		
	采集终端设备成本		√		
	其他获取成本	√	√		
数据存储阶段	存储设备成本	√	√	√	√
	其他存储成本	√	√	√	√
数据加工阶段	加工人力成本				√
	加工系统成本			√	√
	其他加工成本			√	√
数据管理阶段	管理人力成本	√	√	√	√
	管理系统成本	√	√	√	√
	其他管理成本	√	√	√	√

对于原始外部获取类数据资产,其重置成本是购买该数据资产时所支付的对价(含税费)。在采购过程中,采购人力成本也计入其总成本之中。此外,外购数据资产后续存储和管理的成本也要计入总成本之中。

对于原始内部采集类数据资产,其重置成本是采集人力成本、采集终端设备成本和数据采集系统的建设成本。

对于过程类数据资产,其重置成本主要包括加工系统的建设成本。过程类系统产生的目的是加工外部获取或者内部采集的原始数据,为后续加工、管理和投入使用节约资源,提升效率。

对于统计类数据资产中的统计支持类数据资产,其重置成本主要为 IT 系统的建设成本,以及人力资源投入成本。IT 系统的维系和建设离不开数据分析人员的日常业务,因此也应将其成本纳入考量体系之中。

在确定好估值指标体系后,应查阅企业历史资料,确定各指标参数的数值,分别确定原始类数据资产、过程类数据资产和统计类数据资产各自的历史成本。再根据物价重置系数和人力重置指数等系数调节数据资产的历史成本,以此得到数据资产的重置成本。

表 12-7 列示了 K 商业银行原始内部采集类数据资产的历史成本分类及相关数据。

表 12-7　原始内部采集类数据资产历史成本核算结果　　　　单位:万元

总指标	一级指标	二级指标	具体指标	取值
原始内部采集类数据资产历史成本	数据获取历史成本	采集人力成本	—	30 000
		采集终端设备成本	—	20 000
		采集系统成本	采集系统行外投入成本	60 000
			采集系统行内投入成本	70 000
	数据管理历史成本	内部采集类数据管理人力成本	—	4 000
		内部采集类数据管理系统成本	—	3 000
总计		187 000		

根据表 12-7 可知,原始内部采集类数据资产的历史成本为 187 000 万元。其中,数据获取历史成本可进一步划分为采集人力成本、采集终端设备成本和采集系统成本,取值分别为 30 000 万元、20 000 万元和 130 000 万元,数据管理历史成本可进一步划分为内部采集类数据管理人力成本和内部采集类数据管理系统成本,取值分别为 4 000 万元和 3 000 万元。

按照相同的计算思路,可得出原始外部获取类数据资产、过程类数据资产和统计类数据资产的历史成本为 696 000 万元,与原始内部采集类数据资产的历史成本合计为 883 000 万元。

估算 K 商业银行的数据资产的重置成本。重置成本系数选取物价重置系数和人力重置系数,物价重置系数可选取 2015—2022 年的平均居民消费价格指数(CPI),人力重置指数选取 2015—2022 年 IT 人员的全行业平均工资增长率,如表12-8 所示。以原始内部采集类数据资产人员的重置成本为例,计算过程如表 12-9所示。

表 12-8　2015—2022 年重置成本系数统计

年份	居民消费价格指数(CPI)	物价重置系数	IT 人员工资增长率	人力重置指数
2015	101.33%	1.15	108.69%	1.70
2016	102.05%	1.12	108.08%	1.59
2017	101.48%	1.11	111.57%	1.47
2018	102.08%	1.08	114.40%	1.35
2019	102.36%	1.06	108.20%	1.24
2020	103.65%	1.02	104.79%	1.16
2021	100.50%	1.02	108.53%	1.06
2022	101.70%	1.00	107.72%	1.00

表 12-9　采集人员重置成本计算

年份	采集人员历史成本(单位:万元)	物价重置系数	人力重置系数	采集人员重置成本(单位:万元)
2015	2 360	1.15	1.70	4 614
2016	2 710	1.12	1.59	4 826
2017	3 240	1.11	1.47	5 287
2018	3 680	1.08	1.35	5 365
2019	3 980	1.06	1.24	5 231
2020	4 290	1.02	1.16	5 076
2021	4 520	1.02	1.06	4 887
2022	5 220	1.00	1.00	5 220
合计	30 000			40 506

按照表 12-8 和表 12-9 的估值逻辑,可求出数据资产总重置成本为 1 033 000万元。

(4)合理利润率的选取。合理利润率可以参照商业银行过去的盈利水平、宏观环境和行业状况进行确定。除此之外,也要考虑数据资产安全风险、市场风险以及法律风险等对合理利润率的影响。评估师应综合数据资产各方面的影响因素和外部情况,确定合理利润率的取值,来真实反映数据资产的获利能力,本案例综合考虑行业平均收益率和行业基本情况,选定合理利润率为75%。

（5）估值结果。根据前面具体数据的搜寻和公式计算,最后得出 K 商业银行采用成本法进行估值的最终结果为 1 893 020.87 万元。

（二）市场法的思路

1. 市场法的基本模型

市场法依据的是替代原则,在公开、活跃市场上选取可比的参照物资产,并对其进行价值修正,从而得到被评估资产价值的方法。对数据资产而言,评估时应根据数据资产的特点和评估目的,选取合适的可比案例,将可比案例和被评估数据资产的差异量化,汇总求得被评估数据资产的价值。由于目前数据资产交易市场还不成熟,数据资产交易少,因此采用市场法评估数据资产价值存在很大困难。但我国目前很多地区已经出现了数据资产交易,尽管还未大面积推广,但已经是一种趋势,因此市场法评估数据资产的障碍可能在未来会逐渐淡化。

市场法评估数据资产基本模型如下:

$$V= \sum_{i=1}^{n} \left(Q_i \times \lambda_{i1} \times \lambda_{i2} \times \lambda_{i3} \times \lambda_{i4} \times \lambda_{i5} \right) \tag{12-6}$$

式中,V 是被评估数据资产的价值,i 是数据集的序号,n 是数据集的个数,Q_i 是参考数据集 i 的价值,λ_{i1} 是质量调整系数,λ_{i2} 是供求调整系数,λ_{i3} 是日期调整系数,λ_{i4} 是容量调整系数,λ_{i5} 是其他调整系数。

2. 市场法的适用性分析

（1）存在公开活跃的市场。自 2014 年以来,我国各地的数据平台建设进入了探索阶段。目前,多地的数据资产交易平台已经建立并投入使用,例如,中关村数海大数据交易平台和北京大数据交易服务平台。至今,我国数据平台建设积极涌现,为构建数据要素市场和推动数据产业发展进程做出卓越贡献。

不过,尽管数据平台建设如火如荼,但数据交易数量还是不够多,还存在很大的发展空间。未来我国数据交易平台建设应该更加规范和便利,完善数据资产的产品化和商品化。

（2）存在可比的参照物数据资产。目前来看,寻找参照物数据资产时,其可比性很难满足。原因在于,一是数据资产的类别广泛,在获取、存储、加工和管理等方面差异就很大,如果再考虑交易日期、数据容量等指标,可比性就更低。二是数据资产的交易案例太少,能够寻找的参照物范围有限,在没有大量样本可供选择的情况下,贸然采用市场法评估数据资产的价值就会比较片面。

3. 市场法对可比性的要求和评估困难

（1）可比性要求。一是数据类型可比。评估师采用市场法评估数据资产时,应当选择数据类型一致的资产,例如标的数据资产如果属于收益提升类数据资产,那么参照物数据资产也应该选择收益提升类数据资产。二是数据容量和规模可比。在选择数据资产评估参照物时,应当选择数据容量和规模相近的参照物数据资产,相似程度越高,市场法评估越有效。三是交易日期相近。在市场不断变化过程中,资产的价值会随着市场的变化而改变,如果标的数据资产交易日期和参照物数据资产交易日期相差较远,会影响市场法判断数据资产价值的精确性。(2)评估难点。一是可比的参照物数据资产较少。在当前市场状况下,数据资产交易较少,可供参考的案例不多,对评估师选取参照物数据资产造成困难。此外,每一项数据资产都有其独特性且很难被替代,因此也很难找到相似的数据资产。二是评估范围较为局限,目前采用市场法评估数据资产能够应用的数据资产类型不多。例如,对于过程类数据资产,可能并不参与交易,只是企业在原始类数据资产转化为统计类数据资产的过渡阶段,因此很难评估其价值。

例 12-2 S 上市公司拟聘请评估机构评估本公司所拥有的数据资产。查阅资料可知,S 上市公司自 2012 年建立至今,以数据支持服务作为其盈利基础,且其目前经营状况良好,市场上可以找到相关的参照交易物,评估基准日确定为 2022 年 12 月 31 日,求 S 上市公司的数据资产总价值。S 上市公司数据资产集的调整系数如表 12-10 所示。

表 12-10　S 上市公司数据资产集调整系数表

参数	参照数据集 i_1	参照数据集 i_2	参照数据集 i_3
数据集价值 (单位:万元)	12 000	13 000	14 000
质量调整系数	1.10	1.05	1.50
供求调整系数	0.98	1.03	1.20
日期调整系数	1.06	1.04	1.03
容量调整系数	1.34	1.09	0.99

则:

数据集 i_1 价值 = 12 000×1.10×0.98×1.06×1.34 = 18 374.30(万元)

数据集 i_2 价值 = 13 000×1.05×1.03×1.04×1.09 = 15 937.85(万元)

数据集 i_3 价值 = 14 000×1.50×1.20×1.03×0.99 = 25 696.44(万元)

数据资产价值 = 18 374.30+15 937.85+25 696.44 = 60 008.59(万元)

(三)应用举例

C 电商平台拟对其所拥有的数据资产进行评估,已委托给资产评估师。经评估师调查和研究可知,市场内有相似规模和经营模式的电商平台,且存在相关数据资产交易,因此评估师选用市场法评估 C 电商平台的数据资产。已知,价格指数每月增长 1%,评估的价值类型为市场价值,评估基准日为 2023 年 12 月 31 日。经了解,其评估过程如下:

1. 数据收集与整理

评估师收集 C 电商平台近三年的用户行为数据,包括用户基础数据、交易数据和行为数据等,明确数据的规模、质量和覆盖范围,并对其数据进行清洗、分类和整理。

2. 市场调研

评估师分析国内外类似电商平台的数据交易案例,了解数据资产的交易价格、交易条件等。通过查阅行业报告等方式,收集市场上类似数据资产的交易信息,重点关注交易价格、数据规模、数据类型以及交易条件等要素,以建立可比的交易案例库。

3. 确定评估指标及其权重,并与评估对象进行比较,同时量化差异

根据数据资产的特点,确定评估指标,如数据容量、数据质量、数据时效性、数据应用范围等。同时,分析评估对象与可比案例之间的差异,量化其差异部分,将待估数据资产数据假设为100,如表 12-11 所示。已知,目前与被评估数据资产相似的可比交易案例有 3 个,其中可比案例 A 交易价格为 1 200 万元,可比案例 B 交易价格为 1 000 万元,可比案例 C 交易价格为 1 400 万元。

表 12-11　可比交易案例具体情况

评估参数	待估数据资产	可比案例 A	可比案例 B	可比案例 C
评估基准日	2023.12.31	2022.12.31	2023.1.31	2023.7.31
数据应用范围	广泛运用	广泛运用	广泛运用	广泛运用
数据供求情况	100	97	100	109
数据时效性	30 天	30 天	30 天	30 天
日期调整系数	100	88	89	95
容量调整系数	100	98	103	100
质量调整系数	100	99	96	105
供求调整系数	100	97	100	109

经可比案例 A 计算的被评估数据资产价值:

日期调整系数 = 100/88 = 1.14

容量调整系数 = 100/98 = 1.02

质量调整系数 = 100/99 = 1.01

供求调整系数 = 100/97 = 1.03

被评估数据资产价值 = 1 200×1.14×1.02×1.01×1.03 = 1 273.33(万元)

经可比案例 B 计算的被评估数据资产价值:

日期调整系数 = 100/89 = 1.12

容量调整系数 = 100/103 = 0.97

质量调整系数 = 100/96 = 1.04

供求调整系数 = 100/100 = 1.00

被评估数据资产价值 = 1 000×1.12×0.97×1.04×1.00 = 1 129.86(万元)

经可比案例 C 计算的被评估数据资产价值:

日期调整系数 = 100/95 = 1.05

容量调整系数 = 100/100 = 1.00

质量调整系数 = 100/105 = 0.95

供求调整系数 = 100/109 = 0.92

被评估数据资产价值=1 400×1.05×1.00×0.95×0.92=1 284.78(万元)

分别计算经3个可比案例调整差异后的被评估数据资产价值,并进行平均,结果如下:

被评估数据资产价值=(1 273.33+1 129.86+1 284.78)/3=1 229.32(万元)

4. 评估结果

经过评估,C电商平台的数据资产价值约为1 229.32万元。

5. 评估问题与解决方案

在评估C电商平台的过程中出现了一些值得探讨和需要解决的问题,以下是其问题及解决策略。

(1)数据质量参差不齐,影响评估结果。在评估数据资产过程中,各部分数据资产的质量差异较大,对评估过程造成了一定影响。对此,采用数据质量评估工具,对数据进行量化评分,并在评估过程中给予相应权重。

(2)市场参照物选取困难,难以找到完全相同的案例。可比性是市场法应用的最基本前提,但数据资产作为一种变化较大、迭代性较强的资产,很难去找到可比资产。与此同时,当前有关数据资产的交易数量还不够多,交易市场还不完善,对数据资产交易的推进也产生一定阻碍。对此,站在评估师的角度,应多收集相关资料,广泛关注各个评估市场动态,采用多个参照物进行比较,综合考虑各参照物的特点和差异,进行价格调整。

三、数据资产评估的期权定价法

在传统的估值框架下,收益法、市场法和成本法仍然是主流评估方法,但这三种方法各有缺陷,收益法忽视了潜在价值的估值问题,市场法因缺乏可供参考的案例而难以应用,成本法由于数据资产成本与收益的弱对应性而很难解决实际的估值问题,因此探究新的估值方法也成为行业评估无形资产价值的新要求。随着评估行业的持续发展、评估人员专业素质的提升以及评估领域研究的不断深化,除了传统的三大评估方法,评估界还延伸出期权定价法等新型评估方法,其可用于评估一些不确定性较强的资产的价值或者和传统方法结合起来评估资产的价值,使评估结果更加准确和可靠。

(一)期权定价模型

1. 期权定价模型的定义

期权是期权购买者支付一定期权费后取得的,在将来某一特定时间内购买或者出售一定数量标的资产的选择权。期权定价模型是由布莱克(Black)和斯科尔斯(Scholes)在20世纪70年代提出的。该模型认为,只有股价的当前值与未来的预测有关;变量历史与过去的演变方式与未来的预测不相关。模型表明,期权价格的决定非常复杂,期权的到期日、股票现价、无风险利率水平以及执行价格等都会影响期权价格。

2. 影响期权价格的因素

一是执行价格和市场价格,这两个价格是影响期权价格的最主要因素。一般来说,执行价格和市场价格的差距越大,时间价值越小,反之,则时间价值越大。时间价值是市场上的交易方为了预期资产市场价格变动所带来的内在价值变动所付出的代价。一般而言，只有市场价格和执行价格接近或为平价期权时，市场价格变动才有可能增加期权的内在价值，时间价值也会因此增大。

二是期权到期日。期权的成交日与期权的到期日相隔时间越久，期权的价格越高；反之，期权的价格越低，原因在于期权时间越长，时间价值越大；随着时间的缩短，时间价值也会减少直至为零。

三是利率的变动。利率变动也会影响期权的价格，尤其是短期利率。一方面，利率变动会引起期权标的资产的市场价格变动，从而引起期权内在价值变化。另一方面，期权变化也会引起期权的机会成本发生变化。利率提高，期权的机会成本也会因此上升，使资金从期权市场流向股票、债券市场，减少对期权交易的需求，从而使得期权交易的供求关系发生变化，期权价格也会因此下降。

四是标的资产价格波动的方差。一般而言，标的资产的价格波动性越高，期权价格越高。标的资产波动性越高，证明期权到期时，标的资产的市场价格与执行价格可能相差更大，因此时间价值也会增大。

3. 期权定价模型的分类

目前常见的期权定价模型分为两类：一类是布莱克-斯科尔斯期权定价模型（B-S期权定价模型），二是二叉树期权定价模型。选取哪种方法进行评估可根据评估时的具体情况进行选择。此处介绍比较典型的布莱克-斯科尔斯期权定价模型。

布莱克-斯科尔斯期权定价模型（B-S期权定价模型）的具体形式为：

买方实物期权价值：

$$C = S \times N(d_1) - K_e^{-n} N(d_2) \tag{12-7}$$

卖方实物期权价值：

$$p = Xe^{-rT} \times N(-d_2) - S \times N(-d_1) \tag{12-8}$$

$$d_1 = \frac{\ln\left(\frac{S}{K}\right) + \left(r + \frac{\sigma^2}{2}\right) \times t}{\sigma \times \sqrt{t}} \tag{12-9}$$

$$d_2 = d_1 - \sigma \times \sqrt{t} \tag{12-10}$$

其中，C 为期权价值，S 为现行价格，K 为执行价格，r 为无风险回报率，t 为执行期限，$N(d)$ 为正态分布概率分布函数，σ 为波动率，e^{-rT} 为连续复利下的现值系数。值得注意的是以下几个参数的正确选择：第一，该模型中的无风险利率必须为连续复利形式。第二，期权有效期必须折合成年数来表示。如果期权有效期为100天，则 $t = 100/365 = 0.274$ 年。第三，波动率一般通过标的资产的历史价格波动情况进行估算。

4. 期权定价法的适用性分析

对数据资产而言，其在产业模式、价值构成和资产结构方面和传统资产有很大不同，其本身也具有一定的期权特性，传统方法忽略了数据资产不确定性所带来的潜在价值，因此借助期权定价模型评估数据资产能够更好地衡量数据资产的潜在价值，从而使得评估逻辑更加全面以及评估结果更加贴合实际。

（二）应用举例

此处选取布莱克-斯科尔斯期权定价模型作为案例分析的基础，结合多期收益法来评估A上市公司的数据资产价值。A公司所属的行业为互联网行业，评估价值类型为市场价值,评估基准日为 2022 年 12 月 31 日。A 公司于 2016 年在中国上市,同时假设 A 公司会一直持续经营下去。

在评估之初,需要对 A 上市公司的财务状况和非财务状况进行分析。

根据财务分析可知,公司总资产呈持续增长趋势,公司规模不断扩张,公司致力于全国数据中心的建设和项目研发等服务。公司的资本结构、流动比率和速动比率比较稳定,可知其偿债能力良好。公司营业收入逐年上升,利润也在稳定增加,证明公司成长性良好。公司的应收账款和存货周转率增加,说明公司的营运能力也良好。

根据非财务分析可知,公司的研发投入逐年增加,可见公司对研发的重视。专利情况处于较高水平也证明公司重视研发和专利技术的发展。

1. 数据资产的基础净现值

评估 A 上市公司的数据资产基础净现值时,采用的是多期超额收益法(在收益法部分已举例),并且采用的是企业自由现金流模型(FCFF 模型),因此需要对上市公司营业收入、营业成本、期间费用、税金及附加、折旧及摊销、资本性支出和营运资本增加额进行预测,从而计算未来五年 A 上市公司的企业自由现金流量,折现率需采用加权平均资本成本模型(WACC 模型),其中股权资本成本采用资本资产定价模型(CAPM 模型),债权资本成本可以将企业债务按长短期分类,并与相应的长短期银行贷款利率相乘求得,用折现率将企业自由现金流量折现,从而计算出企业未来 5 年及以后的企业自由现金流量。

根据公式分别计算出 A 上市公司的固定资产贡献值 C_1、表内无形资产贡献值 C_2、流动资产贡献值 C_3 和人力资本贡献值 C_4 等。

固定资产资产贡献值 C_1=固定资产折旧+固定资产平均余额×固定资产收益率
表内无形资产贡献值 C_2=无形资产摊销额+无形资产平均余额×无形资产收益率
流动资产贡献值 C_3=流动资产平均余额×流动资产收益率
表外无形资产贡献值(人力资本贡献值)C_4=应付职工薪酬×劳动力贡献率

最后,用企业价值 V_1 扣除固定资产贡献值 C_1、表内无形资产贡献值 C_2、流动资产贡献值 C_3 和人力资本贡献值 C_4,计算出数据资产的基础净现值,计算结果为 7 244 657.26 万元。

2. 数据资产潜在价值评估

由于数据资产的未来预期收益存在不确定性及价值会呈现波动性,这种不确定性可能会给企业带来潜在收益或者风险,而期权定价模型正是对资产未来不确定性的一种度量。因此评估数据资产的潜在价值时,目前常用的方法是采用期权定价模型,本案例采取的是布莱克-斯科尔斯期权定价模型,具体计算步骤如下。

第一步,计算标的资产的当前价值 S。根据前文对 A 上市公司的数据资产分析,其当前价值为该数据资产 2023—2027 年的现值合计,即 7 244 657.26 万元。

第二步,确定期权的执行价格 K。分析过去五年 A 公司对数据资产的维护、支持和更新改造,其投入成本增加值为 1 053 370.00 万元。

第三步,计算期权的持有期限 T。以项目周期为期权的持有期限,一般为 5 年,故本案例期权的持有期限为 5 年。

第四步,计算无风险利率 r,选取政府发行十年期国债的利率,为 2.84%。

第五步,计算波动率 σ,A 上市公司以其庞大的用户流量作为依托开展生产经营,其数据资产为公司的核心资产,因此选取 A 上市公司整体价值的波动率作为其数据资产的价值波动率,为 55.20%。

$$d_1 = \frac{\ln\left(\dfrac{S}{K}\right) + \left(r + \dfrac{\sigma^2}{2}\right) \times t}{\sigma \times \sqrt{t}} = 2.29$$

$$d_2 = d_1 - \sigma \times \sqrt{t} = 1.06$$

查阅标准正态分布表可知,

$$N(d_1) = 98.90\%$$

$$N(d_2) = 85.54\%$$

$$C = S \times N(d_1) - K_e{}^{-rT} N(d_2) = 6\ 383\ 212.71$$

即数据资产的潜在价值为 6 383 212.71 万元。数据资产的基础净现值和数据资产的潜在价值之和为数据资产的价值,即 13 627 869.97 万元。

■ 本章小结

数据资产是指特定主体合法拥有或者控制的,能进行货币计量的,且能带来直接或者间接经济利益的数据资源。数据资产具有信息属性、法律属性与价值属性。信息属性主要包括数据名称、数据结构、数据字典、数据规模、数据周期、产生频率及存储方式等。法律属性主要包括授权主体信息、产权持有人信息,以及权利路径、权利类型、权利范围、权利期限、权利限制等权利信息。价值属性主要包括数据覆盖地域、数据所属行业、数据成本信息、数据应用场景、数据质量、数据稀缺性及可替代性等。综上,数据资产具有经济价值且能被货币计量,能被某主体合法拥有或者控制,其主体拥有数据权益。

在数据资产的入表和价值评估实践中,首先要解决的是数据资产能否标准化评价,并对其价值判断有统一的标准和尺度。数据资产价值化是通过数据整合、数据融通、数据洞察、数据赋能以及数据复用将数字化的知识和信息转化为新的生产要素,使得数据嵌入企业或产业的业务体系和价值链进而完成价值实现的过程。

数据资产评估是指资产评估机构及其资产评估专业人员遵守法律、行政法规和资产评估准则,根据委托对评估基准日特定目的下的数据资产价值进行评定和估算,并出具资产评估报告的专业服务行为。执行数据资产评估业务,应当明确资产评估业务基本事项,履行适当的资产评估程序。

在利用收益法评估数据资产时,评估师要合理区分标的数据资产的贡献和其他资产的贡献,这不仅关系到标的数据资产未来预期收益的确定,还关系到折现率的确定。如果混淆了标的资产和其他资产的贡献,折现率的选取也会受到影响,很可能会造成价值的误估。此外,评估师还应着重考虑数据资产的法定有效期、相关合同有效期和数据资产的更新换代速度,同时应从法律、技术和市场角度分析数据资产的寿命,分析其未来获利的可能性。

成本法是以数据资产的重置成本为基础,核心思路为以重新形成数据资产所需要的全部投入加上合理利润及相关税费来确定数据资产的重置成本,考虑各项价值调整因素对数据资产价值的影响后,得到数据资产的价值。

市场法依据的是替代原则,在公开、活跃市场上选取可比的参照物资产,并对其进行价值修正,从而得到被评估资产价值的方法。对数据资产而言,评估时应根据数据资产的特点和评估目的,选取合适的可比案例,将可比案例和被评估数据资产的差异量化,汇总求得被评估数据资产的价值。

■ 思考题

1. 什么是数据资产？数据和数据资产的关系是什么？
2. 怎么理解数据资产标准化和价值化？
3. 数据资产入表的基本程序有哪些？
4. 数据资产评估的应用场景有哪些？
5. 简述数据资产的评估程序。
6. 简述三种传统评估方法在数据资产评估的应用。

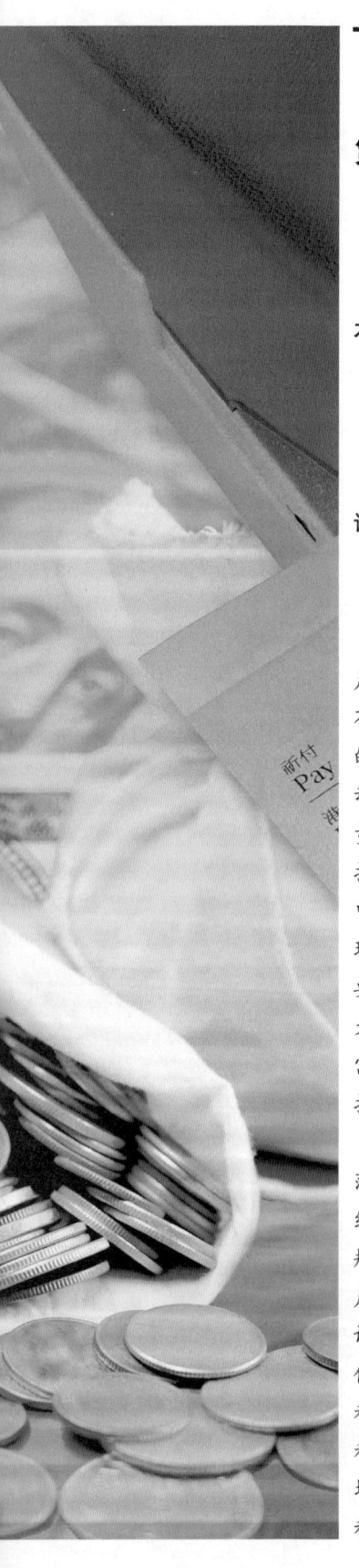

第十三章　资产评估准则

本章要点

- 中国资产评估准则、IVS 和 USPAP 的结构体系
- 三个准则的异同
- 三个准则的借鉴与启示

评估聚焦

资产评估准则要适应新要求

　　2023 年是全面贯彻党的二十大精神的开局之年,也是中国资产评估行业发展 35 周年。35 年来,中国资产评估业作为守卫国有资产价值的专业服务行业,积极参与国家经济高质量发展体系的建设,在业务上精益求精,在服务上追求品质,在科研上积极主动,在人才培养上倾尽全力,填补了多项资产评估准则的空白,逐步构建起较为系统全面的资产评估准则体系。党的二十大报告指出,构建高水平社会主义市场经济体制,健全资本市场功能。中国特色估值体系作为构建中国特色现代资本市场中的重要一环,对增强企业自身持续发展能力、改善行业产业生态结构、完善要素市场化配置体制机制、实现中国式现代化、推进中华民族伟大复兴具有重大理论意义和实践价值。提高资本市场估值能力,需要不断发展和完善资产评估准则,以满足不同类型的资产评估指导需求,从而逐步构建具有中国特色的估值体系。

　　资产评估作为一种经常性的、专业性的经济活动,不断向规范化、科学化发展,逐渐由一种偶然的、个别的行为发展成为市场经济条件下不可或缺的中介行业。市场经济有着独特的规律和规则,中介行业必须建立一套符合市场经济要求的规则体系。资产评估准则反映了对有关评估一般规律的社会认知,是一国资产评估理论和实践经验的高度浓缩与概括,代表着一个国家资产评估行业的发展水平。资产评估准则的制定有利于维护社会公共利益和资产评估各方当事人合法权益,提升行业社会公信力;有利于提高行业规范化水平和执业质量;有利于规范企业运营的市场体系,推动企业资本运营和生产经营的规范健康发展。作为一种标准,它帮助评估人员解决如何规范从业的问题,为评价评估工作提供客观依据;作为一种机制,它是保障和促进评估活动达到预期的一种制约力量。无论是发达国家,还是新兴国家,制定资产评估准则都是促进资产评估行业发展的重要任务。相比较而言,发达国家的资产评估准则制定较早,如美国、英国等。我国和其他一些新兴国家资产评估准则制定较晚,还在理论研究和实践探索中不断发展和完善。

国外的资产评估准则大体可分为两类:一类是国际性的评估组织制定的资产评估准则,如《国际评估准则》(IVS)和《欧洲评估准则》(EVS);另一类是国家或地区内的评估组织制定的资产评估准则,如美国的《专业评估执业统一准则》(USPAP)、英国的《评估指南》(红皮书)、澳大利亚的《专业评估守则》,等等。目前,国外的资产评估准则影响力最大的当属《国际评估准则》(IVS)和美国的《专业评估执业统一准则》(USPAP)。

第一节　国外主要评估准则

一、《国际评估准则》(IVS)

《国际评估准则》(International Valuation Standards,IVS)是由国际评估准则委员会(International Valuation Standards Committee,IVSC)制定并发布的国际性评估专业准则。《国际评估准则》从1985年第一版发布至今,已经历多次修订和更新①,形成了较为完整和有效的《国际评估准则》体系。

(一)《国际评估准则》的背景

国际评估准则委员会及《国际评估准则》的产生有其独特的历史背景,是评估行业内在发展及外部经济推动等各种因素相互作用的必然结果。英国、美国、澳大利亚、新西兰、法国等国评估专业协会1981年在澳大利亚墨尔本市召开会议,成立了国际评估准则委员会的前身——国际资产评估准则委员会(The International Assets Valuation Standards Committee,TIAVSC),并于1994年更名为国际评估准则委员会(IVSC)。该组织的成立标志着国际评估业走上国际化协作发展的道路。IVSC是独立的非营利组织,其宗旨是:为全球资本市场机构、监管方及市场参与者提供准则,提倡高标准的职业道德、高质量的执业及支持全球评估行业的发展。

(二)《国际评估准则》(2022年1月31日生效)的结构体系

《国际评估准则》(2022年1月31日生效)由框架、基本准则和资产准则三部分组成,其结构体系如表13-1所示。国际评估准则框架部分包含了国际评估准则所依据的概念、原则和定义,这些概念、原则和定义已被普遍接受,且在遵循国际评估准则时需要考虑和应用。基本准则部分对评估做出了一般意义上的规定,包含能普遍应用于大多数评估目的下的对各种类型资产和负债的评估,所有资产类型和评估目的的评估都须遵守,在资产准则或评估应用中有特别规定的除外。资产准则主要是为不同的资产类别进行特定评估考虑所设的准则。这些准则提供了其涵盖的各类资产的基本描述和对

---

① 1985年制定了《国际评估准则》第一版,之后分别于1994年、1997年进行了修订,发布了《国际评估准则》第二版和第三版。2005年、2007年分别发布了《国际评估准则》第七版和第八版。现行版本是2025年1月31日生效的。

价值产生的特定影响,并且对基本准则中设定的原则该如何应用到有争议的资产类别这一问题给出了指导意见。评估应用包括以财务报告为目的的评估和以抵押贷款的不动产权益的评估两项,每项都由准则以及评估应用指导两部分内容构成。

表 13-1 《国际评估准则》(2022 年 1 月 31 日生效)结构体系

准则名称		主要内容
框架		概念、原则和定义
基本准则	101 工作范围	评估目的、调查程度、评估程序、所做出的假设以及评估结果应用的局限性
	102 调查和遵循	评估执业中的调查必须与约定的评估目的和价值类型相适应。同时,为遵循 IVS 的要求,执行评估业务包括评估复核,必须遵循 IVS 对于评估目的、工作范围的条款和条件的所有使用原则
	103 报告	评估报告应传递有助于恰当理解评估或评估复核结论的必要信息。评估结果不能是模棱两可或者令人误解的,而应向预期使用者提供清晰的可理解的结果
	104 价值类型	概述价值类型,并且定义了市场价值、市场租金、公平价值、投资价值、协同价值和清算价值等价值类型
	105 评估途径和方法	描述和定义三种主要的评估途径:市场途径、收益途径和成本途径
资产准则	200 企业和企业权益	概述基本准则中适用于企业和企业权益评估的准则和要求。介绍评估途径和方法,同时列举了各种方法以合理评估企业和企业权益
	210 无形资产	无形资产的主要类型,商誉的定义,无形资产的特征、评估方法,介绍市场法、收益法、许可费节省法、增量收益法、超额收益法、税收摊销收益法、成本法等方法
	220 非金融负债	价值类型、评估途径和方法(包括市场法、收益法和成本法)、特殊考虑、折现率、预计现金流及风险边际
	230 存货	价值类型、评估途径和方法(包括市场法、收益法和成本法)、特殊考量、增值过程的确认和无形资产的回报、与其他资产获得的关系、减值准备和记账单位
	300 厂房和设备	价值类型、评估途径和方法(包括市场法、收益法和成本法)、特殊考虑和融资安排
	400 不动产权益	不动产权益的类型、权益的等级、租赁、评估方法(包括市场法、收益法和成本法)
	410 开放性不动产	价值类型、评估途径和方法、特殊考虑、剩余法和现存资产
	500 金融工具	金融工具简介、金融工具市场、信用风险、自身信用风险、流动性及市场活动、评估参数、评估方法(包括市场法、收益法、成本法)以及控制环境

二、美国《专业评估执业统一准则》(USPAP)

(一) 美国《专业评估执业统一准则》的制定概况

美国资产评估主要是基于税务、会计处理、资产交易、合资企业、向银行贷款和开展保险业务的需要而产生的。[①] 美国评估促进会(Appraisal Foundation,简称 AF)是由美国国会授权制定评估准则和认定评估师资格的专业组织,其下属的评估准则委员会(The Appraisal Standards Board,简称 ASB)为维护评估师和评估服务使用者的利益,制定、出版、解释并修订《专业评估执业统一准则》(USPAP),至今已进行了二十余次修订。新版《专业评估执业统一准则》(USPAP 2020—2021)已经发布并于 2020 年 1 月 1 日起实施,新版准则在原准则基础上,对"报告意见""规则""准则与准则条文""咨询意见"等部分进行了修订。

《专业评估执业统一准则》制定之后,由于其符合评估业发展的客观需要,因而受到评估界的广泛欢迎和认可,很快成为北美地区各评估专业团体和评估师广为接受的公认评估准则,并逐渐以立法形式被美国政府认可。1989 年 8 月,美国国会制定了《金融机构改革、复原和强制执行法令》(FIRREA),该法令第 11 章对不动产评估师的注册、许可和专业管理做出了有关规定,并正式以官方形式确认评估促进会为评估行业内制定行为准则和专业评估操作准则的机构,规定《专业评估执业统一准则》是涉及联邦交易的不动产评估业务中必须遵守的公认评估准则。

USPAP 是在美国长期理论研究和评估实践的基础上,总结了评估实践发展经验和众多协会在几十年间对评估基本理论的研究成果,使其具有很强的实践操作性,组织结构严密、文字严谨,专业水准高,是国际评估界一部较高水平的评估准则。USPAP 影响力广泛,《国际评估准则》第八版《指南 6——企业价值评估》等都借鉴了美国企业价值评估的理论成果。USPAP 不仅被美国的评估师协会、评估学会和高级评估师联合会认可,而且还被加拿大、墨西哥、菲律宾等国的评估专业团体所认可,成为在国际上具有重大影响力的评估准则之一。

(二) 美国《专业评估执业统一准则》的结构体系

USPAP 一般由六个部分组成:导言、定义、规则、准则和准则条文、评估准则说明以及咨询意见,结构体系如表 13-2 所示。

表 13-2　美国《专业评估执业统一准则》的结构体系

准则名称	主要内容
1. 导言	制定和发布 USPAP 的目的和构成内容。制定 USPAP 的目的在于对评估师提出执业要求,以提高和保持社会公众对资产评估行业的信任程度
2. 定义	相关术语的含义和注释、说明,如评估、评估师、评估执业、评估复核、特别假设、市场价值、动产、不动产等(2020—2021 年版 USPAP 共有 42 个定义释义)

---

① 张翠玲.美国资产评估简介.冶金经济与管理,1994(3).

准则名称	主要内容
3. 规则	① 职业道德规则:行为、管理、保密; ② 记录准则:规定每个评估师必须为每项评估或者评估复核准备一个工作文件,并规定了文件所需要包含的内容; ③ 专业胜任能力:主要规定在一切情况下,评估师执行业务时应当具备执行业务的胜任能力的要求; ④ 工作范围规则:评估师在执行相关评估业务时要明确评估问题、可接受的工作范围以及披露要求,确保其执业能够形成可信的业务结论; ⑤ 管辖除外规则:如果准则中任何一部分与某司法管辖范围的法律或公共政策发生冲突,仅该部分在该司法管辖范围内不具有效力
4. 准则和准则条文	根据具体评估类型制定了 10 个准则,分为 5 个主题。每个主题为两个部分:一部分是关于评估操作的要求,对评估中应注意的事项进行了具体规定;另一部分是关于评估报告的要求,对各类评估报告的格式、内容及注意事项做了专门规定。 每一准则的规定都包括原则性要求和专门性要求两类,原则性要求不允许有所背离,专门性要求可以根据背离条款有所背离。 其中准则 1、准则 2 是不动产评估及报告要求; 准则 3、准则 4 是评估复核和报告要求; 准则 5、准则 6 是批量评估和报告要求; 准则 7、准则 8 是动产评估和报告要求; 准则 9、准则 10 是企业价值评估和评估报告要求
5. 评估准则说明	目的是明确、解释和细化《专业评估执业统一准则》。 评估准则说明与准则条文具有同等重要性,并且只有在经过披露、征求意见后才能由评估准则委员会采纳。 每一项评估准则说明都包括主题、适用范围、问题、说明、结论
6. 咨询意见	咨询意见并不是评估准则委员会的法律性意见,发布咨询意见是为了演示、说明评估准则在特定具体情况下的运用,评估准则委员会通过这种方式为解决评估中的问题提供咨询帮助

三、《国际评估准则》与美国《专业评估执业统一准则》的比较

《国际评估准则》与美国《专业评估执业统一准则》是当前国际评估界颇具影响的两部专业性评估准则。两者无论在形式上还是在实质上都存在较大不同,但随着国际评估交流的日益频繁和深入,两个准则已经呈现出趋同的走向。

(一)制定目的比较

《国际评估准则》是在各国评估业发展的基础上适应行业和经济的需要而产生的,其目的是促进各国评估准则的统一,在世界范围内致力于最终消除国际资产交易中在评估领域的误解,为日益发展的全球经济提供专业化的并由统一准则约束的评估服务。因此《国际评估准则》在条文规定上具有一定的普遍性,并不直接与某类经济行为有密切关系。美国《专业评估执业统一准则》的制定与 20 世纪 80 年代中后

期美国的泡沫经济有着密切关系,正是为了规范在抵押贷款业务中的评估行为,防止诱发金融危机,美国各大评估协会才联合起来制定《专业评估执业统一准则》,并得到美国立法的认可。因此《专业评估执业统一准则》有着鲜明的针对性、目的性,对以融资为目的的抵押贷款评估予以着重论述,注重从评估角度保护金融秩序和经济秩序。

(二)约束力度比较

由于《国际评估准则》在理论上比较概括,在实践上的灵活度相对于 USPAP 来说较大,因此针对性和可操作性较弱。其中的许多条款仅对某些国家特别是西方国家具有意义,而其他国家的评估师则可能无法针对这些条款的规定进行实操。《专业评估执业统一准则》以美国发达的评估理论研究和评估实践为基础,特别是汲取了美国 20 世纪 80 年代极不规范的抵押贷款评估中的经验教训,有大量的实践基础和针对目标,因此《专业评估执业统一准则》有具体的适用对象和范围,具有很强的针对性和可操作性。

《国际评估准则》目前尚未进入到实质性运用阶段,在很大程度上停留在理论探讨上。尽管国际评估准则委员会一再呼吁各会员协会在本国(地区)大力推广《国际评估准则》,但《国际评估准则》的实质性约束力不足,对英美等评估业发展大国影响很小,仅有澳大利亚、马来西亚等国出于对国际评估准则委员会的支持而将《国际评估准则》的内容部分引入国内准则。就约束力和影响范围方面,《国际评估准则》远不及《专业评估执业统一准则》。

《专业评估执业统一准则》在美国不仅被联邦立法认定为"公认评估准则"而得到广泛认可,而且由于评估促进会成员的广泛参与,《专业评估执业统一准则》也被美国评估师协会、美国评估学会、高级评估师联合会等各大专业协会认可,这些专业团体都要求所属会员必须遵守《专业评估执业统一准则》。此外美国评估客户大都要求评估师在提供评估服务时遵守《专业评估执业统一准则》,而相当一部分的联邦政府职能部门、金融机构都将《专业评估执业统一准则》作为涉及本部门评估业务的最低准则。因此《专业评估执业统一准则》具有很强的约束力,既有国家立法和政府规定的强制性遵守义务,也因各评估协会的专业性要求而在评估业内具有强大的内部约束力。同时《专业评估执业统一准则》也被加拿大评估专业团体及墨西哥、菲律宾等受美国影响较大国家的评估师认可,因此已成为一部具有很大影响力的准国际性评估准则。

(三)会计衔接比较

国际评估准则委员会受国际会计准则和欧洲评估业的影响,特别重视评估与会计的联系。在《国际评估准则》的条文中也一再强调与国际会计准则的关系,在每条评估准则中有一部分内容为"与会计准则的关系",系统说明本条评估准则与会计准则之间的关系。国际评估准则委员会还密切关注国际会计准则的发展变化,并随之采取修订《国际评估准则》的相应措施。《专业评估执业统一准则》集中体现了美国评估界的观点,即评估与会计是两个完全不同的专业领域。在美国,虽然评估师进行评估时特别是进行企业价值评估时,往往会利用大量的会计资料,但评估师与会计师则是分别执业的专业人士,接受不同的专业团体管理,遵守不同的执业准则。《专业评估执业统一准则》中的规定几乎与会计没有直接关系。

（四）趋势分析

虽然《国际评估准则》和《专业评估执业统一准则》在产生背景、制定目的、制定基础等很多方面存在差异，但是从近几年《国际评估准则》和《专业评估执业统一准则》的修订内容来看，两者的共通之处逐渐增加，本质差异之处逐渐减少，表现出了较强的趋同走向。

从发展趋势来看，两者都逐步从不动产评估准则范畴向综合性评估准则领域扩展。受传统评估业务的影响，《国际评估准则》和《专业评估执业统一准则》都曾带有浓厚的不动产评估准则的色彩，只是程度略有差异。《国际评估准则》由于受英国等以不动产评估为主的欧洲国家的影响颇深，长期以来都以不动产评估为主要规范内容，未将无形资产等非不动产类别的评估纳入国际评估准则体系内，这一状况直到2000年以后才有所转变。《专业评估执业统一准则》从不动产评估准则向综合性评估准则的转型要比《国际评估准则》早得多，这主要是由于美国是企业评估、综合评估发达的国家，不像英国等国以不动产评估为主，美国评估界对机器设备、动产、无形资产、企业评估等有深入的研究，《专业评估执业统一准则》及美国评估师协会等制定的准则中也因此包括企业评估准则和动产评估准则。美国评估界及有识之士已认识到评估行业综合发展的重要，采取更为积极的措施，改变《专业评估执业统一准则》浓厚的不动产特征。两个准则的综合性发展变化已经在近年来两个准则的修订版本中得到了充分的体现。

补充阅读：企业价值评估与可持续性
（请扫描右侧二维码获取）

第二节 中国资产评估准则介绍

一、中国资产评估准则的制定工作的回顾

现行中国资产评估准则制定的主体为财政部及中国资产评估协会。中国资产评估基本准则由财政部以规范性文件形式发布，中国资产评估协会根据基本准则制定执业准则和职业道德准则。

中国资产评估行业起源于20世纪80年代末，1996年以前，我国资产评估行业尚处于起步、推广阶段，当时主要任务是在全国普及资产评估基本操作方法，迅速开展国有资产评估工作。1996年，在总结几年来资产评估实践经验的基础上，中评协组织专家起草了《资产评估操作规范意见（试行）》，由原国资局转发，虽然存在一定的局限和不足，但对于提高和规范当时资产评估行业操作水平发挥了重要作用，是我国制定资产评估行业准则性文件的一次有益探索。我国资产评估准则的制定经历了探索阶段（1996至2000年）、初步建立阶段（2001至2004年）、发展阶段（2005年至今）。截至2023年年底，陆续制定发布了34项评估准则，包括1项基本准则、1项职业道德准则、32项执业准则，其中执业准则包括13项具体准则、5项评估指南、14项评估指导意见,形成了适应中国国情,与国际趋同、较为完善的资产评估准则体系,如图 13-1 所示。这 34 项评估准则基本构建了我国的资产评估准则体系,规定了评估执业行为和职业道德行为的要求,覆盖了主要市场领域和执业流程,实现了与国际评估准则在基本理念、专业术语、评估方法等方面的趋同。使得评估业务的基本程序、主要资产类型的评估业务都有相应的准则予以规范,标志着我国的评估实践全面进入了准则规范化时代。

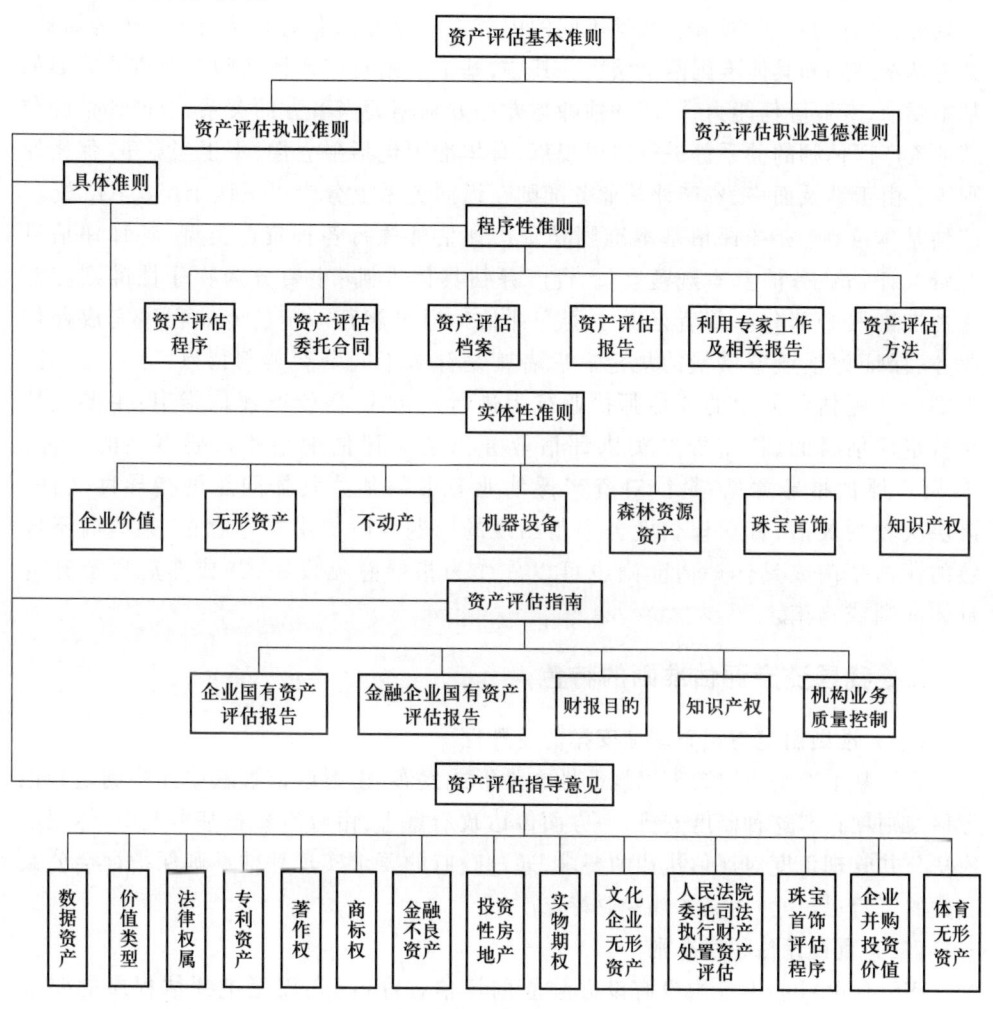

图 13-1 中国资产评估准则体系框架

二、我国资产评估准则的结构体系

资产评估准则体系直接影响着各种具体准则和指南的内容,各国在制定评估准则时都十分重视准则体系的结构设计。我国资产评估准则包括基本准则、执业准则、职业道德准则三个方面,其中执业准则包括具体准则、评估指南和指导意见。基本准则是评估师针对各种资产类型、对各种评估业务进行评估的基本规范;具体准则包括体现过程控制的程序性准则和体现不同资产类型、不同评估要求的实体性准则;评估指南是对特定目的的评估业务以及某些重要事项的规范;指导意见是针对评估业务中的某些具体问题的指导性文件。

我国资产评估准则体系包括基本准则、职业道德准则和执业准则三个部分。为突出职业道德在我国资产评估行业中的重要作用，我国资产评估准则体系将职业道德准则与业务准则并列，这与国际评估准则及相关国家评估准则有一定的差异，其他国家的业务准则与职业道德准则中有相当一部分规范内容交叉重复，如合理假设、明确披露等，既是职业道德准则中的重要内容，也是业务准则的重要内容。从纵向关系上划分，可分为不同的层次，调整不同的内容。职业道德准则的纵向关系较为简单，分为基本准则和具体准则两个层次。其中，基本准则对资产评估师职业道德方面的基本要求、专业胜任能力、资产评估师与委托方和相关当事方的关系、资产评估师与其他资产评估师的关系等进行概要规范，具体准则包括独立性、不正当竞争、保密原则等。由于涉及面广，资产评估业务准则在纵向关系上分为以下四个层次：① 资产评估基本准则：资产评估基本准则是资产评估师执行各种资产类型、各种评估目的资产评估业务的基本规范。② 资产评估具体准则：主要分为程序性准则和专业性准则两个部分。前者是关于资产评估师通过履行一定的专业程序完成评估业务、保证评估业务质量的规范。后者则是针对不同资产类别特点，分别对不同类别资产评估业务中的评估师执业行为进行规范。③ 资产评估指南：主要包括对特定评估目的、特定资产类别评估业务以及对评估中某些重要事项的规范。④ 资产评估指导意见：是针对资产评估业务中的某些具体问题的指导性文件。该层次较为灵活，针对评估业务中新出现的问题及时提出指导意见，某些尚不成熟的评估指南或具体评估准则也可以先作为指导意见发布，待成熟后再上升为具体准则或指南。

三、我国资产评估准则的特色

（一）准则制定与颁布制度安排的特殊性

我国基本准则由财政部以规范性文件形式发布，由财政部授权中评协制定其他评估准则项目。这种制度安排，一方面传达政府意志，由政府发布基本准则，体现政府从公共管理角度对评估执业的要求，通过政府的要求实现评估准则保护社会公共利益的宗旨；另一方面又体现专业特点。

（二）重视评估程序准则

IVS、USPAP、RICS 均没有设立独立的评估程序准则，而是把评估程序的要求分散表述于具体的评估准则之中，并以大量的篇幅和文字对评估程序进行系统论述和规范。基于我国评估行业发展成熟度较低，各具体准则仅涉及该准则部分的评估程序要求，而在整体评估操作中缺乏在整个项目组织中应该遵守的共同程序要求，因此，注册资产评估师在评估业务组织中缺乏必要的程序意识，进而给整体组织与操作带来了较大的风险。随着全社会对评估质量的日益重视，专门制定评估程序准则，将促进评估行业执业质量的不断提高，维护注册资产评估师的合法权益。

（三）现实性与适度超前相结合

资产评估准则制定过程中必须处理好现实性与超前性的关系，处理不好，将影响准则的稳定性和有效性。现实性主要是指评估准则对现行评估实践的规范作用,要求评估准则解决现有的实践问题。超前性主要是指评估准则的制定不完全拘泥于目前的评估实践,而应考虑未来一定期间评估业务发展趋势和需求,使评估准则有更广泛的适用性和更长远的规范作用。适度超前性,就是在上述思路指导下,规范近期将要发生的评估行为。中国的准则制定一直坚持现实性与适度超前原则。在总结现实执业经验的基础上,纠正错误的执业习惯,进行创新和发展,引导评估实践。[①]

(四)独具特色的项目

与国外评估准则体系相比,根据我国目前市场经济的特点,制定了《企业国有资产评估报告指南》《金融企业国有资产评估报告指南》等专门针对国有资产的评估准则。此外,我国涉及无形资产评估的准则分为《资产评估准则——无形资产》《专利资产评估指导意见》和《著作权资产评估指导意见》等,均与 IVS、USPAP、RICS 有所差异。

第三节　中外资产评估准则的比较及启示

由于中国、美国、英国等国家或地区资产评估行业的发展历史、基础、目的、经济体制、法律环境、文化背景等不同,各地目前主流的评估准则在诸多方面存在显著差异,本节将对企业价值评估准则、不动产评估准则、批量评估准则、无形资产评估准则、以财务报告为目的的评估准则等进行具体比较[②]:

一、企业价值准则比较

国际和美国准则都对企业、企业价值等基本术语进行了定义说明,而我国指导意见中仅仅定义了企业价值评估。可见我国准则对基本术语的相关说明偏少,不利于评估师的理解和工作,这也是我国准则需要完善的方面。

我国企业价值准则对评估假设和限定条件的使用和披露做出了要求,但其解释不够详细,影响了评估师的合理使用。美国准则虽然对特别假设和非真实性条件的使用情况做出了详细的规范,但是指导性也不是很强。我国需要借鉴美国的规范,但也需进一步加强对其理论上的研究,进行必要详细的解释和说明。

从明确事项条款的比较可以看出,我国与美国和国际准则的最大不同在于没有强调工作范围这一概念,工作范围是美国《专业评估执业统一准则》近十年提出并应用的最重要概念之一。2011 年版的《国际评估准则》也同样引入了工作范围概念,并形成一项通用准则,即《国际评估准则 101——工作范围》,并延续至 2021 年版。三者之间的比较如表 13-3 所示。

表 13-3　企业价值准则比较

比较点	国际	美国	中国
相关术语介绍	√	√	—

---

① 韩立英. 中国资产评估准则及其与国际评估准则的比较. 国有资产管理,2010(12).
② 比较的范围包括《国际评估准则 2017》《美国评估准则 2013—2014》《中国评估准则》。

比较点	国际	美国	中国
评估假设和限定条件	—	√√	√
工作范围	√	√	—
价值类型	√√	√√	√
评估途径	收益法和市场法可用于企业价值评估,成本法通常不能用于企业和企业利益的评估(特殊企业除外)	收益法、市场法、成本法都可以使用	收益法、市场法、成本法都可以使用
评估报告	书面、口头报告	书面、口头报告	书面报告

注:√表示准则中有介绍,√√表示准则中详细介绍。

二、不动产评估准则比较

对比中外不动产评估准则,除制定依据、制定主体、适用范围、历史背景等存在差异外,还包括以下方面的差异:

不动产的定义不同。我国强调了不动产评估不仅包括单独的不动产评估,而且包括企业价值中的不动产评估,在企业价值评估中,需要关注不动产在企业价值中的作用与地位,关注不动产对相关权益价值的影响。美国不动产评估的相关准则远远宽泛于我国,除准则1不动产评估、准则2不动产评估报告外,还包括准则4批量评估和报告,而我国未对不动产评估咨询业务及批量评估进行定义和规范。

美国评估师协会(ASA)将资产评估业务分为评估执业和估价服务,评估执业中又分为评估、评估咨询和评估复核。我国《资产评估准则——不动产》未对不动产评估相关业务以及评估咨询业务进行定义和规范,也没有涉及批量评估问题,根据我国资产评估行业的发展和为征收房产税提高技术支持的客观需要,我国应加强批量评估、评估咨询、评估复核等问题的理论研究,为今后制定相应的评估准则奠定基础。三个准则的比较如表13-4所示。

表13-4　不动产评估准则比较

比较点	国际	美国	中国
不动产定义	涉及的是不动产权,包括使用权、占有权、转让权等权利束	涉及不动产所有权中固有的利益和权利	涉及不动产的资产属性和权利属性,是物与物权统一
不动产评估	在不动产权益下特别注明了在建不动产的评估	评估准则说明6不动产和动产市场价值意见中的合理展示期;评估准则说明7对不动产和动产评估中特定条款的背离许可等评估准则	包括单独不动产和企业价值评估中的不动产评估
历史性不动产	—	—	—

三、批量评估准则比较研究

我国目前还没有出台专门的批量评估准则。《国际评估准则 2017》中也删除了之前的《国际评估指南 13——涉及财产税的批量评估》，没有最新的对于批量评估的准则。美国 USPAP《准则 5——批量评估》《准则 6——批量评估报告》适用于各种目的、用途的不动产或动产批量评估业务，并对批量评估业务中如何形成可信分析、意见、结论及其披露进行规范。

USPAP 则指出：如果评估的价值类型是市场价值，评估师需要明确该价值是否符合下列的最可能价格：① 以现金计价；② 以等同于现金的财务方式计量；③ 以其他明确定义的方式计量；④ 如果价值意见建立在非市场融资方式基础之上，或按非正常条件或动机进行融资，应当清晰地说明这些融资方式的条件，评估师应当通过对相关市场数据的分析，分析这些融资方式对价值的正面或负面影响。

批量评估可以借助于计算机的辅助支持，也可以不使用计算机支持。采用公认的建立在成本法、市场法、收益法基础上的计算机辅助方法会使批量评估更加高效和快捷。美国 USPAP《准则 5——批量评估》第 6 条指出，评估师应当采用公认的技术对资产评估模型进行说明，并采用公认技术对批量评估模型进行标准化处理。

四、无形资产评估准则比较研究

我国《资产评估准则——无形资产》包括总则、基本遵循、评估对象、操作要求、评估方法、披露要求和附则。国际评估准则《IVS210——无形资产》包括概述、引言、价值类型、评估途径和方法，并对市场途径、收益途径和成本途径作了具体说明。

国际评估准则中没有针对专利资产、商标资产和著作权资产专门化的评估准则，美国仅仅将其作为企业价值评估准则的组成部分，由此可见，国外无形资产评估准则发展的主流趋势是原则导向而非规则导向，是简化而不是具体。

企业价值评估与无形资产评估有着密切的关系，尤其是商誉等无形资产价值的评估。美国 USPAP 将企业价值评估与无形资产评估准则合二为一的做法，或者将无形资产评估嵌入企业价值评估准则的做法，值得借鉴。

我国无形资产评估准则侧重于提醒评估师应当做什么，而缺乏对具体评估方法及评估中应当注意问题的阐述和运用。应借鉴国际评估准则的做法，对准则中的关键概念及其如何运用做出详尽、具体的阐述，如收益法中收益的确定、可辨认无形资产的种类等。

表 13-5 对三者进行了比较。

表 13-5　无形资产评估准则比较

比较点	国际	美国	中国
结构	准则+注释	准则	准则
具体无形资产评估准则	无专利资产、商标资产和著作权资产评估准则	将专利资产、商标资产作为企业价值评估准则中的组成部分	专利资产、商标资产和著作权资产专门准则

比较点	国际	美国	中国
行文风格	对准则中的关键概念及其如何运用做出详尽、具体的阐述,如收益法中收益的确定、可辨认无形资产的种类等	—	提醒评估师应当做什么,而缺乏对具体评估方法及评估中应当注意问题的阐述和运用

五、以财务报告为目的的评估准则比较研究

资产评估能够在财务报告中反映资产现时价值的重要性受到了越来越广泛的认可,在会计处理和财务报告中列示资产价值时,以评估的现时价值为基础取代历史成本的做法已成为一种普遍的趋势。我国评估准则有《以财务报告为目的的评估准则》,而美国 USPAP 没有制定独立的以财务报告为目的的评估准则,但美国证券交易委员会(SEC),公众公司会计监察委员会(PCAOB)等机构团体共同推动了美国以财务报告为目的的评估发展。我国《指南》自 2007 年 12 月 31 日起试行,并于 2017 年 10 月 1 日去掉"试行"二字正式实施,但尚未由"指南"上升为"准则"。《指南》强调了评估与会计、审计的充分衔接,要求评估在服务于财务报告时,要充分关注会计准则的规定和要求,并将评估和会计有关概念进行了衔接,突出了服务于财务报告为目的的针对性。《指南》明确了以财务报告为目的的评估业务中,根据项目具体情况、会计准则和委托方要求,评估对象可以是各类单项资产、负债,也可以是资产组或资产组组合。评估服务的主要领域为企业合并、资产减值、投资性房地产和金融工具领域。从国际、美国等地区以财务报告为目的的评估业务开展情况看,其服务领域要远远大于中国,例如企业合并时的业务,资产减值测试的业务,金融工具评估业务、资产重估的业务。内涵比较宽泛,如投资性房地产重估、固定资产、无形资产重估等。

通过比较,我国以财务报告为目的的评估准则可以借鉴国外的一些有益做法,例如建立词汇表,厘定和阐释相关概念与方法,建立公共部门的固定资产评估准则、构建减值测试准则,规范以财务报告为目的的评估业务监管,提高评估师专业胜任能力。对三者之间的比较如表 13-6 所示。

表 13-6　以财务报告为目的的评估准则比较

比较点	国际	美国	中国
框架	—	虽然没有发布专门的《以财务报告为目的的评估准则》,但是 2001 年,FASB 发布的 141 号准则(企业并购)和 142 号准则(商誉和其他无形资产),揭开了美国评估界与会计界在公允价值计量等领域的合作时代。此外,2007 年,FASB 实施的 157 号公告《公允价值计量》、159 号准则《金融资产和金融负债的公允价值选择权》规范了会计准则涉及公允价值的计量和披露工作	总则、基本要求、评估对象、价值类型、评估方法、披露要求和附则
评估服务领域	服务领域大于中国	服务领域大于中国,例如,投资性房地产重估在国内只是有限的使用,固定资产、无形资产重估模式尚未应用等	领域为企业合并、资产减值、投资性房地产和金融工具领域

六、小结

通过对《国际评估准则》、美国《专业评估执业统一准则》及我国资产评估准则进行比较,我国在制定评估准则获得了一些启示:

(1) 制定评估准则必须以坚实的评估理论研究和大量评估实践为基础;

(2) 评估准则应当根据我国评估业的发展情况,循序渐进,不断修改和完善;

(3) 我国资产评估准则在总体设计上应当定位为综合性评估准则;

(4) 评估准则的制定要注重民主性、广泛性和专业性,保证评估准则的专业水准和效力;

(5) 我国资产评估准则应高度重视评估与会计关系;

(6) 我国资产评估准则应当高度重视职业道德。

讨论案例:ESG 视角下垃圾发电企业价值评估
(请扫描右侧二维码获取)

■ 本章小结

• 国外的资产评估准则大体上可以分为两大类:一类是国际性的评估组织制定的评估准则,如《国际评估准则》(IVS)和《欧洲评估准则》(EVS);另一类是国家或地区内的评估组织制定的评估准则,如美国的《专业评估执业统一准则》(USPAP),英国的《评估指南》(红皮书),澳大利亚的《专业评估守则》等。目前,国外的资产评估准则中国际影响力最大的当属《国际评估准则》(IVS)和美国的《专业评估执业统一准则》(USPAP)。

• 《国际评估准则》由框架、基本准则和资产准则三部分组成。美国《专业评估执业统一准则》(USPAP 2020—2021 版)包括导言、定义、规则、准则和准则条文、评估准则说明以及咨询意见部分。

• 中国资产评估准则体系既体现了中国特色,又具有国际视野,是比较完整的评估准则体系。截至 2023 年年底,陆续制定发布了 34 项评估准则,包括 1 项基本准则、1 项职业道德准则、32 项执业准则,其中执业准则包括 13 项具体准则、5 项评估指南、14 项评估指导意见,形成了适应中国国情、与国际趋同、比较完整的资产评估准则体系。

■ 关键词

IVS USPAP 中国资产评估准则体系

■ 思考题

1. 《国际评估准则》和美国《专业评估执业统一准则》各由哪些内容构成?

2. 如何看待《国际评估准则》和美国《专业评估执业统一准则》的差异和趋同?

3. 两个准则对我国资产评估准则的制定有哪些启示?

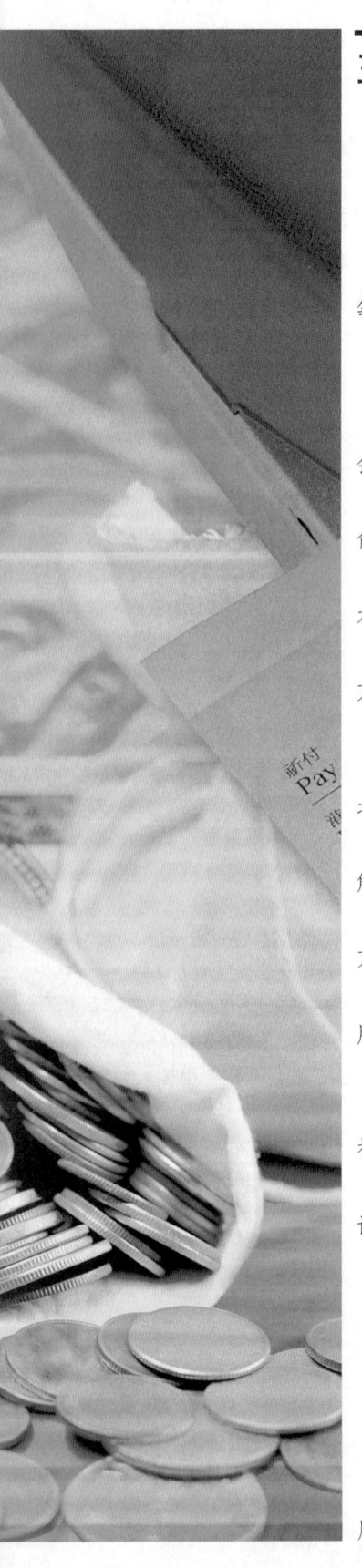

主要参考文献

1. 巴鲁·列弗. 无形资产——管理、计量和呈报. 王志台，等，译. 北京：中国劳动社会保障出版社，2003.

2. 波特. 竞争战略. 陈小悦，译. 北京：华夏出版社，2005.

3. 李心渝. 应用经济统计学. 北京：北京大学出版社，1999.

4. 上海资产评估协会. 收益法评估理论与实践. 上海：立信会计出版社，2001.

5. 罗伯特·F. 赖利，罗伯特·P. 施韦斯. 无形资产评估. 俞兴保，译. 北京：中国大百科全书出版社，2001.

6. 达摩达兰. 投资估价——评估任何资产价值的工具和技术. 朱武祥，邓海峰，译. 北京：清华大学出版社，1999.

7. 蓝伯雄，程佳惠，陈秉正. 管理数学（下）——运筹学. 北京：清华大学出版社，1997.

8. 李万亨. 矿业权评估概论. 北京：地质出版社，2000.

9. 中国国土资源经济研究院. 探矿权采矿权评估方法指南. 北京：地质出版社，1999.

10. 中国资产评估协会. 企业价值评估指导意见（试行）讲解. 北京：经济科学出版社，2005.

11. 吕发钦. 资产评估常用数据与参数手册. 2 版. 北京：北京科学技术出版社，2005.

12. 汤姆·科普兰. 价值评估——公司价值的衡量与管理. 3 版. 郝绍伦，等，译. 北京：电子工业出版社，2003.

13. 张平竺. 房地产税基评估研究. 厦门：厦门大学，2006.

14. 柴强. 房地产估价. 6 版. 北京：首都经济贸易大学出版社，2008.

15. 中国房地产估价师与房地产经纪人学会. 房地产估价理论与方法. 北京：中国建筑工业出版社，2008.

16. 汪海粟. 资产评估. 北京：高等教育出版社，2007.

17. 张红日. 房地产估价. 北京：清华大学出版社，2011.

18. 沈良峰. 房地产估价. 北京：北京大学出版社，2012.

19. 付光辉. 房地产估价. 北京：化学工业出版社，2011.

20. 卢新海. 房地产估价. 2 版. 上海：复旦大学出版社，2010.

21. 戴学珍. 房地产估价教程. 2 版. 北京：清华大学出版社，2011.

22. 贝兹·埃利房地产估价. 6 版. 黄英，译. 北京：电子工业出版社，2008.

23. 中国资产评估协会.资产评估.北京:中国财政经济出版社,2014.

24. 达摩达兰.估值:难点、解决方案及相关案例.2 版.李必龙,等,译.北京:机械工业出版社,2013.

25. 罗伯特·F.赖利,罗伯特·P.施韦斯.无形资产评估.俞兴保,译.北京:中国大百科全书出版社,2001.

26. James P. Catty.公允价值的专业指南:财务报告的未来.孙光国,邰宾,杨金凤,译.大连:东北财经大学出版社,2013.

27. Michael J. Mard ,James R. Hitchner,Steven D. Hyden.财务报告中的估值(无形资产商誉及减值的公允价值计量与报告).李杰,孟祥军,译.大连:大连出版社,2010.

28. Moore, W. The History of Appraisal, Valuation Models & CAMA. 1st draft. North central University. 2007.

29. Gloudemans, R. J. Mass appraisal of real property. Chicago:IAAO. 1999.

30. Joseph K . Eckert, Property Appeaisal and Assessment Administration. Chicago: IAAO. 1990.

31. 纪益成.税基评估有关问题研究.国有资产研究,1999(6).

32. 纪益成,傅传锐.批量评估:从价税的税基评估方法.中国资产评估,2005(11).

33. 耿继进,何素芳.房地产计税批量评估实证研究.地理空间信息,2011(3).

34. 刘颖.以财务报告为目的的评估实务应用.会计之友,2010(8).

35. Borst R A. Artificial neural networks in mass appraisal. Journal of Property Tax Assessment &Administration,1995.

36. 陈杰,周茵.应用房地产估价技术加强存量房交易税收征管工作指南.北京:中国税务出版社,2011.

37. 数据资源入表服务联合体.数据资源入表白皮书(2023 版).2023.

郑重声明

高等教育出版社依法对本书享有专有出版权。任何未经许可的复制、销售行为均违反《中华人民共和国著作权法》,其行为人将承担相应的民事责任和行政责任;构成犯罪的,将被依法追究刑事责任。为了维护市场秩序,保护读者的合法权益,避免读者误用盗版书造成不良后果,我社将配合行政执法部门和司法机关对违法犯罪的单位和个人进行严厉打击。社会各界人士如发现上述侵权行为,希望及时举报,我社将奖励举报有功人员。

反盗版举报电话　　(010)58581999　58582371

反盗版举报邮箱　　dd@hep.com.cn

通信地址　北京市西城区德外大街4号

　　　　　高等教育出版社知识产权与法律事务部

邮政编码　100120

读者意见反馈

为收集对教材的意见建议,进一步完善教材编写并做好服务工作,读者可将对本教材的意见建议通过如下渠道反馈至我社。

咨询电话　400-810-0598

反馈邮箱　gjdzfwb@pub.hep.cn

通信地址　北京市朝阳区惠新东街4号富盛大厦1座

　　　　　高等教育出版社总编辑办公室

邮政编码　100029